Tagungsband

WIE ARCHITEKTUR SOZIAL DENKEN KANN
HOW ARCHITECTURE CAN THINK SOCIALLY

VERLAG FÜR MODERNE KUNST NÜRNBERG

Tagungsband
WIE ARCHITEKTUR SOZIAL DENKEN KANN
HOW ARCHITECTURE CAN THINK SOCIALLY

Herausgeberin: Stiftung Federkiel
Gefördert durch die **kulturstiftung des bundes** und die Leipziger Baumwollspinnerei Verwaltungsgesellschaft mbH

INHALTSVERZEICHNIS
CONTENT

V/W	**VORWORT** Frank Motz	31
R/01	**STADT ODER THEMENPARK?** Zur neuen Verantwortung der Architektur Werner Sewing	41
R/02	**KULTURFABRIKEN** Kulturelle Umnutzung von leer stehenden Industriegebäuden Arne Winkelmann	51
R/03	**RE-VISITING NEW YORK'S ALTERNATIVE SPACE MOVEMENT** Industrial Conversion – Facts and Fictions Anne Dressen	61
R/04	**LEIPZIGER INDUSTRIEDENKMALPFLEGE IM SPANNUNGSFELD ZWISCHEN ABBRUCH, UMNUTZUNG UND MUSEALISIERUNG** Die größte fachliche Herausforderung seit der Erfindung der Denkmalpflege Wolfgang Hocquél	71
R/05	**ALLOPATHIE, HOMÖOPATHIE UND PLACEBOS** Matthias Sauerbruch und Louisa Hutton	81
R/06	**DIE SPINNEREI** … zwischen informellen Anfängen und deren Institutionalisierung Stefan Rettich, L21	91
D/01	**DIE MELANCHOLIE DES VOLLENDETEN** Moderation: Wolfgang Kil TeilnehmerInnen: Stefan Rettich, Arne Winkelmann, Werner Sewing, Anne Dressen, Louisa Hutton, Matthias Sauerbruch	101

R/07	**DIE STADT STIMULIEREN** Philipp Oswalt	109
R/08	**KATALYTISCHER RAUM** Anmerkungen zur Architektur der Documenta11 Johannes und Wilfried Kühn	119
D/02	**DAS DEPRIMIERENDE AN DEN HAUSBESETZERN IST DAS BÜRGERLICHE LEBENSIDEAL** Moderation: Wolfgang Kil Teilnehmer: Philipp Oswalt, Wilfried Kühn, Johannes Kühn	129
R/09	**FROM MILL TO MUSEUM – MASSACHUSETTS MUSEUM OF CONTEMPORARY ART** Simeon Bruner und Henry Moss	135
R/10	**SPUR DER STEINE** Die Kulturbrauerei Prenzlauer Berg Stefan Weiß	147
D/03	**YOU BETTER THINK CAREFULLY BEFORE YOU ACT SPONTANEOUSLY** Moderation: Bernhard Schulz, Wolfgang Kil Teilnehmer: Simeon Bruner, Henry Moss, Stefan Weiß, Philipp Oswalt, Wilfried Kühn, Johannes Kühn	155
R/11	**PALAIS DE TOKYO IN PARIS** The Architecture of the Site for Contemporary Art Jean Philippe Vassal	167
R/12	**STADT IM UMBAU** Ein kreativer Prozess Engelbert Lütke Daldrup	177
R/13	**DIE RÜCKEROBERUNG DER SUBJEKTIVITÄT** Kokerei Zollverein	Zeitgenössische Kunst und Kritik Marius Babias	187
D/04	**WHEN UTOPIA BECOMES REAL** Moderation: Michaela Busenkell Teilnehmer: Marius Babias, Jean Philippe Vassal, Engelbert Lütke Daldrup	197
R/14	**THE ART FACTORY – BALTIC CENTRE FOR CONTEMPORARY ART** Dominic Williams	203
R/15	**UNIVERSELL UND SPEZIFISCH** Ein autobiografischer Vortrag mit drei Extrembeispielen Rein Wolfs	213

D/05	**THINK GLOBAL, ACT LOCAL**
Moderation: Michaela Busenkell, Bernhard Schulz
Teilnehmer: Rein Wolfs, Marius Babias, Dominic Williams	221
R/16	**SPIKE ISLAND – RENEWED DIRECTIONS**
Lucy Byatt	229
R/17	**THE KEY ISSUE**
Art and Regeneration – Lottery Projects in England
Marjorie Allthorpe-Guyton	237
R/18	**NEW YORK KUNSTHALLE: EIN EUROPÄISCHES MODELL IN DEN USA**
Ein kreativer Widerspruch
Martin Kunz	247
D/06	**FIGHT FOR THAT LITTLE REST**
Moderation: Alan Jones
TeilnehmerInnen: Lucy Byatt, Marjorie Allthorpe-Guyton, Martin Kunz, Dominic Williams	257
D/07	**HIER IST DAS WILDE PLAGWITZ!**
Moderation: Frank Motz
TeilnehmerInnen: Oliver Kossack, Daniel Schörnig, Ricarda Roggan, Silke Koch, Martin Kunz, Marjorie Allthorpe-Guyton	263
G/S	**GESCHICHTE**	271
H/14	**HALLE 14**	283

FRANK MOTZ (*1965)
SEIT 1989 ACC GALERIE WEIMAR • SEIT 2002 HALLE 14, STIFTUNG FEDERKIEL, LEIPZIG

WACHSEN IM SCHRUMPFEN – AUFBAU IM RÜCKBAU: THE RETURN OF THE COTTON CLUB

Dieser Band ist nicht als Bedienungsanleitung zur Umnutzung ehemaliger Industriegelände gedacht, sondern als Wissensspeicher zu einem Sachverhalt, als Situationsbeschreibung eines Stadtareals und vor allem als Dokumentation einer Tagung.

Kann der atemberaubenden Freiheit leer stehender Industrieräume durch Implantation von Kunst zu einem Altern in Würde verholfen werden? Braucht eine Kunstinstitution der Zukunft, architektonisch betrachtet, überhaupt noch zu existieren? Will sie zum Beispiel, Gemeinschaftszentrum, Laboratorium, Produktionsstätte, Akademie mit Schauraum, Kneipe und Hotel, unhierarchisch und interdisziplinär, also komfortabler Ort sein, an dem Organisatoren, Künstler und Publikum oft ihre Rollen tauschen? Unter welchen Voraussetzungen wird sie den Horizont und das Bewusstsein jedes einzelnen Menschen erweitern, der mit ihr in Kontakt kommt? Wem dienen kulturelle Institutionen oder Räume im Allgemeinen und welche Erwartungen sollten sie erfüllen? Ist Architektur nur in seltenen Fällen sozial, nämlich wenn ihre ästhetische Selbstdarstellung im Hintergrund steht und sie dem gesellschaftlichen Gefüge dient anstatt es, wie üblich, zu stören, um auf sich aufmerksam zu machen? Diese Fragestellungen bildeten im Dezember 2002 den Ausgangspunkt der öffentlichen Arbeit der Stiftung Federkiel und eines Symposiums zu den kulturellen und künstlerischen Potenzialen eines Fabrikgeländes in Leipzig. Das Symposium entstand inmitten der postindustriellen Nachbeben im Pompeji der Leipziger Tieflandsbucht – in Plagwitz. Aber auch auf Reisen zu den im Buch vorgestellten art factories und unterwegs zwischen der Fondation Pinault im still gelegten Renault-Werk auf der Pariser Seine-Insel Seguin, der Wyspa Progress Foundation auf der Lenin-Schiffswerft in Gdansk und dem Dia:Beacon in einer ehemaligen Kekskartondruckerei upstate New York tauchten Fragen zu den Perspektiven einer »perforierten« Stadt im deutschen Osten auf, die weitere Fragen aufwarfen. Gab es Antworten, waren sie wegen ihrer Ortsspezifik nicht immer verallgemeinerbar. Nichtsdestotrotz liegt hiermit, meinen wir, ein fesselndes, wegweisendes und mutmachendes Buch zum Thema Stadtumbau vor. Eins zu eins in Schrift gesetzt, enthält es sämtliche 18 Referate und sieben Diskussionen des Symposiums »Wie Architektur sozial denken kann«.

Vermeintlich erkannte Resultate und leichtfertig gezogene Schlüsse der Konferenz standen dabei diversen Meinungsbildern, verschieden je nach persönlichem Erleben, gegenüber. Da sie als Vehikel in unseren Manövern zwischen Architektur, Kunst und Sozialbewusstsein dennoch sachdienliche Hinweise liefern können – so wie die Weisheit meines alten Leipziger Zeichenlehrers, die vier großen »L« der Architektur (Licht Luft Lärm Lage) stets zu beachten – möchte ich die Gunst des Editorials zur Lieferung eigener Erkenntnisse nutzen.

Zum sozialen Potenzial von Architektur: Wenn Architektur vorhandene Situationen ausnutzen kann, in dem sie die enorme Freiheit der Räume bewahrt, ohne sie explizit verwandeln zu wollen, wenn sie sich als Kreuzung aus Raum und Nutzung versteht, gemacht für Menschen innerhalb eines Raumes, wenn sie diesen (Innen)Raum als belebten, bewohnten oder bewohnbaren Ort betrachtet, wenn ihr ästhetisches Resultat das eines Raumes zwischen den Menschen, zwischen den Funktionen, zwischen Innen und Außen ist, zugänglich, hell, freundlich, dann kann sie ein soziales Potenzial haben. Wenn wir Leerstand als neue Basis, Möglichkeitsraum, wenn nicht gar Luxus begreifen, Abschied als Neubeginn, Entdichtung als Raumgewinn, Entschleunigung als Zeitgewinn und Vorläufigkeit als Chance für Spontaneität und Flexibilität, werden wir aus dem Dilemma des Schrumpfens herauswachsen.

GROWTH IN SHRINKAGE – CONSTRUCTION IN DECONSTRUCTION: THE RETURN OF THE COTTON CLUB

This volume does not set out to serve as an instruction manual for the re-utilization of former industrial sites, but rather to function as a store of information on a certain state of affairs, as a description of the situation in one specific urban area, and above all as the documentation of a conference.

Can abandoned industrial spaces, given their breathtaking freedom, be assisted to dignified senescence through the implantation of art? Does an art institution of the future – architecturally speaking – still even need to exist? Does it desire, for example, to be a community centre, lab, production site, academy with showroom, bar and hotel, non-hierarchical and inter-disciplinary, i.e. a comfortable place where organizers, artists and the public often exchange roles? What are the conditions that will broaden the horizon and awareness of each individual who comes in contact with it? What or whom do cultural institutions or spaces serve in general, and what expectations should they fulfil? Is architecture only social in certain rare cases, namely when its aesthetic self-presentation remains inconspicuous and serves the social system rather than (as is usually the case) disturbing it in order to call attention to itself?

The questions that form the point of departure for the public work of the Federkiel Foundation in December 2002, and a conference on the cultural and artistic potentials of a factory site in Leipzig, were sparked by the post-industrial aftershocks in the Pompei of the Leipzig lowlands: Plagwitz. But on visits to the art factories presented in this book, the prospects of a »perforated« city in the German East proved hazy, thus raising further questions. And even if a number of answers suggested themselves en route between the Fondation Pinault in the former Renault factory on the Parisian Seine island of Seguin, the Wyspa Progress Foundation at the Lenin Shipyards in Gdansk and the Dia:Beacon in what used to be a cookie-box printing plant in Upstate New York, these answers, due to their place-specificity, were not always generalizable. Nevertheless the following book offers, in our opinion, captivating, trailblazing and encouraging insights into the subject of urban renewal. Word for word, it contains all eighteen lectures and seven discussions of the symposium »How Architecture Can Think Socially.«

Within this framework, the presumed realizations and impromptu conclusions produced by the conference were countered by various opinions formed on the basis of personal experience. Yet because the former nevertheless supplied pertinent pointers in our manoeuvres between architecture, art and social consciousness – pointers of the type extolled, for example, by my old Leipzig drawing teacher when he reminded us that we should always take into account the four big »Ls« of architecture (Licht, Luft, Lärm, Lage: light, air, noise, location) – I would like to take this opportunity to introduce several findings.

On the social potential of architecture: When architecture is capable of exploiting existing situations by preserving the tremendous freedom of spaces without explicitly intending to transform them, when it is conceived of as a cross between space and utilization, made for human beings within a space, when it regards this (interior) space as an enlivened, lived-in and liveable place, when its aesthetic result is that of a space between people, between functions, between inside and outside, accessible, bright and inviting: then it can have social potential. When we conceive of vacancy as a new basis, as a space for possibilities, even if not as a luxury, when we conceive of farewells as new beginnings, of decondensation as newly gained space, of deceleration as newly gained time and of temporariness as a chance for spontaneity and flexibility, then our cities will outgrow the shrinkage dilemma by which they currently find themselves plagued.

On the pros and cons of gentrification: The process of gentrification – as a process of social restructuring and the upgrading of an urban district – often justifiably triggers fear and trepidation. It is the responsibility of the professional developer to find the balance between change and preservation of the already-existing, and to maintain the affordability of the property as gentrification takes place.

Commerce cannot play a role in the creation of art, and nevertheless: Art creates value. Value appreciation lies inevitably in the nature of art. It is just as inevitable that artists who move into an impoverished district and change it bear responsibility for its gentrification themselves, a circumstance which should by no means be viewed negatively. Rather, it testifies to the perpetual vitality of their social function – a very old function of the artist in society – and the reclaiming of this responsibility even reinforces the effectiveness of the latter. If artists were to move to an environment which did not subsequently change, it would be a failure. This change is nevertheless often unpleasant for the artists themselves, to the point of calling for arbitration.

On the common good, commerce and the economy: Art and culture are economic accelerators whose effects stand out clearly in circumstances of simultaneously evolving shrinkage and growth processes (as in Leipzig) but are still not sufficiently perceived by politicians and others. The economic power and sustainability of cultural institutions can be a purposeful strategic tool when it is necessary to provide evidence that municipal or national social services and support measures require much higher expenditures than the investment risk of supporting such institutions. Politicians and political groupings new to the scene must be integrated into this learning process and, where necessary, undergo »retraining.« Commerce and the common good can be compatible, even in their cooperation, and even when that coexistence/cooperation is very close, though the respective institutions remain separate. Without the public support of art initiatives for the public benefit – e.g. for unpopular ideas within truly contemporary art – private sources of art patronage will also dry up. The involvement of the public sector in cultural responsibility – as opposed to its dismissal by means of outsourcing a financing problem – is an important basis for non-profit or mixed commercial structures.

Desolation, vacancy and shrinkage on the one hand, and delirious urbanism, density and growth on the other are the results of economic processes, namely the shift of production as dictated by the global market: to Leipzig 115 years ago, to places outside the country today. »That which is taking place before our very eyes is only the beginning of a comprehensive cultural learning process: Politicians, planners and cultural movers are called upon to moderate a shift of paradigms – the departure from a world founded on unceasing growth.«[1] Artists are taking on this challenge. Those who conceive of this state of affairs as an opportunity for a new and different (inverted) type of growth will be able to follow the artists, at least mentally – as stimulators and pacesetters of urban development – into the intellectual »free zone« of the Leipzig Cotton Mill. Bicycle manufacturers, culture and storage workers, architects, fashion designers, alternative rapeseed oil service-station attendants, hat-block makers, food suppliers and restaurant and gallery owners are already frolicking in their wake, maintaining a proportion of the attractive eighty-thousand square meter space. The phenomenon of the socio-biotope on the western periphery of the city of Leipzig forms the focus of their everyday lives. Where if not there will it come true, this vision of flowering landscapes? The designers, mechanics, fabricators, re-utilizers and beneficiaries of those landscapes come from many branches of society – whether key figures or marginal apparitions – and open visionary perspectives »onto a different kind of social existence, without robbing the affected locations of their futures.«[2]

As initiator of the symposium, the Federkiel Foundation conceives of itself as a catalyst aiming to strengthen, promote and actively co-shape innovative artistic processes. Its dedication to Hall 14 of the Leipzig Baumwollspinnerei is closely linked with its commitment to Leipzig as a location for artistic activity and its emphasis on supporting local projects as a means of entering into dialogue with the city's art landscape and promoting discussions on the utilization of space(s). Not least importantly, Federkiel has also devoted itself to protecting and further utilizing the six hectares of land once offered by urban planner Dr. Karl Heine to the original cotton mill company, land whose development into a perfectly thought-out industrial facility got under way in 1884, when the first construction workers arrived at the site. In this context, the Federkiel Foundation gratefully acknowledges all those who contributed to the successful realization of this publication for their generous support.

We are especially indebted to the Kulturstiftung des Bundes, the Verlag für moderne Kunst in Nuremberg and the Baumwollspinnerei Verwaltungsgesellschaft in Leipzig. Aside from their partnership, we could wish for nothing better than what happened to the Baltic, a center for contemporary art in Gateshead, Great Britain, where, when it opened, the architecture critics concluded: »Really good art, but we're not too sure about the building,« while the art critics thought: »A really good building, but we're not too sure about the art.«

See footnote under German text

Zum Für und Wider der Gentrifikation: Der Prozess der Gentrifikation, bei dem in einem Wohngebiet eine statusniedrige Bevölkerung durch eine statushöhere Bevölkerung ausgetauscht wird, ruft oft – und manchmal zu Recht – Angst und Schrecken hervor. Die Balance zwischen Veränderung und Instandhaltung zu finden und die Erschwinglichkeit von Immobilien aufrecht zu erhalten, während Gentrifikation stattfindet, das ist die Aufgabe professioneller Entwickler.

In der Kreation von Kunst kann der Kommerz keine Rolle spielen, und dennoch: Kunst schafft Werte. Wertzuwachs liegt zwangsläufig in der Natur der Kunst. Ebenso zwangsläufig ist es, dass Künstler, die in ein ärmliches Stadtgebiet ziehen und es verändern, die Verantwortung für die Gentrifikation selbst mittragen, was keineswegs negativ ist. Es stellt die beständige Vitalität ihrer Sozialfunktion – einer sehr alten Funktion der Künstler in der Gesellschaft – und ihr Zurückfordern unter Beweis und bekräftigt deren Wirkungsweise. Würden Künstler in eine Umgebung ziehen, die sich danach nicht ändert, wäre dies ein Scheitern. Und doch ist diese Veränderung dann oft unangenehm für die Künstler selbst und wird zur Verhandlungsmasse.

Zu Gemeinnutz, Kommerz und Ökonomie: Kunst und Kultur sind ökonomische Beschleuniger, deren Wirkung innerhalb zeitgleich verlaufender Schrumpfungs- und Wachstumsprozesse deutlich hervortritt, jedoch von Politikern u. a. immer noch zu wenig wahr genommen wird. Die ökonomische Kraft und Nachhaltigkeit von Kulturinstitutionen kann ein zielgerichtetes strategisches Werkzeug sein, wenn es um die Beweisführung geht, dass zu leistende städtische oder staatliche soziale Dienste und Unterstützungen viel höher sind als das Investitionsrisiko bei der Förderung solcher Institutionen. Neu in Erscheinung tretende Politiker und politische Gruppierungen müssen in diesen Lernprozess einbezogen und gegebenenfalls »umgeschult« werden. Gemeinnutz und Kommerz können sich in ihrer Koexistenz oder gar ihrem Zusammenspiel zuträglich sein, auch aus Nahdistanz, wenngleich in getrennten Häusern. Ohne die öffentliche Unterstützung gemeinnütziger Kunstinitiativen – z. B. für bislang unpopuläre Ideen innerhalb wahrhaft zeitgenössischer Kunst – werden auch die Privatquellen zur Kunstförderung versiegen. Die Einbeziehung der öffentlichen Hand in die kulturelle Verantwortung – und nicht deren Entlassung durch Outsourcen eines Finanzierungsproblems – ist eine wichtige Basis für gemeinnützige wie auch durchwachsene kommerzielle Strukturen.

Tristesse, Leerstand und Schrumpfen oder berauschende Urbanität, Dichte und Wachstum sind Ergebnisse ökonomischer Prozesse, nämlich der Verlagerung von Produktion je nach Weltmarktlage, vor 115 Jahren nach Leipzig, heute ins Ausland. »Was sich vor unseren Augen vollzieht, ist erst der Anfang eines umfassenden kulturellen Lernprozesses: Politiker, Planer und Kulturarbeiter müssen einen Paradigmenwechsel moderieren – den Abschied von einer Welt, die auf unaufhörliches Wachstum gründet. Künstler, denen es ›wieder um was geht‹, nehmen diese Herausforderung an.«[1] Wer dies als Chance für ein neues, ein anderes (umgekehrtes) Wachstum begreift, wird jenen Künstlern als Impulsgebern und Schrittmachern einer Stadtentwicklung zumindest mental in ihren geistigen Freihafen der Leipziger Baumwollspinnerei folgen können. In deren Fahrwasser tummeln sich bereits Fahrradfabrikanten, Kultur- und Lagerarbeiter, Architekten, Modedesigner, Rapsöltankwarte, Hutformmacher, Essenslieferanten, Gastronomen und Galeristen, die einen Teil der 80.000 attraktiven Quadratmeter im doppeldeutigen Sinne unterhalten. Für sie bildet das Phänomen des Soziobiotops an der westlichen Leipziger Peripherie den Mittelpunkt ihres Alltags. Wo, wenn nicht hier, wird sie wahr: Die Vision von den blühenden Landschaften. Deren Gestalter, Monteure und Fabrikanten, Umnutzer und Nutznießer kommen aus vielen Gesellschaftssparten – ob Schlüsselfiguren oder Randerscheinungen – und eröffnen visionäre Ausblicke »auf ein soziales Anderssein, ohne das den betreffenden Orten tatsächlich keine Zukunft bleibt.«[2]

Die Stiftung Federkiel als Initiatorin des Symposiums versteht sich dabei als Katalysator, der innovative künstlerische Prozesse verstärken, vorantreiben und aktiv mitgestalten möchte. Ihre Hinwendung zur Halle 14 der Leipziger Baumwollspinnerei verbindet sich mit ihrem Engagement für den Kunststandort Leipzig und ihrem Förderschwerpunkt für Projekte vor Ort, um in den Dialog mit der Leipziger Kunstszene zu treten und Standortdiskussionen zu unterstützen. Nicht zuletzt betrachtet es die Stiftung Federkiel als ihre Mission, jene sechs Hektar Land, die Leipzigs Stadtplaner Dr. Karl Heine einst der Baumwollspinnerei-Aktiengesellschaft anbot und deren Gestaltung zu einer perfekt durchdachten Anlage mit dem Baubeginn 1884 ihren Anfang nahm, zu sichern und fort zu führen. In diesem Zusammenhang dankt die Stiftung Federkiel allen, die zum Gelingen dieser Publikation beigetragen haben, für ihre großzügige Unterstützung. Ein besonderer Dank gilt der Kulturstiftung des Bundes, dem Verlag für moderne Kunst Nürnberg und der Leipziger Baumwollspinnerei Verwaltungsgesellschaft mbH. Neben deren Partnerschaft kann einem nichts Besseres passieren als den Machern des Baltic, zu dessen Eröffnung die Architekturkritiker konstatierten: »Wirklich gute Kunst, mit dem Gebäude jedoch sind wir uns nicht sicher«, während die Kunstkritiker meinten: »Ein wirklich gutes Gebäude, nicht sicher sind wir uns aber mit der Kunst«.

1), 2) WOLFGANG KIL: »MODELLE FÜR SOZIALES ANDERSSEIN – KUNSTPROJEKTE IN SCHRUMPFENDEN STÄDTEN«; IN ZEITUNG 4 DER KULTURSTIFTUNG DES BUNDES, 2004.

01 BEGRÜSSUNG TEILNEHMER / TILLMANN SAUER-MORHARD

02 KARSTEN SCHMITZ UND BERNHARD SCHULZ

03 GANG ÜBERS SPINNEREIGELÄNDE

04 GANG ÜBERS SPINNEREIGELÄNDE

05 GANG ÜBERS SPINNEREIGELÄNDE

06 ATELIERBESUCH RICARDA ROGGAN

07 PRÄSENTATION CORNEL WACHTER IN HALLE 14

08 ATELIERBESUCH CHRISTIANE BAMGARTNER

09 SYMPOSIUMSPAUSENGESPRÄCH

10 BENJAMIN BERGMANN ERKLÄRT SEINE ARBEIT

11 ... UND IRGENDWANN WILL ICH ES WISSEN VON B. BERGMANN

12 DOREEN MENDE IM GESPRÄCH MIT B. SCHULTZE UND F. MOTZ

13 BODENMALEREI AUS RECYCLING THE SURFACE (TILO SCHULZ)

14 DACH HALLE 14

15 MITTAGSTAFEL, FREUNDESKREIS BUSCH-REISINGER-MUSEUM

16 MITTAGSTAFEL, FREUNDESKREIS BUSCH-REISINGER-MUSEUM

17 EINGANG HALLE 14

18 HINWEISPFEIL HALLE 14

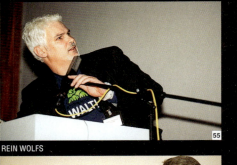
REIN WOLFS

KARSTEN SCHMITZ IM GESPRÄCH MIT HENRY MOSS

BÜCHERTISCH ZUM SYMPOSIUM

MICHAELA BUSENKELL UND BERNHARD SCHULZ

SOUNDPERFORMANCE CARSTEN NICOLAI AKA ALVA NOTO

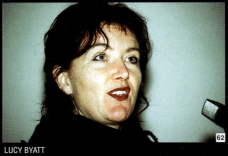
LUCY BYATT

MARJORIE ALLTHORPE-GUYTON

MARTIN KUNZ

HALLE 14, 3. STOCK

HALLE 14, 3. STOCK

DOMINIC WILLIAMS UND ALAN JONES

MARTIN KUNZ

OLIVER KOSSACK

DANIEL SCHÖRNIG

RICARDA ROGGAN, SILKE KOCH, LUCY BYATT UND MARJORIE ALLTHORPE-GUYTON

ABSCHLUSSDISKUSSION

WERNER SEWING (*1951)

ARCHITEKTURTHEORETIKER • ARCHITEKTUR- UND STADTSOZIOLOGE • 1969 - 75 STUDIUM DER SOZIOLOGIE, GESCHICHTE, POLITIKWISSENSCHAFT UND PSYCHOLOGIE IN BIELEFELD UND AN DER FU BERLIN • LEHRE IN ALLGEMEINER SOZIOLOGIE AN DER FU BERLIN UND POLITISCHER SOZIOLOGIE UND STADTSOZIOLOGIE AN DER TU BERLIN • 1992 - 95 DOZENT FÜR STADTSOZIOLOGIE UND ARCHITEKTURSOZIOLOGIE IN WEIMAR • FREIE MITARBEIT IN ARCHITEKTUR- UND PLANUNGSBÜROS • FREIER AUTOR • KURATOR • 1995 - 2001 WISSENSCHAFTLICHER ASSISTENT FÜR ARCHITEKTURSOZIOLOGIE AN DER TU BERLIN • 2000 GASTPROFESSOR AN DER UNIVERSITY OF CALIFORNIA IN BERKELEY • 2001 GASTKRITIKER AN DER ARCHITECTURAL ASSOCIATION IN LONDON UND 2001 - 02 AM BAUHAUSKOLLEG DESSAU • MITGLIED IM WISSENSCHAFTLICHEN BEIRAT DER REIHE *BAUWELT FUNDAMENTE* • STÄNDIGER MITARBEITER DER ZEITSCHRIFT *ARCHPLUS* • PRÄSIDIUMSMITGLIED IM KONVENT DER STIFTUNG BAUKULTUR • AUSSERORDENTLICHES MITGLIED IM BDA BERLIN • WISSENSCHAFTLICHER BEIRAT DER IBA FÜRST-PÜCKLER-LAND • PUBLIKATIONEN: *BILDREGIE. ARCHITEKTUR ZWISCHEN RETRODESIGN UND EVENTKULTUR* (2003) *ARCHITECTURE:SCULPTURE* (1994) • ZAHLREICHE AUFSÄTZE • SEIT 2002 GASTPROFESSOR AN DER UNIVERSITÄT DER KÜNSTE IN BERLIN • 2004 GASTPROFESSOR FÜR GESCHICHTE UND THEORIE DER ARCHITEKTUR UND STADT AN DER TU BRAUNSCHWEIG UND AN DER UNIVERSITÄT STUTTGART

FOTONACHWEISE

1), 2) LINDNER HOTEL, LEIPZIG
3), 4) PAUL VENABLE TURNER, *CAMPUS, AN AMERICAN PLANNING TRADITION*, NEW YORK, CAMBRIDGE, MASS., M.I.T. PRESS 1984, S. 176
5), 7), 8), 9) THE JERDE PARTNERSHIP INTERNATIONAL, *YOU ARE HERE*, LONDON, 1999, PHAIDON PRESS, S. 43
6) PROJEKT ROYAL OPERA HOUSE IN LONDON VON JEREMY DIXON UND EDWARD JONES IN: ANDREAS PAPADAKIS (HG.), *KLASSISCHE MODERNE ARCHITEKTUR*, PARIS 1997, TERRAIL, S. 47

STADT ODER THEMENPARK?

Zur neuen Verantwortung der Architektur

Vielen Dank für die Einladung. Ich habe nicht das Gefühl, dass Leipzig in der Gefahr ist, ein Themenpark zu werden, das sehe ich positiv und von daher könnte ich die Hälfte meines Vortrags schon streichen und nur noch über Stadt sprechen. Ganz so einfach wird es natürlich nicht. Als ich heute mit einem Schweizer Bekannten durch Leipzig fuhr, äußerte ich meine Faszination über diese ostdeutschen Städte, die noch richtige Städte seien im Gegensatz zu vielen westdeutschen Städten, und fügte noch an, dass ich diese Stadt als sehr deutsch empfinde – worauf er mich etwas verwundert ansah und entgegnete: wieso deutsch?

Ich bin damit beim Thema: Regionalismus, Nationalismus und Globalisierung. Ich denke, dass unsere Fragestellung damit zu tun hat. Jede Stadt, egal ob sie im schrumpfenden Teil der Bundesrepublik oder im immer noch boomenden Teil gelegen ist, wird mit dem Veränderungsdruck hin zu einer touristischen Stadt der Attraktoren konfrontiert, wenn auch die Problemlagen doch erheblich anders sind.

Die paradoxe Situation der Städtekonkurrenz besteht darin, dass Städte einerseits zur Profil- und Imagebildung gerade ihre Unverwechselbarkeit, ihre spezifische Atmosphäre, ihre historische Individualität herausstellen wollen, eben damit aber nur allzu oft eine Simulation erzeugen, der die Realitäten der Städte nicht entsprechen, die aber den touristischen Erwartungen entgegen kommen. Images scheinen längst ein Eigenleben zu führen, dem wir unsererseits nun entsprechen müssen. Stadtmarketing der Zauberlehrlinge?

Das Hotel, in dem ich untergebracht bin, hat einen kleines Leporello, dort wird einmal auf den Ort, Leipzig, verwiesen; weiter ist darauf ganz groß vermerkt: Aktivraum – und wir sind alle sicherlich der Meinung, dass eine Stadt ein Aktivraum ist, wäre sie ein Passivraum, dann wäre sie wahrscheinlich eine Geisterstadt. Nur das Bild auf diesem Leporello irritiert doch etwas. Hier sind eine sehr schöne Frau und sehr viel Bein zu sehen, sie entsteigt einem Auto und die ästhetische Codierung dieses Bildes legt sofort den Eindruck nahe: mondänes Leben der 1920er Jahre. Schauen wir genauer hin: das Auto, das hier abgebildet ist, müsste eigentlich eher aus den 1950er Jahren stammen, dann stutzt man und bringt die verschiedenen Ebenen zusammen: Aktivraum und schöne Frau, man kommt gleich in einen bestimmten, erotisch geladenen Stadtdiskurs. **Abb. 1)** Allerdings ist Leipzig nicht Las Vegas, so schlimm kann es dann doch nicht sein, aber hat das Bild überhaupt etwas mit Leipzig zu tun? Eigentlich nicht, die Bilderwelt bestimmt ohne realen Ortsbezug unsere Vorstellungswelt. Das reale Leipzig ist räumlich dagegen immer noch sehr von Kaiserreich und Weimar, natürlich auch von DDR geprägt. Mondän ist die Stadt gewiss nicht. Das reale Leipzig bezieht seinen Reiz gerade aus der Abweichung von den Klischees internationaler Stadtvermarktung. Dies ist es gerade, was die Stadt so spannend macht.

Wenn man die Hotelselbstdarstellung nun aufschlägt, dann hat man links unten das Hotel, das liegt mitten im Grünen, also eine Insel, die überall sein könnte, auch in der Schweiz, deswegen auch die anfänglich zitierte Frage: warum deutsch? Wenn man dann etwas weiter durch das Leporello blättert, erscheint immerhin Leipzig in einer Luftaufnahme. Darauf ist der Universitätsturm zu sehen, die Innenstadt, und die Aufnahme verweist perspektivisch auf einen sich anscheinend unendlich ausdehnenden Grünraum. Das ist also das große Gebiet, wo die Pleiße durch fließt und wo man auch durchfährt, um hierher zu kommen. Man hat das Gefühl, Leipzig ist eine sehr propere, sehr schöne Stadt mitten in einer unendlichen grünen Weite. Nun weiß man, dass die Landschaft durchaus ihre Ästhetik des Hässlichen und ihre Probleme hat, auch wenn nicht zu übersehen ist, dass es dennoch auch Grün gibt. **Abb. 2)** Insgesamt ist die Aufmachung jedoch so, dass Leipzig eigentlich überall sein könnte. Schöne Frauen, die Autos entsteigen, gibt es überall, in Düsseldorf wahrscheinlich mehr als in Leipzig. Liegt Leipzig also überall? Können wir statt Learning from Las Vegas auch Learning from Leipzig sagen?

Städte haben schon länger, seit bestimmt zwanzig Jahren – und wer historisch genau sein will, findet schon vor hundert Jahren Aspekte davon – mit einem harten Wettbewerb zu tun, der sich unter den Bedingungen der Globalisierung verschärft hat. Anzunehmen, dass vor der Globalisierung eine Städtekonkurrenz nicht existiert habe, auch übernational, wäre falsch, und so kann man tatsächlich auch an einer Stadt wie Leipzig sehen, dass sie bereits im Kaiserreich ganz offenkundig mit anderen großen Städten Mitteleuropas konkurriert hat. Und die Architektur dieser Stadt, die ja da, wo sie noch erhalten ist, faszinierend ist und zum Teil üppiger als die in Berlin, weist darauf hin, dass man sich auch auf dem Höhepunkt der Messestadt Leipzig, sagen wir mal um 1900 bis 1910, sehr wohl bewusst war, mit wem man alles konkurrierte, von Prag bis Paris. Leipzig wirkt auf jeden Fall heute noch metropolitaner als Zürich.

Nun wissen wir aber, dass dieses Bild und die Realität auseinander fallen. Zürich ist eine Global City, ein internationaler Finanzplatz, während Leipzig im Zentrum einer schrumpfenden Region liegt. Andererseits hat Leipzig eine urbane Infrastruktur und auch eine atmosphärische Dichte, um die es manch eine andere Stadt beneiden würde. Es könnte sogar sein, dass die Marginalisierung von Leipzig mit dieser Qualität des Stadtraums etwas zu tun hat. Dennoch bleibt das Grundproblem, dass Städte miteinander konkurrieren und dass wir einen gnadenlosen sozial-darwinistischen Prozess haben, in dem Schrumpfen und Wachstum parallel laufen, zu sozialen und räumlichen Verwerfungen führen.

Schrumpfende Städte sind zum Problem der neuen Bundesländer geworden und Leipzig gehört ja zu der Region, die auch von der Kulturstiftung des Bundes als Schrumpfungsthema bearbeitet wird. Auch in Westdeutschland gibt es einige Schrumpfregionen, aber erheblich weniger und natürlich auch, angesichts der ganzen Geschichte, auf erheblich höherem Niveau: das Ruhrgebiet, das Saarland, aber auch das ländliche Ostfriesland. Wenn wir uns in der Welt umsehen, kennen wir sehr viele Schrumpfregionen, wir kennen Nordfrankreich, Teile Belgiens, große Teile der englischen Midlands, große Teile der östlichen Mitte der USA, man nennt das immer die Heartlands, die man auch als Industrial Rust Belt, als Rostgürtel, bezeichnet. Es gibt in den USA nur wenige staatliche Programme, mit dem Thema Schrumpfung umzugehen, jede Stadt muss sich wie Münchhausen am eigenen Schopf aus dem Sumpf ziehen. Manchen gelingt dies mehr schlecht als recht, so etwa Pittsburgh. In neoliberalen Regimes gibt es nicht das soziale Netz, das die neuen Bundesländer bis jetzt zusammenhält, auch nicht die üppigen Infrastrukturmaßnahmen. Das heißt, wenn wir schrumpfen, dann auf hohem Niveau. In anderen Teilen der Welt, und zwar in den industrialisierten Gebieten, nicht in den ohnehin peripheren Gebieten, ist Schrumpfen ein harter Vorgang – hier ist er ein erheblich abgemilderter Prozess.

Was kann dann also die Frage der Stadtkonkurrenz bedeuten, wenn wir schrumpfende Regionen in Kontrast setzen zu wachsenden Regionen? Ich glaube, da liegt eines der Probleme, denn ich habe ja hier mit meinem Vortrag den Part des allgemeinen Einstiegs und Problemaufrisses. Es kommen gleich eine ganze Reihe von Vorträgen, die sehr genau zu konkreten Aspekten des Verhältnisses Stadtentwicklung, Umnutzung von Industriegebäuden, Kulturszene sprechen werden, mein Part ist etwas allgemeiner. Daher werde ich konkrete Kommentare zu den Themen den Referenten überlassen. Die Frage ist nur: was ist die allgemeine Ebene, auf der dieses Thema sinnvoll behandelbar ist? Die Ebene ist vorgegeben durch das Thema Stadtkonkurrenz, aber damit scheint es an sich noch nicht getan zu sein. Wir haben fast alle Konzepte, die schon seit Jahrzehnten entwickelt werden, in den 1990er Jahren Revue passieren lassen. Der Beginn dieses Jahrtausends ist eher dadurch gekennzeichnet, dass wir kaum noch neue Ideen haben. Wir leben im Augenblick in einer Zeit, die ich im Anschluss an Arnold Gehlen kulturelle Kristallisation nennen möchte. Alle großen Innovationen auf dem kulturellen Sektor hat es zunächst einmal zu Beginn des 20. Jahrhunderts gegeben, und es hat im Zuge der Postmoderne noch einmal einige Korrekturen gegeben, wir leben dagegen derzeit in einer Ära des kulturellen Stillstandes. Und zwar völlig unabhängig davon, ob die Ökonomie boomt oder nicht. Das könnte aber vielleicht eine Frage sein, ob das Nichtboomen der Ökonomie vielleicht das Gegenteil von kulturellem Stillstand ermöglichen könnte. Das wäre dann wieder eine Frage, die auch diese Region im engeren Sinne betrifft. Und das Durchspielen aller Innovationen im Bereich des Stadtmarketing hat in den 1990er Jahren eigentlich zu einem großen Thema geführt, das ich ganz kurz zusammengefasst habe mit dem Stichwort Themenpark. Doch seitdem gibt es keine wesentlichen Neuansätze, wir wissen, nach welchen Kriterien Städte vermarktet werden – Städte werden über Attraktoren vermarktet. Attraktoren sind entweder die Geschichte dieses Ortes, aber aufbereitet als Mythos, oder, dessen traurige Kehrseite, als Klischee. Die Geschichte allein reicht in der Tat nicht, sie muss stilisiert werden, die Geschichte muss einen Mythos ergeben, und dieser kann vermarktet werden. Wir wissen heute sogar, dass auch ein Mythos ohne Geschichte vermarktet werden kann. Beim Potsdamer Platz in Berlin ist bis heute nicht klar, ob dieser Mythos überhaupt irgend etwas mit dem historischen Vorbild zu tun hat oder nicht – was dort aber als Mythos vermarktet wird, hat mit der realen Geschichte in der Tat nichts, aber auch gar nichts zu tun und es ist völlig unabhängig von dem Erfolg der Vermarktung: 70.000 Besucher pro Tag. Das war genau die Planung, die man vor dem Bau vorgesehen hatte, und da wird man etwas stutzig. So eine gute Planerfüllung hat es selbst in der DDR nicht gegeben, man glaubt es fast nicht. Aber er ist zumindest voll.

Das Modell synthetischer Mythen verweist uns historisch natürlich auf Länder, die über weniger substanzielle Geschichte verfügen wie die Regionen in Mittel- oder Südeuropa. Die USA haben seit Anbeginn mit dem Problem gehadert und gekämpft, keine eigene lange Geschichte und Tradition vorweisen zu können. Sie haben stattdessen eine Instant-Geschichte geschaffen. Nur ein Beispiel: sowohl die bekannten Ivy-League-Universitäten der amerikanischen Ostküste, aber auch große Staatsuniversitäten wie zum Beispiel Chicago Abb. 3), wurden erst in diesem Jahrhundert oder am Ende des 19. Jahrhunderts gebaut. So hatte man zum Beispiel die Universität von Chicago, die in den 1890er Jahren mit Geldern der Rockefeller Foundation gebaut wurde, mit einem grauen Stein errichtet, der bereits beim Verarbeiten alt aussah. Man wählte eine gotische Architektursprache, die an die englischen Universitäten Oxford und Cambridge erinnerte, so dass die Universität kaum, dass sie gebaut war, bereits Tradition repräsentierte. Die Yale University, die erst in den 20er, 30er und 40er Jahren des letzten Jahrhunderts gebaut wurde, ist eine perfekte neogotische Anlage, bei der man nicht genau weiß, ob sie echt ist und renoviert wurde, oder gleich neu alt gebaut wurde. In heutigen Themenparks nach dem Vorbild von Main Street in Disneyland nennt man dieses Verfahren »Compression of Time and Space«. Abb. 4)

Das Schaffen eines Bildes von Geschichte, ohne dass es diese Geschichte real je gegeben hat, ist eine Kunstfertigkeit, die in den USA immer beherrscht wurde, aber auch im asiatischen Kontinent vorhanden ist. Dort geht man erheblich synkretistischer und freier mit Geschichte um. Man bedient sich, wo man nur kann, und versucht, es so perfekt wie möglich zu adaptieren. So habe ich bereits in den 1980er Jahren in Thailand perfekte Weihnachtsfeiern gesehen, ohne dass einer der Beteiligten überhaupt wusste, was Christentum bedeutet. Den Begriff Authentizität finden wir etwa im Chinesischen nicht. In unserem vom Wahrheitsanspruch der Moderne geprägten Kulturkreis tun wir uns damit schwer. Als Vertreter einer bestimmten Kunst- und Ästhetikkonzeption, die Authentizität einklagt, kann man mit postmodernen Simulakren, mit dem Fingieren von Geschichte, wo keine ist, wenig anfangen. So gesehen ist das Thema Themenpark hochgradig kulturkritisch belastet. Dort, wo Städte als Themenpark relaunched werden, ist in dieser Sicht Stadt nicht mehr vorhanden. Stadt ist dann eine inszenierte Projektionsfläche, auf der die Fremdenverkehrsämter, die großen Reiseunternehmen, die Theater und so weiter ihre Inszenierungen platzieren und dafür sorgen müssen, dass genügend Zuschauer kommen. Aber auch die Einwohner der Stadt werden in der Sicht der Inszenierung zu Touristen. Jeder kleine Einbruch in den Touristenzahlen löst in manchen Städten fast Panik aus. In Berlin hat es drei Jahre, vier Jahre einen Boom gegeben, und der flacht jetzt, im Jahr 2002, gerade ab, geht sogar etwas runter – und sofort ist die Berliner Presse beunruhigt, was sich natürlich verstehen lässt, wenn man weiß, dass die deutsche Hauptstadt gegenwärtig nur über wenige andere stadtwirtschaftliche Potenziale verfügt. Letztlich ist Berlin nur Hauptstadt, die Beamten sind ihre einzige solide Basis, indes eine viel zu schmale.

Der enge Zusammenhang von Stadtmarketing, Tourismus und Themenpark ist in den 1990er Jahren in unzähligen Beispielen durchgespielt worden, zusehends auch in den neuen Bundesländern. In einer Stadt wie Weimar etwa war dies natürlich nahe liegend, auch die DDR hatte den bildungsbürgerlichen Tourismus schon gefördert. Was kann man besser vermarkten als Goethe, Schiller und die Klassik. Und in der Tat war es in Weimar als Kulturhauptstadt so weit gekommen, dass diese Stadt tatsächlich Züge eines Themenparks annahm. Wenn man sich aber heute Weimar genauer anschaut, stellt man fest, es ist kein Themenpark. Man hat relativ sensibel historische Substanz hergestellt, die ganze Stadt ist nicht künstlich geworden, sie ist zwar zum Teil etwas zu schön geraten, vielleicht hätte Goethe das sogar goutiert, ich weiß es nicht, sie ist aber kein Themenpark. Was auch ihr Problem ist: sie ist noch genauso provinziell, wie sie es früher war. Sie ist nämlich genau genommen soziokulturell nicht mal eine Stadt. Aber sie ist sehr schön und sie ist kein Themenpark. Ich glaube, dass es nirgendwo in den neuen Bundesländern, trotz zum Teil schriller Renovierungen, die gerade durch ihre demonstrative Neuheit eher abstoßen, eigentlich dazu gekommen ist, dass es irgendeine Stadt in den neuen Bundesländern gibt, bei der man sagen könnte: sie ist ein Themenpark. Wenn man aber jetzt genau hinsieht, ist auch in den meisten westlichen Städten die Themenparksimulation ein örtlich begrenztes Phänomen. Nicht ganz London ist ein Themenpark, aber der Picadilly Circus sicherlich. Wir haben verthemenparkte Inseln, wenn man so will, die aber durchaus nicht ganze Städte umfassen. Ein Gesamtkonzept, wie etwa in Las Vegas, obwohl die Wohngebiete dort auch nicht davon berührt sind, ist in Europa in der Regel nicht existent. Und auch eine Stadt, die so vom Tourismus geprägt ist wie Paris zum Beispiel, ist als Stadt genuin französisch geblieben und sie ist als Ganzes kein Themenpark.

Meine erste Vermutung ist nach den Erfahrungen der 1990er Jahre: die Krisendiagnose Themenpark, die damals exzessiv gehandelt wurde – Las Vegas ante portas – kann relativiert werden, es ist weniger dramatisch gekommen, als man befürchtet hatte. Es sind Inseln von Themenparks, aber keine Stadt ist als Ganzes je zu einem Themenpark geworden, und von daher glaube ich, dass dieses Thema nach den ersten empirischen Erfahrungen etwas an Brisanz verloren hat. Aber man muss auch vorsichtig sein, die Zeiträume sind relativ kurz, wir brauchen längere Zeiträume, um so etwas wirklich analysieren zu können.

Architektur spielt nun, in dieser ganzen Aufwertung von Städten im Stadtmarketing, eine zentrale Rolle. In den 1990er Jahren waren wir davon überzeugt, dass Architektur das Leitmedium der Gesellschaft geworden ist, indem sich fast alle zentralen gesellschaftlichen Themen in irgendeiner Weise kristallisieren, und Architektur ist ebenfalls zu etwas geworden, mit dem jede Stadt sich schmückt, präsentiert und vermarktet. Ein Stichwort, natürlich allgemein bekannt: Frank Gehry, der Architekt, der das Guggenheim Museum in Bilbao gebaut hat. Mittlerweile reißen sich Kleinstädte in der westdeutschen Provinz um einen kleinen »Gehry«, Bad Oeynhausen ist empfehlenswert, dort steht sogar ein relativ guter »Gehry«. Ein Daniel Libeskind für jede Stadt wäre auch schön, ein Libeskind für Leipzig etwa, in Dresden hat er gerade Schwierigkeiten. Das Phänomen des Stararchitekten, bereits in der Postmoderne bekannt, ist mittlerweile global verbreitet, es gibt einen kleinen Kreis von »großen« Architekten, die global interagieren, die jede Stadt bespielen können, die, wenn man ihnen denn glauben will, jede Stadt innerhalb von zwei, drei Tagen verstehen, die manchmal nicht mal da gewesen sein müssen, um dort zu bauen. Dieses Phänomen des Stararchitektentums hat natürlich in den Regionen mittlerweile Widerstand hervorgerufen – völlig verständlich, denn dieses Bauen hat ja nicht wirklich mit Regionalismus, mit dem Ort zu tun. Nur: »heimische« Architekten liefern häufig nicht minder Konfektionsware, nur öfters von schlechterer Qualität.

Das Phänomen des Stararchitekten erklärt also nicht die globale Homogenisierung simulierter Räume, auch wenn es dem Trend zum Architainment Vorschub leistet. Es umfasst bestimmte Bauherren, große Unternehmen, die sich repräsentieren wollen, bestimmte globale Städte, die irgendwie ein Highlight brauchen. Innsbruck hat jetzt zum Beispiel eine Sprungschanze von Zaha Hadid und ein Erfolgskriterium, so hat mir gerade ein österreichischer Architekt gesagt, ist, dass die Autobahn, die unterhalb dieser Sprungschanze vorbeiläuft, ständig Staus aufweist, weil die Autofahrer langsam fahren und nach oben sehen. Es geht hier um Architektur als Entertainment, man spricht auch von Architainment und auch dieses Phänomen wurde in den 1990er Jahren durchgespielt – es ist nicht überwunden, aber rein quantitativ ist es natürlich begrenzt. Mehr als drei, vier große Showobjekte kann sich eine normale Stadt nicht leisten, kleinere Städte nicht mal das.

Schrumpfstädte sind eigentlich zunächst einmal Orte und Räume, die in dieser Art bespielt werden können. Das heißt, alle Phänomene, die ich bisher kurz angerissen habe, sind weitestgehend analysiert, beobachtet, beschrieben, kulturkritisch verarbeitet, gut verdaut. Deswegen relativ kurz: diese Phänomene gelten unter der Prämisse, dass die Städte, die sich mit dieser Art von Attraktoren schmücken, Städte sind, die sich in einer Wachstumsdynamik befinden, oder aber diese Wachstumsdynamik, wenn sie denn abgeflaut ist, wieder ankurbeln wollen. Und in der Tat: die großen Architekturszenen sind in der Regel identisch mit Gebieten, die ökonomisch vergleichsweise stabil sind, entweder Global Cities – oder aber Regionen wie etwa Südwestdeutschland, hinübergehend nach Österreich und in die Schweiz, wo eine dynamische Mittelschichtsökonomie existiert, die über sehr viel Geld und Innovationsfähigkeit verfügt und die sich kleinteilig, flächendeckend gute Architektur leistet.

So ist im Augenblick der Südwesten Deutschlands für die Architekturszene viel spannender als etwa Berlin, das im Augenblick wenig interessante, zukunftsweisende Architektur vorweist, aber mit Masse des in Mitte neu Gebauten beeindruckt. Viele Kleinstädte in Baden-Württemberg verfügen hingegen über zum Teil hinreißende neue Architektur, nicht zu reden von der vorbildlichen Schweiz oder von anderen kleinen Ländern, etwa dem österreichischen Vorarlberg, die es verstanden haben, sich gerade über Architektur, sogar nicht nur als Stadt, sondern als ganzes Land zu profilieren. Die Schweiz ist ein Brand, eine Marke. Die Schweizer Architektur hat den Ruf, gut zu sein, auch wenn dies vor Ort dann nicht immer stimmt, aber eben im Schnitt doch nicht falsch ist. Auch die Niederlande haben ein vergleichbares Bild über zehn Jahre hinweg erfolgreich entwickelt, und erst jetzt gibt es die ersten Eintrübungen, man spricht sogar von einer Krise der holländischen Architektur. In Deutschland hat die Politik noch nicht wirklich begriffen, dass gute, moderne Architektur unter dem Gesichtspunkt der Standortvermarktung zentral ist, wir haben eine Bremskultur entwickelt, die gute Architektur eher erschwert.

Aber gilt dies denn tatsächlich alles generell? Wenn ich also von der Schweiz spreche, spreche ich von einer im Augenblick zwar etwas kriselnden, aber doch einer stabilen, dynamischen und definitiv wachsenden Wirtschaft. Das gilt auch für die Niederlande. Die Strukturkrise, die wir in Deutschland beklagen, ist im Augenblick im europäischen Umfeld nicht beobachtbar. Obwohl es dort nicht mehr große Wachstumsraten gibt und natürlich auch die ersten Probleme auftauchen. Wenn man sich also umschaut, können wir feststellen, dass es im Umkreis um Deutschland herum eine Reihe von Modellen gibt, wo entweder Länder-, Staats- oder Kommunalregierungen es verstanden haben, sich zukunftsweisender Architektur zu bedienen, um ihre weichen Standortfaktoren zu qualifizieren.

Mittlerweile ist – als Folge der Postmoderne der 1980er Jahre – ein neues Phänomen zu beobachten, dass nicht von »oben«, sondern aus der Gesellschaft heraus eine Transformation der Stadt in Richtung auf eine Kulissenwelt des Simulakren fördert. In Deutschland noch eher schwach, offensiv aber in England, auch im neuen Russland, in Osteuropa und in den USA. Dort gibt es eine starke Retrotendenz, in der nun das Thema Architektur sich verknüpft mit einem ganz anderen Thema. Wir sind seit dem 20. Jahrhundert daran gewöhnt, Architektur mit Zukunft, mit Dynamik, mit Fortschritt, mit Ausgreifen in Unbekanntes zu assoziieren. Seit der Postmoderne schleichend und in den letzten Jahren zunehmend, hat Architektur eine andere Funktion, sie hat die Funktion, Identitäten zu vergewissern und die Identitätsdiskussion, die seit Jahren fast überall zu beobachten ist, weist stark regressive Züge auf. Man glaubt, Identität nur im Blick zurück sichern zu können und sie im Rekonstruieren von Stadtschlössern, von Frauenkirchen und ähnlichem herstellen zu können. Wir stellen etwa fest, dass die Frauenkirche in Dresden ein Objekt der Liebe geworden ist. Das Herz Dresdens, zumindest des älteren Teils seiner Bewohner, schlägt tatsächlich für die Frauenkirche. Man erwärmt sich hingegen nicht für moderne Architektur.

Architektur als Retroelement ist nun ein Problem für die Profession und aller an zeitgenössischer Kultur Interessierten. Eine völlig neue Themenparkdiskussion steht uns bevor, nicht bei Tourismusexperten, sondern unter seriösen Bildungsbürgern, die ihren Goethe noch im Schrank stehen haben. Diese Tendenz könnte ähnliche Folgen haben wie die rein kommerzielle Disney-Themenparksarchitektur, die wir in Amerika seit Jahrzehnten kennen. Es könnte sein, dass wir eine Retroentwicklung bekommen, die uns kulturelle Identitäten verpasst, die wir vielleicht in der Zukunft gar nicht mehr haben wollen und die bereits unserer Gegenwart nicht entsprechen. Wir sollten also wirklich darauf achten, und ich glaube, das ist gerade für die Kulturszene tatsächlich eine reale Gefahr, dass sich im gebildeten Bürgertum, auch in Deutschland, aber besonders in den USA, eine Haltung herausbildet, die wir aus dem Kaiserreich kennen, eine heftige, richtig emotionale, antimoderne Attitüde, die zu Ausbrüchen, zu Emotionen, zu Beschimpfungen und ähnlichem führt. Es gibt in den USA eine Tendenz unter dem Titel »New Classicism«. Dieser Neue Klassizismus bekämpft alle »Auswüchse« der Moderne: die Moderne habe uns hässliche Menschen gebracht, falsche Proportionen, schrille Musik usw. Und wenn man sich das Vokabular dieser Bewegung, bestehend aus überwiegend seriösen Bildungsbürgern von der Ostküste, einmal auf der Zunge zergehen lässt (man kann es sich im Internet unter »New Classicism« heraussuchen), zeigt sich eine verblüffende Ähnlichkeit mit dem Vokabular der Nazis. Es ist aber ganz definitiv nicht in dieser Ecke angesiedelt. Der »New Classicism« ist tatsächlich der Rekurs auf ein Bildungsideal, das in irgendeiner Weise aus der Antike adaptiert wurde und das man einem entarteten Kulturbild entgegensetzt. Das heißt, wir haben im Augenblick eine Diskussion über Entartete Kunst. Das ist neu. Das ist gefährlich und das, glaube ich, tangiert jede Kulturszene – die modernen Künstler in Amerika haben das bereits zur Kenntnis genommen und es gibt zusehends Artikel zu diesem Thema.

Mittlerweile berührt dieses Retrophänomen, das ich vielleicht im Augenblick für das generell Gefährlichste halte, auch die Regionen, von denen wir hier unmittelbar sprechen, nämlich die Schrumpfregionen der neuen Bundesländer. Wir haben natürlich mit dem Ende der DDR eine ganz interessante Entwicklung erlebt, die dazu führte, dass ein Großteil der DDR-Moderne, die Plattenästhetik und ähnliches, negiert werden, dass es einen Nachholbedarf an Postmoderne, dass es gar ein starkes Bedürfnis nach historischen Monumenten gibt, wie etwa die Garnisonskirche in Potsdam oder das Stadtschloss in Berlin oder aber auch die Bauakademie in Berlin. Diese Monumente standen alle nach dem Krieg noch als Ruinen und wurden unter Ulbricht gesprengt. Der Drang, diese heute als Repliken wieder zu errichten, ist groß. Man kann diese Art von rückwärts gerichteter, ausgleichender Gerechtigkeit zunächst einmal durchaus nachvollziehen. Das klassische Argument in Berlin für das Schloss ist immer wieder: Wir wollen nicht, dass Ulbricht Recht behält! Auf den ersten Blick ganz plausibel, auf den zweiten Blick eher gespenstisch.

Diese Motivation, die vorhanden ist, hat also hier in den neuen Bundesländern eine neue Dimension in der Form bekommen, dass man eben nicht nur die Moderne ablehnt, sondern zusätzlich natürlich auch noch die kommunistische Vergangenheit mit ihren ganzen Auswüchsen. Umgekehrt gibt es Tendenzen, die stalinistische Architektur in der ehemaligen DDR durchaus zu lieben. Und in der Sowjetunion gibt es mittlerweile eine gespenstisch-faszinierende Synthese aus zaristischer und stalinistischer Architektur, die sich großer Beliebtheit erfreut. Was aber nicht goutiert wird, sind die russischen Konstruktivisten der 1920er Jahre, deren Häuser alle in einem jämmerlichen Zustand sind und zum Teil schon verschwinden.

Diese Beobachtung führt uns zurück nach Leipzig. Wenn man durch Leipzig fährt und mal von den großen Veränderungen in Teilen der Innenstadt absieht, fährt man durch verblüffend große Quartiere, die so aussehen, wie sie bereits 1920, 1939 ausgesehen haben mögen. Die Qualität fast aller ostdeutschen Städte ist, dass sie über große Quartiere verfügen, in denen Geschichte in einem Maße präsent ist, wie sie in Braunschweig und Hannover nicht mehr vorhanden ist oder nur künstlich nachinszeniert wurde. Hier ist sie noch da. Meine unmittelbaren Weimar-Erfahrungen direkt nach der Wende waren einfach faszinierend, weil ich dort eine Stadt sah, in der alle Schichten der deutschen Geschichte völlig normal präsent waren. Sie mussten nicht inszeniert werden, sie waren einfach da. Die große kulturelle Chance von schrumpfenden Regionen ist paradoxerweise ihr Schrumpfen, ihr Stillstand. Viele baugeschichtlich reizvolle Städte Deutschlands wurden von der Industrialisierung nur marginal erfasst. Es waren die unglücklichen Städte des 19. Jahrhunderts, die nicht industrialisiert wurden.

Schrumpfen kann also das Potenzial in sich bergen, dass der Krampf der Retrokultur, Geschichte zurück erfinden zu müssen, weil wir sie doch ach! verloren haben, nicht nachvollzogen werden muss, weil aufgrund des Schrumpfens die Geschichte immer noch da ist – wenn auch gefährdet. Und es besteht immer noch die große Chance, auch in Leipzig, diese Geschichte einfach präsent zu halten, in dem man sie nicht zerstört. Das ist durchaus möglich. Länder, die über einen Fundus an geschichtlicher Architektur verfügen, sind häufig insgesamt offener für Innovationen, weil sie nicht den Nachholbedarf haben, oder das Gefühl, sie müssen eine Wunde heilen, die keine Wunde ist. Es gibt heute in Böhmen, in Tschechien, eine hochinteressante, junge Architektur, die sehr weit geht und die überhaupt nicht als Problem begriffen wird, weil Prag als Prag eben Prag ist. Man muss Prag nicht retten, Prag ist da. Man kann sich also Innovationen leisten und produktiv werden. Das gilt auch für Österreich und das gilt für viele andere Teile der Welt, eine Stadt, die im Augenblick immer spannender wird, ist Budapest. Dies ist eine Chance der schrumpfenden Regionen. Die schrumpfenden Regionen haben die Möglichkeit, gelassener mit Geschichte umzugehen. Sie müssen sich nicht ständig rächen und auch die ehemalige DDR muss sich nicht immer am Kommunismus rächen. Diese, zunächst positive Botschaft im kulturellen Sinne hat gewissermaßen eine zweite Seite, und diese zweite Seite hat mit der Kulturszene zu tun, das ist der zweite positive Aspekt des Schrumpfens, nämlich eine riesige Fläche zu bespielen – in einer solchen stehen wir gerade – die sie gar nicht bespielen kann.

Es ist durchaus denkbar, dass Architektur – jenseits der Themenparkthematik – unter den Bedingungen schrumpfender Regionen eine ganz andere Rolle spielt. Louis Sullivan hat mal gesagt: »architecture interprets and initiates«, sie interpretiert und sie initiiert. Architektur in schrumpfenden Regionen muss in ihren Interpretationen zurückhaltend sein, sie kann sich aber eine Radikalität gleichzeitig erlauben, die in anderen Regionen aufgrund der Hypersensibilität, was das Stadtbild anbelangt, zum Teil nicht möglich ist. Sie kann unter Umständen ihre Zurückhaltung mit radikalem Experiment kombinieren. Diese Architektur muss nicht spektakulär sein – gute Architektur kann klein sein und interessant. Architektur hat aber in schrumpfenden Regionen vor allem die Funktion, to initiate, zu initiieren. Sie muss also die Räume, die vorhanden sind, behutsam und vorsichtig qualifizieren, sie muss nicht exaltiert sein, sie kann dennoch radikal sein, und deswegen meine abschließende These: für die Architektur kann sozial denken in schrumpfenden Regionen nur heißen, die Potenziale, die vorhanden sind, zu fördern. Sie ist eindeutig dienende Architektur und nicht auftrumpfende Architektur und sie muss nicht Las Vegas initiieren. Es könnte also tatsächlich sein, dass irgendwann einmal Bücher geschrieben werden, die heißen: Learning from Leipzig.

1) LEPORELLO VOM LINDNER HOTEL, LEIPZIG, INNENSEITE

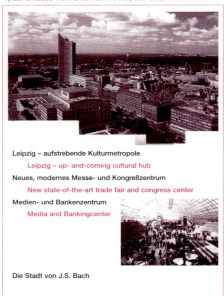

2) LEPORELLO VOM LINDNER HOTEL, LEIPZIG, VORDERSEITE

5) HORTON PLAZA, SAN DIEGO, 1985

6) ARKADEN DES MARKET SQUARE, LONDON

3) UNIVERSITY OF CHICAGO, ZEICHNUNG VON HENRY IVES COBB, 1893

4) GEBÄUDE DER UNIVERSITY OF MINNESOTA, ZEICHNUNG VON CASS GILBERT, 1910

Sewing · 48 · R/01

7) UNIVERSAL CITY MASTERPLAN UND UNIVERSAL CITYWALK, LOS ANGELES, 1989/93

8) BELLAGIO HOTEL, LAS VEGAS, 1998

9) RINKU BEBAUUNGSPLAN UND BLOCK III OSAKA IN JAPAN

ARNE WINKELMANN (*1969)
DIPL.-ING. • ARCHITEKTURTHEORETIKER • 1989 - 92 GRÜNDUNGSMITGLIED UND VORSTAND DES INDUSTRIETEMPEL E.V. IN MANNHEIM • 1991- 93 STUDIUM DER GERMANISTIK UND PHILOSOPHIE AN DER UNIVERSITÄT MANNHEIM • 1993 - 99 STUDIUM DER ARCHITEKTUR AN DER BAUHAUS-UNIVERSITÄT WEIMAR • SEIT 2000 DOKTORAND AM KULTURWISSENSCHAFTLICHEN SEMINAR AN DER HUMBOLDT-UNIVERSITÄT ZU BERLIN BEI PROF. DR. HARTMUT BÖHME • SEIT 2001 DOKTORAND AM LEHRSTUHL FÜR DENKMALPFLEGE AN DER BAUHAUS-UNIVERSITÄT WEIMAR BEI PROF. DR. HERMANN WIRTH • SEIT 2000 REDAKTEUR BEI *BAUNETZ ONLINE-DIENST*

FOTONACHWEISE
1) ARNE WINKELMANN
2) WESTFÄLISCHES AMT FÜR DENKMALPFLEGE
3) FABRIK, HAMBURG-ALTONA
4) K14, OBERHAUSEN
5) ELFI TRIPAMER AUS: *DAIDALOS* NR. 53, S. 58
6) FLOTTMANNHALLEN, HERNE
7) UNBEKANNT
8) WILFRIED SCHÖLLER
9) ARENA, BERLIN-TREPTOW
10) FRITZ LANG
11) DIETER LEISTNER, MAINZ, AUS: *DAIDALOS* NR. 58, S. 133
12) UNBEKANNT

Arne Winkelmann

KULTURFABRIKEN

Kulturelle Umnutzung von leer stehenden Industriegebäuden

Seit Ende der 1960er Jahre werden in Deutschland leer stehende Fabrikgebäude und Industrieanlagen für kulturelle Zwecke besetzt, umgenutzt und zu so genannten Kulturfabriken umgewandelt. Überwiegend soziokulturelle Initiativen und Vereine haben mit der Gründung von Stadtteil- oder Kulturzentren neue Formen der Kulturarbeit geschaffen und verstetigt. Aus anfänglichen Nischenprojekten entwickelten sie sich in größeren Städten innerhalb weniger Jahre zu etablierten Kulturinstitutionen, die neben den bereits bestehenden Kulturinstitutionen, wie den Opern-, Theater- und Konzerthäusern, Kunsthallen und Museen, zum festen Bestandteil des kulturellen Angebots der Kommunen geworden sind. Dieser Trend ist seit dreißig Jahren ungebrochen und hat die Kulturpolitik und -landschaft der Bundesrepublik nachhaltig beeinflusst und verändert.

Durch die lange Wirkungsgeschichte und weite Verbreitung von Kulturfabriken fällt heute die Diskrepanz zwischen der Sphäre der Arbeit und der Sphäre der Kultur, die in ihnen zur Deckung kommen, nicht mehr auf. Diese Verschränkung wird als normal oder gewöhnlich rezipiert, obwohl sie per definitionem als in höchstem Maße widersprüchlich angesehen werden muss. Die Fabrik als Ort der materiellen Arbeit, darüber hinaus der arbeitsteiligen und entfremdenden Produktion, stellt das Gegenteil von einem Ort der Kultur, also der geistigen Arbeit, der freien, nicht-operationellen Tätigkeit dar. So stellt sich die Frage: Warum suchen sich Kulturschaffende Industriegebäude als Orte ihrer Tätigkeit? Oder: Was eignet Fabrikgebäude für Kulturarbeit?

Kulturzentren als Erweiterung des kulturellen Angebots entwickelten sich aus der funktionalen Neuinterpretation von Industriegebäuden. Kulturfabriken reagierten auf den Bestand eines Industriegebäudes und definierten ihre Bedürfnisse aus dem jeweiligen Raumangebot. Prinzipiell ist diese Strategie der Raumnutzung auch auf andere Gebäudetypen übertragbar, doch sind es über 80 Prozent der Kulturzentren, die in Fabrikgebäuden beheimatet sind. Ebenso leer stehende Bunker, Kasernen, Kirchen, Ladengeschäfte oder sonstige Gebäude haben diese Anziehungskraft für Kulturarbeit nicht ausgeübt und keinen entsprechenden Typus wie Kulturbunker oder Kulturkirchen hervorgebracht.[1]

Der erste Versuch, die Präferenz der Kulturzentren für Industriebauten zu erklären, befasst sich daher mit den praktischen Funktionen der Gebäude und den daraus folgenden Typologien. Historische Industriegebäude werden von der Denkmalpflege in drei wesentlich verschiedene Kategorien unterteilt: 1. Bauten der Versorgung, 2. Bauten des Verkehrs und 3. Bauten der Produktion.[2] Innerhalb dieser Kategorien lassen sich verschiedene Typologien zuordnen: Zu den Bauten der Versorgung gehören Elektrizitätswerke, Umspannwerke, Gasometer, Wasserwerke usw., oder zu Punkt 2, Bauten des Verkehrs, beispielsweise Bahnhöfe, Straßenbahndepots, Brücken oder Lokschuppen. Die Bauten der Produktion lassen sich nochmals unterteilen in Gebäude und Anlagen der Rohstoffindustrie, Schwerindustrie, Konsumgüterindustrie, Lebensmittelindustrie usw. Industriegebäude an sich stellen daher noch keine Typologie dar, die eine Zuordnung aufgrund bestimmter räumlicher oder architektonischer Merkmale erlauben. Industriegebäude sind so vielfältig, wie die in ihnen hergestellten Produkte und eingehausten Arbeitsprozesse.

Zwar ließen sich ein paar funktionale Aspekte herausfiltern, die Kulturarbeit in Industriegebäuden begünstigen, wie Konstruktionsmerkmale, flexible Grundrisse, infrastrukturelle Anbindung usw.[3], doch stehen ihnen schwerwiegende Nutzungsnachteile, wie schlechte Beheizbarkeit, teure Gebäudeunterhaltung oder schwierige Sicherung gegenüber. Doch die Akteure der Kulturinitiativen und -vereine reagierten flexibel auf die Widrigkeiten und Unzulänglichkeiten des Raumes. Die Theaterstücke, Performances, Ausstellungen und sonstige Veranstaltungen wurden in den Räumen neu definiert, tradierte Typologien, wie die Zweiraumbühne, beispielsweise durch Inszenierungen ignoriert, die gar keine Bühne mehr ausweisen und die Zuschauer zu einem Rundgang durch die Kulisse des Industriegebäudes einladen. Durch die interaktive Kulturarbeit wurde die Trennung von Akteuren und Publikum aufgehoben und somit auch die Gültigkeit der räumlichen Modelle, die dafür seit Jahrhunderten Verwendung finden. Indem mit den konventionellen Mustern von Aufführung und Präsentation gebrochen wurde, waren die verschiedenen Typologien und technischen Aspekte der einzelnen Kunstformen und -disziplinen nicht mehr verbindlich.

Wenn die Flexibilität im Umgang mit den unterschiedlichsten architektonischen Situationen und Räumen eine bewährte Strategie dieser Kulturschaffenden war und ist, stellt sich nochmals die Frage, warum es denn ausgerechnet Industriegebäude sein müssen, in denen sie ihre künstlerischen Arbeiten erstellen und präsentieren. Allein die praktische Funktion stellt, wie gezeigt, nicht die entscheidende Motivation dar. Wichtiger als die praktisch-funktionalen Aspekte sind den Kulturschaffenden die ästhetischen oder kommunikativen Funktionen der Gebäude. Mit der Entscheidung, eine leer stehende Fabrik zu kulturellen Zwecken umzunutzen, verwandeln die Akteure eine Fabrik zu einem Gegenstand des kommunikativen Austauschs. Die Kulturschaffenden bedienen sich der Fabrik nicht als architektonischer, funktioneller Struktur, sondern als einem Medium. Sie fungiert als Bedeutungsträger und lässt Rückschlüsse auf die künstlerischen Zielsetzungen und das Selbstverständnis der jeweiligen Zentren und Vereine zu.

Das Phänomen kultureller Umnutzung von Industriegebäuden unter kommunikativen Gesichtspunkten zu analysieren, ist Schwerpunkt meiner Untersuchung. Hierfür habe ich über 130 Kulturfabriken bzw. soziokulturelle Zentren in der Bundesrepublik erfasst und ihre Daten, wie Gründungsjahr, Trägerschaft, Standort, Fabriktyp und vor allem deren inhaltliche Zielsetzung und künstlerische Konzeptionen aufgenommen. Aus den Gründungsdaten der jeweiligen Vereine lassen sich zeitliche Häufungen feststellen, die man in drei Phasen zusammenfassen kann.

Wie in der Bezeichnung Kulturfabrik zum Ausdruck kommt, stellt die Verortung der vergleichsweise jungen Institutionen der Kultur- und Stadtteilzentren in leer stehenden Fabrikgebäuden ihr Hauptcharakteristikum dar. Signifikant bei der Namensgebung ist die Implikation einer Selbstverortung und programmatischen Zielsetzung. Von den erfassten Kulturzentren nennen sich allein 19 Kulturfabrik und sind als gleichnamiger Verein eingetragen; Wortkombinationen wie *Tanzfabrik*, *Theater in der Fabrik* oder schlicht *Die Fabrik* kommen bei 26 Kulturzentren vor. Nicht minder häufig finden sich Kombinationen mit dem Wort Kultur oder Kunst in Verbindung mit einem Gebäudetyp, wie *Kulturdepot* oder *-brauerei*.

Die Analyse der Konzeptpapiere, der Vereinsziele und -satzungen lassen entsprechende programmatische Grundrichtungen erkennen, die sich mit den Schlagworten ihrer Selbstverortung charakterisieren lassen: Phase I: Utopie, Phase II: Heterotopie und Phase III: Atopie.

Phase I: Utopie

Die ersten Gründungen von soziokulturellen Zentren finden vor dem politischen Hintergrund der Studentenunruhen im Jahr 1968 statt. Im Rahmen einer Politisierung aller gesellschaftlichen Bereiche wurde von der studentischen Linken die Kultur als Feld der Auseinandersetzung eröffnet und Kultureinrichtungen wie Opern- und Theaterhäuser als Institutionen des Bürgertums attackiert. Die frühen 1970er Jahre zeitigten verschiedene Wege, die nicht eingelösten politischen Ideale der 68er-Unruhen weiterzuverfolgen. Mit den soziokulturellen Zentren schafften sich Vertreter der Neuen Linken Orte, wo sie die im größeren gesellschaftlichen Maßstab nicht realisierbaren, politischen Ideen in kleinen Gemeinschaften erproben konnten. Die so entstandene Alternativkultur versuchte ihre Ideale des »neuen Menschen« nicht mehr im gesamtgesellschaftlichen Zusammenhang, sondern in einer Art Modellsituation umzusetzen.[4] Nicht mehr die veränderte Gesellschaft, sondern die eigene Lebenspraxis wurde zum zentralen Bezugspunkt der Alternativkultur.[5]

Im rheinischen Oberhausen zum Beispiel wurde im Mai 1969 ein Verein zur Förderung politischer Bildung Fabrik K 14 ins Leben gerufen, als Reaktion auf die, wie es die Initiatoren selbst nannten, »Niederlage im Kampf gegen die Notstandsgesetze«. Einige Studenten in Oberhausen hatten die Wirkungslosigkeit ihres Protests auf das Fehlen eines Versammlungsortes zurückgeführt und sich um Räume für ihre oppositionelle Tätigkeit bemüht. Als Wirkungsstätte oder Versammlungsort hatten die Beteiligten bereits ein Fabrikgebäude favorisiert, was auch in der Vereinssatzung und dem Vereinsnamen zum Ausdruck kam. Das zusätzliche Kürzel »K 14« referiert dabei auf das 14., das politische Kommissariat des nordrhein-westfälischen Innenministeriums, das die Aktivitäten des Vereins, wie dieser schon voraussah, »in Zukunft wohl aufmerksam begleiten würde«.[6] Die Demokratisierung war eines der wichtigsten politischen Ziele der Alternativbewegung und sollte zur »Entmachtung der Politik« beitragen. Als Reaktion auf den »repressiven Staat« war die politische Autonomie und die Miteinbeziehung von benachteiligten Bevölkerungsgruppen wesentliches Grundprinzip der ersten Kulturzentren. Das im Jahr 1972 aus der Aktionskneipe »Impuls« hervorgegangene Kulturzentrum »die börse« in Wuppertal beschreibt seine politische Motivation in ähnlicher Form:

> *Gegen die Furcht und das Elend, Notstandsgesetze, Ordnungsrechte, Berufsverbote, Gewaltparagraphen, Einschränkung der Verteidigungsrechte, Abbau der Reallöhne und Sozialleistungen, Aufrüstung von Bundesgrenzschutz, Polizei, Verfassungsschutz… Wir zeigen die Paranoia, die Angst, die Isolation, die psychische Verelendung hinter den Fassaden einer scheinbar heilen Welt; wir zeigen auch Versuche und Ansätze, diese Isolation, diesen alltäglichen Terror zu überwinden…*[7]

Trotz des Anspruchs, ideologisch unabhängig und parteilich nicht gebunden zu sein, sympathisierten die Mitglieder der meisten Kulturfabriken und auch der Fabrik K 14 gemäß ihrer politischen Herkunft ganz offen mit dem Sozialismus. Dazu schreibt ein Gründungsmitglied des Vereins:

> *Prinzip unserer Arbeit sollte sein und blieb: »Links und Frei«… Wir hatten keine Berührungsängste. Jedenfalls nicht in Richtung Sozialismus. Die kommunistischen Freunde gehörten ganz selbstverständlich dazu. Wir haben miteinander diskutiert, uns gegenseitig zugehört, zusammengesessen im K 14 im Souterrain, im Keller, im Untergrund also. Und die Jungs vom 14. K waren sehr oft dabei und haben mitgehört, derweilen sie ihr Glas Köpi kippten.*[8]

In der Retrospektion bekennen die Vereinsgründer, dass es als chic galt, die Frage, ob man Sozialist sei, mit Ja zu beantworten und betrachteten dies »als Ausweis eines gewissen demokratischen Anstandes, den man sich zu bewahren bemühte«.9) Die Wahl des Vereinssitzes und Veranstaltungsortes ist deshalb kein Zufall. Die Fabrik galt als traditioneller Ort der marxistisch-kommunistischen Bewegung, als Ort der Arbeiterschaft, der Gewerkschaften, kurz der »alten Linken«. Die Neuen Linken der 68er-Generation besetzten mit dem Einzug in eine Fabrik diesen Topos neu und gaben damit ihrem Selbstverständnis den deutlichsten Ausdruck. Mit der Nutzung von alten Fabrikgebäuden traten die ersten Kulturzentren und -vereine quasi das Erbe der kommunistischen Arbeiterschaft an. Weniger das Bild der entfremdeten und ausgebeuteten Lohnarbeiter, als das der streitenden und trotzenden Arbeiterschaft mit ihren Streiks, Arbeitskämpfen, Revolten oder Sabotageakten mochte für die Selbstdarstellung der Neuen Linken gewünscht sein. Mit dem Einzug in eine Fabrik stellten sich die Initiatoren soziokultureller Zentren in diese Tradition. Kleine Illustrationen und Piktogramme auf Handzetteln und Einladungskarten untermauern diese Identifikation mit der aufbegehrenden kommunistischen Arbeiterschaft. Die Fabrik wird zum Ausgangspunkt für die sozialistische Revolution hochstilisiert und sollte den in sie eingezogenen Initiativen ebenso diesen Nimbus verleihen.

Auch unabhängig von der kommunistischen Ideologie stellte die Besetzung einer Fabrik einen symbolischen Akt gegen das kapitalistische System dar. Die wertlosen architektonischen Überreste kapitalistischer Warenproduktion neu zu nutzen und zu bewohnen, konterkarierte das Erneuerungs- und Wertschöpfungsprinzip der freien Marktwirtschaft. Die jeweiligen Vereine und Initiativen verstanden sich als Gegenpol zur Konsum- und Wegwerfgesellschaft. Guy Debord hatte in dem Buch *Die Gesellschaft des Spektakels* – eine Art Manifest der 68er-Generation – die Totalität der Produktionsweise und damit die undemokratische Grundstruktur des so genannten freien Marktes proklamiert. Dieser Totalität versuchte man in leer stehenden Fabriken nicht nur auszuweichen, sondern sie auch ad absurdum zu führen. Gebäude, die sich jahrzehntelang amortisiert hatten, bereits »abgeschrieben« waren und hochtaxierte innerstädtische Grundstücke förmlich blockierten, mit nichtkommerzieller Arbeit neu zu nutzen, widersprach allen betriebswirtschaftlichen Erwägungen und ökonomischen Kategorien. Die meist illegale Inbesitz- oder Inanspruchnahme von leer stehenden Fabrikgebäuden konnte dahingehend als »kleiner Sieg« über den Kapitalismus interpretiert werden.

Als weiteres Kennzeichen der Fabrik wird in den Kulturzentren die Masse thematisiert. Während der Phase der Hochindustrialisierung10) prägen die hohen Beschäftigungszahlen das Bild der Fabrik. Bis zur ersten Wirtschaftskrise der Bundesrepublik Mitte der 1960er Jahre beschäftigten die Industriebetriebe im Vergleich zur heutigen automatisierten und computerisierten Produktionswelt eine sehr hohe Anzahl von Arbeitskräften. Ihre Werkstore kanalisierten täglich Tausende von Beschäftigten; in den großen Produktionshallen wirkten sprichwörtlich Heere von Arbeitern.

Als ein Ort der breiten Massen und Menschenmengen fungierte die Fabrik auch bei den soziokulturellen Zentren. Entgegen den angefeindeten Stätten der Hochkultur sollten in den Kulturfabriken Kunst und Kultur »von allen für alle« gemacht werden. »Kultur für alle« war einer der zentralen Begriffe der kultur-politischen Reformkonzepte der frühen 1970er Jahre, womit gleichzeitig die traditionellen öffentlichen Kulturinstitutionen mit ihrer elitären Kultur kritisiert wurden. Deren auf passives Wahrnehmen ausgerichtete Darstellungsformen und deren Verständnis von Kultur als Hort des »Guten, Wahren, Schönen« wurde in den Kulturfabriken mit dem Angebot der aktiven Beteiligung und Einbindung des Publikums begegnet. Die kulturelle Hegemonie der städtischen oder staatlichen Institutionen aufzubrechen, war grundlegendes Prinzip der Alternativ- und Soziokultur in den Fabriken. Wie sich aus der Wortkombination erklärt, sollte Kultur für alle sozialen Schichten und Randgruppen angeboten werden. Dieser erweiterte Kulturbegriff, der unterschiedliche Ethnien, verschiedene Nationalitäten, Geschlechter-, Glaubens- und Bildungsunterschiede u.v.a. mit einbezog, wurde in dieser Zeit als *Cultural Studies* definiert und weiterentwickelt.

Die Kulturzentren verstanden sich nicht nur als Freiraum für kulturelle Aktivitäten, sondern auch als offensive Förderer, die mit der Bereitstellung von Räumlichkeiten und Infrastrukturen zur Initiative ermutigen wollten. Jeder war angesprochen und aufgefordert, sich hier zu verwirklichen.

Phase II: Heterotopie

In den 1980er Jahren setzte mit einer hohen Zahl von Neugründungen und großem Publikumszulauf ein wahrer Boom der Kulturfabriken ein. In dieser Phase etablieren sich Kulturfabriken als Heterotopien, als Gegenorte im Foucaultschen Sinne.12)

Die vielen neuen Initiativen hatten es in Verweis auf bereits etablierte Kulturzentren nicht mehr so schwer, bei Entscheidungsträgern Genehmigungen und finanzielle Zuwendungen zu erhalten. Auch offizielle Kulturträger entdeckten den Charme ruinöser Industriegebäude für sich und nutzten leer stehende Fabriken für kreative Experimente, die sich dann verstetigten und teilweise als eigene Institutionen abspalteten.13)

Entsprechend der Entpolitisierung der Gesellschaft in den Jahren des Wohlstands der frühen Kohl-Regierung trat der gesellschaftspolitische Anspruch wie bei den Initiativen der ersten Phase in den Hintergrund; linke politische Zielsetzungen der Kulturarbeit wurden immer seltener. Auch wenn die sozialen Experimente nicht unbedingt scheiterten, kristallisierten sich oftmals Probleme der basisdemokratischen Selbstverwaltung heraus, die die angestrebten Ideale mehr in Frage stellten als bestätigten oder darüber hinaus als Initialzündung für andere Teile der Gesellschaft gelten konnten.

Eines der zentralen Themen der Kulturarbeit wurde nun die Auseinandersetzung mit der industriellen Vergangenheit. Nachdem durch die Wirtschaftskrisen der sechziger und siebziger Jahre die Bundesrepublik einen weitreichenden Strukturwandel erfahren hatte, war der Glaube an uneingeschränktes wirtschaftliches Wachstum und stetige Steigerung des Wohlstands tief erschüttert. Mit dem Niedergang der Schwerindustrie kam das Schlagwort vom »Ende des Industriezeitalters« auf und löste eine intensive Beschäftigung mit der Industrialisierung und der Fabrik-Arbeitswelt als historischem, epochalem Phänomen aus.14)

Parallel zur neu entstandenen, denkmalpflegerischen Disziplin der Industriekultur widmen sich nun auch Kulturschaffende den

Themen, die unmittelbar mit der Industrialisierung zusammenhängen. Wenn in der politisierten Phase I mittels des Fabrikgebäudes die Aufmerksamkeit auf den Arbeiter bzw. das Proletariat gelenkt wurde, umfasste die Industriekultur nun alle zugehörigen Phänomene, wie Industriearchitektur, Unternehmensgeschichte, Technikgeschichte, Produktgestaltung, Unternehmerbiographien, Industriearchäologie, Sozialgeschichte usw.[15] Die Fabrik mit ihrem »lustig rauchenden Schornstein« stand dabei als Symbol für die vergangene, wirtschaftliche Blüte, Prosperität, Vollbeschäftigung und den technologischen Fortschritt. Das vermeintlich beendete Industriezeitalter wurde zum Mittelpunkt der künstlerischen Auseinandersetzung in den Kulturfabriken. Der genius loci wirkte äußerst anregend auf die verschiedenen künstlerischen Disziplinen und erweiterte das inhaltliche Spektrum vor allem der performativen Künste.

Neben der ehemaligen Funktion der Fabrik übte aber vor allem der ruinöse Zustand der Gebäude eine große Faszination aus und bot weitere Ansätze zur künstlerischen Arbeit. Das Gefallen an den fast pittoresk wirkenden Verfallsszenarien, an deren morbider Atmosphäre, an der offensichtlichen Vergänglichkeit, an dem zugehörigen Müll und Staub, wurde in der Formel von der »Ästhetik des Verfalls« zum Paradigma der II. Phase. Die leer stehenden Produktionshallen und die ausgedienten Maschinen wurden als Kulissen für Theaterstücke und Choreografien genutzt, Fotografen dokumentierten, teils sachlich und nüchtern, teils verklärend und romantisierend die »Ruinen des Fabrikzeitalters« und in Filmen wurde das Szenario des Verfalls oftmals zu düsteren Endzeit-Visionen hochstilisiert. Sie dienten auch als ausgefallene und kuriose Locations für Parties und Clubs der Jugend- oder Subkultur.

Diese verstärkte Aufmerksamkeit und fast enthusiastische Verehrung, die man dem postindustriellen Raum entgegenbrachte, lässt sich vielleicht mit dem Wort »Industriekult« umschreiben. Die Wertschätzung des atmosphärischen Raumes wurde zu einer Art Selbstzweck. Das Moment des Kultischen und fast Religiösen findet sich in vielen Benennungen und im Sprachgebrauch der Thesen- und Konzeptpapiere wieder. Oftmals wurden, um die historische Dimension und epochale Tragweite der Gebäude zu beschreiben, die großen Produktionshallen als »Kathedralen der Arbeit«[16] oder als »heilige Hallen« bezeichnet. Besonders der Begriff der »Aura« oder des »Auratischen« wurde häufig verwandt, um die Atmosphäre oder die unbestimmbare Faszination, die von den Gebäuden ausgeht, zu umschreiben. In Analogie zu den fast mystischen Orten und Gebäuden, die nur einer kleinen Gruppe von Eingeweihten zugänglich sind, nannte sich ein Stadtteilzentrum in Karlsruhe schlicht Tempel oder ein Kulturverein in Mannheim Industrietempel. In der Munitionsfabrik IWKA in Karlsruhe errichteten Künstler des Vereins 99,9999999999 Prozent leerer Raum in einem der Lichthöfe aus Schrottteilen und Fundstücken einen gigantischen Industrialtar, vor dem eine Bühne aufgebaut war – jedes Stück und jede Performance wurde damit dem vermeintlichen Gott dieses Altars gewidmet. Die manchmal sehr kurzlebigen Aktionen und Feste wurden im Feuilleton gern als »Katharsis«, als Reinigung vom früheren »Moloch«, bezeichnet.

In der gesteigerten Wertschätzung des Raumes wählten die Kulturschaffenden im Gegensatz zu den meist anonymen und unspektakulären Industriegebäuden und Fabriketagen der ersten Phase die repräsentativen und aufwändig gestalteten Industriebauten der Gründerzeit zu ihrem Domizil – die »Fabrikschlösser und -burgen«, wie sie oftmals genannt wurden. Die Kulturfabriken beerbten die zentrale urbane Funktion dieser Unternehmen innerhalb der Stadt. Da viele Städte und Stadtteile in der Gründerzeit um die Fabriken förmlich herumgewachsen waren, verfügten die Werksgebäude über eine zentrale Lage und die nachfolgenden Kulturinstitutionen dadurch über eine ausgezeichnete infrastrukturelle Anbindung. In dem Bestreben, die prächtigen Industriearchitekturen zu erhalten, trafen die Interessen der Kulturschaffenden mit denen der Denkmalpfleger zusammen und begünstigten die alternativen Konzeptionen zur Erhaltung der Gebäude.

Phase III: Atopie

Die letzte Phase der Atopie, der künstlichen, illusionistischen Orte oder Un-Orte, profitierte von der Akzeptanz und allgemeinen Anerkennung der Kulturfabriken der vorigen Jahrzehnte. Sie profitierte davon im wahrsten Sinne des Wortes. Die Umnutzung einer Fabrik zu kulturellen Zwecken war durch den regen Zuspruch des Publikums wirtschaftlich dermaßen erfolgversprechend geworden, dass sich nun statt ehrenamtlicher Vereine und Bürgerinitiativen immer häufiger GmbHs für den Betrieb von Kulturfabriken gründeten. Gebäude und Gelder, die in der frühen Phase mühsam von den Kommunen eingefordert und erkämpft werden mussten, boten Stadtverwaltungen nun oftmals von sich aus an und fungierten als Initiatoren für weitere Kulturzentren. Nachdem in den beiden vorangegangenen Phasen überwiegend in den Großstädten Kulturfabriken etabliert worden waren, wurden nun auch in Kleinstädten und Dörfern Kulturzentren in kleineren Fabrikgebäuden gegründet, wie beispielsweise in Schmieden oder Umspannwerken. Der programmatische Name Kulturfabrik scheint dabei so etwas wie eine Garantie für den Erfolg zu sein, und so nennen sich mittlerweile sogar mehrere Kulturinstitutionen so, obwohl sie gar nicht in einer Fabrik beheimatet sind.[17]

Die Kulturfabriken wurden in weiteren Bevölkerungsteilen populär und als Treffpunkte und Veranstaltungsorte angenommen. Die Ästhetik des Morbiden und Abseitigen hatte man als modischen Trend entdeckt und entsprechend vermarktet. So entstanden Industrieambientes auch dort, wo keine sein konnten, in den Einkaufspassagen und Fußgängerzonen. Unter Industrial Style wurden nun Kleidung, Accessoires und Einrichtungsgegenstände gestaltet und verkauft. Vor allem die Hersteller von Jeans entdeckten deren Ursprung als Arbeitskleidung wieder und richteten ihre Filialen mit Imitaten von Ziegelmauerwerk und Stahlträgern als heruntergekommene Fabrikhallen ein. Auch Cafés und Nachtclubs dekorierten oftmals ihre Räume mit aufgekauften Fundstücken zu künstlichen Fabrikinterieurs. Das vormals subversive und marode Ambiente diente als Vermarktungsstrategie und wurde zunehmend selbst vermarktet. Im Rahmen von Eventmanagement wurden Produktpräsentationen, Sektempfänge, Galadiners usw. in Fabrikgebäuden, also an Orten, die prinzipiell weder durch ihren funktionellen Ursprung noch durch die nachfolgende Umnutzung als prächtig oder festlich zu charakterisieren sind, platziert. Gebäude, in denen man früher Waren produzierte, wurden selbst zur Ware.

Die leer stehende Fabrik konnte mit ihrer ertragreichen Kulturarbeit wieder in die Sphäre der Produktion und Wirtschaftlichkeit zurückgeführt werden. Wie auch die Organisatoren zunehmend von wirtschaftlichen Zwängen eingeholt wurden – weniger Subventionen zwangen zu wettbewerbsorientierter Kulturarbeit. Um die geschaffenen Arbeitsstellen in den Kulturfabriken rentabel zu machen, wurde es notwendig, ihre Veranstaltungsräume als solche auch auszulasten. Kunst und Kultur wurden in den Fabriken nunmehr »produziert« oder »am laufenden Band« organisiert, die vormaligen politischen und inhaltlichen Ambitionen und Zielsetzungen dementsprechend den wirtschaftlichen Zwängen angepasst. Vielfältigkeit oder »bunte Mischung« wurden zwar oftmals als Zielsetzungen genannt, konnten aber nicht darüber hinwegtäuschen, dass für einen gut laufenden Veranstaltungsbetrieb eine gewisse Beliebigkeit in Kauf genommen werden musste.

Als Beispiel für eine Reintegration der Fabrik in den Prozess kapitalistischer Wertschöpfung kann man den Kunstpark Ost, in München nennen, der auf dem Gelände der ehemaligen Knödelfabrik Pfanni Mitte der neunziger Jahre eingerichtet wurde. In der Selbstdarstellung betonen die Betreiber des Kunstparks Ost mit monatlich über 300.000 Besuchern das größte Veranstaltungszentrum Deutschlands bzw. Europas zu sein.[18] Durch die Mischung aus Kulturveranstaltung, Gewerbe, Gastronomie und Unterhaltung arbeiten auf dem Gelände täglich 700 Mitarbeiter – nach Angaben der Organisatoren sind das mehr, als früher bei Pfanni angestellt waren. Zwischen Restaurants, Spiel- und Sporteinrichtungen, Werbe- und Kreativagenturen spielt im Kunstpark Ost die Kultur allerdings nur noch eine untergeordnete Rolle. Mit diesem Zirkelschluss stellt die dritte Phase einen vorläufigen Endpunkt der Entwicklung der Kulturfabriken dar.

Als Ort und Gegenstand der Vermarktung avancierte die Fabrik in dieser Phase zu einem neuerlichen Symbol für Wirtschaftlichkeit und Prosperität.

Schluss

Wie aus der kurzen Betrachtung der drei Phasen hervorgeht, stand und steht bei der Umnutzung von Gebäuden nicht der funktionelle Aspekt im Vordergrund, sondern der kommunikative. Umnutzung von Architektur stellt keine Frage des Nutzens, der praktischen Funktion oder des Gebäudetyps dar, sondern immer eine Frage der Interpretation. Auch wenn ein Gebäude von einem Architekten oder Ingenieur für einen bestimmten Zweck geplant und gebaut wurde, so bestimmt dessen ursprüngliche praktisch-materielle Funktion nicht die Sekundär- oder Tertiärnutzung. Weitere Nutzungen sind ganz offenbar vom Primärgebrauch funktional unabhängig. Die nachfolgenden Nutzungen werden bestimmt durch die ästhetische oder ideelle Funktion und hinterfragen, beugen und verändern die praktischen Bedürfnisse der neuen Nutzer.

Eine These, die sich daraus ableiten ließe, ist, dass es den Begriff der »praktisch-materiellen Funktion« in der Architektur nicht gibt. Damit wird ausgerechnet am Industriebau, der eine Vorbildfunktion für die funktionalistische Architektur der 1920er Jahre hatte, deutlich, dass die aus ihm abgeleiteten Entwurfsprinzipien keine Allgemeingültigkeit beanspruchen können. Das Paradigma der modernen Architektur »form follows function« wird mit der Umnutzungsstrategie der Kulturfabriken widerlegt; umgekehrt folgt in diesem Falle die Funktion der Form.

FUSSNOTEN

1) Mit Ausnahme der Kulturläden in Nürnberg, die auf Initiative des damaligen Kulturdezernenten Hermann Glaser entstanden.
2) Föhl, Axel, *Bauten der Industrie und Technik* (Schriftenreihe des Deutschen Nationalkomitees für Denkmalschutz Bd. 47), Bonn o. J. (1994), S. 24ff.
3) siehe Süchting, Wolfgang, *Erhaltenswerte Industriebauten als soziokulturelle Zentren?*, in: *Kultur aktiv in alten Gebäuden*, Berlin 1979, S. 25ff.
4) Krause, Christian, Detlef Lehner u. Klaus-Jürgen Scherer, *Zwischen Revolution und Resignation? Alternativkultur, politische Grundströmungen und Hochschulaktivitäten in der Studentenschaft*, Bonn 1980, S. 190.
5) Baacke, Dieter, *Jugend und Jugendkulturen*, Weinheim/München 1993, S. 22.
6) alle Zitate aus: *Fabrik-Zeitung*, Oberhausen 1999, nicht paginiert.
7) Handzettel der Börse, 6.11.1976, zitiert nach: *Kultur aktiv in alten Gebäuden*, Berlin 1979, S. 107.
8) *Fabrik-Zeitung*, Oberhausen 1999, nicht paginiert.
9) A. a. O., nicht paginiert.
10) Pohlmann, Friedrich, *Die europäische Industriegesellschaft*, Opladen 1997, S. 117.
11) Wagner, Bernd, *Zwischen Staat und Markt*, in: *Rundbrief. Zeitschrift für Soziokultur in Niedersachsen*, Nr. 40, 8/2001.
12) Foucault, Michel, *Andere Räume*, in: *Aisthesis. Wahrnehmung heute oder Perspektiven einer anderen Ästhetik*, Leipzig 1990, S. 39.
13) Ein Beispiel hierfür wäre das *Kampnagel* in Hamburg, das von einem Ausweichquartier des Deutschen Schauspielhauses zu einer eigenen Institution avancierte.
14) Vgl. Kierdorf, Alexander u. Uta Hassler, *Denkmale des Industriezeitalters. Von der Geschichte des Umgangs mit Industriekultur*, Hrsg. Lehrstuhl für Denkmalpflege und Bauforschung der Universität Dortmund, Tübingen/Berlin 2000, S. 224ff.
15) Eine der ersten umfassenden Darstellungen zum Thema Industriekultur ist der gleichnamige Titel: Buddensieg, Tilmann, *Industriekultur. Peter Behrens und die AEG 1907-1914*, Berlin 1979.
16) Vgl. Ebert, Wolfgang u. Achim Bednorz, *Kathedralen der Arbeit. Historische Industriearchitektur in Deutschland*, Tübingen/Berlin 1996.
17) Beispielsweise die *Kulturfabrik Nuts* in Traunstein, die *Kulturfabrik Hoyerswerda* oder die *Jugendkulturfabrik Brandenburg*.
18) URL: http://www.kunstpark.de

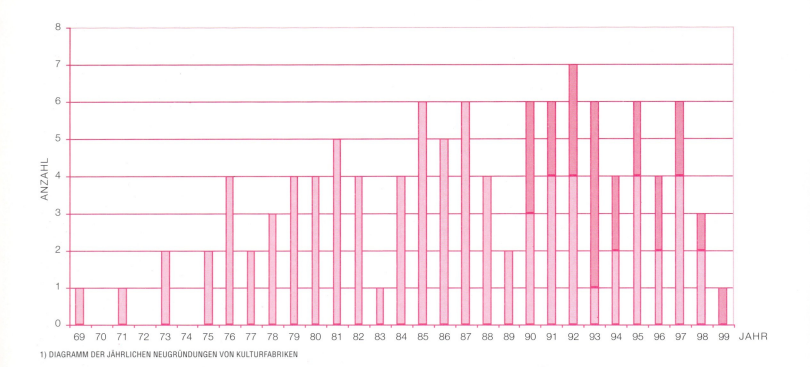

1) DIAGRAMM DER JÄHRLICHEN NEUGRÜNDUNGEN VON KULTURFABRIKEN

Phase I: Utopie

2) DENKMALWÜRDIGE INDUSTRIEARCHITEKTUR: »RAVENSBERGER SPINNEREI« IN BIELEFELD – HEUTE MUSEUM, BIBLIOTHEK UND VOLKSHOCHSCHULE

4) POLITISCHES SELBSTVERSTÄNDNIS: PIKTOGRAMM AUF EINEM HANDZETTEL DER FABRIK K 14 IN OBERHAUSEN

3) NEUE FORMEN DER KULTURARBEIT: »FREIER KUNSTMARKT« IN DER »FABRIK« IN HAMBURG-ALTONA

Phase II: Heterotopie

6) IDENTIFIKATION: LOGO DER »FLOTTMANNHALLEN« IN HERNE

7) POSTINDUSTRIELLE KULISSE: SZENE AUS »KRÖNUNG KÖNIG RICHARD III.« (H. H. JAHN) IM SCHLACHTHOF BREMEN

5) AUTHENTIZITÄT: EXPONATE EINER KUNSTAUSSTELLUNG IN DER »REMISE« IN WIEN

9) SUBKULTUR: PARTY IN DER »ARENA« IN BERLIN-TREPTOW

10) NEUE INHALTLICHE BEZÜGE: FRITZ LANGS »METROPOLIS«

8) ÄSTHETISIERUNG DES ZERFALLS: INDUSTRIEFOTOGRAFIE VON WILFRIED SCHÖLLER

Phase III: Atopie

11) KULTURELLES VERMÄCHTNIS: WELTKULTURERBE »VÖLKLINGER HÜTTE«

12) SZENE »MIMES SCHMIEDE« AUS »SIEGFRIED« (R. WAGNER) BEI DEN BAYREUTHER FESTSPIELEN

ANNE DRESSEN (*1976)
CURATORIAL ASSISTANT AT THE ARC, THE CONTEMPORARY DEPARTMENT OF THE MUSÉE D'ART MODERNE DE LA VILLE DE PARIS • 2000 NEW YORK UNIVERSITY MASTER THESIS IN MUSEUM STUDIES • 2001 PARIS UNIVERSITY THESIS ON THE ALTERNATIVE SPACE MOVEMENT IN AMERICA BETWEEN THE 1950 - 1980'S, ENTITLED *THE NEW YORK'S ART WORLD IN QUEST FOR ALTERNATIVES: AVANT-GARDE AND EXHIBITIONS SPACES: 1950 - 1980, ETHNOGRAPHY OF AN OPPOSITION*

Anne Dressen

RE-VISITING NEW YORK'S ALTERNATIVE SPACE MOVEMENT

Industrial Conversion – Facts and Fiction

Introduction

A three-day conference was held in Leipzig in an effort to define *Halle 14*, a projected art space in a disused cotton spinning factory. To this end it was essential to review the history of the alternative space movement, which had its origins in 1950s downtown New York. It was there that artists first invested in and redeveloped former industrial buildings; almost coincidentally this movement also took hold in Europe.

These art spaces were conceived as alternatives to and critiques of established museums and commercial galleries. Like all history, theirs is multi-faceted, to be understood only in its proper context. It is linked to the socio-political, cultural and economic context of the city, reflecting the constant tension between the periphery and the centre, between the avant-garde and the mainstream.

The phenomenon of architectural *conversion* has both physical and symbolic parameters. The fallow plant is, metaphorically, *fallow land*, which is to be cultivated, or a promised land laden with all the utopian or fantastic implications projected into these *Kulturfabriken*.

Since the 1990s, this originally counter-cultural movement has become widely accepted and even promoted. No (Western) city worth its salt can go without its own converted factory/art space. This popularity is a symptom of social and cultural intermingling and/or confusion. At first spontaneous and informal, the movement has become formulaic, organized, premeditated and even fashionable.

We will look critically at this turn of perception to avoid mistakes or misunderstandings and to go beyond the trend, reasserting the fundamentals. This hopefully will allow a better understanding of how architecture can »think socially« (or be thought of in a social way), and of how architecture can assume its responsibilities. Essentially it will help us understand what a newly engaged art space should (or could) be at the beginning of the new Millennium.

I. New York, Epicentre of the Movement: Why?

1. A MULTI-LAYERED CRISIS

a. Social Crisis

Youth and counterculture movements were attacking middle class values, war and authority whilst fighting for freedom, women's rights and the rights of sexual and racial minorities. Roughly speaking the artists were seeking to re-conciliate art and life, adopting the same *do it yourself attitude* to both.

b. Institutional Crisis

Some artists were expressing radical dissatisfaction with the art world system. The term *alternative spaces movement* strikes us with the absence of the word *art*, while the presence of the word *space* – more open, vague, and with more potential than *place* – is emblematic. To be an *alternative* to something implies both subordination and rebellion. The movement appeared like a positive utopia, a creative reaction to the status quo.

The new experimental art forms of the 1960s criticized museums and commercial galleries that were unwilling and/or unable to accept artworks that openly questioned their own marketability. The entire *commodification process* was criticized through the aesthetic and scale of post-minimal installations or the intangibility of performances. Some works were made in collectives, others put greater importance on the process of creating them rather than on the finished result. It could be argued that unlike Courbet, forced to open the Salon du Réalisme in 1863 and the Salon des Refusés in 1867 (in some ways the first alternative spaces in the history of art), the artists of the 1960s were not passive victims, but voluntary participants.

In his book *Inside the White Cube, the Ideology of the White Box* the theorist and artist Brian O'Doherty compared the museum to a church or a bunker. Earlier, the Futurists had already compared it to a crematorium, and Hans Haacke, in his essay *Museums Manager of Consciousness*, denounced the system of museum trustees as too closely linked to the world of galleries and business.

Through rejection both authors and artists have contributed to the definition of the *alternative space as an anti-white box*, a not-for-profit space that rejects the logic of the market (unlike the gallery) but also does not have a collection, and is more flexible and free in its programming process than the museum. For Carl André the *inclusive Kunsthalle* was an ideal to follow.

c. Economic and Real Estate Crisis

Thanks to de-industrialization, large and cheap spaces became available for artists to work in, live in, and to show their work in. This migration was firmly connected to New York City's real estate market, from Greenwich Village, to SoHo, to the East Village (to Chelsea, Brooklyn, Harlem or Queens today). image 2)

2. DIFFERENT COLONIES THROUGHOUT NEW YORK CITY

a. First co-ops in Greenwich Village

Greenwich Village saw the first real artists' colonies in New York. Feeling the need for constant exchange of ideas and a more intense connection, the Abstract Expressionists kick-started the movement with their emblematic *Irascibles* show around 9th Street. The famous *Club* was their favourite hangout.

In the 1960s the second generation of artists invented *junk art* and more intangible art forms such as performances. They created a system of co-operative galleries, or co-ops, like the *Hansa* or *Phoenix Gallery*, or opened their own spaces like Claes Oldenburg's ironic *Store*. image 3) The *Judson Gallery* in the basement of the Judson Church was run by Alan Kaprow and remained a reference point for a whole generation of artists and dancers.
Andy Warhol's studio, *The Factory*, shared some aspects with the movement (its name is emblematic) but remains distinct because of its real commercial success.

b. SoHo at the End of the 60s: Promised Land in a Golden Age

After the gentrification of Greenwich Village, artists started to consider the store fronts in SoHo as attractive low-rent spaces. Most of them named these new art spaces after their addresses, pointing out their urban context: *55 Mercer*, *10 Downtown* or *98 Greene Street* were but a few.
Others (most of them are still open today) were *the Kitchen*, *Artists Space* (run at first by Irving Sandler and Chuck Close), the *Drawing Center*, *Franklin Furnace*, the *New Museum* (in 1977), the *DIA Art Center*, *AIR Gallery* or the *Alternative Museum*. Suddenly downtown Manhattan appeared like a huge alternative space to be re-appropriated. In 1971 *The Institute for Arts and Urban Resources* started taking advantage of the under-utilized buildings all over Manhattan to create *Artists In Residence* (AIR) and exhibitions spaces. In 1976, the IAUR moved into one space, not in SoHo but in Queens, Long Island City, in a former public school, hence its name which, along with its director Alanna Heiss, still today embodies the entire movement.

c. Moving on: East Village and Lower East Side

With SoHo becoming too gentrified and consequently too expensive at the beginning of the 80s, the movement moved on to the East Village and the Lower East Side. Now artists were finding the general economic climate more favourable: there were more galleries showing contemporary art (especially for the easier to sell paintings) such as *Gracie Mansion*, *Nature Morte* or *Fun Gallery*. These spaces successfully combined punk attitude and capitalism.

In the Reagan era what used to be alternative slowly turned into the accepted style while on the other hand some artists became much more political, turning into activists, reacting to the crisis of democracy, and the »Culture Wars« led by the Conservatives. New alternative spaces such as *ABC No Rio* opened on the Lower East Side, new collectives of artists, like *Collab* emerged, for whom »PS 1 was as awful as MoMA«. images 5, 6) Others were *Group Material* (Julie Ault, Felix Gonzales Torres, Tim Rollins) or the *Kids of Survival* (KOS) who started to intervene more frequently in public spaces, the streets, in the neighbourhoods. Despite their staunch opposition to the system, they became successful. To avoid the dilemma of success other art spaces decided to emigrate further into exile: *Fashion Moda* image 7) moved to the South Bronx (with the artist Stephen Eins), and *Taller Boricua* to Harlem. By default these spaces started the ongoing process of the »Downtowning of Uptown«.

II.
Physical and symbolical implications of industrial conversions
Or: how a space becomes a place, and the artist gets closer to the working class

1. PHYSICAL IMPLICATIONS

There is one fundamental similarity between all the co-ops, be they artist-run spaces, associations, director-managed spaces or illegal squats: none of them are like a museum.
An industrial space is above all informal, casual, familiar, unpolished, raw; unlike a museum there is nothing noble about them, yet they do carry a sense of history. These spaces all have to grapple with the constraints of not having proper heating or air conditioning which precludes any sensible storage or setting up of a permanent collection.

In the 1970s, these rough spaces fitted perfectly with the needs of artists whose post-minimal or site-specific art made the distinction between what was art and what was part of the building sometimes difficult. Industrial spaces were an invitation to work with a space rather than just in a space. This was amply demonstrated in PS1's inaugural exhibition *Rooms*, which opened in 1976. image 8) Art was displayed everywhere, from the attic to the basement, from the staircase to the toilets to the staff offices.

Jeffrey Lew, the artist-director of the space *112 Greene Street*, said »in a normal space you can't scratch the floor, here you can even dig in it.« These spaces were often working spaces as well as living spaces: The concept of loft living emerged at that time. The open spaces of former industrial buildings also served to reflect the ideals of community life, with the absence of walls being an invitation to work collectively. The buildings became a form of statement against individualism.

2. SYMBOLIC IMPLICATIONS

a. The Factory

The factory appears above all like a metaphor for work and creation, even if the difference between *production* and *creation* goes even beyond the opposites of *art* and *craft*.
Furthermore it is worth noting that at the time the emerging notion of the artist's practice as a laboratory, a workshop where great emphasis was placed on process, was directly influenced by the space surrounding the artist which used to house factory workers during their productive hours.

It is also worth considering why and how the *industrial* became suddenly *aesthetic*; how a factory suddenly became the ideal living (*liveable*) space, and the perfect place for socializing and for a democratic mode of organization based on an ideal of sharing, exchanging, listening.

It is in fact ironic and paradoxical that the factory (a capitalist space symbolizing power, hierarchy and exploitation) became at one point a symbol for freedom. This change is linked to the history of taste, reflecting a transformation of values, a reversal of perception, but above all a change of status. Examples for this are *LU* in Nantes, the *Cable Factory* in Helsinki image 10), *La Friche de La Belle de Mai* images 11, 12), an old tobacco factory in Marseille or the Wapping Project, a former Hydraulic station in London. Often, the former function of industrial art spaces have such negative connotations that the converted spaces keep their names. Examples are old slaughter houses like *Schlachthof* in Bremen or *Les Abattoirs* in Toulouse, and military barracks, such as *Les Subsistances* in Lyon, and *La Caserne* in Pontoise near Paris. image 13)

b. The Worker

On a more fantastic level, the conversion allowed the artist to become metaphorically closer to the proletariat, with the artist seeing himself as a *factory worker*, an expression of which was the *art worker coalition* lobby in the 1960s. Here the artist pictured himself as a blue collar worker, a small manufacturer.
To some extent this could be said to be a fantasy which works in favour of artists and governmental authorities. The latter can pretend to be more socially concerned than they are just by supporting the artists in their desire to move into alternative spaces.

Sharon Zukin or Rosalind Deutsche have strongly criticized this trend, denouncing the artists' responsibilities for the evictions of the poorest population in the »colonized« neighbourhoods; wherever artists decide to settle (and this is especially true of the East Village), they are in fact causing gentrification, helping the government realize its city *planning* and *revitalization* plans. However, it should be remembered that more often than not the artists also end up getting evicted.

c. A Democratic Space?

Were the alternative spaces really as democratic as they fancied themselves to be? The democratic credentials assumed by the spaces remained mostly firmly in the realm of theory. In the 1960s and 70s the spaces were, in fact, rather elitist, even if there were concessions to the *working men*, such as having extended opening hours so that the spaces could be visited outside working hours.
There is, however, little doubt that the social dimension took on a more important dimension for the next generation of spaces in the 1980s and 1990s.

III.
The 1990s: More fashionable, but still complex. New Converted spaces in the U.S. and Europe

1. SOCIAL OBJECTIVES OF THE NEW INTERMEDIATE CULTURAL SPACES

Globalisation and a climate of extreme capitalism seem to be fostering a feeling of urgency for finding room for alternatives as well as a resistance to cities as dehumanised commercial centres.

In the 1990s, greater importance started to be given to the needs of the audience in alternative spaces: the exhibition projects were more *citizen-oriented* political and social concerns; their goals became more concrete, more realistic and less self-obsessed. Alanna Heiss, director of *PS1*, claims that »the priority has become with time more and more about the audience.« However, with the increasing need to raise funds one might say that this priority was borne out of pure necessity rather than out of a radical re-think within the movement.

Re-vitalization of the area surrounding the alternative spaces was the core idea: neighbourhoods outside the cultural zones, in forgotten, excluded and poor areas of the city were chosen, and active connections with the locals were encouraged. The mission was (and is) to transform the »local population« into a »public« whilst addressing both a national and an international audience.

The *Mains d'Œuvres,* in St Ouen, a suburb of Paris, calls itself a *site for social and artistic innovation*. Often artists who are not from the area are invited for residencies: they live in a space for several months, working within a specific social context. Their work thus takes on a greater importance than just being an exhibit. image 14)

However, one should be aware of the risk of being either patronizing, or populist, and of confusing cultural and social roles. In some ways this aspect of the movement recalls the utopia born out of the philosophy of the ideal cities in the period of industrialization. Examples include *New Lanark* in Scotland, *New Harmony* in Indiana in 1816, the *French Phalanstère* of Fourier, or the projects by Gaudin. However, despite some similarities with these utopian experiments, the greatest contribution of the industrial period – capitalism – is rejected in the alternative spaces.

2. DIFFICULTIES ENCOUNTERED

Paradoxically, difficulties are born out of general indifference as well as out of a fashionable desire to be involved in such projects: Real mobilization of all the participants is called for as well as further evolution of business and political attitudes, and of attitudes in local communities.

a. Economics and Politics

Project organizers often encounter great difficulties in convincing the owners of a fallow plant not to sell their factory to the private sector which promises more financial gain but will normally result in the tearing down of the building. There is evidence to suggest that conversions can benefit the local community not only culturally but also by bringing back business to depressed areas. Thus, state and city governments should consider passing tax laws that would encourage the private sectors to save such buildings from destruction and/or to invest in their artistic conversion.

In the U.S. public sector, money for culture is traditionally very sparse. However, the alternative space movement would never have been viable without government funding and the creation of the National Endowment for the Arts (founded in 1965 by Brian O'Doherty, an artists closely linked to PS1) or the New York State Council for the Arts. Both bodies were directly linked to the New Left Movement. The U.S. alternative space movement can be said to have benefited from the European model of public funding.

In Europe there has always been a very strong tradition of state funding for the arts, but here budgets have also shrunk considerably. European alternative spaces have to help fund themselves with earnings from concerts, cafes or shops, often to the detriment of their own identity or quality.

The French government may, for example, show increased interest in intermediate spaces only to bask in the perceived glory of being involved in such projects. Governmental interest, therefore, is often superficial – witness the French inter-ministerial project *New Territories for the Arts*. However, fashionable or not, alternative spaces still need to survive. There is, then, always a risk to *legalize*, make official and therefore to moderate the alternative movement, resulting in reduced impact and compromised artistic integrity. With the margins blurred and the periphery encompassed by the centre are we now facing the end of the alternative movement, its final institutionalisation, as suggested by sociologist Howard Becker?

b. Local Population

Unsurprisingly, not everyone views the factory as a desirable place. Local populations whose place of work has vanished with the factory and who often today are frequently unemployed or in any case have lost their former life, are often difficult to convince today of the need to return to a factory building and of the benefits of getting involved. Culture is not usually one of their priorities; mourning and healing take time.

There is, however, a real risk of erasing the working classes' symbols and testimony and responsibility must be taken for the architectural heritage. This is particularly true in the East of Germany, in a city like Leipzig.

3. HERITAGE AS DUTY

a. Industrial Heritage

The conversion of a fallow plant is undoubtedly a tool for conserving the industrial past without remaining stuck in it. Conversion works against amnesia and helps to prevent sanctification, museification or fossilization of the past. The atmosphere in these spaces should be experimental, yet respectful. Conversion contributes to the preservation of industrial heritage which has only recently become a concern for European politics.

One emblematic project is *La Maison des Métallos* in eastern Paris, a part of the city hitherto fairly lacking in cultural spaces. image 15) In the 1930s this former musical instrument factory from the end of 19th century became the base for the metal workers' union (hence its name) and is now a contemporary cultural centre. Threatened with destruction, it was classified as an *historical* site and saved. Positive as this is, it should not be forgotten that the classification as a historic site does often serve as a handicap for the development of a building.

b. The Responsibility of Architects

Rather than merely erecting new buildings in grand individual gestures, architects should probably see their future increasingly in respecting, preserving, transforming and re-energizing already existing sites.

One instance where an architect has taken on such responsibilities was Jean Nouvel's mobilizing of forces against the demolition of a former Renault factory on an island between Boulogne and Billancourt, in the suburbs of Paris. Despite his warnings of the risk of *tabula rasa* in 1999, this symbol of the working classes was eventually bought by the French businessman François Pinault. The factory is about to be entirely demolished and redesigned by the architect Tadao Ando. images 16, 17, 18, 19)

c. The Industrial Aura: the Museum inside a Factory

Finally, the recent trend of museums moving into factories is worth pointing out. The institutionalisation of the »alternative« is made visible by the recent evolution of *PS1*, which has been a MoMA affiliate since 2000, and by the (temporary) move of MoMA itself into an old staple factory in Queens, near *PS1*. image 20) Equally, the DIA Center has opened a new space in Beacon; images 21, 22) *MASS MoCA* in North Adams has settled down in an old cloth manufacture; image 23) Tate Modern is housed in an old power station from the 1950s re-designed by Herzog de Meuron images 24, 25), and finally Le Grand Hornu which opened last summer, in a former coal mine in Mons, Belgium. image 28)

With all these spaces the tendency is to keep only the façades, and to renovate or embellish the insides, creating white cubes, not forgetting that a white box inside a factory can be a little disturbing. Nevertheless, the spirit of alternative spaces can still be felt, as there is an alternative aura connected to every industrial building now housing art. Many new projects for public or private spaces are set to open soon: In Paris spaces like the *Sudac* image 29), the *Fondation De Galbert* image 30), *Les Pompes Funèbres* images 31, 32), in Rome *the Galleria degli Arti Contemporanei* designed by Zaha Hadid.

All these examples indicate that the industrial has become fashionable, seductive and attractive. There have even been examples of the creation of simulated old industrial sites such as the *Palais de Tokyo*, *Site de la Jeune Création*, opened in 2001 in the official World Expo palace of 1937, which today looks like an alternative space from New York in the 1970s and whose mission seems deeply inspired by the alternative space movement's ideals. image 33)

Conclusion

»What first characterizes a space is the amount of life-time it has already contained« (Gaston Bachelard) – a perfect description of the process of converting industrial wasteland with its multi-layered history.

In the past the concepts of *alternative* and *industrial* have been strongly connected. Now the phenomenon has widened but there is no reason for regret. The aim of every avant-garde must be to be progressively integrated into mainstream culture – otherwise it would have failed. Its institutionalisation is the proof of its success. However, re-invention is essential, sticking to and replying to new realities and urgencies. As Walter Benjamin said, »a political work is something that questions the status quo so intensely that it gives the desire to change of politics.«

The responsibility of architecture in this context seems to be about remaining flexible and able to mutate and to adapt itself to an existing urban context. What matters is that these buildings be preserved and that a new function can be found to reinvigorate them. Flemish architect Bob van Reeth's concept of *intelligent ruins* advocates that architecture should dig deeper and go beyond a romantic fascination with ruins, taking action as it does so. A new alternative space like *Halle 14* has to be vigilant, careful to avoid the pitfalls of hype or fashion, and at the same time maintain an engagement, and be self-critical in order to better serve the local residents as well as the international, national and local artists.

A new exhibition space opening in an old industrial site should not be intimidated by the model and dogmas of the mythical alternative space movement, but should be firmly rooted in the present, and respond to current concerns, just as the alternative spaces did in their time. One should acknowledge and accept the truth of current economic trends and reality. The challenge, of course, is to combine the realistic and the utopian – amply expressed in the term *cultural industries*.

A partnership with local government might be established, with the authorities acting productively, complementing the existing administration, though there may not be much choice in the end. Financial solvency is vital since it is only then that a structure can be autonomous. This independence, however, should not mean individualism or isolation. The Internet, annual meetings and conferences all are used to great effect by the ever expanding and mutating international network of *Trans Europe Halls*, connecting similar spaces sharing the same ideals from all European countries.

1: The Alternative Space Movement in Perspective: New York 1960-1980

Industrial Reconversion:
Between Facts and Fiction

From Margins to Center:
Social and Cultural Intermix
What is Today's Legitimicy?

2) Map of Downtown New York
The Alternative Space Movement: 1950-1980

3) The Store,
Claes Oldenburg,
New York, USA

4) Gordon Matta-Clark,
Warehouse, Soho, New York, USA

5) PS1,
Queens, USA

6) PS1,
Queens, USA

7) Fashion Moda,
New York, USA

8) Gordon Matta-Clark (1976),
PS1, Queens, USA

9) Les Halles de Shaerbeeck,
Brussels, Belgium

10) Kaapelitehdas,
Helsinki, Finland

11) La Friche de la Belle de Mai,
Marseille, France

12) La Friche de la Belle de Mai,
Marseille, France

13) La Caserne,
Pontoise, France

14) Mains d'Œuvres,
St Ouen, France

15) La Maison des Métallos,
Paris, France

16) Future Fondation Pinault,
Boulogne - Billancourt, France
(former Renault Factory)

17) Future Fondation Pinault,
Boulogne - Billancourt, France
(former Renault Factory)

18) Future Fondation Pinault,
Boulogne - Billancourt, France
(former Renault Factory)

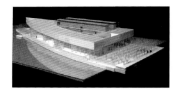

19) Model for the Fondation Pinault,
(Architect: Tadao Ando)

20) PS1,
Queens, USA

21) DIA Center,
Beacon, USA

22) DIA Center,
Beacon, USA

23) MASS MoCA,
North Adams, USA

24) Tate Modern,
London, England

25) Tate Modern, London, England

26) The Baltic, Gateshead, England

27) Färgfabriken, Stockholm, Sweden

28) Le Grand Hornu, Mons, Belgium

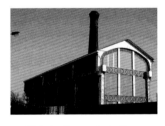

29) Sudac Factory, Paris, France

30) Fondation de Galbert, Paris, France

31) Pompes Funèbres, Paris, France

32) Pompes Funèbres, Paris, France

33) Palais de Tokyo, Paris, France

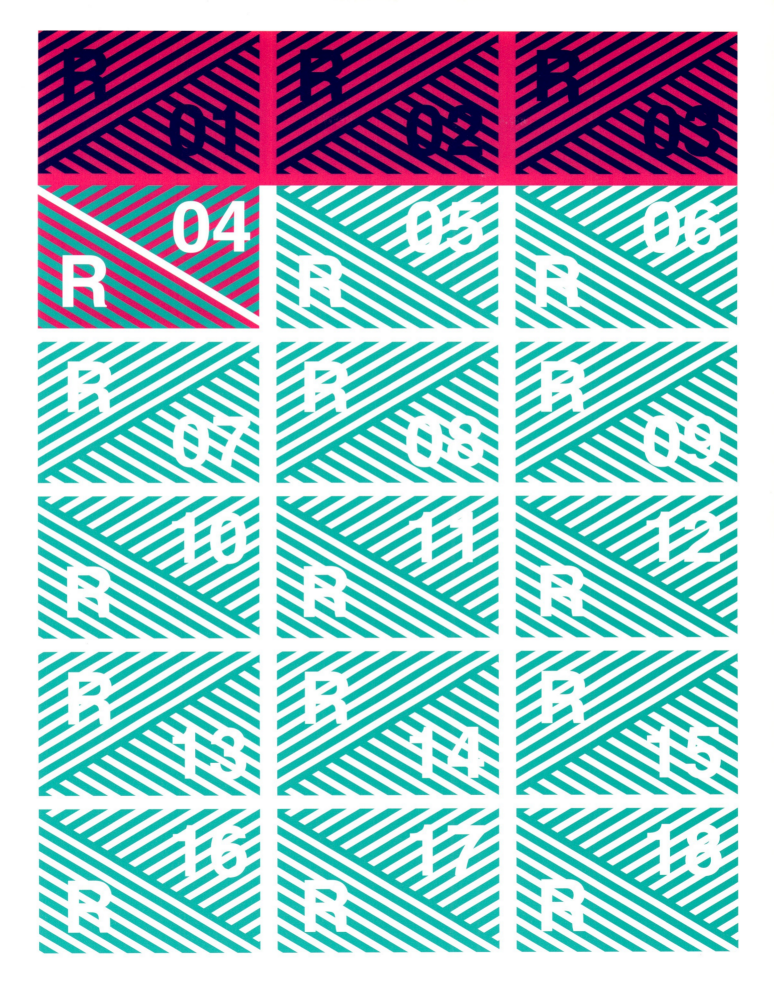

WOLFGANG HOCQUÉL (*1947)
REFERATSLEITER FÜR DENKMALSCHUTZ IN LEIPZIG • 1968 - 72 STUDIUM AN DER HOCHSCHULE FÜR BAUWESEN IN LEIPZIG • 1987 PROMOTION IN KUNSTGESCHICHTE BEI PROFESSOR ERNST ULLMANN MIT DER ARBEIT: *LEIPZIGER KAUFMANNSHÖFE, MESSEHÄUSER UND PASSAGEN* (1994 ERSCHIENEN) • SEIT 1979 IN UNTERSCHIEDLICHEN, LEITENDEN FUNKTIONEN DER DENKMALPFLEGE IM REGIERUNGS-BEZIRK LEIPZIG • INITIATOR DER *1. LEIPZIGER VOLKSBAUKONFERENZ* (1990) • MITBEGRÜNDER DER *KULTURSTIFTUNG LEIPZIG* (1990), DES *ZENTRUMS FÜR HANDWERKLICHE DENKMALPFLEGE IM SCHLOSS TREBSEN* (1992) SOWIE DER *DENKMAL*, DER EUROPÄISCHEN MESSE FÜR STADTERNEU-ERUNG UND DENKMALPFLEGE IN LEIPZIG (1994) • ZAHLREICHE PUBLIKATIONEN ZUR DENKMALPFLEGE UND BAUGESCHICHTE LEIPZIGS • PUBLIKATIONEN: *LEIPZIG, ARCHITEKTUR VON DER ROMANIK BIS ZUR GEGENWART* (2004) SOWIE *ARCHÄOLOGIE UND ARCHITEKTUR, DAS FRÜHE LEIPZIG* (2003)

FOTONACHWEISE
1) MAHMOUD DABDOUB
2), 17), 18) PUNCTUM FOTOGRAFIE, PETER FRANKE
3), 4) PUNCTUM FOTOGRAFIE, BERTRAM KOBER
5) WOHNUNGSEIGENTÜMERGEMEINSCHAFT WEG 055
6), 7) JUS-AG LEIPZIG
8) WEIS & VOLKMANN
9), 10), 11), 12), 13), 14), 15) WOLFGANG HOCQUÉL
16) RUEDI BAUR, BÜRO INTEGRAL, CONCEPT RB ET ASSOCIÉS, PARIS

LEIPZIGER INDUSTRIEDENKMALPFLEGE IM SPANNUNGSFELD ZWISCHEN ABBRUCH, UMNUTZUNG UND MUSEALISIERUNG

Die größte fachliche Herausforderung seit der Erfindung der Denkmalpflege

Als Artur Hazelius 1891 in seinem Skansen auf der Insel Djurgården vor Stockholm erstmals ein Freilichtmuseum schuf, das heißt ein Museum, in dem nicht nur Gerät und Mobiliar, sondern auch Haus und Hof Exponat sind, tat er dies aus der Sorge, es werde sonst einst der Tag kommen, »da all unser Gold nicht reicht, uns ein Bild von der entschwundenen Zeit zu formen«.

Heute, am Ende des industriellen Zeitalters, stehen wir vor einer ähnlichen Herausforderung. Erschwerend kommt hinzu, dass die zu lösenden Aufgaben der Industriedenkmalpflege sich oft in Kostendimensionen bewegen, die häufig außerhalb realistischer Möglichkeiten liegen.

Die Stadt Leipzig assoziiert man in der Regel wohl vor allem mit ihrer über 800jährigen Messegeschichte. In Kulturdenkmalen gesprochen sind dies insbesondere die Kaufmannshöfe und Messepaläste der Innenstadt. Leipzig ist aber vor allem auch geprägt durch einen einmaligen Architekturbestand des Historismus. Ausgedehnte Wohngebiete dieser Zeit, aber auch Rathäuser, Kirchen und Schulen machen Leipzig zur architektonischen Hauptstadt der Gründerzeit in Deutschland. 17.000 Einzeldenkmale verzeichnet die Leipziger Denkmalliste. Die überwiegende Zahl sind Objekte aus eben dieser wilhelminischen Epoche des deutschen Kaiserreichs von 1871 bis 1918. Neben der Bedeutung als Handelsplatz war Leipzig bis 1990 aber auch ein sehr wichtiger Industriestandort in Mitteldeutschland. Hervorzuheben sind hier die metallverarbeitende und die polygrafische Industrie. Das Ende der DDR im Jahre 1990 war durch den Verfall und die Verwahrlosung der Bausubstanz in den Städten und Dörfern gekennzeichnet. Besonders dramatisch war die Situation in der Stadt Leipzig. Die einst blühende Handelsmetropole war in Folge 40jähriger wirtschaftlich impotenter Baupolitik zu einer traurigen Ruinenlandschaft verkommen. Die Schäden der sozialistischen Planwirtschaft übertrafen die Zerstörungen des Zweiten Weltkrieges ganz erheblich. Eine völlig verfehlte Stadtbaupolitik, die einseitig auf den industriellen Wohnungsbau auf der grünen Wiese setzte und das Bauhandwerk fast ausgerottet hatte, trägt daran die Schuld. Heute sind 75 % der Bausubstanz in der Stadt Leipzig ganz oder teilweise saniert. Privates Kapital und Fördermittel des Staates in Milliardenhöhe haben diese gewaltige Aufbauleistung ermöglicht. In den Jahren 1992 bis 1998 war Leipzig die Boom-Town des Ostens. Dies hatte auch positive Auswirkungen auf die Erhaltung von Industriedenkmalen in der Stadt Leipzig. Unter der Flagge »Stadtumbau Ost« werden in den kommenden Jahren vor allem Rückbauszenarien verfolgt. Leipzig verfügt über ca. 3.000 bis 4.000 leer stehende, teils ruinöse Gründerzeithäuser, die überwiegend unter Denkmalschutz stehen. Auch diese Situation ist noch eine Spätfolge der verfehlten Baupolitik in der ehemaligen DDR, die einseitig auf Wohnungsneubau gesetzt hatte.

Die Bewahrung, Umnutzung und Sanierung der Industriearchitektur stellt meines Erachtens die schwierigste aktuelle Herausforderung in der Denkmalpflege Ostdeutschlands dar. Sachsen, als ein Kernland der Industrialisierung Deutschlands, verfügte und verfügt über einen riesigen Bestand an Kulturdenkmalen der industriellen Epoche. Bis zur Wiedervereinigung arbeiteten viele Industriebetriebe der DDR noch in den alten, heute inzwischen fast komplett unter Denkmalschutz gestellten Gebäuden aus der Zeit des Kaiserreichs, in vielen Fällen dabei noch mit geradezu museumsreifer Technik. In Folge der Wiedervereinigung fielen mehr als drei Viertel der Industriearbeitsplätze in Leipzig und Umgebung weg. Damit wurde ein riesiger Bestand an denkmalgeschützter Industriearchitektur frei, der infolge fehlender Nutzung äußerst gefährdet war. Die Hauptstrategie der Industriedenkmalpflege ist natürlich nicht die Erhebung von Industrieanlagen zu technischen Museen – dies ist der absolute Ausnahmefall – sondern die Suche nach neuen Nutzungen für die historischen Gebäude und Anlagen. Leider wurde in Ostdeutschland die Chance vertan, die vielen, nach der politischen Wende entstandenen Einkaufs- und Gewerbeparks, die in großer Zahl vor den Toren der Stadt entstanden, gezielt in die frei gewordene Industriearchitektur der Städte zu lenken. Obwohl dieses Problem von Anfang an erkannt worden ist, fehlten letztlich die planungsrechtlichen und wirtschaftlichen Instrumente dafür. Auch war der Entwicklungsdruck, den das private westdeutsche Kapital ausübte, enorm. Schließlich darf man auch nicht vergessen, dass die meisten Ostdeutschen schnell Einkaufsbedingungen wie im Westen haben wollten. Auch die Ansprüche auf Rückübertragung des DDR-Volkseigentums an die früheren Besitzer führten oft zu erheblichen Verzögerungen in der Verfügbarkeit der innerstädtischen Immobilien. Darüber hinaus wurde so mancher Industriebetrieb noch jahrelang künstlich am Leben gehalten.

Die Folge all dieser Widrigkeiten ist, dass man sich nun im Einzelfall um jedes Gebäude kämpferisch und innovativ bemühen muss. Bei alldem hilft das recht gute sächsische Denkmalschutzgesetz aus dem Jahre 1993 mit seinen differenzierten Regelungen wenig. Vielmehr muss der Denkmalpfleger sich hier moderner Methoden des Projektmanagements bedienen, um die Umnutzung in die Wege zu leiten. Sofern ein neuer Nutzer gefunden werden konnte, wurden ihm in aller Regel Fördermittel bereitgestellt und konnte er die Bauleistung steuerrechtlich absetzen. Alle Bauleistungen zur Bewahrung eines genutzten Kulturdenkmales können in Deutschland von privaten Eigentümern über zehn Jahre zu 100 % steuerrechtlich abgesetzt werden. Diese Steueranreize haben sich als ein ganz entscheidender Antrieb für die Denkmalpflege erwiesen. Da in den meisten Fällen Maßnahmen der Industriedenkmalpflege längst nicht die gleiche Akzeptanz in der Bevölkerung haben wie Sanierungen von herausragenden Bau- und Kunstdenkmalen, muss fast immer zunächst auch eine große Überzeugungsarbeit geleistet werden. Dies betrifft nicht nur die Auseinandersetzung mit den Eigentümern, sondern auch die Argumentation gegenüber den kommunalen Parlamenten und Stadtverwaltungen sowie nicht zuletzt die Vermittlung in der gesamten Bevölkerung. Auch die Instrumente des staatlichen Denkmalschutzes und der Denkmalpflege sind unzureichend. Dies beginnt bei der mangelnden personellen Ausstattung in den Landesdenkmalämtern und endet beim Fehlen gezielter finanzieller Förderprogramme.

Im Folgenden möchte ich Ihnen einige Beispiele der Umnutzung von Industriedenkmalen im Regierungsbezirk Leipzig vorstellen. Dabei habe ich zwei Schwerpunkte gebildet, zum einen die Stadt Leipzig selbst und hier insbesondere das Industriegebiet Leipzig-Plagwitz sowie zum anderen den Komplex der Industriedenkmale der Braunkohlengewinnung und -verarbeitung im Südraum der Stadt Leipzig, einem traditionellen Bergbaurevier.

Das spektakulärste Beispiel in Leipzig war ganz zweifellos die Umnutzung der großen Bahnsteighalle Abb. 1) sowie des gesamten Empfangsgebäudes des 1907/15 erbauten Hauptbahnhofes. Hier wurde durch die Hamburger Entwicklungsgesellschaft ECE ein Einkaufszentrum mit ca. 30.000 m² Fläche angeordnet. Natürlich hat es hier erhebliche, sehr kontroverse Diskussionen im Vorfeld gegeben, denn der Hauptbahnhof gilt als eine Inkunabel der europäischen Verkehrsgeschichte, auf die jeder Leipziger stolz ist. Letztlich ist es aber im Ergebnis eines Architektenwettbewerbes gelungen, eine denkmalverträgliche Lösung zu finden. Unter der fast 300 m langen Querbahnsteighalle befand sich ehemals der Postbahnhof mit ca. 10.000 m² Nutzfläche. Diese auf Straßenniveau gelegene Fläche wurde nicht mehr benötigt. Da außerdem viele weitere traditionelle Bahnhofsfunktionen heute nicht mehr bestehen, konnten zusätzliche Flächen des Empfangsgebäudes neuen Nutzungen zugeführt werden. Die Querbahnsteighalle erhielt eine linsenförmige Öffnung mit den Treppen und Aufzügen und zusätzlich wurde in der Ebene darunter, in den gewachsenen Untergrund, eine weitere Verkaufsebene eingetieft. Wenn kritische Stimmen von einem Einkaufspark mit Gleisanschluss sprachen, so ist dies m. E. populistische Polemik, denn die gewählte Lösung ist letztlich denkmalverträglich und hat zu einer erheblichen Bereicherung auch für die Reisenden geführt. Die Sorge, dieses große Shopping-Center würde sich negativ auf die Läden der Innenstadt auswirken, erfüllte sich nicht, ganz im Gegenteil, es entstanden Synergieeffekte. Zudem wurde mit dem Einbau der Mall – en passant – auch ein altes Problem vieler großer Bahnhöfe gelöst: Schmutz, Tristesse sowie Penner und Fixer sind verschwunden, der Aufenthalt wird zum Erlebnis, die Erhaltungskosten für das technische Denkmal werden durch den Handel verdient.

Immer mehr, vor allem kleinere Bahnhöfe werden von der Deutschen Bahn AG zum Verkauf angeboten. Eine ausgeprägte Verantwortung für die eigene Betriebsgeschichte gibt es offenbar bei der Deutschen Bahn AG nicht, darin unterscheidet sie sich in nichts von der früheren Deutschen Reichsbahn der DDR.

Was für Hamburg die Speicherstadt, das ist für Leipzig – industriearchitektonisch gesehen – der Stadtteil Plagwitz mit seinen Fabriken der Jahrhundertwende. 1989, im Jahr der politischen Wende, hatte Plagwitz 37.000 Einwohner. Von den etwa 800 hier vorhandenen Betrieben waren rund 40 Großbetriebe. Die teils großartigen Industriebauten prägen das architektonische Milieu dieses Stadtteils. Auch die Wohngebiete der Arbeiter sind erhalten.

Hervorzuheben ist der imposant und malerisch am Ufer der Elster gelegene Komplex der Buntgarnwerke in der Nonnenstraße 17 und 21, 1879 bis 1888 als Sächsische Wollgarnfabrik erbaut Abb. 2), sowie Fritz Högers subtile Konsum-Zentrale in der Industriestrasse 85/95 aus den Jahren 1929 bis 1932. Abb. 3) Besonders im Süden dieses Gebietes führt eine größere Zahl von realisierten Umnutzungen und Instandsetzungen bereits zu einem Umschlag der Stadtbild- und Wohnqualität. Nach einer Zeit der Entvölkerung ziehen nun die zahlungskräftigen Leipziger in das Gebiet mit den vornehmen Lofts und Wohnungen an den alten Wasserstraßen und machen es zu einer Top-Adresse. Die von Schmutz und Industriepatina befreiten überwiegend roten Klinkerbauten schaffen ein architektonisches Ambiente, das zu begeistern vermag. Die zumeist sachlich schlichten Bauten mit ihren großformatigen Fenstern wirken auf uns verblüffend frisch und unverbraucht. 1896 errichtete die Maschinenfabrik Unruh und Liebig einen dreigeschossigen Verwaltungsbau in der Naumburger Straße 28. Ab 1994 wurde eine dazugehörige Werkhalle durch die Entwicklungs- und Sanierungsgesellschaft Plagwitz zu einem Gründer- und Gewerbehof umgebaut. Abb. 4) Für das produzierende Gewerbe werden hier 10.000 m² Gewerbefläche angeboten. Das Projekt hatte ein Investitionsvolumen von ca. 21 Millionen DM.

An diesen Bau schließt sich unmittelbar südlich ein heute als Jugendamt der Stadt genutztes Fabrikgebäude an, ein sachlicher dreigeschossiger roter Klinkerbau mit gelben Gliederungen. Außer dem Jugendamt hat auch das Grünflächenamt der Stadt seinen Sitz nach Plagwitz verlegt: 1906/07 errichteten die Leipziger Architekten Händel und Franke das Bekleidungsunternehmen Mai und Edlich, ein viergeschossiges Fabrikgebäude in der Nonnenstraße 5. Die rote Klinkerfassade folgt an der Wasserseite dem Verlauf der Elster. Sie ist von klassischer Schlichtheit und verzichtet völlig auf historistische Reminiszenzen. Der angrenzende Wohnungsneubau mit einem Restaurant im Erdgeschoss bietet einen bootsstegartigen Freisitz direkt am Wasser an.

Eines der ambitioniertesten Großprojekte ist der sogenannte Elsterpark in den ehemaligen, bereits genannten Buntgarnwerken Nonnenstraße/Holbeinstraße. Zunächst wurden die zum Gesamtbestand gehörenden ehemaligen Wohnhäuser an der Westseite der Nonnenstraße saniert und umgenutzt. In ihnen sind eine Krankenkasse, eine Apotheke, das Finanzamt, Wohnungen etc. untergebracht, auf der gegenüberliegenden Straßenseite steht das Oberschulamt. Am östlichen Elsterufer an der Holbeinstraße schufen die Architekten Fuchshuber & Partner 155 repräsentative Lofts. Abb. 5) An dem ebenfalls zum Komplex gehörenden Gebäude Nonnenstraße 21/21b am anderen Ufer errichtete ein anderer Bauträger 187 Elster-Lofts unter dem Motto »Übers Wasser gondeln, Grün atmen, Freiräume genießen«. Abb. 6, 7) Ein Industriegebiet wandelt sich zu einem der beliebtesten Wohngebiete der Stadt. Auf den mittlerweile ökologisch sauberen Wasserstraßen fahren bereits zwei original venezianische Gondeln.

Unweit vom Elsterpark, in der Karl-Heine-Straße 105, baute ein privater Investor in eine Industriehalle der Jahrhundertwende ein Museum für alte amerikanische Automobile ein. Eine ausgemusterte IL 18 der Interflug auf dem flachen Dach des eingeschossigen Neubauteils schafft einen unerwarteten und verblüffenden Aha-Effekt. Das Museum ist mit einem attraktiven Technik-Café »da capo« verbunden. Unmittelbar daneben wurde ein mehrgeschossiger Industriebau der früheren Firma für landwirtschaftliche Geräte Rudolph Sack zum Technik-Center umfunktioniert. Der Betreiber, das 1991 gegründete Museum für Industrie und Arbeit Leipzig-Plagwitz e.V. verfolgt hier die Idee, eine Stätte der Darstellung von Industriegeschichte mit dem Schwerpunkt von Unternehmens- und Personengeschichte zu schaffen. Mit dem aktuellen Pilotprojekt »Reif zum Unternehmer« will man, unter dem beziehungsreichen Namen »Garage« ein Technologiezentrum für Jugendliche entwickeln. Das 1912 errichtete Gebäude hat die Stadt Leipzig kostenlos zur Verfügung gestellt. Die Sanierung wurde im Wesentlichen als Arbeitsbeschaffungsmaßnahme realisiert. Bis zum Sommer 2001 wurde hier ein Bauvolumen von 20 Millionen DM realisiert.

Der jüngste Leuchtturm der Industriekultur ist das unlängst fertiggestellte Stelzenhaus in der Weißenfelser Straße 65, das mit Betonpfeilern in einer Biegung des Karl-Heine-Kanals teils im Wasser gegründet ist. In der 1937/39 erbauten Wellblechfabrik sind heute Ateliers, Lofts und sowie ein Restaurant untergebracht. Abb. 8)

An dieser Stelle soll erwähnt werden, dass nach dem Niedergang der Industrie in dem Stadtteil Leipzig-Plagwitz nach 1990 systematisch alte Maschinen gesammelt und aufbewahrt wurden. Obwohl sich für diesen Stadtteil Leipzig-Plagwitz bereits überraschend viele gelungene Umnutzungsbeispiele nennen lassen, gibt es natürlich noch eine große Zahl von Industriebauten, für die noch Nutzungskonzepte zu finden sind. In den meisten Fällen wird es zunächst darauf ankommen, die Ressource Architektur zu bewahren und bauliche Sicherungsmaßnahmen vorzunehmen.

Ich komme zum zweiten Schwerpunkt der Industriedenkmalpflege im Raum Leipzig. Seit 150 Jahren hat man im mitteldeutschen Raum Braunkohle im Tagebau gewonnen. Dabei wurden riesige Landschaftsräume zerstört und dutzende Orte weggebaggert. Nach der politischen Wende wurde der Braunkohlenbergbau in Mitteldeutschland weitgehend eingestellt. Im Südraum von Leipzig wird heute lediglich noch ein Tagebau für die Braunkohlengewinnung betrieben. Die gesamte Landschaft südlich von Leipzig wird gegenwärtig durch ein staatliches Unternehmen, die Lausitzer und Mitteldeutsche Braunkohlenverwaltungsgesellschaft (LMBV), mit Milliarden-Euro-Beträgen neu gestaltet. Nach Abschluss dieses über viele Jahre gehenden Prozesses wird die Landschaft aus dem Bergrecht entlassen und der Gesellschaft zur neuen Nutzung übergeben. Aus den alten Tagebauen werden attraktive Seen. Rund 70 km^2 Wasserfläche wird die neue Seenlandschaft südlich von Leipzig künftig umfassen. Während der Landschaftsgestaltung große Aufmerksamkeit gewidmet wird, war zunächst nicht daran gedacht, Industriedenkmale zu erhalten. In dieser schwierigen Situation wurde 1996 ein Dachverein unter dem Namen Mitteldeutsche Straße der Braunkohle gegründet, der länderübergreifend (Sachsen, Sachsen-Anhalt, Thüringen) organisiert ist, und der sich die Aufgabe gestellt hat, für den mitteldeutschen Raum eine begründete Auswahl von Industriedenkmalen zu erhalten, die insgesamt die Technikgeschichte des mitteldeutschen Braunkohlenbergbaus möglichst umfassend repräsentieren können. Ausgehend von der Tatsache, dass nicht in jedem Revier eine Brikettfabrik oder ein Kraftwerk erhalten werden kann, wurde die Betrachtungsebene auf ganz Mitteldeutschland ausgeweitet.

Durch die engen Arbeitskontakte der Partner untereinander entstehen wichtige Synergieeffekte. Dieser organisatorische Verbund verfolgt in seinem Grundanliegen eine Erhaltungsstrategie für die Industriedenkmale des Braukohlenbergbaus. Später wird diese Braunkohlenstraße auch touristische Bedeutung bekommen. Die wichtigsten Objekte, die für den Südraum Leipzig erhalten werden sollen, sind die Förderanlage in Leipzig-Dölitz, die drei Gasometer Abb. 9) in Leipzig, der große an der Richard-Lehmann-Straße wird derzeit saniert und soll ab Mai 2003 temporär ein riesiges Mount-Everest-Diorama aufnehmen, die Kühltürme des Kraftwerkes Thierbach, die Brikettfabriken Witznitz und Neukirchen. Rechnet man auch kleinere Objekte der Mitteldeutschen Straße der Braunkohle hinzu, so kommt man schnell auf über 100 Zeugnisse der industriellen Entwicklung im Raum Leipzig, Halle, Dessau, Zeitz und Merseburg.

Weil der Braunkohlenbergbau sich vorwiegend im Tagebau vollzog, ist der Förderschacht Leipzig-Dölitz ein besonders wertvolles, das heißt singuläres Industriedenkmal. Abb. 10) Die Förderung im Tiefbau wurde hier bereits in den 1960er Jahren eingestellt. Zum Glück wurde die Anlage im Folgenden nicht abgebrochen, so dass sie nun zunächst einer nutzungsneutralen Außeninstandsetzung unterzogen werden kann. Hierfür werden Mittel des Freistaates Sachsen bereitgestellt. In einem zweiten Schritt soll dann eine Umnutzung stattfinden. Vielleicht kann aus der Anlage später ein Stadtteilzentrum werden. Mit Entwürfen einer Diplomarbeit an der Bauhaus-Universität Weimar konnte 1999 die Diskussion über die technikgeschichtlichen und städtebaulichen Potenziale der Anlage wesentlich qualifiziert werden.

Zum Vorzeigebeispiel hat sich seit 1997 die ehemalige Brikettfabrik Neukirchen (das markante mehrgeschossige Pressenhaus wurde 1911/12 erbaut) entwickelt. Abb. 11, 12, 13) Hier war die Produktion bereits in den 1970er Jahren eingestellt worden. Die technische Ausstattung war nicht mehr vorhanden. Auch sind einige Gebäude bereits früher abgebrochen worden. Am höchsten

Landschaftspunkt der Region gelegen, präsentiert sich dieses Industrieensemble geradezu wie eine Burg des industriellen Zeitalters. In den alten Industriegebäuden sind folgende Funktionen untergebracht worden: Büros, eine Diskothek, ein Fitness-Studio und eine Gaststätte. Der Schornstein wurde zum Kletterturm. Motel und Kino sollen noch folgen. In der Herangehensweise stellt Neukirchen einen Modellfall dar. Die Umnutzung erfolgte durch einen privaten Investor mit einer wirtschaftlichen, sich selbst tragenden Ausrichtung. Bisher wurden mehr als 22 Millionen DM investiert, davon waren rund 8 Millionen DM staatliche Fördermittel. Hier wurde von Anfang an eine gewerblich-kulturelle Nutzung verfolgt. Dabei handelt es sich überwiegend um Freizeiteinrichtungen, die aber kommerziell betrieben werden.

Für die nähere Zukunft würde ich mir im Südraum Leipzig noch die Umnutzung der Kühltürme des Kraftwerkes Thierbach wünschen. **Abb. 14, 15)** Diese wunderschönen 113 m hohen Betonplastiken könnten mit Solardächern versehen werden und für Freizeitsportzwecke genutzt werden. Die Grundfläche jedes Kühlturmes kann etwa ein Fußballfeld aufnehmen. Hierfür Freunde und Partner zu finden, ist sehr schwer, denn für die meisten hat dies nichts mehr mit Industriedenkmalpflege zu tun. Manche halten einen schlicht für verrückt. Aber man muss bedenken, dass diese leer geräumte Bergbaufolgelandschaft, in der viele Ortschaften abgebrochen wurden, landschaftsgestalterisch neu definiert werden muss und nach einer neuen Identität verlangt. Insofern sind diese Kühltürme wichtige Landmarken in dem ehemaligen Bergbaurevier.

Ein industriegeschichtlicher »Leuchtturm« der Region war zweifellos die Abraumförderbrücke des Tagebaus Zwenkau. **Abb. 16)** Dieses 530 m lange Transportband diente der Beförderung der Erde über dem Kohleflöz. Das Gerät wurde 1939 erbaut und bis 1999 betrieben. Dieses Tagebaugroßgerät sollte zu einer Seebrücke an dem späteren Zwenkauer See werden. Das Interesse an der Erhaltung dieser Brücke in der Region war groß. Dennoch musste 2001 die Abbruchgenehmigung erteilt werden, weil die Kosten für die Erhaltung nicht aufgebracht werden konnten. Zweifellos war dies eine empfindliche Niederlage für die Industriedenkmalpflege der Region. Aber aus Niederlagen lernt man ja bekanntlich. Ein schwacher Trost: Auf Zwenkauer Flur wird direkt am künftigen See ein stattlicher, architektonisch einprägsamer Info-Pavillon errichtet, der bergbaugeschichtliche Zusammenhänge des Reviers wach halten soll.

1) BAHNSTEIGHALLE, HAUPTBAHNHOF LEIPZIG

2) BUNTGARNWERKE, LEIPZIG

3) KONSUM-ZENTRALE VON FRITZ HÖGER, LEIPZIG

4) MASCHINENFABRIK »UNRUH UND LIEBIG«, 1896, LEIPZIG

5) INNENHOF DES LOFTWOHNHAUSES ATRIUM (HOLBEINSTR.)

6) ELSTERLOFT IN DEN BUNTGARNWERKEN

7) INNENHOF DES ELSTERLOFTGEBÄUDES

8) STELZENHAUS

10) FÖRDERSCHACHT LEIPZIG-DÖLITZ

9) GASOMETER SÜD

12) EHEMALIGE BRIKETTFABRIK NEUKIRCHEN, 1997

11) EHEMALIGE BRIKETTFABRIK NEUKIRCHEN VOR UMNUTZUNG

13) SCHLOTHOF

17) EHEMALIGES E-WERK DER ERSTEN LEIPZIGER STRASSEN-BAHN AM FLOSSPLATZ, 1896, UMNUTZUNG MIT BÜROS UND PROBEBÜHNE DES LEIPZIGER SCHAUSPIELS 2000/01

18) EHEM. MUSIKALIENDRUCKEREI, DRESDNER STR. 11/13, VON CURT NEBEL, 1906/07, SEIT 1995/96 SITZ DER HANDWERKSKAMMER

14/15) KÜHLTÜRME DES KRAFTWERKS THIERBACH

16) KONZEPT FÜR UMNUTZUNG DER ABRAUMFÖRDERBRÜCKE DES TAGEBAUS ZWENKAU VON RUEDI BAUR

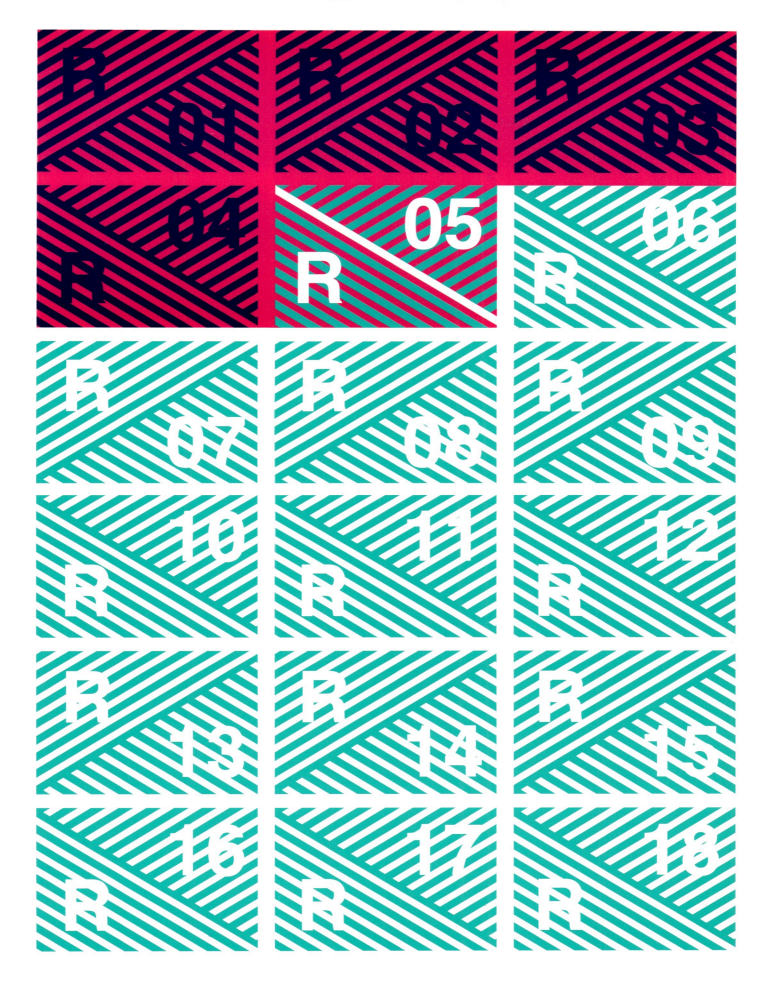

MATTHIAS SAUERBRUCH (*1955)
ARCHITEKT • 1984 DIPLOME AN DER HDK BERLIN UND ARCHITECTURAL ASSOCIATION, LONDON • 1985-90 UNIT MASTER AN DER ARCHITECTURAL ASSOCIATION, LONDON • 1989 EIGENES BÜRO MIT LOUISA HUTTON IN LONDON • 1993 SAUERBRUCH HUTTON ARCHITEKTEN IN BERLIN • 1995 - 2001 PROFESSOR AN DER TU BERLIN • 1999 ZUSÄTZLICHE PARTNER JUAN LUCAS YOUNG UND JENS LUDLOFF • 2001 PROFESSOR AN DER STAATLICHEN AKADEMIE DER BILDENDEN KÜNSTE STUTTGART • GASTVORLESUNGEN AN ZAHLREICHEN UNIVERSITÄTEN IM IN- UND AUSLAND

LOUISA HUTTON (*1957)
ARCHITEKTIN • 1980 FIRST CLASS HONOURS DEGREE AN DER BRISTOL UNIVERSITY • 1985 DIPLOM AN DER ARCHITECTURAL ASSOCIATION, LONDON • 1987 - 90 LEHRE AM CROYDON COLLEGE OF ART • UNIT MASTER AN DER ARCHITECTURAL ASSOCIATION, LONDON • 1989 EIGENES BÜRO MIT MATTHIAS SAUERBRUCH IN LONDON • 1993 SAUERBRUCH HUTTON ARCHITEKTEN IN BERLIN • 2003 KOMMISSIONSMITGLIED FÜR CABE, UK (COMMISSION FOR ARCHITECTURE AND THE BUILT ENVIRONMENT) • GASTVORLESUNGEN AN ZAHLREICHEN UNIVERSITÄTEN IM IN- UND AUSLAND

FOTONACHWEISE
ALLE ABBILDUNGEN: SAUERBRUCH & HUTTON ARCHITECTS
7), 8), 13) JAN BITTER
9) ANNETTE KISLING

Matthias Sauerbruch und Louisa Hutton

ALLOPATHIE, HOMÖOPATHIE UND PLACEBOS

Ich werde für Louisa und mich sprechen und Ihnen ein Projekt zeigen, das wir im letzten Jahr für das Museum für zeitgenössische Kunst in Sydney gemacht haben und ein paar Gedanken anschließen, die mit dem Thema des heutigen Tages zu tun haben: Wie Architektur sozial sein kann, beziehungsweise – auch verbunden mit dem Thema des Denkmalschutzes, dabei vielleicht weniger im Sinne des Vorredners, das heißt der sinnvollen Verwertung von Bestand – wie Architektur einen Beitrag zur Psyche oder zum sozialen Leben diverser Gesellschaften leisten kann.

Das Projekt, von dem ich sprechen möchte, ist an einem zentralen Ort von Sydney gelegen, dem so genannten Circular Quay. **Abb. 1)** Das ist eine Art zentraler Hafen, der auch ein Umsteigeort für den öffentlichen Nahverkehr ist, weil da sehr viel mit Fähren läuft, und er liegt direkt gegenüber dem berühmten Opernhaus. Es geht um das Gebäude, was man unten rechts im Bild sieht: eine ehemalige Hafenmeisterei. Das ist ein Gebäude, das aussieht, als wäre es aus den 1930er Jahren, es ist aber in Wirklichkeit ungefähr 1954 fertig gestellt worden. Vielleicht ist in Australien die ganze Entwicklung etwas verspätet, aber dennoch ist dies im europäischen Sinne streng genommen kein historisches Gebäude. **Abb. 2)** Das Grundstück ist ausgesprochen widersprüchlich. Zum einen ist es dieser zentrale Ort; jeder Tourist, der in Sydney Station macht – und davon gibt es jährlich etwa 1,5 Millionen – wird an diesem Ort mehrfach vorbei kommen, einerseits, weil dort mit dem Opernhaus und auch der Sydney Harbour Bridge die Ikonen Australiens und vor allem Sydneys versammelt sind, andererseits auch aus der Verkehrslage heraus. Auf der einen Seite liegt ein Kai, eine Hafenfront und auf der anderen Seite die Altstadt von Sydney. Das ist ein viktorianisches Quartier, das sich The Rocks nennt, aufgrund der Gesteinsformation, auf der es gebaut wurde. Es hat eine jüngere Geschichte, die im Zusammenhang mit dieser Diskussion hier wichtig ist: Es ist einer der historischen Teile der Stadt und sollte in den 1970er Jahren vollkommen abgeräumt werden. Das Gebiet wurde dann, ähnlich wie Covent Garden in London, von Bürgergruppen gerettet und gilt seither als ein Symbol der Bürgerbewegung oder des »freien Bürgers« – wenn man so möchte – in seiner Stadt. Seit den 1970er Jahren hat sich dieses Quartier vollkommen zum Touristenviertel entwickelt, die Häuschen sind von vorn bis hinten mit Andenkenläden, Restaurants, Cafés und Ähnlichem gefüllt. Es hat eigentlich mehr mit der Tourismusindustrie zu tun, als tatsächlich mit dem öffentlichen Raum als dem Raum der Bürger einer Stadt. In der George Street hat das dann noch ein etwas edleres Furnier. Es gibt da noch Prada und Gucci und ähnliche Läden und auch eine Straße weiter ist es Kommerz pur. Auf der anderen Seite des Grundstücks findet man eine erhöhte Stadtautobahn, die am Hafen durchgeht und direkt dahinter liegt der Central Business District, also die typische amerikanische Downtown, eine Hochhaus-Geschäftsstadt mit einer hohen Dichte und natürlich auch enormer wirtschaftlicher Bedeutung. **Abb. 3)**

Die Vorgeschichte zu diesem Wettbewerb: das Land New South Wales, das Besitzer des Grundstücks ist, war nicht mehr bereit, diese Immobilie für ein im Entstehen begriffenes Museum für zeitgenössische Kunst zur Verfügung zu stellen, beziehungsweise die laufenden Unterhaltskosten zu tragen. Daraufhin hatte das Museum überlegt: »Wie können wir überleben?« und ist an die Stadt herangetreten. Die Stadt und ihr sehr aufgeschlossener Bürgermeister hatten natürlich vom Stadtmarketing, dem Bilbao-Effekt und Ähnlichem, gehört und war der berechtigten Meinung, dass eine Stadt von 3,5 Millionen Einwohnern mit der Bedeutung Sydneys ein Museum für zeitgenössische Kunst haben sollte. Dementsprechend hatten sie angeboten, die Verpflichtung für das Museum und eine dringend notwendige Erweiterung zu übernehmen, unter der Voraussetzung, dass das Grundstück an die Stadt übergehen würde. Das war sozusagen der Deal; das Land gibt das Grundstück, die Stadt darf dann darauf ein Museum bauen, muss es aber auch betreiben.

In der unmittelbaren Nachbarschaft – das macht die Sache noch brisanter – steht das einzige Haus in Australien, das noch aus der ersten Siedlergeneration existiert, und unter dem Grundstück, das weiß man durch Probegrabungen, befinden sich die Docks, an denen sich die erste Siedlergeneration eingerichtet hatte; der erste Hafen von Sydney, wenn man so möchte: die Wiege Australiens. Eigentlich, historisch gesprochen, einer der wichtigsten Orte für die Nation. **Abb. 4)**

Die Aufgabenstellung für uns war, dieses bestehende Gebäude der ehemaligen Hafenmeisterei so umzubauen und zu erweitern, dass dort ein Museum für zeitgenössische Kunst und eine Kinemathek, also ein nationales Filminstitut, Unterkunft finden könnten. Nachdem wir uns die Unterlagen angesehen hatten, war unsere erste Reaktion Ablehnung, was das Bestandsgebäude betrifft. Dieser Bau ist mit seinen geringen Spannweiten, kleinen Fenstern, geringen Geschosshöhen, einer nachträglich eingebauten Klimaanlage und Ähnlichem eigentlich für ein Museum vollkommen ungeeignet. Man kann es natürlich als einen temporären Standort betrachten, aber wenn man im größeren Umfang investieren möchte, ist die Frage schon angebracht, ob es eine gute Idee ist, ausgerechnet dieses Gebäude mit dieser Nutzung zu versehen. Die Antwort auf unsere Frage war: »Ja, selbstverständlich haben wir uns das gut überlegt. Macht, was wir von euch verlangen, und haltet den Mund!«, was wir dann auch getan haben. Wir haben aber eine Lösung vorgeschlagen, die unmittelbar aus der Situation dort entsprang, und versucht, das Dilemma zu lösen.

Dazu kam aber noch ein weiteres Thema. Für uns war es nicht das erste Mal, dass wir uns mit Museen auseinander gesetzt haben, und wir haben uns immer wieder der Frage gewidmet, warum zeitgenössische Museen so eine große Anziehungskraft haben. In den letzten zehn, zwanzig Jahren sind mehr Museen auf der Welt gebaut worden als jemals zuvor, und sie erfreuen sich eines ungeahnten Publikumserfolges. Das letzte Beispiel, die Pinakothek der Moderne in München, hat schon innerhalb der ersten drei Monate eine halbe Million Besucher angezogen, es ist also unglaublich und man fragt sich: Woran liegt das? Was ist es eigentlich, was das Museum so attraktiv macht? Unsere These dazu ist, dass offensichtlich das Museum etwas anbieten kann, was anderweitig in der Stadt nicht mehr zu haben ist, nämlich eine Art von öffentlichem Raum, eine Art von sozialem Raum. Auf der einen Seite ist die Tate Gallery in London buchstäblich ein solcher Raum. Die neue Tate Modern gilt als einer der beliebtesten Treffpunkte für Singles; Freitagabend ist dort immer Single Night. Da ist bis um 22 Uhr offen und man weiß, dass man Gleichgesinnte trifft. Also ein sozialer Ort ist es auf der einen Seite und auf der anderen Seite natürlich auch ein Ort, an dem über die Vermittlung von Kunst Inhalte reflektiert werden, die anderswo in der öffentlichen Architektur der Stadt nicht mehr repräsentiert sind. Mein Gefühl ist, dass es auch viel mit der Frage des Individuums in der Massengesellschaft zu tun hat. Die Auseinandersetzung mit Kunst, das heißt das Zusammentreffen mit Bildern oder Kunstwerken, ist bis zu einem gewissen Grad quasi wie das Zusammentreffen zwischen Individuen. Remy Zaugg hat die ideale Museumssituation als eine Wiederholung der Situation des Künstlers im Museum beschrieben, also eine Art von Eins-zu-Eins-Begegnung zwischen Kunstwerk und Individuum. Wenn man das ernst nimmt und wenn man das möchte und sich dem aussetzt, dann ist in der Tat die Erfahrung des Museums die Erfahrung der eigenen Individualität. Und das scheint etwas zu sein, was offensichtlich einen Nerv trifft und viele Menschen gern erleben möchten, so dass für uns mit diesem Museum auch eine Diskussion darüber eröffnet wurde, inwieweit ein Museum ein intimer Raum sein muss, einer, der eine Eins-zu-Eins-Begegnung zulässt und inwieweit es ein öffentlicher Raum ist, der sich der Massenkultur, der populären Kultur preisgeben muss. Zwei Beispiele, die die zwei Richtungen verkörpern: Auf der einen Seite Peter Zumthors Museum in Bregenz, das sich, nach meiner Interpretation, ganz und gar als Kapelle versteht, sich ganz zurückzieht vom öffentlichen Raum, sich geradezu abweisend exklusiv zeigt, und der Kunst ihren Platz einrichtet, Abb. 5) und das Gegenteil, das spektakuläre Museum, beispielsweise von Frank Gehry, das in dieser Kultur des Spektakels – von der ja heute auch schon die Rede war – eine Hauptrolle spielen möchte und als Gebäude bereits eine Attraktion darstellt, die auf der Tourismusskala und allen möglichen anderen Medien hoch ausschlägt. Abb. 6) Wenn Sie die Presse verfolgt haben, werden Sie wissen, dass wir im Augenblick in München in eine Diskussion verwickelt sind, die ganz ähnliche Gegenüberstellungen bemüht. Unsere Lösung zu diesem Problem war auf der einen Seite eine ganz pragmatische, auf der anderen Seite eine, wahrscheinlich auch für die Auslober, unerwartete. Wir haben nämlich einfach gesagt: »O.k., wir sind der Meinung, dieses Gebäude ist als Museum ungeeignet. Bringt doch eure Verwaltung und auch noch ein paar zu vermietende Büroflächen in diesem Bürogebäude unter und baut das Museum einfach oben drauf! Wir machen eine Galerie, die zeitgenössische Erwartungen erfüllt, die ist eingeschossig, natürlich belichtet, vollkommen flexibel, Aircondition, alles das, was man braucht, sicher und so weiter. Wir setzen diese einfach oben auf das vorhandene Gebäude, und mit einem Anbau für dieses Filminstitut und einem Erschließungsgebäude am Kai ergibt sich ein Ensemble aus Altbau und Neubauten, das dem erwarteten Programm an dieser Stelle in idealer Weise entgegenkommt und aus diesem historischen Gebäude ein neues Ensemble macht, was historische Substanz mit neuer verbindet.« Abb. 7, 8)

Das ist ein Thema, was unserer Arbeit nicht fremd ist. Ich weiß nicht, inwieweit Sie vertraut sind mit Projekten wie beispielsweise dieser Hauptverwaltung der Wohnungsbaugesellschaft in Berlin. Es handelt sich auch um eine Erweiterung eines historischen Gebäudes. Hier im Vordergrund zu sehen, dieses Turmhochhaus wurde in den 1950er Jahren gebaut und der Flachbau, der Aufbau vorn und diese Hochhausscheibe ist, was wir darum herum entwickelt haben. Abb. 9) Und das wäre, um auf den Titel anzuspielen, den ich für diesen Vortrag gewählt habe, obwohl vielleicht die Dosierung nicht so erscheinen mag, für uns ein homöopathischer Umgang mit historischer Substanz. Dies insofern, als versucht wird, aus einer städtebaulichen bzw. stadthistorischen Situation und deren eigenen Qualität heraus im Wesen dieser Substanz neue Maßnahmen in die Wege zu leiten, so wie homöopathische Medizin versucht, den Körper zu bestimmten Reaktionen zu bringen, die aber aus dem Körper heraus kommen müssen. Das Bild ist vielleicht die Essenz dessen, was, wie wir meinen, jetzt an dieser Stelle städtebaulich das Richtige war: Also Berlin nicht als ein fixes, homogenes, historisches Baudenkmal, sondern Berlin als ein Konglomerat aus verschiedenen Zeiten, Traditionen, die einfach fortgesponnen und fortgelebt werden, und eine Architektur, die darauf eingeht und das auch spürbar und erfahrbar macht. Sie wissen, dass in Berlin seit den letzten zehn Jahren eine andere Mentalität die Oberhand hat, dass eine historische Revision oder eine Art von Neuschreibung der Geschichte und von städtebaulicher Homogenität versucht und vorgeschlagen wird, die meines Erachtens wenig aus dem aktuellen Leben der Stadt entstanden ist, sondern sehr stark aus einer bestimmten bildlichen Vorstellung entspringt. Was wir in Berlin sehr stark erleben und am eigenen Leibe mitbekommen, ist, dass rekonstruierte Geschichte nicht gleich Geschichte ist. Dass beispielsweise der rekonstruierte Checkpoint Charlie in seinen Abmessungen das gleiche Gebäude sein mag und auch so aussieht, aber mit der Subsumierung eines solchen Ereignisses, eines solchen Erinnerungsmomentes an einer solchen Stelle unter die generelle Qualität des Spektakels, also in diesem Fall des Tourismus, unheimlich viel verloren geht. Diese Ereignisse sind für Menschen, die heute noch in Berlin leben, durchaus sehr prägnante Erinnerungen, die auch bestimmte Narben in ihren Biografien und in ihren Vorstellungswelten hinterlassen haben. Diese Art von – neutral ausgedrückt – Präsentation dieser Geschichte geht sicherlich am Kern oder am Wesen der tatsächlichen Ereignisse vorbei. Abb. 10,11) Ein ähnliches Beispiel ist ein Foto vom Reichstag kurz vor dem Umbau. Diejenigen, die Westberlin kannten, wussten, dass diese Art von Kultur, die man hier im Vordergrund sieht, Picknick und Fußballspielen vor dem Reichstag, am Sonntagmorgen dazugehörte, und das hatte natürlich nichts mehr mit dem Repräsentationsgebäude als solchem zu tun, aber stellte doch, vielleicht analog zu dem, was vorhin über die Besetzung von Fabriken vorgetragen wurde, eine gewisse soziale Dimension dar. Das heißt, es war ein erkennbarer Ort, der auch von den Bürgern in einer relativ formlosen und informellen Art genutzt und anerkannt wurde. Abb. 12) Ich war unlängst mit Frau Vollmer in einer Podiumsdiskussion, und die erklärte ganz stolz als eine der Bauherrinnen, dass es ihnen mit der Reichstagskuppel gelungen sei, einen richtigen öffentlichen Raum zu schaffen, weil man als Bürger hinaufgehen kann und sozusagen dem Parlament aufs Dach »steigt« und einmal herunterschaut und dann wieder heruntergeht. Das, meinte sie, sei ein öffentlicher Raum. Das ist für mich kein öffentlicher Raum, sondern das ist das, was ich unter die Kategorie Placebo einordnen würde. Das ist eine Art von Ersatzhandlung, das hat nichts mit der Repräsentation der Demokratie, es hat auch nichts mit dem Alltagsleben zu tun, sondern das ist eine besondere touristische, quasi informative, quasi didaktische Handlung, die aber keinerlei Auswirkung oder Einfluss hat, ganz im Gegenteil, finde ich zumindest, auf diese relativ informelle Situation, die dort vorher geherrscht hat.

Zurück nach Sydney; mit der Abgabe des ersten Entwurfs kam dann die Reaktion von dem Preisgericht. Sie sagten, also jetzt hätten sie das alles gesehen und so weiter und jetzt wären sie der Meinung, vielleicht war die Frage mit dem Altbau doch keine so schlechte Frage gewesen, und wir sollten uns doch noch einmal überlegen, was wäre, wenn das Haus abgerissen werden würde. Es gab also einen zweiten Rundgang, alle Teilnehmer hatten die Chance, einen zweiten Entwurf zu machen, und wir haben das, nachdem wir uns von dem Schock erholt hatten, auch getan, und haben versucht, aus dem, was wir in dem ersten Rundgang gemacht hatten, zu lernen. Zunächst einmal war dieser Raum, der entstanden war, unter dieser neuen Galerie und vor dem alten Gebäude eigentlich ein Raum, den wir interessant fanden. Wir hatten ihn im ersten Rundgang die Harbour Gallery genannt, als eine Art von überdachtem Außenraum, der sich auch für Kunst eignen würde, der die Schnittstelle zwischen dem Kai, also zwischen diesem ganz banalen öffentlichen Raum, und dem Museum bilden würde. Diesen Gedanken haben wir versucht, weiter zu entwickeln. Und was dabei entstanden ist, ist ein Museum, das immer noch den idealtypischen Ausstellungsraum in der Luft anbietet, und darunter ist einerseits ein Riegel, in dem die Verwaltung untergebracht ist und gleichzeitig ein großer und zunächst leerer Raum. Ich muss noch etwas ergänzend erklären: Es gibt einen Höhensprung im Gelände, das ist jetzt an der George Street, das ist etwa fünf Meter höher als unten an dem Kai, so dass da ein Sprung entsteht, hier im Schnitt zu sehen. Rechts sieht man die George Street, man kann den Maßstab von diesen Häusern aus dem 19. Jahrhundert erkennen, und links ist das Hafenbecken, man sieht den Sprung, und da gibt es diesen großen Raum unten drin, die Harbour Gallery. Abb. 13,14)
An der Promenade ist zunächst einmal ein Angebot mit Gastronomie und Bars. Abb. 15) Das spielt generell eine riesige Rolle in Australien, da ist sehr viel sozialer Austausch, einfach in Kneipen, und zur Straße hin, dann gegenüber und dazwischen, im entsprechend reduziertem Maßstab, sind Läden und Büronutzung. Jetzt sieht man das im Längsschnitt, dazwischen der große, leere Raum. Abb. 16) In diesem großen Raum sind Teile jener Ausgrabungsgeschichten zu sehen. Sie sehen ein in den Fußboden eingelassenes Ausgrabungsfeld, was mit Glas abgedeckt werden würde. Dann gibt es hier diese Kinos, die praktisch unter den Büroflächen angeordnet sind und ansonsten einfach einen relativ großen, nicht klimatisierten, aber dennoch durch Glas geschützten offenen Raum, der als Veranstaltungsort fungieren kann. Er kann leer bleiben, er kann aber auch für eine Theaterveranstaltung, für eine Kinovorführung, eine Performance oder eine Ausstellung oder – meinetwegen – eine Produktpräsentation oder eine Fernsehübertragung oder sonst irgendetwas genutzt werden. Einfach ein Raum, der für öffentliche Aktivität zur Verfügung steht, der, und das ist vor allem im Kontext zu Sydney unheimlich wichtig, der nicht durch kommerzielle Randbedingungen besetzt ist, sondern der zunächst einmal in der Aura des Museums steht und von dem keine Verwertungszwänge ausgehen sollen. Das heißt, was wir uns vorstellen, ist, programmatisch gesprochen, eine Art von institutionalisierter Leere. Das ist dann das Galeriegeschoss oben, darüber wurde vorhin schon gesprochen. Es ist eine idealtypische *White Box*, einfach ein Servicegang hinten und ein Erschließungsgang vorn und dazwischen Flexibilität mit einer entsprechenden Raumhöhe, Oberbelichtung und vollkommener Inszenierungsfreiheit. Abb. 17) Das heißt, hier ist eigentlich ein Raum, der ganz und gar Künstlern und Kuratoren zur Verfügung steht, aus dem sich die Architektur vollkommen heraushält, der eine Insel ist. Diese *Harbour Gallery*, in die nochmals die *Hanging Gallery* eingehängt wurde, ist eigentlich die Schnittstelle dieses Zusammenkommens der Sphäre des Museums und des öffentlichen Raumes, des öffentlichen Raumes im krudesten Sinne, und das erschien uns als eine neue Idee. Das schien eigentlich von den Museumstypologien her eine Mischung vielleicht zwischen diesen beiden vorgeführten Verhaltensmustern des Rückzugs und des Spektakels, eigentlich ein Ort, der einerseits diesen Rückzug anbietet, sich aber gleichzeitig zur Öffentlichkeit hinwendet. Und das Ganze hat an diesem Kai und gegenüber dem Opernhaus bei Nacht die notwendige Präsenz, um vom Wasser aus spürbar zu werden. Abb. 18)

Wir haben den Wettbewerb gewonnen und wurden als Architekten ausgewählt. Die beiden Varianten wurden der Öffentlichkeit zur Abstimmung anheim gestellt und die Reaktion war hochinteressant, aber, nicht nur für uns, auch ein bisschen traurig. Die Wellen schlugen sehr hoch, es gab sehr starke Für- und auch sehr starke Gegenstimmen. Die Presse hat sich unheimlich erhitzt und die

Diskussion um den Erhalt des Gebäudes gewann schnell die höchste Prominenz. Es gab starke Befürworter für den Abriss, also unsere Variante, aber die Denkmalschützer, also die *Heritage Lobby*, konnte sich weder mit dem ersten noch dem zweiten Entwurf identifizieren. Also auch nicht mit der Vorstellung, dass dieses historische Gebäude erhalten bleibt, aber dass etwas Neues darauf gebaut wird. Es ging dann so weit, dass am Schluss ein so genannter *Green Ban* für dieses Gebäude ausgesprochen wurde. Das ist eine Vereinbarung der Gewerkschaften, wo die Gewerkschaftler für sich festlegen, dass kein Mitglied an dem Gebäude arbeiten darf. Das heißt also, um es zu realisieren, hätten wir sozusagen noch Arbeiter importieren müssen, was natürlich völlig undenkbar ist. Wir meinten, dass hier ein gewisses Missverständnis vorlag, weil der Erhalt des Gebäudes keinen Wert an sich darstellt, sondern erst dann sinnvoll wird, wenn dieses Gebäude auch mit einem Programm erfüllt werden kann, das eine Bedeutung für die Stadt hat, also eine gewisse soziale Dimension bietet. Ein Museum für zeitgenössische Kunst ist natürlich eines der interessantesten Programme, das man im Augenblick für einen öffentlichen Ort anbieten kann, und dass – über die Diskussion des »politisch korrekten« Erhalts eines mehr oder weniger unbedeutenden Gebäudes – dieses Programm insgesamt gekippt wurde, ist für mich eine – nicht nur persönlich – enttäuschende Geschichte, sondern eine mit geradezu tragischem Ausgang. Der Stand der Dinge ist der, dass sich die Landesregierung der Realisierung beider Entwürfe verweigert hat, und dass wir im Augenblick darauf warten, dass sich diese Landesregierung einmal ändern wird, denn der Bürgermeister ist nach wie vor ein großer Verfechter des Projektes.

1) HAFEN VON SYDNEY

2) EHEMALIGE HAFENMEISTEREI

3) HAFEN VON SYDNEY

4) AUSGRABUNGEN SYDNEY

5) KUNSTHAUS BREGENZ, ARCHITEKT PETER ZUMTHOR

6) MUSEUM BILBAO, ARCHITEKT FRANK GEHRY

7) MODELL, PHASE 1

8) MODELL, PHASE 1

9) GSW HAUPTVERWALTUNG, BERLIN

10) CHECKPOINT CHARLIE, BERLIN

11) CHECKPOINT CHARLIE, BERLIN

12) PICKNICK VOR DEM EHEMALIGEN REICHSTAG, BERLIN

13) MODELL, PHASE 2

14) VISUALISIERUNG HAFENSEITE, PHASE 2

18) VISUALISIERUNG NACHTANSICHT, PHASE 2

Sauerbruch und Hutton

15) PERSPEKTIVE CIRCULAR QUAY, PHASE 2

16) PERSPEKTIVE HARBOUR GALLERY, PHASE 2

17) PERSPEKTIVE HARBOUR GALLERY, PHASE 2

Sauerbruch und Hutton

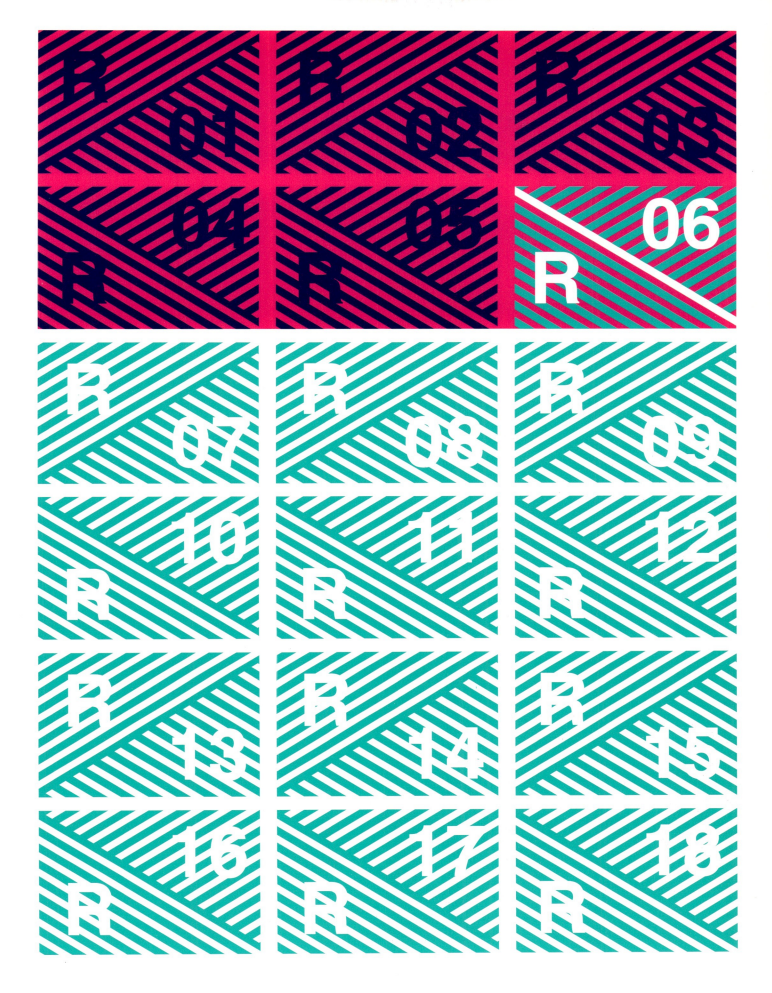

STEFAN RETTICH (*1968)
ARCHITEKT UND STADTPLANER • ZUSAMMEN MIT ANTJE HEUER UND BERT HAFERMALZ BETREIBT ER DAS BÜRO *KARO* IN LEIPZIG • ZAHLREICHE AUSSTELLUNGEN • STUDIEN- UND FORSCHUNGSPROJEKTE ZUR STADTENTWICKLUNG UND ZU TRANSFORMATIONSPROZESSEN SCHRUMPFENDER STÄDTE • GRÜNDUNGSMITGLIED VON *L21* • LEHRT AN DER UNIVERSITÄT LEIPZIG

FOTONACHWEISE
»MASCHINENSTÜRMER«: ROBERT BESKE
»DIE SPINNEREI«: DIRK STENZEL

Stefan Rettich, L21

DIE SPINNEREI

… zwischen informellen Anfängen und deren Institutionalisierung

Ich möchte, als Diskussionsbeitrag für dieses Symposium, zu Beginn einige Worte zu L21 sagen und anschließend einen Filmessay vorstellen.

L21 ist ein Architekturkollektiv aus Leipzig (bestehend aus KARO-Architekten, kombinat 4, m.f.s. Architekten und hobusch + kuppardt), das sich angesichts der Krise der schrumpfenden Städte in den neuen Bundesländern provokanten, politischen Strategien und Interventionen im öffentlichen Raum zuwendet.

Die aktuelle Situation in Leipzig mit einem Leerstand von 60.000 Wohnungen, einer Arbeitslosigkeit von rund 20 % und einer demografischen Entleerung von -17,5 % ist symptomatisch für den Osten Deutschlands, der seit der politischen Wende von einer flächenhaften Deindustrialisierung gekennzeichnet ist. Mit dem Aspekt der Deindustrialisierung sind wir auch schon beim Thema: bei der Spinnerei. Wir wollen hier keine Projekte von L21 vorstellen, sondern einen persönlichen Blick auf die jüngere Geschichte des Spinnereigeländes zeigen. Man kann sagen, dass sich hier auf dem Gelände, mit dem Jahr 2000, etwas verspätet, die industrielle Revolution verabschiedet hat, auch mit all ihren Utopien. Der Grund liegt darin, dass der Reifenhersteller Michelin sich aus seinem Vertrag zurückgezogen hatte und der verbliebene Produktionsabschnitt zur Reifencord-Herstellung damit überflüssig war und in der Folge eingestellt wurde. Ich denke, es besteht auch wenig Hoffnung, dass sich die Produktion in der früheren Art und Weise wieder einstellen wird.

Das ist eine typische Geschichte für den Leipziger Westen. Im Nachwende-Zeitraum wurden hier 80 % aller Arbeitsplätze im produzierenden Gewerbe abgebaut, mit der Folge, dass ca. 40 ha Industriebrachen frei geworden sind. Eine riesige Fläche – zum Vergleich: die Spinnerei hat circa 6 ha. Parallel zum Niedergang der Produktion gab es auf dem Spinnereigelände aber schon relativ früh eine andere Entwicklung, wie übrigens auch an vielen anderen Stellen in Leipzig.

Anfang der 1990er Jahre war die Euphorie, mit den neuen Freiheiten in der Stadt umzugehen, groß. Eine alternative Club- und Kunstszene hat die Freiräume für sich entdeckt. In der Spinnerei geht diese Entwicklung auf ein Sommeratelier Anfang der 1990er Jahre zurück, in dessen Folge erste Künstler ihr Atelier auf dem Gelände eingerichtet haben. Dies ist wahrscheinlich nur der Tatsache zu verdanken, dass sich die damalige Grundstücksverwaltung sehr offen für diese Tendenzen zeigte und diese auch gefördert hat. Und zwar über eine teilweise unentgeltliche Zwischennutzung. Auf diese Weise entstand auf dem Gelände über die Jahre ein stabiler, urbaner Mikrokosmos aus informellen, kulturellen Strukturen und Kleingewerbe.

Wir halten diese Art der Entwicklung von unten für einen wesentlichen Ansatz im Umgang mit schrumpfenden Städten. Die Zukunft aufgegebener Flächen und Brachen wird wesentlich davon abhängen, inwieweit alternative Nutzer diese für ihre Zwecke besetzen und damit den Boden für weitere Nutzungen vorbereiten. Für das Spinnereigelände bedeutet das aber auch, eine mögliche Verdrängung bzw. einen SoHo-Effekt zu vermeiden und einer Kommerzialisierung vorzubeugen.

Dirk Stenzel, dessen Büro m.f.s. sich hier im Nebengebäude befindet, hat sich im Vorfeld zu diesem Symposium mit der früheren Verwalterin, Frau Lenk, über die Anfänge der Entwicklung auf dem Spinnereigelände unterhalten und den anschließenden Film zusammengestellt. Ein weiteres Filmfragment stammt von dem Leipziger Künstler Robert Beske, das eine Ausstellung in den Kellerräumen der Spinnerei Mitte der 1990er Jahre zeigt. Wir hoffen, dass der Film einen Beitrag zu der anschließenden Diskussion leisten kann und den Aspekt des Lokalen beleuchtet, damit wir mit den internationalen Gästen auch die lokale Situation vor Ort diskutieren können. Das spiegelt unter anderem, welche Eigenschaften eine von außen eingeführte Kunstinstitution aufweisen muss, um die vorhandenen Strukturen weiterzuführen und der Gefahr der Verdrängung zu begegnen.

Der Film *Die Spinnerei* von Dirk Stenzel (L21) zeigt einen Gang über das Spinnereigelände, beginnend am Haupteingang der Spinnerei, Spinnereistraße 7.

Ich bin selbst vor drei Jahren auf das Gelände gekommen, also weit nach den Anfängen der Spinnerei. Man ist aber wegen dieser Anfänge gekommen, wegen dem Geist, der geschaffen wurde. Ich spürte bei mir eine persönliche Neugier, einen Drang nach der jüngeren Geschichte dieses Ortes. Also habe ich mich auf den Weg gemacht, Leute zu suchen und mit ihnen zu sprechen, Menschen, die am Anfang dabei waren, Menschen, die die Spinnerei verstehen. Mein erster Weg führte mich zu Herrn Bux, dem einstigen Baubetreuer des Geländes, um über ihn einen Kontakt zu seiner Frau aufzubauen, der ehemaligen Verwalterin Frau Lenk. Nach langen Gesprächen und kurzen Telefonaten erklärten sich beide spontan dazu bereit, bei mir vorbei zu kommen. Wir sind in unserem Raum, im Haus 18. Mir sitzen zwei Menschen gegenüber, die sehr verschieden scheinen, wobei beide eine sehr sympathische, direkte und offene Art haben, die beeindruckt. Sie scheinen sich perfekt zu ergänzen. Besonders damals, als sie gemeinsam die Spinnerei lenkten. Ihr Leben war die Spinnerei, mit allen Ecken und Kanten.

Frau Bux: »Manchmal sehe ich irgendwo so 'nen Werbespot und da denke ich immer noch: Ja, das ist auf deinem Gelände, ja man hat irgendwo noch diesen Bezug … hab ich aber in der Zwischenzeit schon etwas abgelegt … eigentlich schon ganz (lacht) … ja, man hat irgendwo fürs Gelände gelebt, also man war irgendwo schon … total verwurzelt.«

Herr Bux spricht von Details, von technischen Problemen und deren Lösungen. Es scheint, als kennt er jeden Stein, jedes Kabel und jeden Raum des Geländes, wobei ein Respekt in seiner Stimme mitschwingt, ein Respekt vor der Substanz, der mich fesselt und inspiriert. Frau Bux, besser bekannt als Frau Lenk, spricht mehr über die Menschen und den Umgang, den sie mit ihnen pflegte. Sie scheinen gleichzeitig zu sprechen, spielen sich immer wieder die Bälle zu und es entwickelt sich ein Gespräch, das in seiner inhaltlichen Tiefe komplexe Kompetenz vermittelt. Wir sprechen über das wirtschaftliche Schrumpfen der Produktion, wodurch erst die Flächen frei wurden, die eine Umnutzung erfahren mussten. Gleich im nächsten Atemzug geht es um die Hindernisse, die sich in den Weg stellten.

Frau Bux: »… im Auftrag der Treuhand … diese Unternehmen zu vermarkten und leider ist es … hat man uns zu Treuhandzeiten untersagt, bereits mögliche Teilflächen, wie z.B. das Gebäude 6 und 7 ist also schon … ja ein Jahr vor der Wende nicht mehr hundertprozentig genutzt worden, ja also das Gebäude schon anders umzunutzen, weil man dort die Auffassung vertreten hat, jede Vermietung schadet einer Privatisierung … ist eigentlich völliger Unsinn, weil dort eigentlich der größte Bedarf an Flächen gewesen ist und man dort auch die größten Möglichkeiten gehabt … und es hätte mit ja hundertprozentiger Sicherheit nicht 'ner Privatisierung geschadet, im Gegenteil, auch der … nachfolgende Eigentümer, der Herr Dr. Kühne, war also für jeden Vermietungsansatz dort dankbar … dass ich das dann so schnell … lösen konnte und dass man neben der Produktion auch noch zu anderen Einnahmen kommt, weil sie natürlich solche großen Gebäude, selbst wenn sie's leer haben … brauchen sie ja bestimmte Erlöse um dass sie's überhaupt aufrecht erhalten, sie müssen also irgendwo 'ne Grundversorgung sichern sonst … bricht das zusammen, also sie müssen irgendwo en bisschen 'ne Grundheizung gewährleisten, egal ob sie jemanden drin haben oder nicht … bis natürlich dann zu dem Zeitpunkt, wo man sagt, wie im Gebäude 14, man kann sich das überhaupt nicht leisten, so ein ganzes Gebäude dann irgendwo vorzuhalten und dann wird eben alles abgeschaltet.«

Aber nicht nur die Treuhand behinderte eine natürliche Entwicklung, auch die Stadt Leipzig selbst schätzte die Lage grundlegend falsch ein. Frau Bux erzählt über die Regeln, mit denen man spielte.

Frau Bux: »… den Erschließungsplan, den haben wir dann nicht … den haben wir zwar vorbereitet, aber dann nicht abgeschlossen, weil wir dann die Möglichkeit hatten, 'nen B-Plan zu machen und im Vorhaben- und Erschließungsplan da müssen sie ja … noch … viel abgegrenzter ihre Flächen definieren, zu 'nem Zeitpunkt, wo sie gar nicht wissen, ob sie tatsächlich für die ganz konkrete Fläche, wirklich hundertprozentig diese Nutzung haben, deswegen … kam uns das natürlich dann etwas entgegen, das wir den B-Plan machen konnten, selbst wenn wir ihn hier selbst finanzieren … mussten … das Hauptübel war, und dagegen hatten wir auch gleich Einspruch erhoben, dass im Flächennutzungsplan der Stadt Leipzig, zu 'nem Zeitpunkt, wo die Spinnerei schon geschlossen war, diese Fläche als reines Industriegebiet ausgewiesen worden ist und im reinen Industriegebiet … ja da könn'se … also wirklich Industrie ansiedeln, sie könn' och en bisschen Handwerk ansiedeln, aber es ist ausgeschlossen, dass sie wohnen können, also wohnen kann höchstens ein Geschäftsführer und Hausmeister, soviel Geschäftsführer und Hausmeister können sie gar nicht dort tarnen … das geht also gar nicht … und deswegen … haben wir gesagt … ok … also wir haben dann diese Ateliers auch in der ersten … Runde entwickelt … das wir gesagt haben es sind Atelier-Nutzungen … und wenn halt einer übernachtet … dann übernachtet er … und man muss ja immer gucken … wie ist dann die Aufteilung in so 'nem Atelier, wenn er übernachtet, als dass man tatsächlich von Wohnen reden kann … aber im B-Plan, dort haben wir natürlich dann wirklich festschreiben können … plötzlich hat dann auch der Anteil vom Wohnen nicht mehr gereicht, da hatten wir dann in den B-Plan diese uns eigentlich gar nicht mehr zugehörigen Häuser in der … Alten Salzstraße … mit noch reinnehmen müssen, weil plötzlich unser Anteil am Wohnen auf dem Gelände zu klein war … also es war … es war wirklich paradox, wie man über Jahre hinweg eine Entwicklung auch verhindert hat …«

Ich höre die Geschichten mit Spannung und verbinde sie mit den Bildern, mit meinen Bildern, der Spinnerei. Meine zwei Besucher beleuchten jeden Aspekt immer von allen Seiten. Welche Voraussetzungen brauche ich, damit ich umnutzen kann? Welche Nutzungen kommen überhaupt in Betracht? Welche Nachteile haben die Flächen? Es kommt heraus, dass alles Geld, was die Produktion abgeworfen hat, ins Gelände geflossen ist. Zuerst wurde die schwerfällige, dampferzeugende Zentralheizungsanlage durch ein dezentrales System ersetzt, und somit die Voraussetzung geschaffen, um kleinteilig umzunutzen. Zu den pragmatischen Notwendigkeiten dieses fast unüberschaubaren Geländes kommen informelle Impulse von außen, die in ihrer Auswirkung weitreichend in die Entwicklung der Spinnerei eingreifen.

Frau Bux: *»… dass wir gesagt haben, wir müssen erst mal 'ne Ist-Aufnahme machen von den Gebäuden … das hat es also gegeben und auch 'ne Ist-Aufnahme von diesen Flächen, die uns überhaupt im Einzelnen zur Verfügung stehen, bis dahingehend, dass es Aussagen gegeben hat, wie ist denn der Zustand der einzelnen Gebäude … das ist also am Anfang da gewesen und parallel dazu … kommen natürlich Interessenten aufs Gelände, einer davon ist also … der Peter Bux, das ist der Sohn von meinem Mann, der hat zu dem Zeitpunkt in Frankfurt studiert und kam hier aufs Gelände … noch mit 'nem … weiß gar nicht … mit dem Herrn Mühlhaupt … mit dem Herrn Mühlhaupt mal zu so 'nem Sommeratelier und da war in der Etage untendrunter ein Garderobenraum, und da haben wir gesagt, ja … da ist also Wasser … vorhanden, in der Nähe und es ist auch eine Toilette in der Nähe … und … die Räumlichkeiten bieten sich an, um ein Sommeratelier zu machen … und aus dem Sommeratelier und deren Verbindungen ist dann die Vermietung Neo Rauch und Peter Krauskopf entstanden … Sibylle Rauch … so … und so hat sich das dann im Wesentlichen … sehr viel über Mundpropaganda … also ich habe … so gut wie überhaupt gar keine Veröffentlichungen gehabt, weil ich ganz einfach immer in dem Zugzwang war, nie … im Grunde genommen geeignete Flächen zur Verfügung zu haben, wo sie richtig als Vermieter, mit gutem Gewissen, sagen können … ok, sie haben 'ne Fläche, das können sie anbieten … und so hat sich das manchmal entwickelt, dass sich Mietinteressenten gemeldet haben … und sie haben dann stehenden Fußes überlegt … Ja wo geht's denn, wo lässt sich so was realisieren … und auch aus diesem ersten Sommeratelier ist dann ja … ja … der Herr Mühlhaupt, der ist ja nach wie vor auf dem Gelände, der ist also eine Etage untendrunter, in der Zwischenzeit wohnt er dann auch … wo man dann gesagt hat, eigentlich Wohnen … ist ja ein bisschen übertrieben, dass man von Wohnen spricht … es ist ja mehr ein spartanisches … Wohnen … aber letztendlich muss das jeder für sich selbst entscheiden, was er dort machen will. … Wir haben gesagt, ok, das wäre was, was wir hier auf dem Gelände aufgreifen können und untersuchen das … und untersuchen diesen Bedarf, inwieweit gibt es so einen Bedarf in Richtung Wohnen …«*

Ich erinnere mich, wie ich in den letzten Tagen durch die großen Räume gegangen bin und an die Türen geklopft habe. Es haben mich offene Menschen empfangen in ihren Räumen und erzählten mir ihre Geschichten. Ich stand in den Wohnzimmern der Spinnerei. Auf die Frage: »Warum bist du damals in die Spinnerei gekommen?« konnten die Antworten verschiedener nicht sein. Es entwickelten sich lange Gespräche, in deren Verlauf es immer wieder zu Verweisen auf Andere kam, die ja noch viel früher hier waren und viel bewusster. Ich bekam Namen, Telefonnummern und Orte gesagt, welche zu finden manchmal ein Problem darstellte. Es gibt in der Spinnerei viele Räume, viele Türen, wo an den wenigsten ein Name steht. Ich näherte mich den Entdeckern von damals immer weiter an. Es folgten weitere Gespräche, immer schärfer hinterfragt, um dem Mythos zu entgehen, bis ich dann den Entdeckern begegnete. In dem kleinen Bistro auf dem Gelände hatten wir uns verabredet. Ein wenig resigniert, aber voller Begeisterung erzählten sie von den Anfängen und von ihrer Spinnerei, wie sie sie erlebten. Sie hatten sich neugierig der Spinnerei genähert, respektvoll integriert. Bei laufender Produktion hatten sie Räume besetzt, die nicht für sie bestimmt waren. Sie haben ihre Leben mit der Spinnerei eingerichtet, jeder Schrank, jeder Stuhl stammte von hier. Der Ort hat alles gegeben, was man brauchte und alles bestimmt. Die Spinnerei war Inspiration, bei Einigen ist sie das noch heute. Ich werde aus meinen Gedanken gerissen, um wieder im Haus 18 zu sein.

Frau Bux: »… die 18. Wir hatten da praktisch … das Büro von meinem Mann hatte dort schon einen Plan … bei den Flächen und dort hatten wir … hatte ich einen Plan und hatte dort schon mal so Einheiten … weil der Mietinteressent muss sich ja irgendetwas vorstellen können. Wenn sie mit dem in so einer großen Halle sind, und sagen … also die zwei Säulen … das sind hier 150 m², dann sagt der nee das is gar nicht … also müssen sie dem irgendwas auf dem Papier zeigen und der muss irgendwo das greifbar haben. Erst dann kann er wirklich darüber nachdenken … kann ich mit diesen Flächen überhaupt auskommen und wo kommt denn mal mein Bad, wo mein Schlafzimmer und wo mach ich das … und mit diesem Blatt … da hab ich im Prinzip schon eingetragen gehabt … Herr Meier, Herr Schulze … und da war das ganz konkret … und natürlich die Eckbereiche, das sind natürlich die beliebtesten … soviel Ecken können sie gar nicht haben … und da können sie dann also … ich sag mal, für die Ecken können sie zum Schluss auch mehr Miete verlangen, weil da haben sie so einen Andrang, bei den Ecken … und das können sie dann ein bisschen ausnutzen … das haben wir bei ihnen nicht gemacht (lacht) …«

Die Aufteilung von großen Flächen setzte ein, als es keine bestehenden, vermietbaren Räume mehr gab. Es sind aber keine neuen Entdecker gekommen, sondern Nutzer, mit verschiedensten Bildern und speziellem Vorsatz. Frau Bux war die Vermittlerin zwischen den unterschiedlichen Menschen und ihren Bildern, immer mit dem Blick auf die Entwicklung des Gesamtgeländes.

Sie sprach auch mit den Leuten, die kurzfristig keinen Nutzen brachten und versuchte, sie zu integrieren.

Frau Bux: »… so Stück für Stück, ja … und, wenn sie dort bestimmte Dinge nicht über die Miete bisschen subventionieren, entsteht's gar nicht erst, wenn sie dort richtig mit einer Miete oder selbst wenn sie nur mit den Betriebskosten sofort, richtig hundertprozentig reingehen … bringen sie es gar nicht zum Leben, sie machen es tot, bevor es überhaupt lebt … also müssen sie es langsam angehen lassen, sie müssen natürlich bestimmte … Punkte setzen, wo zwingend Betriebskosten hundertprozentig zu erfüllen sind, plus eine kleine Miete, und sie müssen die nächste Stufe ransetzen, wo sie sagen, ok, aber in die Richtung muss die Miete kommen, wenn's dort nicht erreicht wird, dann funktioniert das ganze Konzept, och der Mieter nich … aber dazu muss man immer ein Stückchen haben, wo man sagt … man kann auch tatsächlich sich leisten, was zu schieben«

Das Ausgleichende und Duldende ihrer Person hat gerade im künstlerischen Bereich Entwicklungen unterstützt und ein angenehmes Klima geschaffen. Gerade das Erkennen von bestimmten Tendenzen und Verdrängungsprozessen ist von ausschlaggebender Bedeutung, um ein Handeln abzuleiten.

Frau Bux: »… das war eigentlich nich so, dass man sagt, es ist eine Verdrängung, es ist im Grunde genommen genügend Platz für alle da gewesen … ich sag jetzt mal z.B. Thomas Gerdes, hier im Haus, hat irgendwo keinen Kontakt mit dem B/2 … und der hat im Gebäude 3 ausgestellt … oder hat in der Tangohalle ausgestellt … also wir haben dann, oder ich hab dann immer nach solchen Lösungen gesucht, wo … dann eben parallel dazu … mitunter liefen da … an einem Abend zwei … Ausstellungen …«

Meine Gedanken sind kurzzeitig wieder bei den Entdeckern, im Bistro. Zu jener Zeit, als sie in die Spinnerei kamen, trafen sie direkt mit den Arbeitern zusammen, der Kontrast hätte härter nicht sein können. Man hat sich arrangiert, mit den Arbeitern und untereinander. Genau um dieses Arrangieren geht es auch heute noch, zwischen Entdeckern und Nutzern. »Wir sind noch da!« sagte man mir im Bistro.

Der Film endet in den verlassenen Kellerräumen der Halle 14, dem Ort der *Maschinenstürmer* von 1999.

Stills aus dem Film: *Die Spinnerei*, 2002 von Dirk Stenzel

Rettich · 99 · R/06

Installationen zur Schauspielhaus-Premiere *Maschinenstürmer von Robert Beske* (Regie: Armin Petras)

Im Mai 1999 wurden die Kellerräume der Baumwollspinnerei vom Leipziger Schauspielhaus als Spielstätte entdeckt. Die weitläufigen unterirdischen Gänge und Hallen boten ein natürliches Bühnenbild für die Armin-Petras-Inszenierung *Maschinenstürmer*, eine Adaption von Philip K. Dicks Roman *Do Androids Dream of Electric Sheep*, bekannt geworden durch den Film *Blade Runner*. Die Eingangsbereiche waren, durch Wolfgangs Vermittlung, unserer künstlerischen Gestaltung verantwortet. U.K.G. baute ein zitterndes Elektroschaf auf, seine Tochter spielte quietschend dazu Geige, ein alter Belüftungsventilator wurde reanimiert. Ich flutete einen etwa dreißig Meter langen abschüssigen Gang mit Schwarzlicht und entwarf auf dem Boden ein Strichsystem, das den Besuchern die Illusion gab, sie würden sich auf einer geraden Fläche bewegen. Daniel Schörnig hatte eine sonst dunkle, verborgene Kammer in spärliches Licht getaucht. Franziska Frenzel verkleidete die Industriebeleuchtung im unteren Keller mit farbiger Transparentfolie. Frank Lustig und Bert Wattler zerteilten einen ausgehöhlten Platanenstamm in Scheiben und installierten Fackeln an den Wänden ihres Raums. Dazu spielte eine Schallplatte Vogelstimmen aus Mitteleuropa. Die *solitaire factory* schließlich ließ eine gellende Stimme durch ein Megaphon erschallen. Die zum Teil sehr aufwändigen Installationen waren ganze drei Stunden begehbar, dann war das Spiel aus.

Die Räume waren uns vertraut, die Spinnerei war unser Arbeits-, Spiel- und Wohnort. Es gab damals so gut wie keine verschlossene Tür. Wir konnten machen, was wir wollten mit dem, was wir zu nutzen wussten. Es war ein besonderer Ort, obwohl es viele freistehende Industriebrachen in Leipzig gab. Die Baumwollspinnerei war aber in ihrer Vielfalt der Räume und ihrer Verzweigtheit etwas Einzigartiges, ein ständiges Testgebiet für unsere Projektionen, Installationen und Spiele. Das Industriewrack war nicht zuletzt auch eine bewusste Bildbühne für unsere Arbeiten, es entstanden schnelle, kurzfristige Ausstellungen, es gab keine nennenswerte Organisation, Einladungen flogen meist ein, zwei Tage vorher in der Stadt herum.

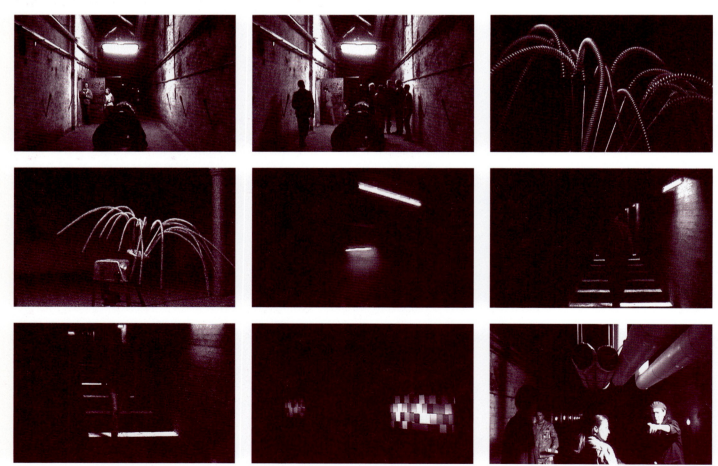

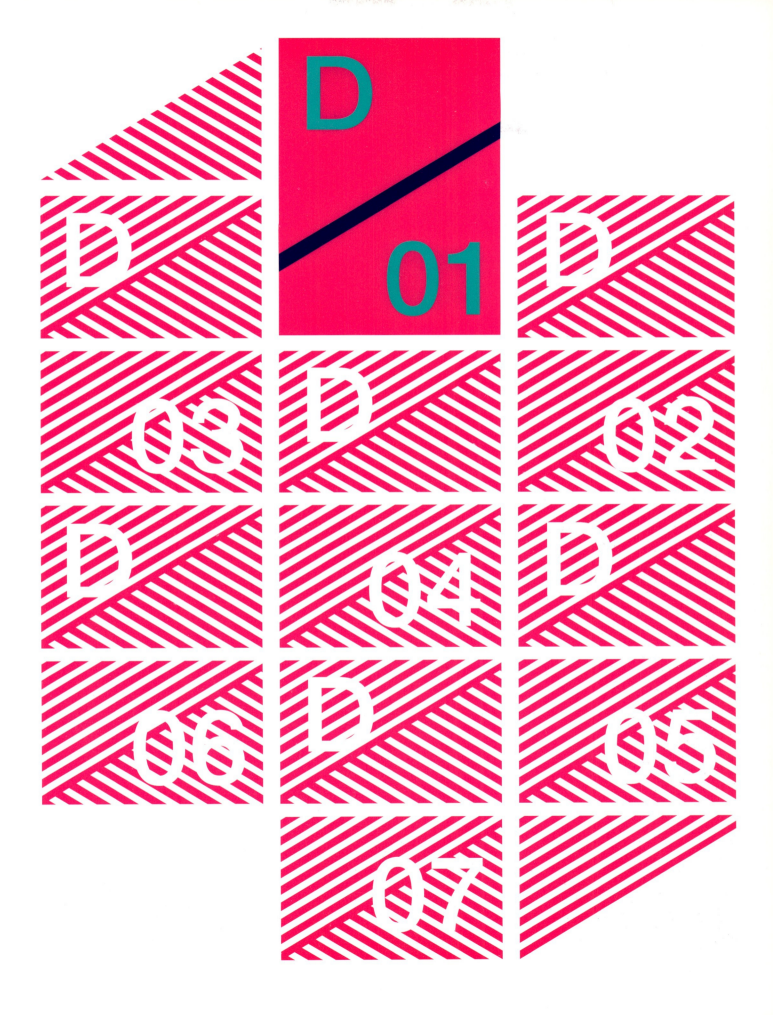

WOLFGANG KIL (*1948)
FREIBERUFLICHER KRITIKER / PUBLIZIST • 1967 - 72 ARCHITEKTURSTUDIUM IN WEIMAR • 1978 - 82 REDAKTEUR BEI DER FACHZEITSCHRIFT *FARBE UND RAUM* UND 1978 - 82 BEI DER *BAUWELT* • LETZTE PUBLIKATIONEN: *LUXUS DER LEERE – VOM SCHWIERIGEN RÜCKZUG AUS DER WACHSTUMSWELT* (2004), *WERKSIEDLUNGEN – WOHNFORM DES INDUSTRIEZEITALTERS* (2003), *HINTERLASSENSCHAFT UND NEUBEGINN* (1989)

WK	Wolfgang Kil	
SR	Stefan Rettich	—> R/06
AW	Arne Winkelmann	—> R/02
WS	Werner Sewing	—> R/01
AD	Anne Dressen	—> R/03
LH	Louisa Hutton	—> R/05
MS	Matthias Sauerbruch	—> R/05

Moderation: Wolfgang Kil

DIE MELANCHOLIE DES VOLLENDETEN

TeilnehmerInnen: Stefan Rettich, Arne Winkelmann, Werner Sewing, Anne Dressen, Louisa Hutton, Matthias Sauerbruch

WK

Wohlwissend, dass wir einen sehr langen Nachmittag hinter uns haben, möchte ich Sie dennoch vom wohlverdienten Abend noch ein klein wenig abhalten. An alle, die jetzt noch da sind, meine herzliche Bewunderung für Ihre Ausdauer. Ich möchte Ihnen die Möglichkeit geben, an die Referenten Fragen zu stellen oder ihnen zu widersprechen. Aber die Spielregeln wollen es, dass die Leute auf dem Podium erst einmal miteinander ins Gespräch kommen. Ich will deshalb folgende Frage ans Podium stellen: Wir hatten heute den architektonischen oder städtebaulichen Teil des Programms. Es gab ein paar Reizworte, die sich vielleicht durch das gesamte Symposium ziehen werden, aber heute Nachmittag besonders prominent platziert waren. Reizworte, die mir aufgefallen sind – vielleicht weil sie mich auch besonders provoziert haben – ich möchte sie gerne an Sie weitergeben. Ich bin mehrmals über das Wort Kommerzialisierung gestolpert und von Werner Sewing wurde zu Beginn die Frage der Konkurrenz in den Vordergrund gehoben. Das ist ganz wichtig. Wir haben es mit Verhältnissen zu tun; eine Unternehmung wie diese Fabrik ist nicht allein. Sie trudelt nicht allein durch den Weltraum, sondern befindet sich in einem Umraum. Sowohl in einem kulturellen Umraum, in einem künstlerischen Umfeld, als auch natürlich einem städtischen Raum, der sehr konkret ist, der in diesem Fall Leipziger Westen oder Plagwitz heißt. Es geht eigentlich um das Verhältnis eines solchen Projekts – wo die Gefahr einer gewissen Nabelschau besteht – nach draußen. Wo befinden wir uns eigentlich im Umfeld? Welche Rolle spielt dabei die Konkurrenz zu anderen? Welche Gefahr lauert in dem Wort Kommerzialisierung? Ich will Ihnen allen das Zitat von Herrn Hocquél anbieten, der nicht mehr da ist, und Sie bitten, sich jeweils dazu zu verhalten. Als Herr Hocquél uns die Bilder nicht dieser Spinnerei, sondern der Buntgarnwerke zeigte, sagte er dazu: »Dieses Objekt ist über den Berg.« Für alle, die dieses Objekt nicht kennen: Es ist ein ähnlich großes Objekt, eine ehemalige Fabrik, die im Hochpreissegment sehr teuer mit Lofts ausgebaut wurde, und vom Denkmalpfleger, der uns einen sehr elastischen Denkmalbegriff vorgeführt hat, wurde es als durchaus mit den Denkmalprinzipien vereinbar vorgestellt. Meine Frage an Sie ist: Sind Sie auch der Meinung, dass so ein Objekt wie die Buntgarnwerke mit ihren Lofts in Leipzig über den Berg ist?

SR

Ich denke, es wird für die anderen auf dem Podium sehr schwierig sein, weil sie das Objekt nicht kennen. Vielleicht beschreibe ich es erst kurz. Es ist ein altes Fabrikgebäude, das in so genannte Loftwohnungen umgebaut wurde. Man kann fast sagen, es ist ein Leipziger Loft, denn sobald man das Haus betritt, spürt man überhaupt nicht mehr, dass man sich in einem Industriegebäude befindet. Es sind Maisonette-Wohnungen reingezimmert, die überhaupt nichts mehr mit dem Begriff Loft zu tun haben. Das ist ein falsches Verständnis von Denkmalpflege aus meiner Sicht. Ich gebe es einfach so weiter in die Runde: Was könnte soziale Denkmalpflege sein in diesem Bereich?

WK

Ja, mit dem Sozialen; soweit sind wir noch gar nicht gekommen. Es sei denn, Sie schaffen es, es in die Beantwortung dieser Frage hineinzufädeln. Ich gehe der Reihe nach weiter, Herr Winkelmann.

AW

Ich kenne die Buntgarnwerke und wenn ich daran vorbei komme, freut es mich, dass dieses Gebäude erhalten wurde. Mich beschleicht aber auch so etwas wie – Nietzsche würde es die Melancholie des Vollendeten nennen. Es ist jetzt so fertig und so abgeschlossen, dass es diesen Reiz, den es einmal gehabt hat, nicht mehr hat. Und damit ist es ein Objekt geworden, das für mich nicht mehr interessant ist.

WK

Ich hatte zwar gefragt, ob es über den Berg ist, aber das ist auch eine ganz wichtige Antwort: Es ist für mich nicht mehr interessant. Ich finde es gut, dass das Spektrum der Antworten so breit wird.

WS

Ich kann mich ihm nur anschließen. Ich glaube, es gibt zwei verschiedene Punkte. Der eine hat mit dem Thema Denkmal zu tun und da würde ich Matthias Sauerbruch widersprechen, der gesagt hat, dass ein Gebäude nur in dem Moment sinnvoll ist, wo es genutzt werden kann. Ein richtiger Denkmalpfleger ist ein Fetischist; der betreibt Denkmalpflege um ihrer selbst willen, weil ein Objekt liebens- und erhaltenswert ist. Egal, ob es genutzt wird oder nicht. Das ist ein radikaler Denkmalsbegriff, der jedoch in der Lebenspraxis schwer durchzuhalten ist. Und ohne Nutzung macht kein Gebäude – auch kein Denkmal – Sinn. Aber dennoch muss man sagen, das eigentliche Motiv zum Erhalt von Denkmälern ist nicht die Nutzung, sondern die Liebe zum Objekt als Objekt. Das ist der eine Punkt, und da würde ich auch einen radikalen Denkmalbegriff vertreten und würde sagen, ein Gebäude, das derartig aufgehübscht und umgenutzt ist und ein Edelloft ist, und dann noch in Leipzig, das hat etwas leicht Perverses. Aber ökonomisch gesehen, ist es dann tatsächlich über den Berg und dann ist es wahrscheinlich auch tot. Und der andere Punkt ist komplizierter. Mich erinnert diese Diskussion an Berlin vor sechs, sieben Jahren. Ich kann mich erinnern, dass ich mit Leuten um das Gebiet des Hackeschen Marktes herumgegangen bin. Das war damals eine sehr wilde Umbruchphase. Ein Großteil der

Häuser war noch illegal bewohnt und wir waren alle der Meinung, ganz melancholisch, das wird in einigen Jahren nicht mehr da sein. Wir sind heute in einer Zeit, wo das alles nicht mehr da ist. Die gesamte Bevölkerung, die da einmal war, und auch die Zwischennutzer-Generation, die Studenten und Künstler, die das Gebiet dann belegt haben, sind alle komplett verschwunden und der Hackesche Markt, so schön und edel er mittlerweile ist, ist nur noch eine Hülle. Und für mich ist das tatsächlich gar nicht mehr Berlin. Und dieser Gedanke, der auch bei meinem Vorredner durchkam, diese Frage des Weges: Man befindet sich irgendwo und das Spannende ist der Weg und die Vorstellung, da ist ein Ziel. Aber ist man überm Berg, dann ist die Sache auch tot. Eigentlich kann man dann in die Kiste abwandern. Dieser Gedanke hat was Gespenstisches. Auf der anderen Seite führt jeder Weg irgendwo hin. Und jeder Künstler, jeder Student oder jeder Jugendliche, der ein Gebiet besetzt – Soziologen nennen sie Trüffelschweine – muss wissen, dass es der erste Schritt zur Zerstörung eines Gebietes ist. Und da liegt, glaube ich, eine perfide Logik drin, dass, sobald ich mit genügend Leuten so ein Objekt wie dieses besetze, und ich befinde mich, sagen wir mal, in London und nicht in Leipzig, dann weiß ich, dass ich hier nur zwei Jahre drin bin, dann sind die Edeldesigner hinter mir her. Und ich war nur der Scout, derjenige, der es entdeckt hat. Das Schöne am Osten ist, das muss man – so negativ dass auch auf der anderen Seite ist – sagen, diese Edeldesigner sind nicht hinterher, die kommen hier gar nicht hin. Und deswegen ist der Weg im Osten ein ganz langer, kann vielleicht sogar ein ganzes Leben dauern. In London wäre der nur anderthalb Jahre lang, wenn es hoch kommt.

WK

Ist ein edelsaniertes Objekt, wie es die Buntgarnwerke in Leipzig sind, überm Berg? Das ist wahrscheinlich schwierig ins Englische zu übersetzen. Hat es sein positives Ziel erreicht?

AD

Not at all. In fact, in Brooklyn, New York, there's at the moment a movement to let some extremely rough places for a very high rent, simply because the prices in the area a very high. Then the tenants are made to renovate their building, including installing water and so on, simply making the place liveable. After one year the insurance on the building runs out, making it very risky for the tenants to stay – in effect they are kicked out. This process is repeated until the place has developed into a real luxury space and then is returned to the owner.

WK

Who is bringing luxury into these buildings?

AD

The consecutive tenants. It's growing up for lofts.

WK

But your opinion on our question: Would it be enriching, if the building could be re-erected by rich new users who pay a lot of money?

AD

No, I don't think so. I mean there are many interesting projects which are not just transitory but long-term facilities. So, no, that wouldn't be enriching.

LH

Just to pick up a point Mr. Sewing has mentioned, making the point of authenticity with Hackescher Markt. There is one fantastic example of the re-use of industrial buildings which is miles away, in São Paulo. I've been trying to remember the name. I think the abbreviation is SESC, at least they say SESC in Brazil. What is fantastic – I cannot remember the original use of the buildings but it is a group of industrial brick buildings, a mixture of low rise and high rise structures – is that it houses a complete mixture of very ordinary programmes. There is a museum which is fantastic, a gallery with changing exhibitions, but there is also a school, children have their football classes there and games, and they have a gymnasium inside the buildings. There is also a stunning public artificial beach, cafés and meeting places. It is not difficult to reach because there are lots of highways around. They use it really as part of the city and not just for cultural programmes. However, I was most impressed by the social mix in the buildings. Society in Brazil is mixed anyway, but there were people with children from the schools using these buildings as well as people like me, coming as a tourist seeing art exhibitions. The buildings themselves were converted by Lina Bo Bardi, the last project of fantastic architecture in Brazil, and she made quite strong encroachments, which are strange shapes and also a quite strong move to make. For me it was a combination of this definite architectural intervention which is very visible to everybody plus the mix in social use which I found quite inspiring. And I think therefore the authenticity is completely intact.

WK

Vielen Dank! Ich halte das für einen wichtigen Hinweis. Werner, Du bist uns ausgewichen, indem Du die Authentizität ins Spiel gebracht hast. Genau dagegen hat sich im Prinzip Hocquél mit seiner sehr materialistischen oder ökonomischen Denkweise provokativ abgesetzt. Etwas, was wir von Denkmalpflegern gar nicht so gewohnt sind. Denkmalpfleger gelten für uns in Deutschland im Prinzip als Hohepriester der Moral. Diese große Moral, die mit ganzem Stolz eine ganze Fachschaft mit sich herumträgt, wird plötzlich damit konfrontiert – und insofern konnte ich ihm über große Strecken folgen – dass ihnen innerhalb eines Jahres etwa 80 % einer gesamten Industriesubstanz vor die Füße fällt: Sie ist uns auf die Füße gefallen. Wir hatten ein ganzes Land als Denkmal. Dass dann Denkmalpfleger daran verzweifeln müssen und dass sie eventuell versuchen, der Authentizität davon zu laufen und ökonomisch denken müssen, weil so viel Geld, um Authentizität zu retten, schlicht und einfach nicht da ist – das war für mich die provokante, aber doch wichtige Frage, weil auch das wahrscheinlich das Problem dieses Areals ist.

WS

Ich wollte auch nicht sagen, dass es illegitim ist. Mir war es nur wichtig, dass man auseinander hält, worum es eigentlich bei Denkmalpflege geht. Die meisten Denkmalpfleger, die ich kenne, sind Pragmatiker, die haben im Alltag ständig mit -zig Konflikten zu tun und die sind bereit, manchmal zu bereit, Kompromisse einzugehen. Mir kommt es wirklich darauf an, dass es irgendwo Leute gibt, die sich ganz stur stellen und sagen: Jetzt guckt einmal hin, das ist ein Wert. Dass man dann im Leben doch noch Kompromisse eingeht, versteht sich fast von selbst. Mir ging es darum – das war der erste Kommentar – das sei ein falscher Begriff von Denkmalpflege. Jetzt ist die Frage, ob sich das auf die Nutzung oder auf den Denkmalsbegriff bezieht. Ich würde sagen, wir brauchen Fundamentalisten in diesem Land, die für Denkmale als Denkmale kämpfen. Gleichzeitig brauchen wir intelligente Architekten, die gleichwohl Vorschläge machen, wie man ein Denkmal als Denkmal rettet und es dennoch umnutzt. Das heißt auch, dass man es durchaus verändern kann, damit es für das heutige Leben in irgendeiner Weise brauchbar ist. Man kann tatsächlich nicht zehntausend Museen bauen in zehntausend brachliegenden Fabriken. Das war mein Punkt.

WK

Ich habe zwei Fragen. Eine an Stefan Rettich: Ist Euer Film sozusagen ein Plädoyer für diesen Fundamentalismus gewesen? Steckt hinter diesem Film, der nichts weiter wollte, als die Authentizität dieses Ortes transparent zu machen, ein Plädoyer für diese radikalen Positionen? Und die andere Frage ist an den intelligenten Architekten, der mich am Ende fürchterlich überrascht hat, als er gesagt hat: Ich war dafür, als das alte Haus weg kam. Das habe ich in dem Kontext überhaupt nicht verstanden. Vielleicht können Sie über Ihre Moral dazu noch mal was sagen.

SR

Die besten Denkmalpfleger waren bisher die Nutzer, die hier auf dem Areal sind. Die Authentizität ist nach wie vor da und ich glaube, das hängt damit zusammen, dass keine Architekten, Denkmalpfleger und Planer involviert waren. Dass zum Beispiel das Gebiet als Industriegebiet vorgehalten wurde und über Umwege eine Nutzung als Atelierfläche möglich war. Ich glaube, es wird das ganz große Problem sein, wenn die Architekten, Planer, Denkmalpfleger hier einsteigen. Und dann wird es wieder zu geschlossenen Systemen kommen, man wird irgendwie geschlossene Konzepte vorweisen wollen und es muss alles gedeckt sein. Was kostet das Ganze? Da sehe ich eine Gefahr, weniger der Kommerzialisierung, sondern dass die Atmosphäre des Gebietes wegbricht. Vielleicht könnten wir auch darüber diskutieren, welche Eigenschaften die Konzeption der Halle 14 aufweisen müsste, dass diese informelle Struktur in die neue Kunstinstitution übergeht, damit man sich gegenseitig befruchtet.

WK

Die zweite Frage war an Herrn Sauerbruch gerichtet. Die Frage für Sie zugespitzt: Sie haben zuerst beschrieben, dass dort ein wertvolles altes Haus ist, dann haben Sie sich in die Aufgabe Galerie verliebt und dann war die Liebe zur Galerie so stark, dass Sie für das Haus darunter das Interesse verloren haben. Richtig?

MS

Aus deutscher Sicht ist der Wert des Hauses nicht so dramatisch gewesen; aus australischer Sicht vielleicht schon, weil historische Gebäude – auch fünfzig Jahre alte Gebäude – in Sydney selten vorkommen. Aber worauf ich eigentlich hinaus wollte, und da möchte ich doch Werner Sewing deutlich widersprechen, ist eigentlich das Verhältnis zwischen Form – also Gebäude – und Programm. Was eben gesagt wurde, würde ich hundertprozentig unterschreiben. Ein Ort wie dieser hier braucht in erster Linie Programme. Das heißt, hier muss Leben entstehen; die Form ist für meine Begriffe sekundär. Es gibt natürlich Programme und Programme. Ob es Luxury Apartments werden oder ob es relativ günstig vermietete Studios für Künstler und Designer sind, das ist ein riesiger Unterschied, das ist ganz klar. Und auch inwieweit die Öffentlichkeit Gelegenheit hat, in dieses Areal hineinzukommen oder inwieweit das eine Art »Gated Community« ist, das sind absolut riesige Unterschiede. Für meine Begriffe müsste hier zuerst etwas passieren, das wirklich interessant ist und das gewisses Leben repräsentiert. Dann kann man darüber nachdenken, wie man das mit Architektur unterstützen kann. Es fängt damit an, das Dach dicht zu machen oder Heizungen einzubauen, über mehr braucht man im Augenblick nicht zu reden. Was Sydney betrifft; ich versuchte, dieses ganze Denkmalschutzthema aus dem Blickwinkel einer städtischen Gesellschaft zu sehen. Welchem Anliegen folgen wir, wenn wir historische Gebäude erhalten? Werner Sewing hat das schön gesagt: Die Städte, die keine Geschichte haben, haben die größten Minderwertigkeitskomplexe. Hat das etwas mit der Psyche, mit der Identität zu tun? Man könnte sagen, und das wäre in dem Sydney-Beispiel meine These, dass in dem Objekt, das eigentlich keinen riesig großen Wert darstellt, was keine große Architektur und auch keine fantastischen Räumlichkeiten bietet, eine ganze Assoziationswelt reinprojiziert wird, die etwas mit Selbstverwirklichung und Bürgertum zu tun hat. Es hat mit dem demokratischen Verhältnis zwischen Staat und Bürger zu tun und mit dem Bürger, der etwas zu sagen hat und der sich beispielsweise durch eine Bürgerinitiative repräsentiert. Das ist meines Erachtens an dieser Stelle völlig fehlgeleitet gewesen, denn erstens ergreift die Gentrification, diese Vermarktung von diesen historischen Gebäuden, auch diese Initiativen. Das Beispiel direkt daneben ist gut: Was einstmals eine Nachbarschaft im Sinne von Jane Jacobs war, ist heute ein Touristenviertel. Zweitens ist das Museum, das zeitgenössische Museum insbesondere – zumindest wie wir uns das vorgestellt haben – wirklich eine Chance, einen Ort zu schaffen, der eine Art von sozialem Austausch ermöglicht, das heißt, er repräsentiert im besten Sinne die Demokratie.

WK

Da bin ich vielleicht als Europäer einer Fehlannahme aufgesessen. Es gibt zwischen historischen Gebäuden und historischen Gebäuden unterschiedliche Graduierungen. Wenn man es so nimmt; für mein Empfinden ist diese Fabrik hier, ich bin Architekt, besonders wertvoll. Das wird sie, weil wir wissen, dass sie alt ist und dass sie ausstirbt. Als wir vorhin durch die Hallen gegangen sind, da muss ich Ihnen sagen, in diesen Räumlichkeiten stecken Qualitäten drin, die ich schon um der Qualitäten willen gern erhalten würde. Wenn ich dann höre, dass diese großen Hallen zerhackt werden, weil sie wiederum nur als kleinteilige Elemente zu halten sind, dann entsteht für mich eine ähnliche Frage, wie sie bei Herrn Sauerbruch entstand. Wenn man in diese wunderbaren Hallen hinein kommt, aber weiß, diese Halle hat gar keine Chance, es ist nur möglich, sie zu erhalten, wenn wir das ganze Ding in zwei Achsenbreiten unterteilen, weil wir nur Leute finden, die diese kleinen Kapitelchen einzeln nutzen, dann ist das ein ähnlicher Konflikt. Wir kommen aus dem Grundkonflikt, den Hocquél beschrieben hat, nicht hinaus. Es sind einfach zu viele solcher Hallen da, so viele Tanzkompanien und Tanzfabriken gibt es nicht einmal in einer Überflussgesellschaft. Jetzt aber fragen Sie; bei Ihnen ist doch sicherlich auch Widerspruch da? Ich möchte Ihnen die Möglichkeit geben, mit den Referenten des heutigen Tages in Austausch, in Widerspruch zu treten.

Martin Kunz

Hier in Leipzig kann man sich auf Grund der Quantität von Objekten auch einen großen Konflikt von verschiedenen Ideologien leisten, die streiten, wie das umgenutzt werden kann. Es ist sogar sehr gut. Wir haben zwei Modelle, es könnten zwanzig sein, es sind immer noch Objekte da. Und ich denke, die Vielfalt ist gut, auch wenn die Buntgarnwerke sicher nicht als authentisch zu verstehen sind. Aber es gibt auch diese Spinnerei und deren Geschichte wird hoffentlich anders verlaufen. Schwierig und problematisch wird es in den Metropolen wie Berlin und New York. Wenn ich auf das Referat von Anne Dressen verweise, dann auch auf mein eigenes am Freitag, die Umlaufzeit – meine Frau war 1970 eine der Künstlerinnen, die New York SoHo quasi umfunktioniert haben; für 10.000 Mark ein Loft von 400 m² gekauft, umgebaut und es dauerte fast dreißig Jahre bis zur totalen Verkommerzialisierung. Es gab zwei, drei Wellen. Jetzt nach dreißig Jahren ist niemand mehr dort geblieben. Nicht weil sie rausgeworfen wurden, sondern weil sie irgendwann diesem Reiz nicht mehr widerstehen konnten, aus dem Objekt etwas Geld zu machen und zu flüchten, weil man sich als einzige Künstlerin in einem Einkaufszentrum von Luxury Stores nicht mehr wohlfühlt. Aber man bedenke, sie hat es vor dreißig Jahren für 7.000 Dollar gekauft und nun hat sie es 1999 für 700.000 Dollar verkauft. Inzwischen wurde es das zweite Mal verkauft für 1,7 Millionen Dollar. Das ist zwei Jahre her. In zwei Jahren hat es sich mehr als verdoppelt. Aber dieses Viertel hatte dreißig Jahre Zeit für kreative Produktion. Riesenmengen von Künstlerinnen und Künstlern aus der ganzen Welt und aus Amerika haben in SoHo unheimlich interessante Kunst und Kultur produzieren und auch ausleben können. Und die sind jetzt weg. Wenn wir dann zu ihrer Geschichte nach Brooklyn kommen, jetzt nach Williamsburg – in zwei Jahren ist das schon wieder fertig. Es dauerte zwei Jahre von der ersten massiven Umbevölkerung für jüngere Künstler, und die müssen schon fast wieder weg. Weil in zwei Jahren diese Steigerung der Kommerzialisierung so riesig ist. Die Metropolen haben diesen Luxus nicht mehr, es gibt keine Räume mehr. Deshalb flüchten die Künstler von Ort zu Ort; was vorher noch dreißig Jahre dauerte, dauert jetzt zwei Jahre. New York – und ich denke, dass in Berlin das Gleiche geschieht beziehungsweise schon am Geschehen ist – da gibt es dann keine Freiräume mehr, so dass man sich fragen muss, wo Kreativität sich noch auswirken kann. Und in dem Sinn sind dann Orte wie hier unheimliche Freiräume, die wahrscheinlich auch das Potenzial haben, Kreativität von außen anzuziehen.

Simeon Bruner

I would like to focus on the question of success now. Earlier you elaborated on whether a building which is developed for luxury is a successful failure, simply because the interior has been destroyed. I think you are missing the point. The real question here should be: What is success? It seems to me, as an outsider, success should be defined as preserving a city as a whole, not just individual buildings. To this end it is necessary to find ways of creating a diverse set of uses for these buildings instead of creating yet another museum. We need to allow for a whole variety of preservation activities to go on. The building might be historically or architecturally important. These things always need to be considered. Or a building might not be special at all but simply be used as raw material, as a shell, for something else. If you think of these buildings as a raw material then you begin to think of them as pieces in an economic puzzle: Which can be used effectively to some other end? In the U.S. at least the labour costs are so high as to make the restoration of a building nearly as expensive as a completely new construction, making the proposition very difficult. But if labour costs come cheaper and materials are more expensive, reconstruction gains a significant advantage over a new construction. The other part of success is an intact city, because these buildings are all part of a city. It's important to realise that you are not changing that fabric but working with the history of a city. So the real question is, what can be done other than simply turn these spaces into a museum or artist lofts or work space, how can we find some economic use that explores the nature of these buildings?

WK

Ich wünsche mir, dass Werner Sewing darauf antwortet, weil er vorhin in seinem Vortrag auf den Unterschied von amerikanischem und europäischem Geschichts- oder auch Stadtverständnis angespielt hat. Ich habe den Eindruck, in seinem Vortrag kam ein Stück Stadt vor, die war dieselbe geblieben und war doch dieselbe nicht mehr, diese kleinen Neighbourhoods, die zu einer Touristenmeile geworden waren. Ab wann gilt für Sie als Amerikaner als geheilt oder gerettet, wo ich als Europäer sagen würde, die Touristenmeile ist das alte Neighbourhood nicht mehr? Werner, kannst Du dazu noch mal Deine Kenntnisse...

Simeon Bruner

I think, you have to remember, we are now in the Twenty-first century, we can't live in the past – we don't use Eighteenth century medicine, we don't drive Eighteenth century vehicles,…

WS

But you drink eighty years old wines.

Simeon Bruner

And we play instruments which are hundreds of years old. They are basically antiques. And those are beautiful things. History should not be ignored, history is very important because it makes us what we are. But equally we got to keep an eye on where we are and the trick is to continue going forward without ignoring the past. That's an interesting problem because some of our new buildings, especially in America, look only good for themselves but are terrible in the neighbourhood they are built into. Others imitate the past, which to me is also the wrong approach. The trick is to figure out how to make our cities and buildings move forward without becoming too »Disneyfied«. Still a little gentrification can go a long way, it's not all bad. A little gentrification here in Leipzig would be helpful, too much would ruin the city. So the question is the balance, I think, between change and maintaining history.

WK

Fühlt sich ein Leipziger angesprochen, der ein bisschen Gentrification als gut empfinden wird? Gehst Du auf meine Anregung ein und sagst noch was, Werner? Und dann würde ich gern hören, was der Leipziger zu dieser Empfehlung sagt.

WS

Alle jungen Künstler, die ein Loft besetzen, sind potenzielle Gentrifier. Es gibt in Berlin eine Gruppe von Hausbesetzern, Squatters – illegal squatting – die vor zwanzig Jahren in Kreuzberg Häuser besetzt haben, die später legalisiert wurden. Sie haben die Häuser sehr günstig vom Staat bekommen und sind heute Hausbesitzer, die horrende Mieten verlangen. Das ist eine Frage von zwanzig Jahren. Ich mache mir keine Illusionen, es ist nicht so, dass Künstler besonders sozial sind. Ich glaube sogar, zwischen Künstler und Unternehmer gibt es sehr viele Parallelen – letztlich auch in der kommerziellen Logik. Dass New York die Kunstmetropole seit 1945 ist, hängt damit zusammen, dass diese Stadt noch besser mit Geld umgehen kann als vorher Paris. Da sollte man sich, glaube ich, gar nichts vormachen. Was die Frage des Geschichtsverständnisses anbelangt, stelle ich fest – und je älter ich werde, um so wichtiger wird mir das – dass es mittlerweile nicht mehr möglich ist, Geschichte erfahrbar zu machen. Und zwar nicht, weil Geschichte komplett verschwunden ist, sondern weil wir mittlerweile perfekt in der Lage sind, sie zu simulieren. Wir können mittlerweile Repliken von etwas erstellen, bei dem der Laie nicht mehr erkennen kann, dass es eine Replik ist. Es steht also in Japan eine komplette Eins-zu-eins-Simulation des Bückeburger Schlosses. Bückeburg ist eine kleine Stadt in Deutschland. Herder hatte dort als Privatlehrer unterrichtet. Sie haben ein traumhaft großes Renaissanceschloss mit barocken Anhängseln. Und dieses Schloss ist komplett in Japan wieder aufgebaut. Die es gesehen haben, sind nicht in der Lage, zu sagen, worin die Differenz besteht. Das Kopfsteinpflaster in Japan ist sogar echter als der Asphalt in Deutschland. Diese eigentümliche »Compression of Time and History«, dieser Disney-Effekt, den jeder Themenpark hat, den können wir mittlerweile aus dem Effeff. Deswegen befürchte ich auch, wenn das Geld vorhanden wäre – Gott sei dank ist es nicht da – und die Berliner anfangen, dieses Barockschloss wieder aufzubauen, der Laie würde nicht erkennen, dass es nicht das alte Schloss, sondern eine Simulation ist. Das ist das Gespenstische an dieser Geschichte und deswegen lege ich großen Wert darauf, dass die Differenz der Zeit erfahrbar ist. Ein Gebäude aus dem Barock oder ein Gebäude aus dem Mittelalter ist nicht nur ein anderes Gebäude – egal, ob ich das jetzt schön oder nicht schön finde – es verkörpert eine andere Weltanschauung, eine andere Lebensweise, es verkörpert schlichtweg andere Menschen. Das ist etwas anderes, obwohl es unsere Geschichte ist. Diese Erfahrbarkeit des Anderen ist mir dabei ganz wichtig. Wenn wir jetzt anfangen, ständig in dieser »Philosophy of the Present« zu denken, das wäre der amerikanische Pragmatismus zum Beispiel, mit dieser Haltung: Wir leben nur im Heute und nur was ich heute nutze, ist wirklich lebendig… Das ist mittlerweile eine Haltung, die ich auch teile. Wohlgemerkt, ich nehme mich gar nicht aus, nur mir wird sie langsam immer unheimlicher. Woher nehmen wir eigentlich die Dreistigkeit zu sagen, dass unsere Nutzung heute das Nonplusultra ist, und woher nehmen wir eigentlich den Anspruch zu sagen, andere Arten von Nutzung negieren wir einfach, bloß weil wir gerade noch leben und der andere ist gerade vorgestern gestorben. In letzter Zeit merke ich, dass mich irgendwas daran beunruhigt. Ich glaube nicht, dass wir beliebig mit historischen Objekten umgehen sollten. Wenn es ungemütlich ist, ein historisches Objekt zu benutzen, muss man diese Ungemütlichkeit in Kauf nehmen. Ansonsten sind wir kurz vor Disney, und das ist die Gefahr, die ich dabei sehe.

MS

Du hast das ja im letzten Teil Deines Beitrages wieder ein bisschen relativiert, aber mir scheint das eine sehr theoretische Position, dass das Schloss in Bückeburg und in Japan dasselbe ist. Das ist nicht so. Das sieht man und das spürt man auch. So dumm sind die Menschen nicht. Selbst angenommen, das wäre vollkommen identisch. In Bückeburg ist es ein Museum und in Japan ist es ein Museum, da gibt es eine Schlossführung und dort gibt es eine Schlossführung. Es sind einfach andere Menschen, die die Schlossführung machen. Es ist ein anderes Klima, es ist ein anderes Licht, es ist eine andere Situation – es ist einfach anders. Das geht nicht an einem vorbei. Die Vorstellung, wenn man die Form quasi rekonstruiert, dass es dann wieder so ist, wie es mal war – das Wiederherstellbarsein. Es ist nicht wiederherstellbar! Das erleben wir jeden Tag in Berlin.

WK

Ich muss rückblickend Abbitte leisten. Ich habe mich damals fürchterlich über das viele Geld aufgeregt, das der Herr Kauffmann in Weimar für das zweite Gartenhaus von Goethe ausgegeben hat, weil ich es nicht begreifen konnte. Wenn ich diese Diskussion seit langer Zeit verfolge, muss ich sagen, es war ein hochaktueller, kultureller Disput – ein Diskurs, den er damit eröffnet hat. Ich bin selbst drin gewesen, und ich muss Ihnen beiden sagen, Sie haben beide Recht. Beides stimmt: Natürlich merkt man es sofort und natürlich wissen es die Leute nicht. Ich bin dort mit Leuten durchgegangen, die haben das falsche für das echte gehalten. Weil sie nicht Weimar, weil sie nicht den originalen Standort kennen. Dieses Haus hat es bewiesen, dass es auseinander läuft und das diese Frage wahrscheinlich nicht mit einem Richterspruch enden wird, sondern diese Diskussion ist ständig weiterzuführen. So, jetzt aber Stefan, zu Leipzig und der Gentrification.

SR

Ich gebe Simeon Bruner recht, ein bisschen Gentrification schadet nicht. Es ist wirklich so, dass es viele Räume gibt in Leipzig, es ist wirklich so, dass es die soziale Durchmischung fördert, wenn in ein Gebiet andere Leute reinkommen, die ein anderes Budget zur Verfügung haben und auch wieder mehr soziale Reibungen entstehen. Von daher gebe ich Ihnen Recht, man muss eben vorsichtig sein. Man muss es eben würdigen. Was hier in den letzten zehn Jahren passiert ist, ist ein Erhalt von unten. Ich glaube, man kann diese Strömungen nutzen. Ich glaube, dass dieses Projekt hier die Möglichkeit hätte, als Katalysator zu wirken, von dem beide Seiten profitieren. Und das wäre, worauf man hinaus müsste. Ich gebe Ihnen recht, dass Architektur hier wahrscheinlich sehr pragmatisch arbeiten müsste und nur die notdürftigsten Verrichtungen machen müsste, um die Hülle zu sichern und den Raum zu bieten, um sozusagen das Gebiet von innen heraus weiter zu entwickeln.

Simeon Bruner

In the U.S. it has transpired that one of the most difficult questions is how to use art as an economic tool. Lots of research is being done on that topic and the trick seems to be finding a way to maintain the ability of other people, unable to afford the increments, to find space. And there are techniques that are being employed throughout the States to maintain affordability while gentrification takes place. Polarisation is always wrong.

WK

Wir sind schon über eine halbe Stunde über die Zeit. Aber ich möchte Sie nicht entlassen, bevor es mir gelingt, eine kleine Einstimmung auf die weiteren Debatten zu geben. Ich hoffe, das gelingt mir mit einer Frage, die ich mal an Herrn Winkelmann stellen möchte. Ich persönlich halte es für ein Risiko, wenn man permanent die Vergleiche sucht – Du hast es gerade gesagt – zwischen einem Land, in dem man mit dem Geld sehr gut umgehen kann und vor allem in dem das ganze Geld auch ist und der Situation in Leipzig, wo man vielleicht mit Geld gut umgehen könnte, wenn man's hätte, aber es ist einfach nicht genügend da. Diese Vergleiche sind nicht immer so einfach mechanistisch zu ziehen und es gibt noch einen zweiten Punkt, der nicht unbedingt immer vergleichbar ist. Das ist nämlich die Frage, um welche Substanz es sich handelt. Was ist hier eigentlich verschwunden? Wir haben vorhin den Film gesehen. Und da, das finde ich auch das Schöne, tauchten zum allerersten Mal in allen Beiträgen die Leute auf, die vorher gewesen sind. Und zwar nicht einfach als Verflossene, sondern tatsächlich als welche, wie Du sagtest, die zu dem Erhalt ganz massiv, bis über ihre Arbeit hinaus noch, beigetragen haben. Ich finde, diese Leute scheinen, wenn sie aus dem Gesichtskreis verschwunden sind, auch aus unseren Köpfen verschwunden, und das halte ich für fatal. Natürlich bleiben sie in der Gesellschaft. Und selbst wenn sie nicht in Plagwitz bleiben, bleiben sie eventuell in Leipzig. Und deshalb wollte ich eigentlich Herrn Winkelmann fragen. Es könnte ja sein, ich habe mich verhört, aber ich hab's mitgeschrieben. Sie haben gesagt: Das vermeintliche Ende des Industriezeitalters. Was an diesem Ende des Industriezeitalters ist Ihrer Meinung nach vermeintlich?

AW

Wir leben immer noch in einem Industriezeitalter, nur haben sich Sektoren in der industriellen Produktion verlagert. Heute werden gigantische Fabrikanlagen gebaut; nur werden jetzt wie in Frankfurt Chips hergestellt. Unser Wirtschaftssystem basiert nach wie vor auf der kapitalistischen Warenproduktion. Die Schwerindustrie ist niedergegangen und damit die Schrittmacherindustrie der Industrialisierung – das ist so dieses Bild, das man von der Industrialisierung hat, und das ist verschwunden. Deswegen ist es ein vermeintliches Ende, aber wir befinden uns nach wie vor in einer Zeit der Industrialisierung.

WK

Ich frage mich, ob die Kultur, die Kunst, die einzige Antwort auf diese Räume ist, die wir hier um uns herum sehen. Ich war ziemlich glücklich, als ich erfuhr, dass es auch unter den Neumietern, also den Zwischennutzern, produktive Gewerbetreibende gibt. Und ich frage mich, mit wem außerhalb des alimentierten Kulturbetriebes ist realistisch zu rechnen? Machen wir uns nichts vor; es sind hier keine Verkaufsgalerien, und solange das nicht passiert, werden Sie hier permanent auf Alimente angewiesen sein. Und danach würde ich morgen in den Diskussionen fragen. Ich habe das Glück, auch morgen hier oben zu sitzen und dann stelle ich diese Frage. Ansonsten wünsche ich Ihnen einen schönen Abend.

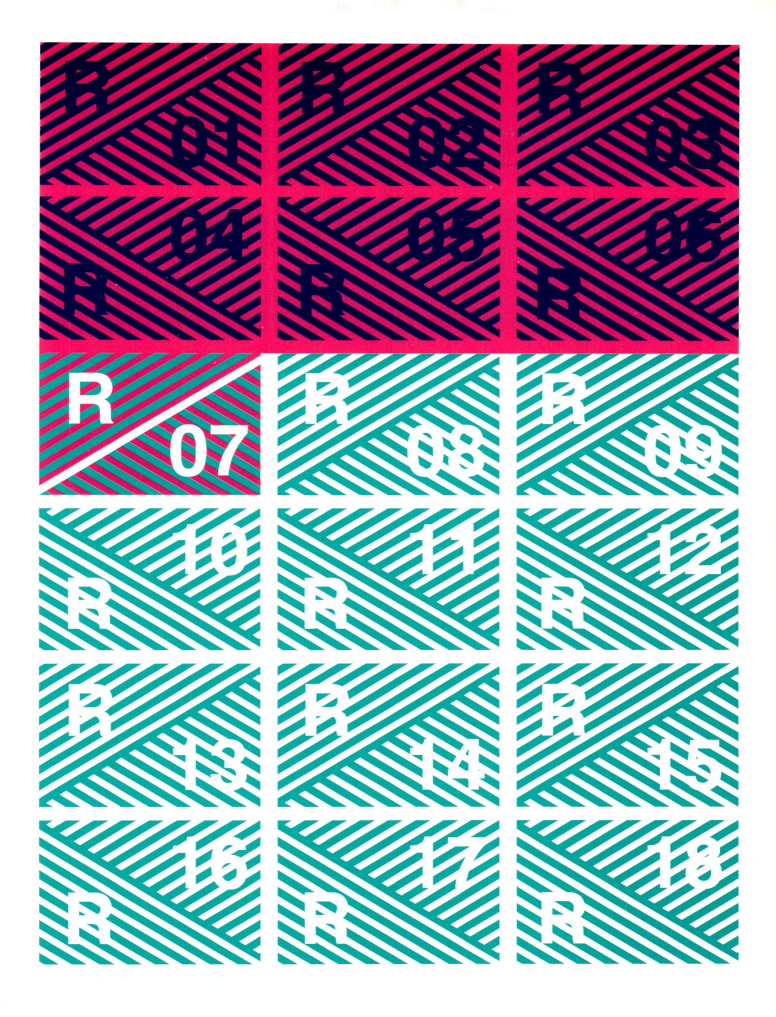

PHILIPP OSWALT (*1964)
ARCHITEKT UND PUBLIZIST • STUDIUM DER ARCHITEKTUR AN DER TU BERLIN UND HOCHSCHULE DER KÜNSTE BERLIN • 1988 - 94 REDAKTEUR DER ARCHITEKTURZEITSCHRIFT *ARCHPLUS* UND ORGANISATOR VON SYMPOSIEN, WORKSHOPS UND VORTRAGSREIHEN AN DER TU BERLIN • 1996 - 97 OFFICE FOR METROPOLITAN ARCHITECTURE – REM KOOLHAAS, ROTTERDAM • SEIT 1998 SELBSTÄNDIGER ARCHITEKT IN BERLIN • 1998 GEWINNER DES INTERNATIONALEN WETTBEWERBS FÜR DIE GESTALTUNG DES EHEMALIGEN FRAUENKONZENTRATIONSLAGERS RAVENSBRÜCK • 2000 - 02 GASTPROFESSOR FÜR ENTWERFEN AN DER TU COTTBUS, ZUVOR LEHRTÄTIGKEIT AN DER HDK BERLIN UND DER TU BERLIN • AUSSTELLUNGSBETEILIGUNGEN, UNTER ANDEREM BEI DER ERSTEN *BERLIN BIENNALE* (1998), PS1, NEW YORK (1999), *BIENNALE DI VENEZIA* (2000), *URBAN RUMORS*, BORDEAUX (2000) • ZAHLREICHE PUBLIKATIONEN ZUR ZEITGENÖSSISCHEN ARCHITEKTUR, ZULETZT *BERLIN_STADT OHNE FORM, STRATEGIEN EINER ANDEREN ARCHITEKTUR* • GEMEINSAM MIT KLAUS OVERMEYER INITIATOR UND LEITER DES EUROPÄISCHEN FORSCHUNGSPROJEKTS *URBAN CATALYST* ZUM TEMPORÄREN IM URBANEN RAUM (2000) • LEITER DES INTERNATIONALEN FORSCHUNGS- UND AUSSTELLUNGSPROJEKTS *SCHUMPFENDE STÄDTE* (2002 - 05)

FOTONACHWEISE
ALLE ABBILDUNGEN: STUDIO URBAN CATALYST
5) HEIKE OLLERTZ
7), 10), 11), 12) CHRISTOPH PETRAS, STADTIMBILD

… Philipp Oswalt

DIE STADT STIMULIEREN

Vielen Dank für die Einladung. Gleich vorab möchte ich erwähnen, dass die folgenden Projekte immer in Kooperation mit anderen entstanden sind. Ich will versuchen, Ihnen die Arbeit, die wir im Rahmen von *Urban Catalyst* gemacht haben, kurz vorzustellen. Das Projekt *Palast der Republik* war Teil davon, ein Projekt, das ich zusammen mit dem Landschaftsarchitekten Klaus Overmeyer angefangen habe und das an der Technischen Universität in Berlin angesiedelt ist. Es ist ein europäisches Forschungsprojekt. Wir haben elf Partner in sechs Ländern und fünf Untersuchungsorte: Helsinki, Amsterdam, Wien, Neapel und Berlin.

Ich will im Wesentlichen über den Berliner Teil sprechen. Die Ausgangsbeobachtungen waren folgende, vielleicht nicht so unähnlich den Fragen, die hier im Raum stehen: Die erste Beobachtung war, dass es eigentlich in allen größeren Städten immer Immobilien gibt, also Gebäude wie auch Freiflächen, die aus unterschiedlichsten Gründen brachliegen, die ökonomische Krise ist einer, die Deindustrialisierung ein anderer, Planungsvorbehalte für zukünftige Projekte ein weiterer etc., so dass es oft nicht möglich ist, sie im kapitalistischen Sinn zu verwerten. Sie liegen also für eine Zeit lang brach. Die zweite Beobachtung war, dass sich auf diesen Flächen oft nichtkommerzielle Nutzungen ansiedeln, die erst einmal völlig ungeplant sind, zumindest von einem Standpunkt der Stadtplanung aus, die aber dennoch für eine Stadtentwicklung erhebliche Bedeutung gewinnen können.

Es ist vielleicht kein Zufall, dass wir in Berlin angesiedelt sind, weil im Berlin der 1990er Jahre derartige Phänomene eine erhebliche Rolle gespielt haben. Überhaupt haben in der Zeit nach dem Zweiten Weltkrieg in Westberlin, aber auch zum Teil in Ostberlin, solche Prozesse eine Rolle gespielt, die eng mit der kulturellen Produktion verknüpft sind. Denn die Nutzungen, die auf diesen Arealen entstehen, bringen oft neue Kulturen, Subkulturen, kulturelle Innovationen oder auch Lebensstile hervor. Man denke zum Beispiel nur an den Begriff des »Neuen Berlin« in den 1990er Jahren mit der ganzen Clubkultur, der Kunstszene, bis hin zu den Start-ups im Medienbereich, und auch an die ganze Technokultur, die noch in die 1980er Jahre zurückgeht. Erscheinungsformen wie Raves, illegale Clubs, Wochentagsbars und so weiter, die sich an solchen Orten ansiedeln – man kann auch sagen, dass die Punkbewegung so ein Phänomen war – sind natürlich sehr eng mit einer solchen Art der Nutzung von Stadtbrachen verbunden. Auch Manchester war in den 1970er Jahren Ausdruck dieser Postpunkbewegung. Joy Division und andere haben brachliegende, de-industrialisierte Standorte genutzt, um ihre Musik zu produzieren. Das wurde dann wichtig für die neue Entwicklung von Manchester, das sich inzwischen ganz gut in der Region behauptet und wieder etwas prosperiert. In einer gewissen Weise ist es vergleichbar mit Leipzig, jedoch schon wesentlich weiterentwickelt. Das fanden wir doch sehr interessant und so stellte sich uns als Architekten folgende Frage: Gibt es irgend etwas davon zu lernen? Wir haben es mal ganz plakativ auf den Punkt gebracht: Es gibt Planungen, aber ohne Entwicklung und es gibt Entwicklungen, die ungeplant stattfinden. **Abb. 1, 2)** Wir haben zum Beispiel seit -zig Jahren die absurde Diskussion um das »Planwerk«, weil für das, was da geplant wird, kein rechter Bedarf besteht. Man sucht händeringend Investoren, die dieses »Planwerk« ausfüllen sollen. Am Stadtrand jedoch finden ganz andere Entwicklungen statt, relativ ungeplant. Die Entwicklung des »Neuen Berlin« war ein solcher ungeplanter Prozess. Selbstverständlich waren dafür auch gewisse Rahmenbedingungen und gewisse Akteure sehr wichtig, aber das ist keine Strategie gewesen. Man kann kulturelle Prozesse in der Regel nicht planen, das geht gar nicht, aber diese ungeplanten Prozesse waren gerade für die Stadtentwicklung von erheblicher Bedeutung.

Unser Untersuchungsgebiet war der Bereich um den Ostbahnhof. Planung wird den realen Bedürfnissen angepasst, ist also eigentlich eine nachholende, und das, was da eigentlich geplant wird, ist in vielen Teilen noch absolute Utopie. Zugleich gibt es auf dem Areal um den Ostbahnhof circa siebzig temporäre Nutzungen. Sie sehen eine Kartierung, die wir gemacht haben. Die Nutzungen sind ganz unterschiedlicher Art, also Kultur, Freizeit und Nightlife, aber auch kulturellnachbarschaftliche und Gewerbenutzungen. Man hat also eine erstaunliche Dichte an Aktivitäten, die aber keine physische Veränderung hinterlassen. Bestimmte Akteure besetzen solche Stadträume, manchmal illegal, aber auch oft in Absprache mit dem Eigentümer.

Um davon zu lernen, muss man natürlich erst einmal verstehen, was da vonstatten geht. Man kommt dabei zu einem anderen Nachdenken über Stadt. Es lassen sich bei der Analyse dieser Nutzungen bestimmte innere Strukturen der Nutzergruppen feststellen und ihre Beziehungen zu Eigentümern oder zur Kommune, die durchaus charakteristisch sind und aus denen man Modelle ableiten kann. Ein wichtiges Phänomen ist zum Beispiel, dass es bei vielen Projekten so genannte Agenten gibt, die eine Schlüsselfunktion zwischen den kulturellen Differenzen der Subkultur einerseits und der Immobilienwirtschaft oder auch der Verwaltung anderseits haben. Sie vermitteln, sie haben die Fähigkeit, diese Kluft zu überspringen. Das kann nicht jeder der Involvierten. Das sind meistens die Leute, die diese Projekte initiierten und sich dann, wenn sie laufen, eventuell auch wieder zurückziehen. Das können Leute aus dem subkulturellen Kontext sein, aber manchmal auch welche, die als *U-Boote* in der Verwaltung solche Rollen annehmen.

Wer sind eigentlich die wesentlichen Akteure in einem solchen Prozess? Wir haben diese unterschiedlichen Rollen einmal am Beispiel dieses Piktogramms einer Fußballmannschaft mit Torwart, Schiedsrichter, Teamchef definiert. Sie sehen den temporären Nutzer, den Eigentümer, die Planungsbehörde, den Agenten, das allgemeine Publikum und so weiter. Abb. 3, 4) Eine andere wichtige Betrachtungsebene ist: Welche Handlungsmöglichkeiten und -modelle können die Einzelnen einnehmen und welche Werkzeuge benutzen sie dafür? Die Werkzeuge sind meist nicht physischer Art. Sie machen zwar bauliche Ergänzungen, es gibt eine Infrastruktur, die sie reinbringen oder meinetwegen auch eine Räumlichkeit, wenn sie beispielsweise ein Dach schaffen, aber mindestens genauso wichtig ist es, auch rechtliche, ökonomische Maßnahmen, Formen der Kommunikation, des Networkings, der inneren Organisation zu nutzen, um solche Prozesse ins Leben zu rufen, in Gang zu halten, zu transformieren oder zu regulieren.

Uns war es ganz wichtig, nicht nur die Nutzung als solche zu betrachten, sondern auch die Verhältnisse von der Nutzung zum Ort. Die harmloseste Form sind Zwischennutzer. Lückenbüßer, die sich da rein finden, solange diese Immobilie nicht genutzt werden kann. In der Regel haben diese Nutzungen jedoch langfristige Auswirkungen, und das war dann auch die Fragestellung unserer Arbeit: Inwieweit tragen diese Nutzungen zu einer langfristigen Stadtentwicklung bei und inwieweit lassen sie sich in Planungsprozesse integrieren? Das kann auf ganz unterschiedlichen Ebenen stattfinden; räumliche Betrachtung, bezogen auf den Ort, aber auch biografische Auswirkungen, wenn Leute, die sich in solche Prozesse hinein begeben, innerhalb dieser zu ganz neuen Berufsbildern kommen. Es geschieht auch, dass gewisse kulturelle Trends entstehen, die sich einfach allgemein in einer Stadt etablieren, ohne dass sie besonders ortsspezifisch sein müssen. Technokultur zum Beispiel hatte zwar irgendwelche Keimzellen, konnte sich jedoch auch andersartig an ganz anderen Orten ausbreiten. Der konkrete Ort gibt Impulse, schafft ein Profil der Nutzung oder des Images. So was kann sich verfestigen und transformieren; das kann positiv oder auch negativ sein. Das Tempodrom in Berlin ist so ein Beispiel – im negativen Sinne, das als temporäre Nutzung angefangen hat und jetzt eine Subventionsmisere von etwas zweifelhaftem Charakter geworden ist. Anderen gelingt es, wie zum Beispiel dem Club WMF Abb. 5), in einer permanenten Wanderung durch die Stadt Dynamik und Frische zu behalten und sich trotzdem als Form zu stabilisieren und zu konsolidieren. Es geht weniger um feste Leitbilder oder Endziele, wie wenn man eine Endplanung macht und gar nicht überlegt, wie man zu dem gewünschten Resultat kommt. Es geht in der Regel um Zeitprozesse, die zu ganz unterschiedlichen Resultaten führen können, je nachdem, wie sich die Akteure verhalten oder wie sich Rahmenbedingungen ändern.

Ein Beispiel aus unserer Studie, jenes eines Projektpartners in Amsterdam, will ich kurz erwähnen, wo solche Nutzungen ganz instrumentell für die Stadtentwicklung genutzt wurden. Es ist verortet in Amsterdam-Nord, nördlich des Ij-Ufers, direkt gegenüber vom Hauptbahnhof, und es gibt in der Mitte des Gebietes eine sehr große Halle, die für solche Zwecke genutzt wurde. Es gab zwei Ausgangspunkte: In Amsterdam gibt es einerseits nach wie vor Bedarf an Immobilien, an neuen Entwicklungsflächen, unter anderem für Wohnungsbau. Man hat sogar angefangen, Inseln aufzuschütten, um solche Flächen zu schaffen, oder solche Ausgründungen wie Almere als neue Ansiedlungen außerhalb der Stadt. Das ist ein bisschen absurd, weil es andererseits nördlich der Ij Amsterdam-Nord gibt, einen Stadtteil, in dem erhebliche Flächen zur Verfügung stehen – vor allem durch das Brachfallen von Hafengebieten, die man gar nicht als Teil der Stadt sieht und deswegen nicht nutzt, obwohl sie sehr nah liegen und es eigentlich nur eine Fährverbindung bräuchte. Man könnte auch eine Brücke bauen, um diese als Stadterweiterung von Amsterdam zu nutzen. Die Kommune Amsterdam-Nord hat sie als Potenzial begriffen. Das erste Problem war, eine mentale Veränderung zu schaffen, nämlich den Amsterdamern bewusst zu machen, dass es ein Teil der Stadt ist. Daher gab es die Idee, durch temporäre kulturelle Nutzung eine Öffentlichkeit zu entwickeln, die dieses Stadtgebiet ins Bewusstsein heben sollte. Man schaffte ganz instrumentell einen öffentlichen kulturellen Ort, um eine Veränderung in den Köpfen zu bewirken. Die zweite wichtige Überlegung dabei war, dass diese Neubaugebiete oft sehr problematisch sind, trotz sehr schöner Wasserlage auf diesen aufgeschütteten Inseln und dergleichen. Es sind meist sehr sterile Gebiete, in denen die Bewohner oft unzufrieden sind und nach einer Weile wieder wegziehen. Man hoffte, durch solche kulturellen Nutzungen zu einer lebendigeren Nutzungsmischung zu kommen. Was hat man getan? Es gibt eine riesige Halle der Werftproduktion, Werkstätten mit 20.000 m², für die man einen Wettbewerb auslobte und nach kuratorischen Konzepten fragte. Es folgt hier ein sehr interessanter Punkt – wenn man die Nutzung nicht über den Preis regulieren kann, das heißt, wenn man keinen bestimmten Mietpreis verlangt und jemanden über den Markt sucht, der dafür zahlen kann. Wenn man also das Gebäude kostenfrei zur Verfügung stellt, dann treten ganz andere Auswahlkriterien an die Stelle der finanziellen und dann wird eigentlich die Frage des Kuratierens von städtischen Nutzungen ganz entscheidend. Es gab einige Dutzend Bewerbungen und man hat eine Gruppe ausgewählt, die aus der Hausbesetzerszene kommt und ein Konzept entwickelt hatte, in das sich eine Reihe von Nutzern reinfinden konnte. Inzwischen sind es ungefähr siebzig und sie haben noch zweihundert weitere Bewerbungen. Es gab sogar ein Startgeld von 7.000.000 Euro, um diese Halle auch instand zu setzen. Also nicht nur, dass die Halle sehr günstig abgegeben wurde, es gab sogar noch einen Zuschuss, um sie in Gang zu setzen! Das sind holländische Verhältnisse, die man bei uns wahrscheinlich nicht finden wird.

Noch einmal zurück zu Manchester, weil es sich vielleicht nicht ganz so von Leipzig unterscheidet – wenn wir nicht nur darüber nachdenken, hier eine kulturelle Institution zu schaffen, sondern auch, welche Rolle diese eigentlich in der Stadt spielt. In Manchester hat die Entwicklung der Musikindustrie eine sehr wichtige Rolle gespielt, die aus der Postpunkszene, also aus dem totalen Anti-Establishment kommt, was ein bisschen absurd ist. Wenn man diese Bands und ihre Musik kennt, dann wundert man sich, dass ausgerechnet sie der Ausgangspunkt für ein neues Manchester und seine Immobilienentwicklung war. Manchester ist jetzt eine Stadt der Dienstleistungsindustrie, was zunächst etwas irritierend ist. Dazu kommt, dass Begriffe aus situationistischen Texten jetzt Label für neue Immobilienanlagen sind. Es ist aber wirklich so, dass die Leute dort sagen: »Das war unser Ausgangspunkt, und der war wichtig, um die Trendwende einzuleiten.« Ökonomisch oder auch quantitativ ist es natürlich ein marginaler Bereich, der aber offensichtlich für Identitätsbildungen ganz wichtig ist, für den Wechsel in einer Stadt, die man mit Industrie und dem damit verbundenen Handel assoziierte. Und für diesen Wechsel hin zu einem postindustriellen Zeitalter und der Dienstleistungsindustrie war die Entwicklung dieser Musikszene ausschlaggebend. Das soll nicht bedeuten, dass kulturelle Produktion einen irrsinnigen Anteil an einem ökonomischen Prozess hat, aber sie bedeutet viel für mentale oder eben Identitätsfragen.

Unser Forschungsprojekt war zweijährig angelegt und nach einem ersten Jahr der Analyse waren wir in der Situation, uns selbst Projekte zu überlegen und Modelle zu entwickeln, wie man so etwas tatsächlich in planerischer Praxis anwenden könnte, wie man das, was wir analytisch erarbeitet haben, auch instrumentell nutzen kann. Wir haben drei, vier Projekte verfolgt, wovon das prominenteste natürlich der *Palast der Republik* ist, das macht einfach der Ort. Und da ging es uns eben auch sehr stark um diesen mentalen Wechsel. Es ist ein Projekt, das natürlich nicht dieses typische *Bottom Up* hat, das uns durchaus auch ein Anliegen ist. Interessant an diesem Ort ist aber, dass er momentan der am stärksten diskutierte Ort im deutschen, öffentlichen Bewusstsein ist. Dadurch ist er natürlich wahnsinnig geeignet, um gewisse Sachen zu kommunizieren. Also ist er für uns wiederum ein Instrument, um eine andere Art des Herangehens an Stadtentwicklung in ein breiteres öffentliches Bewusstsein zu heben. Zwar sind die subkulturellen Strömungen in Berlin einem jüngeren Publikum in Berlin gut bekannt – Ihnen wahrscheinlich auch – jedoch ist im Allgemeinen die Rolle, die sie für die Stadt spielen, nicht so klar. Insofern ist der Palast als Projekt ein sehr gutes Mittel, um solche Herangehensweisen zu kommunizieren. Außerdem hat uns natürlich auch einfach der Ort und diese verfahrene Diskussion um ihn gereizt. Der Ausgangspunkt beim Palast ist also ganz typisch; es gibt eine Planung und die Planung besagt erst einmal: »Es passiert gar nichts!« Das hat verschiedene Gründe. Eigentlich soll das Schloss aufgebaut werden, dafür gibt es einen Bundestagsbeschluss. Es ist aber noch nicht so klar, was da rein soll. Man hat sich auch in den Flächen verkalkuliert, die sind 40 % geringer als ursprünglich angenommen; da hatte sich die Schlossplatzkommission vertan. Es gibt zwar eine Empfehlung für das Programm, aber die ist noch umstritten. Eine Finanzierung gibt es auch nicht, und wie das Gebäude nun eigentlich aussehen soll, abgesehen von diesen drei Fassaden, weiß man auch noch nicht. Da hat sich noch nicht sehr viel getan, und angesichts der öffentlichen Kassenlage wird das wohl eine Weile dauern. Wenn man dann noch mitkriegt, wie solche öffentlichen Stellen funktionieren, weiß man, das wird lange dauern. Zum Beispiel hat ein Brief, den wir vom Kulturstaatsministerium bekommen sollten, innerhalb Berlins zwei Monate gebraucht, bis er bei uns auf dem Schreibtisch lag; das nur so als Beispiel, wie drei Bürokratien – die TU, die Post und das Ministerium – Prozesse verzögern können. Das ist der eine Hintergrund dieser Planung. Der andere ist, dass man natürlich sagen könnte, man wird das gerade asbestsanierte Gebäude jetzt abreißen. Das geht aber nicht, weil es in einer Wanne steht, die im Grundwasser schwimmt. Man bräuchte also ein neues Gegengewicht oder man müsste das Grundwasser absenken, was ein sehr komplizierter und teurer Prozess. Das wird man erst im Rahmen einer Neubebauung machen, sonst stürzt nämlich der Dom ein, und das will man natürlich nicht.

Wir hatten uns jedoch gesagt: »Wir wollen uns gar nicht in diese langfristigen Debatten einmischen, die sind so ideologisch aufgeladen, da kann man sich nur die Finger verbrennen, die Situation ist komplett verfahren.« Uns interessierte nur diese Zeitlücke. Wir wollten weder nostalgisch nach hinten blicken und den Palast wiederherstellen, was genauso absurd wäre wie dieses Schloss zu rekonstruieren, weil beides ja eigentlich nicht mehr existent ist. Was uns interessierte war, diese Lücke zu nutzen, weil es ein fantastischer Ort mit einer fantastischen Lage ist und weil in den nächsten Jahren dort erst einmal nichts passieren wird. Wir waren nicht die ersten, die diese Idee hatten, sondern haben uns erst in diesen Prozess eingehängt, der seit eineinhalb Jahren diskutiert worden war. Die ehemalige Kultursenatorin Adrienne Goehler hatte diese Idee in die Schlossplatzkommission eingebracht. Es gab verschiedene Nutzungsinteressenten, die auch erste Vorschläge entwickelt hatten, aber eben auch diese Behauptung von einer Reihe von Verantwortlichen, dass die Zwischennutzung 15.000.000 Euro kosten würde; sie käme also gar nicht in Frage. In dieser Situation haben wir uns eingeschaltet und mit unserer Kompetenz als Architekten und mit der Erfahrung aus dem Forschungsprojekt gesagt: »Wir sehen Wege, dass das zu geringeren Kosten zu machen ist«, und haben dann angefangen, mit den Verantwortlichen zu kooperieren. Ich hatte Ihnen schon gesagt, welche Rolle die öffentliche Plattform spielt. Für einen Architekten ist es natürlich ein bisschen absurd, sich ein solches Projekt vorzunehmen, weil das Gebäude bereits existiert; wir hatten auch gar keinen Auftrag und es gab auch kein Geld. Das ist eigentlich keine Ausgangslage für einen Architekten, ein Projekt zu machen. Was haben wir dann gemacht? Es waren die Rahmenbedingungen zu klären. Von Seiten des Bundes war ganz klar, dass der kein Geld dafür haben würde und auch andere staatliche Stellen nicht. Das Projekt musste befristet bleiben. Das Gebäude als Gegebenheit, ich hatte es eben schon gesagt, ist etwas anderes, als es einmal war, es ist eigentlich ein neues Gebäude. Es ist eine faszinierende, sehr rohe Struktur, diese Betonebenen mit diesen Stahlstützen, es hat einen Heavy-Metal-Charakter und es ist ein Gebäude von einer unglaublichen Ausdehnung. Der Innenraum ist gigantisch, mehrere hundert Meter lang und auch sehr tief. Eine Dimension ist durchaus dieser ästhetische Reiz des Rohbaus. Abb. 10, 11, 12) Es folgte eine Kooperation mit den Nutzern Abb. 13, 14), die nach ihren Vorstellungen gefragt wurden, was man machen könnte. Abb. 15, 16)

Wir haben sehr viele Gespräche mit ihnen geführt, haben überlegt, welche Räumlichkeiten im Palast die geeigneten sind. Wir haben zwei räumliche Szenarien untersucht, das Foyer- und das Volkskammerszenario, und haben uns dann aus verschiedenen Gründen für das Volkskammerszenario entschieden. Abb. 17, 18)

Wir haben dann eine Planung vorgenommen, die eigentlich absolut ungestalterisch ist, haben mit minimalen, ephemeren Mitteln einer temporären, provisorischen Nutzung nur die notwendigen Vorkehrungen für Brandschutz und Verkehrssicherheit getätigt, weil von unserer Seite tatsächlich nicht angedacht ist, das Projekt zu verstetigen, sondern das Gebäude als Infrastruktur zu begreifen. Wir haben uns überlegt, wer als Betreiber in Frage käme und wie man es finanzieren könnte. Klar war, an den Bund heranzutreten und zu verhandeln, hat gar keinen Sinn. Der einzige Weg, vorwärts zu kommen, ist ein öffentlicher Auftritt. Wir wollten also den Bund über die Öffentlichkeit zu einer Entscheidung zwingen, denn wenn wir beim Finanzministerium anfragen würden – denken Sie an das Beispiel mit dem Brief – dann würde das Jahre dauern, wenn es überhaupt jemals stattfinden würde. Das heißt, man muss durch Öffentlichkeit Druck erzeugen, damit etwas in Bewegung gerät, und das haben wir halt gemacht. Wir machten eine Ausstellung, die eine sehr gute öffentliche Resonanz hatte, so dass wir jetzt hoffentlich im Januar anfangen können, mit dem Bund darüber zu sprechen, wie es weiter geht. Abb. 19, 20, 21) Es gibt natürlich noch sehr viele Probleme. Es wird ein sehr schwieriger Prozess werden, aber nach der Ausstellung hatten wir den Eindruck, dass das eigentlich klappen könnte und die Chancen dafür recht gut stünden, wenn wir mit Hartnäckigkeit dran bleiben würden. Wir sind dabei, mit den Nutzern gemeinsam einen Förderverein zu gründen, um den Prozess auf den Weg zu bringen. Das war ein Beispiel von uns, das vielleicht auch in diesem Kontext ganz interessant ist. Zu grundsätzlichen Überlegungen können wir in der Diskussion kommen. Danke!

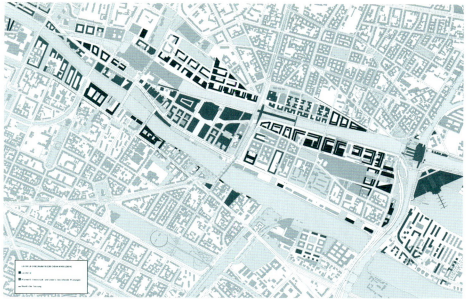

1) PLANUNG OHNE ENTWICKLUNG: PLANWERK INNENSTADT, BEREICH BERLIN OSTBAHNHOF

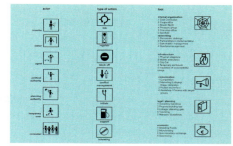

3) DIAGRAMM AKTEURE TEMPORÄRER NUTZUNGEN

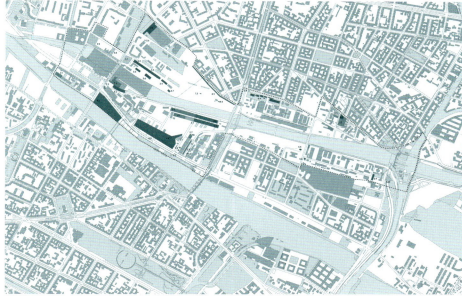

2) ENTWICKLUNG OHNE PLANUNG: TEMPORÄRE NUTZUNGEN UM BERLIN OSTBAHNHOF

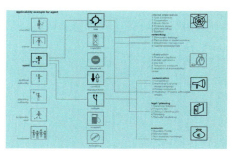

4) DIAGRAMM AKTEURE TEMPORÄRER NUTZUNGEN: HANDLUNGSMÖGLICHKEITEN DES AGENTEN

5) TEMPORÄRER NUTZER: TECHNOCLUB WMF AM ANFANG DER 1990ER JAHRE, BERLIN LEIPZIGER STRASSE

6) TEMPORÄRER NUTZER: RAW TEMPEL E.V.

7) TEMPORÄRE NUTZER AUF DEM GELÄNDE DES EHEMALIGEN STADION DER WELTJUGEND

10) PALAST DER REPUBLIK NACH DER ASBESTSANIERUNG 2002

11) VOLKSKAMMERSAAL DES PALASTES DER REPUBLIK NACH DER ASBESTSANIERUNG 2002

8) TEMP. NUTZER: START-UP-UNTERNEHMEN UNIT, BERLIN

9) TEMPORÄRER NUTZER IM HAUS DES LEHRERS

12) DAS FOYER DES PALASTES DER REPUBLIK NACH DER ASBESTSANIERUNG 2002

15) NUTZERFRAGEBOGEN FÜR DIE NUTZUNG DES PALASTES DER REPUBLIK 2002

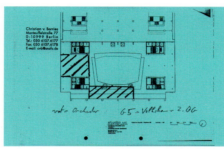

16) NUTZERFRAGEBOGEN FÜR DIE NUTZUNG DES PALASTES DER REPUBLIK 2002

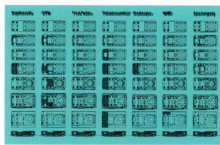

14) DIAGRAMM DER GEPLANTEN NUTZUNG DES PALASTES DER REPUBLIK 2002

13) GESPRÄCH MIT NUTZERN DES PALASTES DER REPUBLIK

17) ENTWURF FÜR DIE NUTZUNG DES FOYERS

18) ENTWURF FÜR DIE NUTZUNG DES VOLKSKAMMERSAALES

19) EINLADUNGSKARTE ZUR AUSSTELLUNG »ZWISCHEN PALAST NUTZUNG«, 2002

21) AUSSTELLUNGSANSICHT »ZWISCHEN PALAST NUTZUNG«, STAATSRATSGEBÄUDE SEPTEMBER 2002

20) AUSSTELLUNGSANSICHT »ZWISCHEN PALAST NUTZUNG«, STAATSRATSGEBÄUDE SEPTEMBER 2002

22) PALAST BAR TRANSFER VON FRED RUBIN

23) KONZERT VON CHRISTIAN VON BORRIES IM PALAST DER REPUBLIK

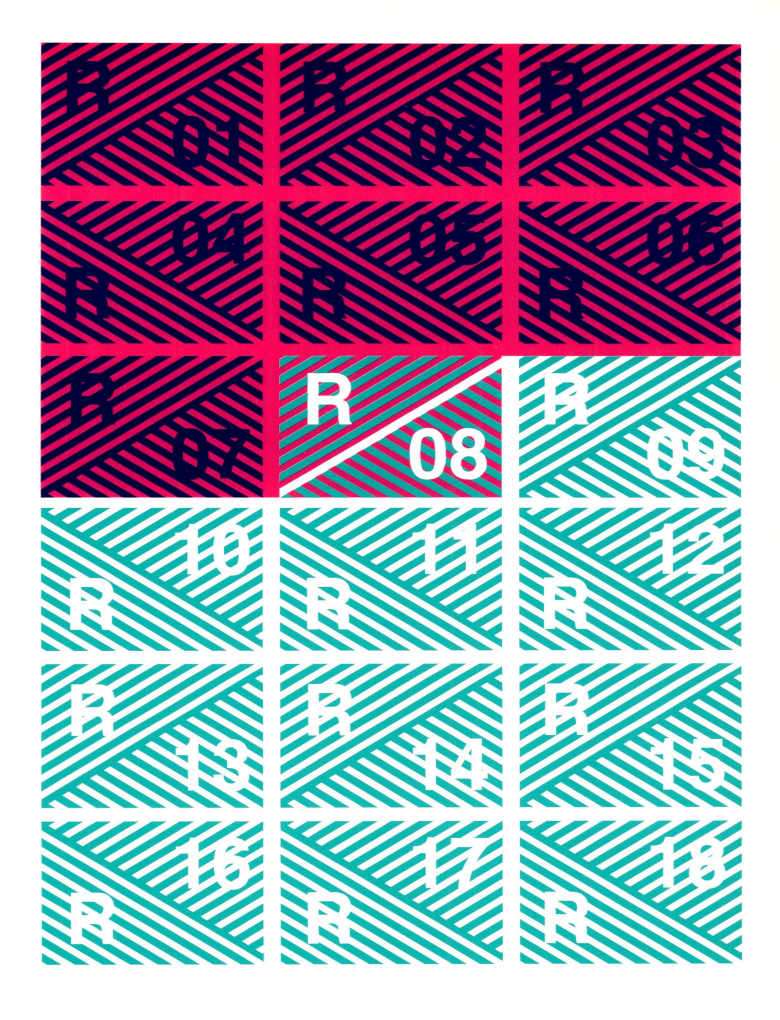

JOHANNES (*1969) UND WILFRIED (*1967) KÜHN
ARCHITEKTEN • GEMEINSAM MIT IHRER PARTNERIN SIMONA MALVEZZI *KÜHN MALVEZZI* • DAS ARCHITEKTURBÜRO WURDE 2001 IN BERLIN GEGRÜNDET • SEITDEM VERSCHIEDENE PROJEKTE IM BEREICH ZEITGENÖSSISCHER KUNST, WIE DER UMBAU DER BINDING-BRAUEREI FÜR DIE *DOCUMENTA11* IN KASSEL (KURATOR OKWUI ENWEZOR, 2002), DAS NEUE FOYER DER SCHIRN KUNSTHALLE, FRANKFURT AM MAIN (2002), DIE GALERIE GIÓ MARCONI IN MAILAND (2003) UND AUSSTELLUNGSARCHITEKTUREN WIE *TRAUMFABRIK KOMMUNISMUS* (KURATOR BORIS GROYS, 2003) • AKTUELLE PROJEKTE: DER NEUE VORPLATZ DER BERLINISCHEN GALERIE IN DER ALTEN JAKOBSTRASSE (BERLIN) SOWIE DER ERWEITERUNGSBAU DES HAMBURGER BAHNHOFS – MUSEUM FÜR GEGENWART FÜR DIE *FLICK COLLECTION* IN BERLIN

FOTONACHWEISE
ALLE ABBILDUNGEN: KÜHN MALVEZZI ARCHITEKTEN, BERLIN
2) ALISON & PETER SMITHSON
3) NIGEL HENDERSON
6), 7), 8), 9), 10) ULRICH SCHWARZ
FARBABBILDUNG SEITE 127: CANDIDA HÖFER, VG BILDKUNST, BONN

Johannes und Wilfried Kühn

KATALYTISCHER RAUM

Anmerkungen zur Architektur der Documenta11

Die Binding-Brauerei in Kassel: ein Ausstellungsraum in Form einer ehemaligen Industriehalle, die während hundert Tagen durch die *Documenta11* genutzt und in dieser Zeit von 650.000 Besuchern frequentiert wird und hinterher zurückfällt in die Normalität einer peripheren Verkaufshalle eines Kasseler Baumarkts. **Abb. 1)** Temporäre Architektur ist eine Chance, weil die Entstehungsbedingungen gegenüber normalen Bauvorhaben in der Regel vorteilhaft sind: schnelle Entscheidungen der Auftraggeber, direkte Planungsumsetzung, minimale Bauzeit und gelegentlich auch reduzierte Bauvorschriften erlauben ein freieres Handeln, das dem räumlichen Eingriff eine angenehme Unmittelbarkeit geben kann. Im Folgenden wird es aber weniger um die Frage des Temporären gehen als um das Thema der Ausstellung. Die Binding-Brauerei auf der *Documenta11* ist ein Innenraum und ein Umbau, und wenn man generell Innenräume und Umbauten plant, gerät man leicht in den Bereich der Raumausstattung und damit nicht in einen Bereich gesellschaftlicher Relevanz. Es gibt Sozialen Wohnungsbau aber keine Soziale Raumausstattung und es ist heute unüblich, dass Innenarchitektur mit einem gesellschaftlichen oder politischen Anspruch einhergeht. Insofern ist für uns der Aspekt, der uns interessiert, auch nicht so sehr die Gestaltung, sondern es ist die Dimension des Städtischen, des Öffentlichen, die dieser Umbau in sich trägt, also eigentlich: die Großausstellung als Stadtmodell.

Planung und Nutzung

Im Gegensatz zur Planung privater Räume, bei der in der Regel Auftraggeber und Nutzer identisch sind und dadurch eine Identität zwischen Anforderungen an den Raum zu Beginn der Planung und dem Gebrauch des Raums am Ende des Projekts besteht, haben Architekten bei größeren Projekten und vor allem im Städtebau am Anfang, d. h. in einer Phase grundsätzlicher Festlegungen, keine direkte Beziehung zu den späteren Nutzern. Es besteht hier immer eine unvermeidliche und problematische Distanz zwischen der Planung, die Setzungen vornimmt, und der Vollendung des daraus folgenden Raumes, die erst später stattfinden kann. In der Konfrontation mit dieser Distanz liegt die gesellschaftliche Verantwortung der Architektur: Erfahrung und Benutzung des Raumes in verschiedenen Phasen müssen entwurflich antizipiert werden, ohne der Gefahr zu erliegen, ein fertiges Bild davon zu entwickeln. Die Komplexität der Planung besteht darin, im gesellschaftlichen Spannungsfeld zu sein zwischen demjenigen, der als Auftraggeber agiert und denjenigen, die später als individuelle Bauherren, als Mieter, Bewohner und auch einfach Stadtbenutzer von den entwurflichen Entscheidungen abhängig sein werden, d. h. in den Stadträumen leben und Orte finden müssen, die noch über Spielräume verfügen. Die Frage an uns Planer heißt hier: Wie schaffen wir Orte, die großzügig und gleichzeitig determiniert genug sind, um allgemeine Form zu sein, aber auch individuelle Nutzung, wandelbar in der Zeit, zu ermöglichen? Wir können das Thema des gesellschaftlichen Raumes und der Öffentlichkeit nicht behandeln, indem wir uns über Platzgestaltung Gedanken machen; ebenso wenig können wir uns nur über Straßenquerschnitte unterhalten, über die richtige Spielstraßendimensionierung, Tempozonen und Begrünung – Fragen, die wichtig sind, aber die das Problem nicht lösen. Wir müssen hingegen darüber nachdenken, wie man Strategien entwickeln kann, die sowohl organisatorisch als auch formal sind, um offene Prozesse soweit festzulegen, dass bestimmte räumliche Kriterien gewährleistet werden. Insofern ist für uns das Thema der Öffentlichkeit sehr stark verbunden mit der Möglichkeit, Regeln zu schaffen, ein formales Prinzip in Gang zu setzen, das noch nicht mit dem tatsächlichen Raum identisch ist und das durch die konkreten Akteure, die langsam ins Spiel kommen, angeeignet, aufgenommen und zur konkreten Form gebracht werden kann.

Setzung und Aneignung

Auf dem CIAM-9-Kongress 1953 in Aix-en-Provence thematisieren die Smithsons mit Nigel Hendersons Fotografien des Londoner Arbeiterbezirks Bethnal Green den Stadtraum als Zusammenhang von *House*, *Street*, *Relationship*. **Abb. 2)** Die Diskussion innerhalb des *Modern Movement* um den öffentlichen Raum wird durch die Smithsons auf eine neue Ebene gehoben, der Begriff der Straße von seiner Verkehrsfunktion gelöst und in den Kontext der räumlichen Aneignung gesetzt. Hendersons Bilder zeigen ohne Romantisierung die Entstehung von Raum: die Kinder spielen auf selbst markierten Zahlenfeldern ein typisches Spiel, das sich selbst einen 1:1-Grundriss, eine Architektur ohne Bebauung, schafft. **Abb. 3)** Die Smithsons haben aus dieser Analogie ein städtebauliches und architektonisches Denken entwickelt, dessen Grundlage das ständig zu verifizierende Verhältnis zwischen den planerischen Fixierungen und dem Bewohnen durch die Nutzer ist oder anders ausgedrückt: zwischen den Formen der dauerhaften Setzung und der sich wandelnden Aneignung.

Documenta11 kann als Stadtmodell gelesen werden, in dem über hundert Künstler einen zwar teilweise vorgegebenen, aber nicht vollständig determinierten Raum nebeneinander belegt haben, wie Bewohner einen Raum in der Stadt. Um belegbar zu werden, musste der Raum bis zu einem bestimmten Grad in Form gebracht werden und dieses In-Form-Bringen konnten nicht die Künstler selbst leisten, sondern es wurde durch ein Grundkonzept der Kuratoren, vor allem Okwui Enwezors, bestimmt. Durch Enwezor wurden wir sechs Monate vor Ausstellungsbeginn nach einem Gutachten mit der Planung der Ausstellungsfläche in der Binding-Brauerei beauftragt. Die Planungsvorgabe während des Gutachtens war darauf ausgelegt, ohne Informationen über einzelne Künstler oder Werke ein zusammenhängendes 6.000 m²-Raumgefüge zu schaffen, das radikal verschiedenen Ausdrucksformen in starker Mischung gerecht werden kann. Es wurde wie bei stadtplanerischen Aufgaben kein spezifischer Individualraum definiert, da die Nutzer noch nicht feststanden, sondern es musste ein Gefüge geschaffen werden, dessen Zwischenräume unabhängig von den eigentlichen Kunsträumen eine Struktur bilden. Die Kunsträume mussten gleichzeitig in Größe, Ausdehnung und Offenheit individuell ausformbar fixiert werden. Wir sind deshalb nicht vom Spezifischen, sondern vom Unspezifischen ausgegangen, nicht von der auszustellenden Kunst, sondern von der räumlichen Wahrnehmung der zu erwartenden Besucher. Infolgedessen haben wir zunächst nicht die Form der (Künstler-) Räume bestimmt, sondern die Form der (Besucher-) Bewegung, die als Konstante das Rückgrat der sich entwickelnden Raumstruktur bildet. Diese Form der Bewegung ist als sich überlagernde Doppelstruktur angelegt: zum einen eine fließende Bewegung in das Innere der Halle und wieder heraus, auf deren Weg alle Künstlerräume berührt werden, zum anderen eine axiale Bewegung, die die Hallen großflächig durchschneidet bzw. umrundet, sich zum Freiraum und Tageslicht öffnet und von einer durchgehenden Bank flankiert wird. Die erste Bewegungsart ermöglicht eine En-Suite-Folge aller Künstlerräume hintereinander und folgt einem intuitiven Ablauf, die zweite Bewegungsart ermöglicht ein direktes Aufsuchen einzelner Räume und folgt einer rationalen Orientierung. Das Raumgefüge bildet sich als Abdruck der Bewegungsformen und kann auf der Basis einer modularen Matrix in der Haupthalle in minimal sieben sehr große (je ca. 430 m²) und maximal dreißig kleine (je ca. 100 m²) Räume, vor allem aber in jede dazwischenliegende Anzahl und Größe, aufgeteilt werden. **Abb. 4)** Diese Aufteilung des Raums zwischen den Künstlern hat in den letzten Monaten vor Ausstellungsbeginn sukzessive stattgefunden. In einem durch kuratorische Vorgaben, individuelle Forderungen der Künstler bzw. Anforderungen ihrer Arbeiten bestimmten Prozess, aber auch durch Veränderungen dieser Bedingungen im Laufe der Zeit, hat sich ein definitives Raumgefüge erst kurz vor Eröffnung eingestellt, während die Form der Bewegung konstant blieb. Der notwendige räumliche Aneignungsprozess durch die Künstler, in dem auch Fragen der Nachbarschaft, d. h. der Nähe und der Distanz zwischen den verschiedenen künstlerischen Positionen wichtig wurden, hat erst die sichtbare Form der Räume hervorgebracht. **Abb. 5)**

Raum und Prozess

Es ist die Kunst selbst, die den Raum thematisiert und ihren Werkbegriff darauf ausrichtet, räumlich erfahrbar zu sein. In der Tat sind die Arbeiten, die heute geschaffen werden, in ihrer Transmedialität, d. h. in der Vielfalt, Überlagerung und Verschmelzung ihrer Techniken und Darstellungsmethoden, nicht mehr sinnvoll in Gattungen zu gliedern. Auch Malerei wird so präzise installiert, dass am Ende nicht eine Anzahl von Bildern, sondern ein bestimmter Raum entsteht. Das gleiche gilt für die Projektionen: seien es Video-, Film- oder Diaprojektionen. Die Projektionen sind immer seltener – bis auf wenige, wiederum sehr bewusste Ausnahmen – kinoartige Projektionen im geschlossenen dunklen Raum und immer stärker hingegen Projektionen, die den Raum als hellen und offenen Raum behandeln; in jedem Fall aber wird die Frage thematisiert, wie die Besucher in den Raum gelangen, wie sie sich dort aufhalten und wie sie die Projektionen konkret wahrnehmen. Auch Ton spielt eine Rolle für die Entstehung der Räume, das gleiche gilt ohnehin für installatorische Arbeiten: Thomas Hirschhorns Arbeit für die *Documenta11* ist ein Beispiel dafür, wie der Stadtraum, d. h. auch die Fahrt vom Binding-Gelände zur entfernten Installation im Wohnquartier, Bestandteil des Künstlerraums wird. Wir haben nicht hier Malerei und dort Video oder Skulptur, sondern was wir tatsächlich vor uns haben, sind Arbeiten im Raum, die es seitens der Kuratoren und Architekten erforderlich machen, nicht Kunstwerke, sondern Künstlerräume miteinander in Beziehung zu setzen. Der Ausstellungsraum entsteht daher im Zusammenhang mit der Ausformulierung der einzelnen Künstlerräume, wie die Stadt erst durch vielfältige individuelle Interventionen entsteht. Katalytischer Raum: es ist entscheidend, wie planerische Festlegungen sich prozesshaft auswirken. Form muss zunächst diese Wirkungsmacht haben und kann daher nicht selbstbezüglich sein. Architektur ist am besten, wenn man sie nicht sieht.

6) DOCUMENTA11, BINDING-BRAUEREI, FREIBEREICH

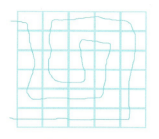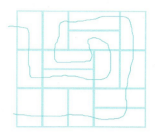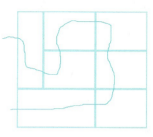

4) RAUMSTRUKTUR DURCH BEWEGUNG: AUSSTELLUNGSPARCOURS DOCUMENTA11 – BEI VARIABLEN RAUMGRÖSSEN

1) DOCUMENTA11, BINDING-BRAUEREI, UMBAU KÜHN MALVEZZI, EINGANGSBEREICH, KASSEL 2002

2) ALISON & PETER SMITHSON, CIAM-GRILLE (AUSSCHNITT), AIX-EN-PROVENCE 1953

3) NIGEL HENDERSON, BETHNAL GREEN PHOTOGRAPHS, LONDON UM 1950

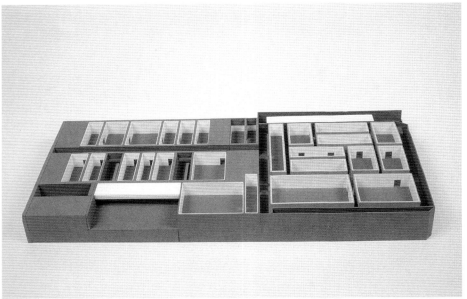
5) DOCUMENTA11, BINDING-BRAUEREI, UMBAU KÜHN MALVEZZI, MODELL, 2002

8) DOCUMENTA11, BINDING-BRAUEREI, HAUPTGANG

7) DOCUMENTA11, BINDING-BRAUEREI, UMBAU KÜHN MALVEZZI, INSTALLATION MARK MANDERS

9) DOCUMENTA11, BINDING-BRAUEREI, SÜDGANG

10) DOCUMENTA11, BINDING-BRAUEREI, OSTGANG

CANDIDA HÖFER, BINDING BRAUEREI KASSEL, 2004

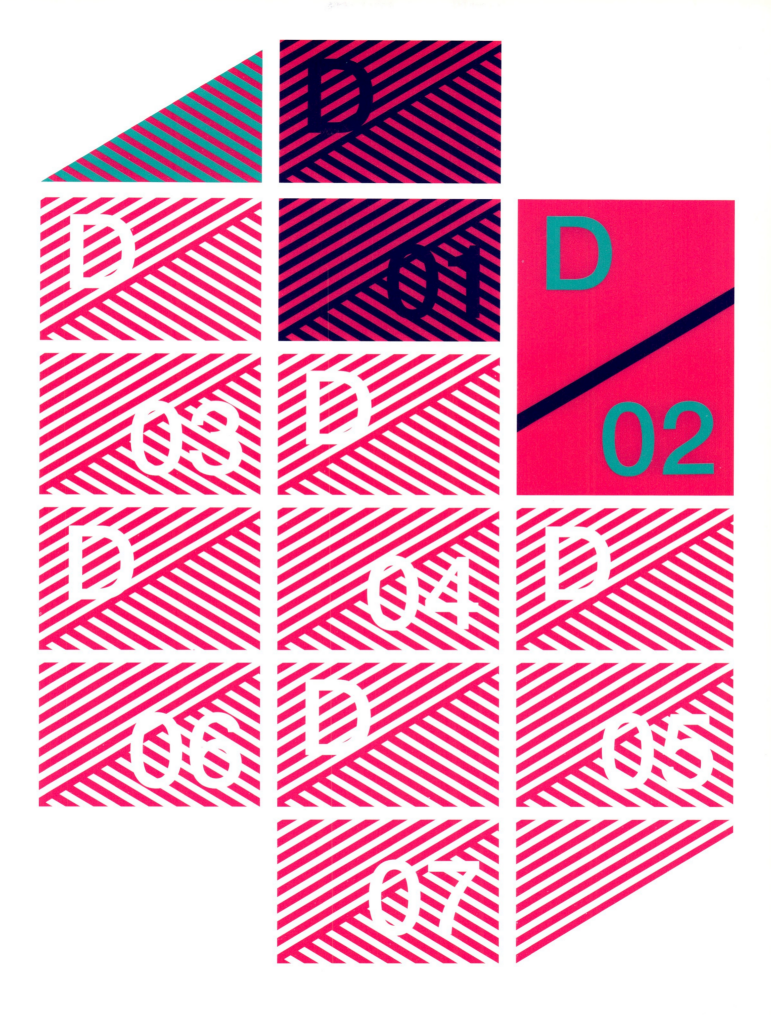

WOLFGANG KIL (*1948)
FREIBERUFLICHER KRITIKER / PUBLIZIST • 1967 - 72 ARCHITEKTURSTUDIUM IN WEIMAR • 1978 - 82 REDAKTEUR BEI DER FACHZEITSCHRIFT *FARBE UND RAUM* UND 1978 - 82 BEI DER *BAUWELT* • LETZTE PUBLIKATIONEN: *LUXUS DER LEERE – VOM SCHWIERIGEN RÜCKZUG AUS DER WACHSTUMSWELT* (2004), *WERKSIEDLUNGEN – WOHNFORM DES INDUSTRIEZEITALTERS* (2003), *HINTERLASSENSCHAFT UND NEUBEGINN* (1989)

WK	Wolfgang Kil	
PO	Philipp Oswalt	—> R/07
WKü	Wilfried Kühn	—> R/08
JKü	Johannes Kühn	—> R/08

Moderation: Wolfgang Kil

DAS DEPRIMIERENDE AN DEN HAUSBESETZERN IST DAS BÜRGERLICHE LEBENSIDEAL

Teilnehmer: Philipp Oswalt, Wilfried Kühn, Johannes Kühn

WK

Ich weiß nicht, wie es Ihnen ging, ich habe erst gedacht, es ergänzt sich alles wunderbar. Je mehr sich jedoch die Referenten in ihre Themen vertieften, desto mehr klafften die beiden Ansätze für mich auseinander. Die erste Frage stelle ich Philipp Oswalt. Ich habe mich schon länger mit seinen Arbeiten beschäftigt und wie es der Zufall so will, ist er in letzter Zeit öfter einmal interviewt worden, und das auch in der Planungspresse, die Ihnen vielleicht nicht so geläufig ist. Sie lesen vermutlich eher die künstlerischen Zeitungen. Die Architektenzeitungen haben ihn und seine Projekte jetzt öfter thematisiert. Meine Fragen, Philipp, kommen aus der erweiterten Kenntnis Deiner sonstigen Arbeiten. Du hast ganz nebenbei den Begriff des Agenten erwähnt. Für Eure Projekte gibt es die Erkenntnis, dass diese vorübergehenden Interventionen oftmals nur funktionieren, weil es in den Strukturen Sympathisanten Eurer Ideen gibt, Verbündete, die als Transmissionsfiguren fungieren, zwischen Euren Akteursideen und den etwas hinderlichen oder blockierenden oder störrischen Apparaten. Meine Frage ist gekoppelt mit einer zweiten. Du betonst zwar, dass Eure Projekte, speziell »Urban Catalyst«, sich immer nur auf diese Pausen beziehen und dass das, was danach kommt, Euch angeblich nicht interessiert. Ihr seid Euch doch hoffentlich darüber im Klaren, dass die Orte danach andere sind? Wenn Ihr weggeht oder wenn diese Funktion zu Ende ist, ist der Ort nicht mehr der alte. Unter Umständen ist aus dem Ort am Ende etwas geworden, was Ihr gar nicht wolltet, und meine Frage ist jetzt verknüpft mit diesen Agenten: Sind diese Leute, die Euch helfen, nützliche Idioten oder sind es Idealisten? Oder was für ein Typ muss dieser Helfer sein? Du hast Dich mehrmals über den Widerpart der Ämter geärgert. Jemand, der Euch dabei hilft, ist er ein Idealist, oder ist er jemand, den man in seinem Idealismus missbraucht, der auf der Strecke bleibt?

PO

Du hast ganz verschiedene Dinge angesprochen. Zum einen: »Urban Catalyst« ist eine ganz spezifische Aufgabenstellung. In anderen Kontexten geht es durchaus um Langfristiges und Dauerhaftes. Das Zweite bei »Urban Catalyst« ist, dass wir sehr viele Sachen untersucht haben, die wir nicht selbst gemacht haben, sondern die andere gemacht haben. Dabei ist uns dieses Agentenmodell aufgefallen. Ein ganz prominentes Beispiel ist für Insider der Szene Jutta Weitz bei der WBM in Berlin-Mitte. Sie ist Mitarbeiterin der kommunalen Wohnungsverwaltung und hat einen ziemlich großen Pool an Gewerbeflächen gehabt, die sie vermitteln konnte. Meine Behauptung ist, dass Jutta Weitz einflussreicher war als Senatsbaudirektor Hans Stimmann, was die Entwicklung von Berlin-Mitte betrifft. Die hat einfach seit Anfang der 1990er Jahre ihren Job benutzt, um Rechtsanwaltskanzleien, Videotheken, Sexshops rauszuhalten und stattdessen Leute mit interessanten Projekten, die jedoch nicht so viel zahlen konnten, in diese Räume reinzuholen. Das tat sie in gewissem Maße auch gegen den Widerstand ihrer Kollegen und damit hat sie den Stadtteil Mitte im positiven Sinne geprägt. So gibt es zum Beispiel diese ganzen Kulturprojekte, etwa die Auguststraße ist ohne sie undenkbar. Es gab dort Anfang der 1990er Jahre das Projekt »37 Räume«, daraus ist dann mittelfristig diese ganze Galeriemeile entstanden, was man natürlich auch wieder kritisch diskutieren kann.

WK

Darauf wollte ich hinaus, denn am Ende ist aus dieser wunderbaren Initiative das gestern schon einmal kritisierte Touristenviertel Hackescher Markt geworden.

PO

Ich bin kein Mitte-Gänger, ich wohne woanders. Mir ist auch das Milieu, das da inzwischen entstanden ist, nicht sehr angenehm. Ich glaube, das hat weniger mit der Tätigkeit von Jutta Weitz oder den anderen Leuten, die diese Kulturprojekte gemacht haben, zu tun. Das liegt einfach an der Prominenz der Lage, an einem bestimmten Bedarf der Touristen und so weiter.

WK

Wir kürzen das jetzt ab, Philipp, und machen es konkret. Du hast über den Palast der Republik gesprochen: Es gibt das Gerücht, dass es Interessenten gibt, die sich an dem Palastprojekt als Vermittler, als Helfer beteiligen wollen, ganz konkret, dass Nike bereit ist, Geld dafür zu geben. Nehmen wir einmal an, das klappt. Und am Ende kommt die Bundesfinanzdirektion auf den Geschmack und sagt: Wir verzichten auf das Schloss und Nike bekommt sozusagen den Palast als Spielwiese für die nächsten zehn Jahre. Was macht Ihr dann als Initiatoren Eures Zwischennutzungsprojektes? Habt Ihr dann ein schlechtes Gewissen oder sagt Ihr: Das gehört zum Spiel, das Risiko müssen wir eingehen?

PO

Nein, ein schlechtes Gewissen würde nicht helfen. Es gibt durchaus auch langfristige Ambitionen. Ich habe das klar gesagt. Ich halte es für nicht sinnvoll, dieses Gebäude so zu erhalten, wie es da steht. Es gibt natürlich schon Ambitionen hinter dem Projekt, natürlich können die Auswirkungen wieder andere sein, das hat man nicht immer in der Hand. Es ist natürlich richtig, die Idee ist, eine gewisse Nutzung zu etablieren, die einen Einfluss nehmen könnte, was dort langfristig passiert. Momentan ist ein stark museales Konzept in Planung, also beispielsweise die osteuropäischen Sammlungen aus Dahlem in den Schlossneubau zu bringen, und wenn jetzt so eine Art experimenteller Projektraum entsteht, gibt es natürlich die Hoffnung, dass man über eine andere Nutzung nachdenkt, und ich halte dies für eine relativ realistische Perspektive. Jetzt sprichst Du mit Nike die Kommerzialisierung an. Erstens hat sich Nike schon wieder zurückgezogen. Das Dilemma ist allerdings folgendes: Was macht man, wenn der Staat kein Geld mehr für solche Dinge ausgeben will? Wir haben den Weg eingeschlagen, die entstehenden Kosten von ca. 1,3 Millionen Euro über Sponsoring zu besorgen, wobei wir klar gemacht haben, dass es eine Grenze gibt. Der Sponsor darf keinen Einfluss auf das Gesamtprojekt ausüben, sondern er bekommt klar definierte Zeiträume, in denen er die Möglichkeit hat, den Ort zu nutzen, und in der übrigen Zeit wird der Ort mit einem kuratorischen Konzept benutzt. Ich weiß nicht, ob das jetzt Deine Frage beantwortet.

WK

Naja, nicht so richtig. Ich wollte eigentlich in erster Linie wissen, ob Ihr um dieses Risiko wisst und wie Ihr mit ihm umgeht. Nike hat sich zurückgezogen. In dem konkreten Fall mag es erleichtern. Gesetzt den Fall, Ihr geht optimistisch ran, plötzlich ist Nike auf dem Plan und Ihr werdet sie nicht mehr los, weil sie Euch so sehr ins Herz geschlossen haben, dass sie das Ding partout machen wollen, und dann am Ende sind sie für die Bundesfinanzdirektion einfach attraktiver als Ihr. Was macht Ihr dann?

PO

Ich denke, dass es immer sinnvoll ist, in solchen Situationen über Optionen zu sprechen. Option eins ist, man tut gar nichts, die bestehende Planung konkretisiert sich langsam. Option zwei ist, es wird irgendeine Form der Zwischennutzung geben, die in etwa so passiert, wie ich sie beschrieben habe. Ich behaupte, und da habe ich auch ein gutes Gewissen, dass die Auswirkungen der Realisierung eines solchen Projekts auch langfristig positive Auswirkungen auf die Entwicklung haben. Darüber kann man sich streiten. Es gibt natürlich die unterschiedlichen Dimensionen: Was bedeutet das Nutzungsprofil, was bedeutet es, solche Sponsoren mit an diesen Ort zu holen? Und so weiter. Ich bin trotzdem der Auffassung, dass die langfristigen Auswirkungen des Projekts positiv sind.

WK

Ich möchte jetzt an die Herren Kühn die Frage stellen, die auch den Konflikt mit dem Palastprojekt betrifft. Hat Sie eigentlich die vorgefundene Halle irgendwie interessiert oder hätten Sie auch eine andere Halle genommen? Wäre das nicht auch mit einer Zeltkonstruktion möglich gewesen? Wenn ich mir überlege, Sie stehen da vor dieser wirklich abgerissenen Ausgangssituation und am Ende sprechen Sie voller Emphase über Ihre Räume, für die Sie viele Ideen und Konzepte initiiert haben, die aber tatsächlich nur darin bestehen, die alte Halle ungeschehen zu machen …

WKü

Glauben Sie wirklich, dass wir die Halle ungeschehen gemacht haben?

WK

Wenn ich die Bilder aus der Ausstellungsphase sehe, schon. Da ist von der Halle nichts mehr da.

WKü

Sie waren dort, nehme ich an.

WK

Nein, ich war nicht da.

WKü

Wer dort war, bekam durch die Intervention eine geschichtete Wahrnehmung der Halle. Es gibt zum Beispiel den Boden, der fast überall nur gereinigt, maximal etwas ergänzt wurde. Es gibt die Decke, die nur gereinigt wurde, die Leuchten wurden ausgetauscht. Sie ist die alte. Das heißt, das Dach und der Boden, immerhin zwei wichtige Flächen eines Raumes, sind die alten geblieben. Dann gibt es die neue Ebene und das ist die vertikale Fläche. Es sind die viereinhalb, fünf Meter Raumhöhe. Diese sind als weiße Schicht in das Gefüge hineingekommen und markieren den Bereich, der für die ausgestellten Arbeiten einen Hintergrund bildet und diese Arbeiten so voneinander trennt, dass sie überhaupt erst als einzelne Künstlerräume erlebbar werden. In den Zwischengängen, in denen keine Kunst installiert wurde, hatten die Besucher durchaus Kontakt zum Gebäude, zur Halle, und zu dem Gefühl dieser Industriearchitektur. Aber, was wir – wie eingangs erwähnt – vermeiden wollten, ist die Stilisierung des Industriegebäudes, das teilweise übrigens denkmalgeschützt ist. Das heißt, wir wollten es auf keinen Fall oberflächlich und dekorativ zur Schaffung irgendeiner Atmosphäre einsetzen, konnten es aber in dem Rahmen der Documenta11 auch nicht unter architekturtheoretischen Aspekten wie Denkmalschutz und Industriearchitektur behandeln.

PO

Ich finde, das ist ein gelungenes Projekt, wobei ich auch den Punkt von Wolfgang verstehe. Es gab einen Moment, den fand ich ganz erfrischend in der Ausstellung, nämlich diesen brasilianischen Künstler, der durch die Zerstörung der von Euch eingebauten Rigipswände die alte Struktur wieder hervortreten ließ.

WK

Sie haben selbst zu Anfang gesagt, dass Sie mit Ihrer Arbeit die Grauzone zur Ausstellungsgestaltung betreten. Was bedeutet es, wenn Sie sagen, dass die alte Architektur noch da ist, die auch unter Denkmalschutz steht. Was macht der Immobilienmarkt damit? Wie geht der mit dem Denkmalsbegriff um? Oder tendiert das, was Sie gemacht haben, zu einem neuen Begriff von Architektur, tatsächlich zur Auflösung des Architekturdenkens? Für manche Architekten ist es ja offenbar ein Makel, wenn sie nur Ausstellungen machen.

WKü

Das ist kein Makel. Für uns ist an einer Großausstellung dieser Art interessant, dass man sie als Stadt begreift und dass man sie nicht reduziert auf die Innenraumfrage. Es gibt durchaus auch solche Ausstellungsarchitekten oder Ausstatter, die anders denken und sich auch nicht schlecht dabei fühlen. Ich denke, hier geht es jedoch darum, tatsächlich die Ausstellung als Modellfall zu betrachten, eben als Modell für Entwicklung und Struktur. Wir haben versucht, es strukturell darzustellen. Man kann es auf einer anderen Ebene, zum Beispiel auch von der Kunst her begreifen und sagen: Wir gucken uns jetzt die Kunstausstellung an. Aber das war nicht unser heutiges Thema.

WK

Ich will auf die Grauzone hinaus und frage noch einmal präziser: Haben Sie bei der Aneignung dieser Halle darüber nachgedacht, wie Sie die Halle hinterlassen? So wie ich bei Philipp fragte: Seid Ihr Euch darüber im Klaren, dass dieser Palast nach der Zwischennutzung ein anderer ist, als jetzt? War das für Sie in irgendeiner Weise relevant, wie es nach Ihrem Auszug aus der Halle weiter geht? Hat Sie das in irgendeiner Weise interessiert?

JKü

Es gab eine Auflage vom Denkmalschutz, dass alles rückgebaut werden muss, um das Gebäude zu schützen. Das hatte klimatische Gründe, denn die Mauerwerkswände sind sehr feucht und dürfen nicht dauerhaft verkleidet sein. Es gibt verschiedene Maßnahmen, man kann sagen, man will es erhalten. Das Thema Nachnutzung wird daher neu diskutiert.

WK

War das Thema Nachnutzung Teil Ihres Programms?

JKü

Es war sicherlich Thema auf einer technischen Ebene.

WKü

Es war unter dem kuratorischen Gesichtspunkt, und das ist vielleicht der entscheidende Aspekt, ein Statement zu Kassel. Wenn ein Kurator aus New York nach Kassel kommt und diese Stadt mit den Spielorten erlebt, dann möchte er auch, wenn er Kunst installiert, eine Aussage darüber treffen, wie man mit dieser Stadt umgeht. Die Binding-Brauerei liegt nicht im Zentrum, sie liegt aber auch nicht zu weit draußen. Sie liegt an diesem undefinierten Rand und damit thematisiert sie einen Teil unserer heutigen städtebaulichen Entwicklung und die Frage: Wie kann man heute Räume für Kultur nutzen? Müssen es unbedingt immer wieder die gleichen Plätze sein? Denn selbst Arbeiten in der Aue und Arbeiten in bestimmten Freiräumen, vom Kasseler Kulturbahnhof abwärts, sind heute für viele Künstler nicht mehr so interessant. Die Künstler wollten nicht in die Freiräume gehen. Der einzige wirklich innovative Aspekt im Freiraum bei der Documenta11 ist Thomas Hirschhorn, vielleicht noch Andreas Siekmann. Es ist einfach eine Indoor-Documenta gewesen und das lag auch ganz entscheidend an den Projekten der Künstler. Ich denke, es ist eine kuratorische Entscheidung, zu sagen: Wir gehen mit diesen Künstlern nicht einfach in die bestehenden Bauten. Wir suchen uns etwas in einer Randlage und thematisieren damit auch die Randlage in Kassel. Das ist automatisch ein Anschub für die Ideen. Denn so haben die Kasseler gemerkt, was sie haben. Es ist zwar traurig, aber typisch, dass das Haus hinterher sofort einem Baumarkt zugeführt wird und auch die Stadtregierung kein Problem damit hat, dass jetzt irgendein Privatunternehmen die Binding-Hallen von der Brauerei kauft. Das heißt, es ist nicht so weit gekommen, wirklich ein dauerhaftes öffentliches Interesse für diesen Ort herzustellen, obwohl sich die Documenta11 sehr darum bemüht hat.

WK

Vielen Dank, dass Sie Letzteres gesagt haben, darauf wollte ich hinaus. Zwischennutzung muss das Haus nicht materiell verändern, aber es verändert seinen Status im Bewusstsein einer Stadt und das ist es, was ich vom Palast in Berlin erwarte. Es heißt nicht, dass Ihr die Konstruktion des Palastes verändern sollt. Jedoch im Stadtbewusstsein Berlins wird dieses Gerippe, was da ist, eine andere Rolle spielen. So meinte ich es mit einem anderen Ort und so meinte ich es eigentlich auch bei Ihnen, also der Ort verändert sich durch die Nutzung, selbst wenn er denkmalpflegerisch immer noch derselbe ist. Es wird ein anderer Ort im Bewusstsein der Menschen. Aber ich wollte Ihnen natürlich die Möglichkeit geben, sich einzumischen, wenn Sie wollen, bitte.

Martin Kunz

Ich habe zunächst eine Frage an die Herren Kühn. Habt Ihr die Documenta gemacht oder der Ausstellungsmacher? Inwieweit ist die Architektur überhaupt wichtig? Oder inwieweit wird das kuratorische Modell wichtig? Ich bin auf der Seite der Ausstellungsmacher. Inwieweit hat der Ausstellungsmacher einen Einfluss gehabt beim Platzieren? Wie war der Dialog? Ihr habt eine Struktur gegeben, habt Ihr auch an der Platzierung der Raumgrößen, der Dinge teilgehabt?

JKü

Das Besondere an der Ausstellungsvorbereitung war der Mangel an Zeit. Die Platzierung der Arbeiten musste geschehen, während der Umbau noch in der Ausführungsplanung war, also räumlich nicht existierte. Wir haben in Kassel ein Projektbüro gleich neben den Kuratoren bezogen und haben dort geplant. In den Zeiten, als auch Okwui Enwezor und die Co-Kuratoren da waren, hatten wir täglich Gespräche über die Räume, ihre Größe und Anordnung. Es wurden Künstler versuchsweise gruppiert, umgruppiert und wieder verschoben. Daran haben wir beratend teilgenommen. Im Gegensatz zum Beispiel Fridericianum ist mir aufgefallen, dass dieser Schritt der Umwandlung der Binding-Brauerei in ein Ausstellungsgebäude so groß war, dass sich eigentlich niemand – dies ist uns immer wieder von verschiedenen Seiten, auch von Künstlern, gesagt worden – vorstellen konnte, wie es im Juni zur Eröffnung aussehen würde. Die Räume existierten noch nicht und deshalb konnte sich auch niemand richtig darin einrichten. Wir wurden daher als Architekten gebraucht, im Gegensatz zu anderen Fällen in vorhandenen Räumen, in denen man auch ohne Architekten eine Ausstellung konzipieren kann.

WK

Eine Frage habe ich noch, die sich an alle drei auf dem Podium richtet, jedoch zuerst an Philipp, weil er die Vorlage dazu geliefert hat. Er hat aus den Berliner Erfahrungen erzählt, hat Aspekte aufgezählt, die zum Ruhm Berlins als Zwischennutzungsmetropole beigetragen haben. Es tauchten immer wieder Begriffe auf wie Party und Underground. Bei Deinem Beispiel Manchester, da ging es um die Musik. Könnte es sein, dass all diese Projekte etwas mit Mode zu tun haben und dass somit von vornherein die Kurzlebigkeit in der Sache angelegt ist? Übrigens Ausstellungen, speziell Großausstellungen, von denen Sie sprachen, gehören auch dazu, diese Projekte mit viel Rückenwind, die tatsächlich die Kraft haben, in Leerräume vorzustoßen. Könnte es sein, dass es ganz schwierig ist, aus einem kurzlebigen Denken eine Stabilisierung herzustellen, dass das »Zu Ende gehen« quasi von Anfang an angelegt ist?

PO

Ich hatte es erwähnt, es gab verschiedene Wellen der Zwischennutzung in Berlin, zum Beispiel die Hausbesetzer- und Punkbewegung als eine Welle in den 1970er und 1980er Jahren.

WK

Na gut, Hausbesetzer und Hausbesetzerinnen möchten ja auch drin bleiben, die haben eine stabile Idee.

PO

Selbst wenn es eine Modewelle ist, gibt es langfristige Auswirkungen unterschiedlicher Art im Selbstverständnis der Stadt, in den Biografien der Menschen, in den Entwicklungen der Orte. Da gibt es unterschiedliche Ebenen und das betrifft auch so ein Projekt wie den Palast. Es gibt nur bestimmte Akteure, die Zwischennutzungen machen. Neben diesen ganzen Kultur-, Jugend- und Start-up-Geschichten sind es klassischerweise auch immer Migrantenkulturen. Sie sind etwas, an das wir in der Forschungsarbeit auf Grund von kulturellen Barrieren kaum rangekommen sind, aber sie sind der zweite Bereich, in dem solche Aktivitäten entstehen. Für Ostdeutschland, wo diese Art von Akteuren nicht präsent sind, weil wir keine Migranten haben und die Jugend wegzieht, heißt das, dass das Modell auch nicht so einfach übertragen werden kann, weil diese Art von sozialer Dynamik fehlt. In Leipzig kann es funktionieren, aber in Cottbus oder Bitterfeld wird es nicht funktionieren und das hat seine Ursache in den Akteursstrukturen.

WK

Kassel ist auch keine große Metropole. Gibt es dort einen anderen Rückenwind oder haben Sie eine andere Sicht darauf?

WKü

Ich würde eine Gegenfrage stellen: Ist es überhaupt wünschenswert, dass sich alles stabilisiert? Das Deprimierende an den Hausbesetzern ist das bürgerliche Lebensideal, das bei ihnen hervortritt, wenn sie den Rest des Lebens im gleichen Haus bleiben wollen. Ich denke, das Interessante an den Projekten, die Philipp gezeigt hat, ist das mobile Element, die Bewegungen, dass Dinge kommen und gehen. Wir reden über temporäre Strukturen, wir haben über temporäre Ausstellungen gesprochen. Es gab 2002 auch ein Theater-Festivalzentrum in Braunschweig, das wir in Form einer großen roten Treppe installiert haben. Es war nur für zehn Tage da, aber es blieb viel länger im Bewusstsein der Menschen. Ich glaube, wir müssen uns von der Idee verabschieden, dass sich alles stabilisieren und dass man jede Entwicklung auf hundert Jahre planen muss. Man muss Anschub leisten, doch dann auch damit leben, dass es nicht lange dauert, bis man wieder geht. Das WMF ist ein hervorragendes Beispiel dafür. Eine stabile Struktur, die aber an völlig heterogenen Orten immer wieder auftaucht.

WK
Für alle Nicht-Berliner: das WMF ist ein Techno-club, der mittlerweile zum siebenten Mal umgezogen ist. Sie alle haben jetzt eine Pause verdient.

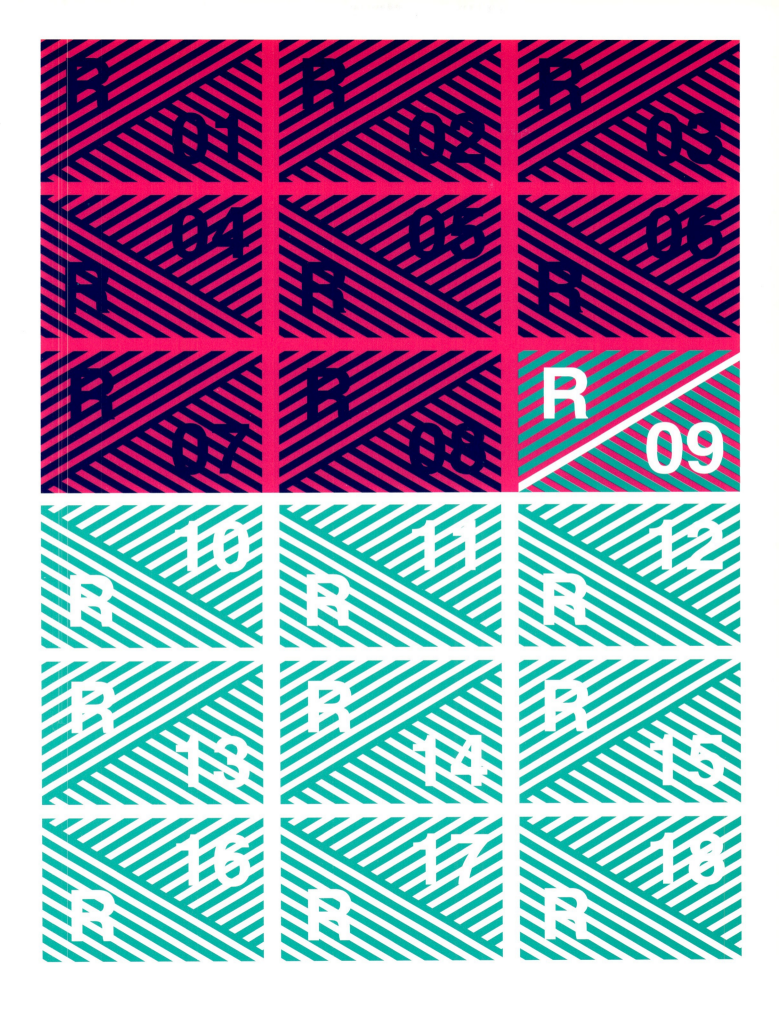

SIMEON BRUNER (*1941)
1969 PRINCIPAL ARCHITECT WITH BRUNER/COTT & ASSOCIATES • YALE UNIVERSITY, MASTER OF ARCHITECTURE • 1963 BRANDEIS UNIVERSITY, ARTS BACHELORUM, BIOLOGY • PRESENT POSITION – VICE PRESIDENT, BRUNER/COTT & ASSOCIATES, INC. • PRESIDENT OF CAMBRIDGE DEVELOPMENT CORP. (CDC), A REAL ESTATE DEVELOPMENT COMPANY WHICH SPECIALIZES IN THE ADAPTIVE RE-USE OF EXISTING BUILDINGS • HE IS ALSO PRESIDENT OF THE SHORELINE CORPORATION, THE PROPERTY MANAGEMENT AFFILIATE

HENRY MOSS (*1943)
PRINCIPAL ARCHITECT WITH BRUNER/COTT & ASSOCIATES • 1970 HARVARD GRADUATE SCHOOL OF DESIGN, MASTER OF ARCHITECTURE • HE HAS ORGANIZED INTENSIVE TECHNICAL WORKSHOPS FOR ARCHITECTS AND CONTRACTORS ON HISTORIC BUILDING SUBJECTS THROUGH THE BOSTON SOCIETY OF ARCHITECTS SINCE 1986 • SINCE 1997, HE HAS BEEN A REGIONAL SPOKESPERSON FOR THE PRESERVATION ISSUES ASSOCIATED WITH POST WORLD WAR II BUILDINGS AND LANDSCAPES

PHOTO CREDITS
BRUNER/COTT & ASSOCIATES

Simeon Bruner und Henry Moss

FROM MILL TO MUSEUM

Massachusetts Museum of Contemporary Art

MASS MoCA is a museum in North Adams. It consists of twenty-seven buildings on a seventeen acre site. image 1) But MASS MoCA did not spring from the ground without any help; it came from thirty years image 2) of experience doing architecture. MASS MoCA has been talked about a lot because, I think, of its transparency between the old and the new: The fact that you can see what was there or you think you see what was there. It all started for us about thirty years ago, in a piano factory in Boston called the Piano Craft Guild: image 4) Preservation of the old Chickering Building: its an 1857 building and its size is about twenty-five thousand square meters. It was converted into artists' living lofts, the first apartment building in the United States to be so converted. image 5) We were the architects and developers, no one thought that it could be done. It was a vacant building and no one would do that at that time. They believed that it was unusable. It looked pretty much like the spinning mill here in Leipzig. The spaces were in pretty bad shape. image 6) The courtyard was used for parking. We re-did the courtyard – waiting until the building was occupied to work with the tenants to use salvage materials for the fountain. Today the courtyard has grown up, it's been thirty years, so we went from a pretty rough space to a fairly finished court in only thirty years. image 7) The interior spaces are loft spaces which you can work in, fairly open and very well designed. image 8) The space is defined by moveable closets, so in a one-bedroom apartment, for example, one closet or two closets separate the living space from the loft space, so that you can actually use that space for work. We believe that the most important thing in these kinds of conversions of mill buildings is the use of the space, because space is what these buildings have plenty of. One of the ways we help tenants make the space their own is to suggest that they porcellanize their doors. Now, a lot of the artists in that building do use the doors as their own calling-card. image 9) And going from there we did a project called the Lowell National Park. image 10) This was the first conversion of a city into a National Park; before, the United States Government had only considered nature sites as National Parks, but Lowell was of interest because it was the first planned city in the United States. It was layed out around a series of canals which in the 1850's provided power for the mills for cotton weaving. image 11) There were lovely artifacts all around the city, and the park service really wanted us to focus the park on those artifacts in the places where they stood; image 12) so they wanted us to visit a spot here and a spot there, but the economic problem of Lowell was that the city was depressed and the merchants wanted to create a park in the middle of the downtown area, in a central location to act as a catalyst for economic development. Therefore our problem was to create a park that both had specificity for the site locations where the historic elements were and yet was in the middle of downtown. image 13) So we wound up taking these historic power canals which brought water to move the mills and converted them backwards in a sense to transportation canals. image 14) We made barge-rides out of them, we created a barge-ride from one node to another node, with trolley returning back to the first node, so we were able to create a complete loop with a combination of a barge and a trolley that provided a ride around the park, stopping at the important locations. image 15) The idea was that you would simply ride through the canals looking at the important buildings and sights image 16), getting off at the various locks and buildings to see the park. It's still running today, and you can ride through those canals on the barges and see the important sights. To a certain extend it has been an impetus to the redevelopment of downtown Lowell, and to a certain extend it has not worked.

Another interesting use, and I think another thing to take away from it is the various uses for these industrial buildings, is that they really are raw material for a whole range of uses. One example is a building called the Landmark Center in downtown Boston, consisting of a building of one hundred and fifty thousand square meters, it's an old Sears and Roebuck mail-order warehouse, and it was also a landmark building. images 17, 18) All these buildings are landmarks, by the way, so we were not allowed to do very much to the exterior apart from preserving and adding small pieces. It was important to curate a new inside, since the inside looked very much the way the Leipzig spinning mill does now. Two elevators served the front lobby, and what we did was to simply remove the entire lobby, except for a few historic touches, and built up a brand-new lobby in the existing space. image 19)

We did the same thing to create an atrium, so we could work the office space around an atrium, cutting through the roughly eleven inches (thirty cm) of concrete in the roof and through six floors to create a six-story interior atrium where nothing had existed before. images 20, 21) And we have about seventy thousand square meters of office space, about twenty-five thousand square feet of retail space and parking for about two thousand cars in this building.

On top of the atrium is a brand-new glass skylight, enclosing the whole interior courtyard. image 22) I think the interesting thing about this particular renovation is how opaque it looks – less like a watercolour but rather more like a gouache. A very opaque transformation. So what you see here is all new, although it looks as if it may have existed, but it's all tied in architecturally to the art deco exterior of the building.

Similarly, in the Arsenal Street, Watertown, which is a suburb of Boston, we took about seventy-five thousand square meters in a number of existing buildings, added a parking garage to satisfy the parking requirements, and created a brand new complex of office buildings in a series of industrial buildings, which is now owned by Harvard University. We may get a second chance to convert these units into dormitories for Harvard. images 23, 24, 25, 26)

Another project was the master plan for a children's museum in the city of Boston, a museum in an old warehouse building looking out on the skyline of downtown Boston. image 27) For this, we really began to look at the surrounding areas to study how the current building itself related to the waterfront; how it related to the transportation nodes and how the waterside walkway would relate to the building. I think that's the same kind of study you need to do here in Leipzig at the spinning mill because you need to not only see how the building itself works, but to also see how it fits into the city, and then how that will work in its context. image 28) I believe that the best architecture is always an architecture that is site specific. All our buildings are like that.

We were able to develop a theater, lobby and amphitheater from this issue of the walkway, taking advantage of the watershed development and looking at the site. images 29, 30, 31, 32) The building itself will be a transparent white building with canvas sails that are attached to the building, evoking the image of the city with a certain playfulness.

MASS MoCA itself is a complex of twenty-seven buildings image 33) constituting one-third of the real estate of the city of North Adams. image 34) North Adams is in the Berkshires; it's a mountainous area about eight kilometers from its neighbour, Williamstown. North Adams has historically suffered the highest unemployment and thus the highest criminal statistics in the state of Massachusetts, whereas Williamstown is one of the most affluent small towns in the state. That eight-kilometer trip is divided in the middle by a red line, which was hitherto impossible to cross.

MASS MoCA is a conglomeration of a number of buildings and building types, bridges, masonry structures, and all mill buildings in America are mostly masonry structures until the turn of the century, when they began being made in concrete. image 35) Therefore, it's a fairly complex site with a lot going on.

The first question in creating a museum out of this complex site was, How do we began to look at each specific building and understand how to make it work as part of a new museum complex? We realized that there were two operative schemes here: One was to bring the museum visitor as far into the site as possible, so that you could understand the site as you enter it and grasp what a mill complex looks like. The second architectural idea was to work on the buildings in the worst condition first, in order that those buildings could be preserved, leaving the best buildings for the later stage of development. image 36)

There are three overreaching goals that we developed as we worked with this site. image 37) The first was to create a museum where the creating of art is central to its activity, where you can understand how it is created, making the art itself more accessible. Secondly, to preserve an historical mill complex, and thirdly – and probably most importantly here – to use this museum as a catalyst for the revitalization of downtown North Adams. To that end we had received a grant from the State of thirty-five million dollars, of which we have spent about eighteen million to date, our financing being essentially three million dollars of private funds and seven million of public funds.

So we began to look at how we might begin modifying the existing complex in terms of entry way and in terms of various other buildings, in order to get this thing to be a museum. image 38) We worked out a whole array of strategies starting both from the building to the program and from the program back to the building, modifying each. Every time we looked at the building we changed the program, and every time we changed the program we modified the building. We were doing really what nature itself has been doing for the last century, or the history which has modified the building.

A flood that occurred in 1938 took away a bunch of our buildings. image 39) We looked at finding ways to do some demolition and create an entry court at the front of the building. We drew some sketches, to show the curator what it would look like. He hated our art, by the way.

The front courtyard involved demolition of building 3 and some other buildings, to create an entrance processional where you began to walk past the remains of the building 3. image 40, 41) The foundation of the building 3 was used for a new outside gallery.

Then, of course, there was the issue of how to create an entrance way in an historic façade. image 42) Fortunately, we had a soft façade, a façade of cast iron under brick. I suppose if we had had something else we would have done a different kind of entrance way. Instead, we simply cut into that soft façade to make an entrance way which you see coming down the pathway, and this is the only really obviously new piece on that end of the building. It's a new steel structure with apparently random glass glazing, and that random glass glazing reflects the glazing from the complex, which is not a very regular feature. And you would be amazed how hard it is to create an apparently random glass glazing system.

The front lobby of the museum is an entire story of the building 10. image 43) The first floor is about a thousand square meters of open space, very light, very open, with gift shop and ticket counters. From this entrance way you move into the art museum, that is, the visual arts and the performing arts as well, through a series of existing columns, then through another series of existing columns and a set of screens which bring you through that gallery into a large three-story gallery. image 44)

This is a gallery with north light; its design, as in all of our architecture, is intended to allow as many different kinds of functions as possible. image 45) We believe that architecture can indeed be open-ended, but it is always about light, progression through space and space itself.

These existing buildings are simply part of a collage of buildings, which we can use to reformulate with any current show at MASS MoCA.

Visitors may notice the trusses in this structure, and may notice the existing columns, but what you don't see is the mechanical systems behind the wall, structures we put in to reinforce the walls. image 46) We took the floors out and half covered the north windows. We worked very hard to make the building appear transparent, but it isn't exactly what you see.

The windows face north, which is why we could leave them within that three foot fixed structure that allowed us to use light to bring you through the set of columns, into the space which draws you from the entrance way. We were able to remove the interior columns that support the roof and create a set of brand new trusses. We've built them on the floors of this building, which is in fairly bad shape. This is the shape most of the building was in, and that allowed us to create the unobstructed floor area. Because the building had been standing vacant for ten years, a lot of the floors had become eroded. The roof was removed because it had eroded out. That allowed us the luxury of removing the two intermediate floors and rebuilding the ground-floor to create a three-story space. We didn't have very much money, and this building was built for about a quarter of the cost of a new museum. But what we did have was lots of space, therefore space became our real luxury.

The reconstruction: On this side are the new trusses for the three-story gallery; on the other, the new trusses for the two-story gallery. images 47, 48) And in that gallery we were able to simply cut the existing columns. We clamped the trusses of the columns and cut them off and removed actually five bays of its interior columns that give us a wonderful two-story open space. Some of the existing wall can be seen remaining, where the bathrooms were. We have a membership at MASS MoCA of almost thirty percent of local North Adams citizens, many of whom had worked in the mills. North Adams is a town of seventeen thousand people, and the mill once employed five thousand. When it closed ten years ago, one third of North Adams was left without work. This has never really changed. The types of employment in North Adams have been changing slightly, and the project itself has had a major impact on North Adams. But what was interesting during the opening was that people came up to us and said »You see, that was where the bathroom was, my machine was about twenty feet from that bathroom, and I worked over there.« It was very exciting to see people come into the museum who worked in the mill, who at first were not so excited but who are now excited by what has happened to their building; and it is their building.

There is a diversity of gallery spaces; some with more light and some with less light, and it's the diversity that allows us to exhibit all kinds of art at MASS MoCA. image 49) We had to bring a Joseph Beuys piece in through window to install it, and we think that the dialogue between the piece and its surroundings is far more striking at MASS MoCA than in a new museum where there is only blank sheetrock to talk with. image 50) So we were very intent on preserving the texture of the existing building and using that texture to our advantage. There was the presence of lead paint to deal with, since by law in the United States you can no longer leave lead paint unexposed, therefore we had to work very hard to make it appear unexposed but to find a way to preserve it. This was very difficult. I don't know what your building codes are here in Germany, but I suspect they are not quite as bad as ours. We have a whole series of access codes for the handicapped. Which means you cannot have stairs without ramps or elevators. Then we have very stringent fire codes, which of course you have here as well. So we have a whole series of Twenty-first Century codes which really were not in mind when these guys worked in the mills in the Nineteenth Century, and it's an interesting task to put these present-day codes into a building this old, and not have it speak too obviously about code issues. As a result, there is full access, and full fire code compliance, but you won't be aware of this as you walk through the buildings.

One of our largest galleries is a gallery about a hundred meters long. It was the site of an installation by Robert Rauschenberg – *The 1/4 Mile or 2 Furlong Piece*. image 51) You get to it through a series of smaller rooms and through a doorway, then you simply walk into this large room. This room wasn't as the visitor sees it either. It was a bunch of small rooms which we tore out, removing the floor and the columns, to rebuild some of the structural elements in order to brace it against earthquakes, because we have earthquakes problems in North Adams. image 52) In this way the space was opened up, and it's now used for either *The 1/4 Mile or 2 Furlong Piece* or a piece called *Überorgan* by Tim Hawkinson image 54) or *The Stations of the Cross* by Robert Wilson.

We also have a rather large one thousand square meter black box theater at MASS MoCA, and what Joe Thompson did when he took over the running of this museum was to bring it from the concept of a place to only see the completed art, which was Krens's idea, to a place to see the making of the art and integrate it with the city. image 55) He believed that the performing arts were as important as the visual arts, without distinction between the two. As a result, we have performing arts in the gallery and visual arts in the performing arts area. This was an important new addition, as it allows us to use video or move seats into any configuration you want. Here again, the building was not as you see it today. image 56)

It was a pretty cramped. We had to remove existing floors, rebuild them and actually add on to the very top to create a space that can be reconfigured to accommodate about seven-hundred and fifty seats.

One of my favourite places in MASS MoCA is the bathrooms. images 57, 58, 59) It was critiqued by a magazine in New York called Time Out, which said we were very clever architects. We knew how to leave well enough alone when we left the bathrooms in the basement – which was interesting, because these bathrooms are all brand-new and never were in the basement to begin with. We put them in the basement because we really wanted to make a point about the openness and the lightness of the space above, and we felt that by putting the bathrooms in a place where the ceiling came down on you, you would understand that the space is upstairs. So what you see here is really all new. It's painted all new because the existing furnishings could never be replicated, nor would we want to. Well, we had to bring new stuff into the existing space in a way that worked with it. That's why we have chosen sinks which may look like urinals perhaps, but they match the original ones. We chose floor finishings which work with the existing ones. So that while most of what you see here is new, it works with the existing materials fairly well.

The same is true for the detailing. It was critical to find a series of detailing which match the existing in concept, and we decided that no two details should be the same. images 60, 61) So as you move through the project from stair to stair you find a different set of details, some existing and some ours. If you look carefully you can tell what is new and what's not, but at a first glance it all seems done by different hands. The PIV, the Post Indicator Valve, is interesting, both as an artifact from the past and because it also reminds us that the infrastructure – the underground water, fire protection and waste disposal system – is crucial to this kind of renovation. If you don't understand that and you don't sort it out at the very beginning, you can wind up spending huge amounts of money. We were able to run dye tests with the existing system and actually re-use all but the very ends of these systems.

That same issue of detailing, and paying attention to the existing fabric image 62) when we are working, is applied on the outside as well as the inside. Therefore when we removed, for example, building number 9 to create a courtyard which hadn't existed, we left behind the bones of that building on the podium. We left them so that you understood where the building had been. We also left behind some of the walls of that building, selectively, not all, creating a kind of screen between the podium and the entryway. What you have here is the podium, the entryway and the actual front desk at MASS MoCA, a series of layers which create a sense of mystery and a sense of encouragement to move through. We also paid attention to the detailing, so that the new detailing is light and tries to maintain some of the flavour of the original. Although the new is clearly new and the old is clearly old, there is a lightness about this courtyard. images 63, 64, 65)

We have performances during the summer every weekend in the courtyard setting up temporary stages that come down to winter. image 66) The acoustics are marvellous.

We have a wide variety of programs in MASS MoCA – from the courtyards to the performance space to a children's workshop. image 67) Every schoolchild in North Adams comes to MASS MoCA at least twice a year to learn and to work in art, and they go back with a program to work in the public schools.

I'd like to talk a little bit about what a museum of strange art has done in an industrial town to transform the image of North Adams itself. image 68) The economic impact has been rather surprising. In 1996, the occupancy rate was thirty percent, and now we have an occupancy rate of almost seventy-five percent. image 69)

In 1987-97, when real estate went down, values fell ten percent. In America, real estate values generally don't decrease and in the last three or four years they have gone up, fifteen percent in 2001. We have recently looked into buying a piece of property for MASS MoCA, and I can tell you they pay more than fifteen percent now.

There are new restaurants, new hotels, a lot of new things has opened up. But most importantly, unemployment (which, in 1986, was at a sort of peak of what's called the Massachusetts miracle, the peak of the economy in New England) in 1986 was about 2.8 percent in the State of Massachusetts and was eighteen percent in North Adams, roughly six times the state-wide average. Today, we are down close to the state-wide average. image 70)

The reason I can say with a fair amount of certainty that it has to do with MASS MoCA is that there was no other change in North Adams until MASS MoCA, and after MASS MoCA there has been a huge amount of new development. We had predicted in our earliest study that there would be a significant amount of convention activities and special events, because first there were actually two master plans for the museum. The first plan had a convention center and things like condominiums, but that was really not feasible. We predicted a lot of convention center activity but none of that actually really happened. What did happen was a huge amount of direct and indirect commercial development in North Adams. What happened effectively is that the red line separating Williamstown and North Adams was removed and development, which had stopped at the Williamstown border, now came into North Adams. We also made it a point to bring jobs into North Adams. In fact, a graduate student of William's college took it on himself to investigate the specific effects of the MASS MoCA development and counted actually 848 jobs created in North Adams as direct result of our development.

Now, we have finished phase I. Phase I was about a ten thousand square meters of museum space and about six thousand square meters of commercial space, and I should tell you a little bit about how MASS MoCA is financed. MASS MoCA is a museum with no portfolio, no endowment; we have no money and no art collection. So the question was: How do you finance it? The state, by the way, does not give us any operating subsidies, and those of you who are in museum world know that, at least in America – and I suspect this is true here in Europe – attendance covers only about one-third of operating cost. Although the entrance charge at MASS MoCA is nine dollars, it costs about thirty dollars per visitor to run a MASS MoCA. We have about 125,000 visitors per year, and an operating budget of around three million dollars. So we get about a million dollars from the gate, but we are still two million dollars short and money is always a problem. We were given enough money to construct the building, between the state funds and private funds. We were also given enough money to create commercial space. We built six thousand square meters of space and space rented to tenants of MASS MoCA brings in about $100 per square meter per year to subsidize that space. It is rented to tenants who can take advantage of the high-speed Internet connection we have at MASS MoCA. And the problem we had was, on the one hand we wanted to stimulate the economy of downtown North Adams but on the other, we needed the tenants to keep us alive. So we could not draw from the existing tenant base of North Adams because that would defeat our purpose, yet we need the tenants to support the building. We've been able to attract graphic designers, an animation person, a newspaper, all of whom depend on the Internet in their work. Being in our building is the only way to be in North Adams, thanks to our fibre optic access. Phase II will double our commercial space.

When we started we were getting about fifty dollars per square meter, and we are now up to almost one-hundred and twenty a square meter. The rental space in downtown North Adams is about eighty dollars a square meter for commercial space: Therefore we are above that now, because of our location. So, if we can add sixty thousand square feet, or six thousand square meters of commercial space, it will help us tremendously in our economics. We also intend to add about eight thousand square meters of additional floor space, and we are talking with Tom Krens of the Guggenheim again, and to artists, about establishing a permanent collection.

The buildings that were done in the phase I are the main court, the entrance to building 10, the theatre in building 11, the three-story gallery in building 4, gallery space and the one hundred meter gallery in building 5. Commercial buildings in phase I are building 1 and building 2, these are the main commercial buildings. image 71) Phase II will add building 6 and building 8 and the bridges. So that in phase I, when you enter into building 10 you go into gallery 4 and 5 you then return to the front door. In phase II, we will open up building 6 and the bridges so that we are able to return back directly into building 10 to the lobby, there will be a loop through the building, a shortcut through the building 7. So this will open up alternate paths and we believe that this kind of redundancy is very important to freedom in architecture. It will allow shorter or longer visits. The second floor becomes the permanent exhibit space, which you can wander through, and the first and the third floors become the changing exhibits. Building 4 has about four thousand square meters per floor, two and a half floors out of ten thousand square meters, and building 10 is quite small.

You walk back through the second floor of building 8 to the lobby. image 72) We used the first floor for either outdoor space or café in the summer for the performance space.

This is what building 6 looks like now, image 73) and this is what buildings 4 and 5 looked like before. image 74)

And building 6 will have a three-story atrium; it will have a walk-way to look out. image 75) So when you move from building 5 into building 6 and can come through, you'll be able to come to the walk-way and look out and see where you are, and understand there is art above and below you before you continue on back to the front door.

The bridges, as artifacts in their own right, are quite beautiful. images 76, 77) As the views from them are quite beautiful.

Some of the buildings will not be touched, the powerhouse will stay as it is and even those buildings that remain are quite romantic in an industrial sort of way. image 78) We hope that we have – in our cleaning it up – not taken away all the patina, the sense of time, so that the original gritty feel of realism that was at Sprague Electric image 79) has been maintained in MASS MoCA. image 80)

Thank you.

Bruner und Moss · 142 · R/09

Bruner und Moss · 143 · R/09

Economic Impact

- 1996 Downtown Occupancy Rate: 30%
- 2001 Downtown Occupancy Rate: 75%

- 1987 - 1997 Real Estate Values: - 10%
- 1998 - 2001 Real Estate Appreciation: +15%

- Increase in number and quality of restaurants, lodging, and housing options

1986
 Commonwealth –> 2.8%
 North Adams –> 18.0%

2001
 Commonwealth –> 3.1%
 North Adams –> 3.9%

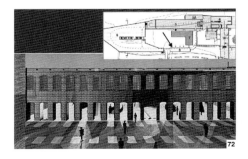

Bruner und Moss · 145 · R/09

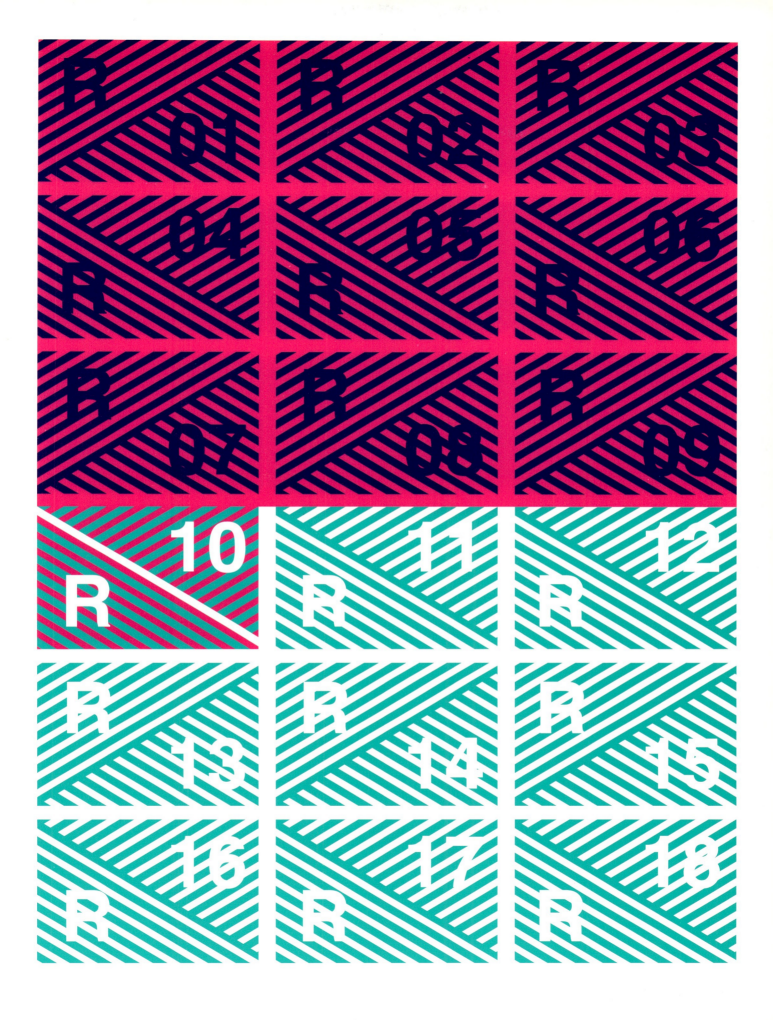

STEFAN WEISS (*1951)
ARCHITEKT • STUDIUM ARCHITEKTUR UND DESIGN AN DER KUNSTHOCHSCHULE BERLIN-WEISSENSEE • BAULEITER AUF GROSSBAUSTELLEN • DANACH ARBEIT ALS ARCHITEKT • DESIGNER UND GRAFIKER FÜR DAS FERNSEHEN, ZENTRUM MARZAHN FÜR INFORMATIONSSYSTEME DES ÖFFENTLICHEN PERSONENNAHVERKEHRS • ENTWÜRFE UND STUDIEN ZUM TECHNOLOGIEZENTRUM MAGDEBURG U. V. A. • 1993 GRÜNDUNG EINES EIGENEN BÜROS IN BERLIN PRENZLAUER BERG • GRÜNDUNG DES BÜROS WEISS & FAUST MIT MATTHIAS FAUST • WICHTIGE PROJEKTE: HACKESCHE HÖFE BERLIN-MITTE, KULTURBRAUEREI BERLIN PRENZLAUER BERG, JUGENDFREIZEITZENTRUM BERLIN-KAROW • REICHSBAHNAUSBESSERUNGSWERK BERLIN-TEMPELHOF, ERZBISCHÖFLICHES ORDINARIAT BERLIN-MITTE

FOTONACHWEISE
ALLE ABBILDUNGEN: BÜRO WEISS & FAUST, BERLIN

Stefan Weiß

SPUR DER STEINE

Die Kulturbrauerei Prenzlauer Berg

Zu Beginn meines Vortrags möchte ich kurz einige Ausführungen zur Architektur und Geschichte des Projekts *Kulturbrauerei* machen, um dann im Anschluss ausführlicher den Prozess der Aneignung, des Umbaus und der Umnutzung darzustellen sowie den jetzigen Status des Projekts zu erläutern. Ich bin heute das erste Mal hier in der ehemaligen Baumwollspinnerei und wusste ehrlich gesagt nicht, welche Dimension das ganze Projekt hat. Insofern muss ich zu Beginn des Vortrags sagen, dass sich unser Projekt im Vergleich eher bescheiden ausnimmt. Es hat nur 50.000 m² Bruttogeschossfläche, also knapp die Hälfte der Baumwollspinnerei. So sind Analogien zwar zulässig, aber was die Dimension angeht, sind die beiden Projekte nicht vergleichbar.

Die Kulturbrauerei ist eine alte Schultheiss-Brauerei, die um 1870 inmitten des Berliner Stadtteils Prenzlauer Berg gegründet wurde. Ein wesentlicher Grund für die Wahl dieses Standorts war die Tatsache, dass die Brauerei auf einen Hügel gebaut werden musste. Es gibt eine leichte Erhebung in Prenzlauer Berg, so dass die notwendigen Tiefkeller zum Lagern des Biers nicht im Grundwasser standen, sondern relativ trocken waren. Zum anderen war der gute Zugang zum Grundwasser sowie dessen hohe Qualität ausschlaggebend. Man konnte Tiefbrunnen bohren und somit das notwendige Wasser an diesem Standort ziehen.

Das Foto zeigt sehr gut, wie sich dieses Projekt in einen typischen Block in Prenzlauer Berg einschreibt. **Abb. 1)** Es sind ungefähr 25.000 m² Grundstücksfläche mitten in Prenzlauer Berg. Die Brauerei ist umgeben von Wohnbebauung und liegt an einer Radialen, der Schönhauser Allee, die direkt ins Stadtzentrum führt. Somit ist das Areal verkehrstechnisch relativ gut angeschlossen. Eine U-Bahn Linie führt ebenso vorbei, so dass man das Gelände auch zu Fuß erreichen kann. Die Brauerei wurde von Richard Roesicke an diesem Standort gegründet. Er suchte einen Architekten, der die schwierige Aufgabe übernehmen und dem architektonischen Anspruch des Unternehmens Schultheiss auch ein Gepräge geben konnte. So wurde Franz Schwaechten beauftragt, ein bekannter Architekt der Gründerzeit und Leibarchitekt des Kaisers. Er hat unter anderem auch das zerstörte und abgerissene romanische Forum in Berlin gebaut – heute das Gelände um den Breitscheidt-Platz und den Anhalter Bahnhof, der, bis auf ein Fragment der Fassade, abgerissen wurde. Schwaechten erbaute ebenfalls zahlreiche Kirchenbauten in Deutschland. Dieser Architekt hat es verstanden, von 1890 bis 1910, im Laufe von zwanzig Jahren also, die wesentlichen Gebäude dieses Areals zu bauen und dies mit sehr hohem architektonischem Anspruch, da das Unternehmen Schultheiss eine sehr repräsentative Architektur wünschte. Man wollte nicht zuletzt der Stadt demonstrieren, dass sich hier ein Unternehmen mit einem umfassenden Standing, auch in kultureller Hinsicht, niederlassen wird. Die Gründerzeit ging mit einer explosionsartigen Vergrößerung Berlins einher. Bier, das so genannte Volksgetränk, stieg rasant im Umsatz, so dass die Schultheiss-Brauerei Grundstücke dazu erwerben musste und sich das Areal sukzessive vergrösserte. Es wurden innerhalb dieser zwanzig Jahre Bauzeit vielfach Umbauten vorgenommen. So wurden Gebäude abgerissen und neue errichtet, um den veränderten Ansprüchen an Platz beziehungsweise Nutzung gerecht zu werden. Mit der Steigerung der Produktion und der Einführung der Flaschenbierproduktion wurden beispielsweise neue Hallen gebaut, so dass das, was Sie hier auf dem Foto sehen können, etwa die Struktur ist, die um 1910 vorlag. Es sind recht urbane Gebäude im Haupterschließungsbereich des Areals. Sie sind durch die typischen Schwaechtenschen Bogenhallen gekennzeichnet. Das Areal steht seit langem unter Denkmalschutz, was ein wesentlicher Aspekt war, der bei der Sanierung hinzu kam. Sie müssen sich vorstellen, dass die Architektur auf diesem Areal sehr stark variiert. Das Gelände umfasst urbane Plätze, es gibt aber auch remisenartige Gebäude sowie kleinere, verschachtelte Höfe oder diesen, einem kleinen Marktplatz ähnlichen, Bereich der hinteren Höfe, der dann mit einem Ausgang wieder direkt in den Prenzlauer Berg hinein führt. Der ehemalige Franzclub ist ein markanter Bau, der einzige Solitärbau dieses Areals. Mit seinem fast wahrzeichenhaften Turm liegt er direkt an der Ecke Schönhauser Allee. Die Fassaden mussten natürlich mit hohem Aufwand saniert werden. Die Symbole der Kulturbrauerei sind Adam und Eva von Rolf Biebl, die auf dem Platz aufgebaut worden sind, seit zwölf Jahren dort stehen und vielfach durch die Medien gegangen sind. Sie gehören mittlerweile fest zur Geschichte der Kulturbrauerei. Ein weiteres

Wahrzeichen der Kulturbrauerei ist einer der Schlote, die man ursprünglich abreißen wollte, die wir aber doch erhalten konnten, weil sie sehr wesentlich die Schultheiss-Brauerei in der Stadt markieren.

Damit möchte ich diesen kleinen Streifzug durch die Architektur und das Areal beenden und zu den eigentlichen, Sie vielleicht viel mehr interessierenden Fragen kommen: zur Finanzierung allgemein, dem Prozess der Aneignung, dem Investor, der hier gesucht wurde, zur Höhe der Investition, zu der Frage, was mit dem Betreiber geworden ist, sowie zu der Kulturbrauerei GmbH, die schließlich der Namensgeber für dieses Areal ist.

Dieses Projekt ist ein typisches Projekt der Nachwendezeit. 1990 fanden sich Künstler zusammen, die die Idee einbrachten, an diesem Standort in der Stadt Räume zu besetzen. Bald fanden hier erste Ausstellungen, Musikveranstaltungen und kleine Theaterveranstaltungen statt, die auf dem Prinzip der Selbstausbeutung initiiert und veranstaltet wurden. Parallel versuchte man, mit der Stadtverwaltung ein Agreement hinsichtlich einer ausdrücklichen politischen Unterstützung für dieses Projekt zu finden. Die Eigentumsverhältnisse waren zu der Zeit völlig ungeklärt, ebenso die Rechtsfragen, die zunächst noch relativ unklar und verschwommen waren. Man besetzte zunächst 8.000 m², natürlich mit dem Wunsch, sich weiter auszudehnen. Die Verhandlungen mit der Senatsverwaltung waren erfolgreich und es folgte eine eindeutige politische Unterstützung. Mit dem Hintergrund einer politischen Unterstützung für eine kulturelle Arbeit an diesem Standort wurde im Bemühen um die Klärung der Grundstückseigentümerverhältnisse die Treuhand angesprochen, die das Objekt treuhänderisch zu dieser Zeit verwaltete. Es gab zu der Zeit glücklicherweise Personen und Mitarbeiter bei der Treuhand, die den Osten nicht als zu okkupierendes oder zu verschacherndes Gelände betrachteten, sondern als einen zu entwickelnden Bereich. Die, die jene Idee unterstützten, entwickelten eine starke Zuneigung zu dem Projekt und persönlich die Idee, hier Kultur nicht als temporäre, sondern als dauerhafte Nutzung örtlich zu sichern. So kam es nach langen, langen Verhandlungen über mehrere Jahre hinweg zum Abschluss eines Mietvertrages für genannte 8.000 m². Die Idee, 50.000 m² kulturell zu besetzen und nichtkommerziell zu betreiben, war inzwischen ins Reich der Utopie verbannt. Denn 8.000 m² ist eine Größe, die man erst einmal betreiben können muss. Das ist schon ein kleines Kulturkombinat. Die Idee, einen Investor zu suchen, der das ganze Projekt sanieren sollte, entstand aus der Not heraus, weil das ganze Objekt nicht saniert und im Grunde genommen im Verfall begriffen war. Die Suche ging zunächst in Richtung private Investoren. Es wurden mehrere private Investoren angesprochen und es gab eine Ausschreibung von der Treuhand unter Mitwirkung der damals schon existierenden Institution Kulturbrauerei GmbH. Private Investoren hatten zu dieser Zeit, wir schreiben die Jahre 1993 und 1994, noch wenig Appetit auf Sanierungsaufgaben. Man widmete sich zunächst mit dem ganzen Geld, das man damals zur Verfügung hatte, Neubauprojekten. So nahm das zunächst große Interesse der privaten Investoren bald ab, weil die Investitionsaufwendungen für das Sanierungsvorhaben so gewaltig waren und in der Gegenrechnung zum Ertrag nicht die gewünschte Rendite versprachen. Die privaten Investoren sprangen also bald wieder ab. 1995 entschloss sich die damals gegründete TLG-Treuhand-Nachfolgerin, dieses Projekt selbst zu entwickeln, d.h. selbst umzubauen und zu betreiben. Das war zu dieser Zeit ein Novum, weil die Aufgabe der TLG nicht darin bestand, Grundstücke selbst zu entwickeln, zu betreiben und auch zu bauen, sondern Grundstücke zu verkaufen. Die Vorstellung, dass hier die TLG selbst als Bauherr und Betreiberin auftreten würde, wurde stark von den Mitarbeitern der Treuhand getragen, die seinerzeit neben anderen die Initialzündung zur Gründung der Kulturbrauerei gaben. So kam es 1996 unter Einbeziehung der damals ansässigen Kulturbrauerei GmbH zu den ersten Planungen für dieses Objekt von 8.000 m². Von 1998 bis 2000 wurde es mit ca. 100 Millionen DM komplett unter Einbeziehung aller Räume und Gebäude der Kulturbrauerei GmbH saniert. Die Nutzungskonzeption, die dem Umbau zu Grunde lag, war 1995 noch relativ diffus. Es waren im Wesentlichen die Vorstellungen der Kulturbrauerei GmbH, die Grundlage eines Nutzungskonzeptes werden sollten, nämlich viele Ateliers zu installieren und auf etwa 10.000 m² Räume in allen möglichen Strukturen anzubieten, die für wenig Geld Künstlern und anderen Kulturschaffenden als Produktionsort zur Verfügung gestellt werden sollten. Es war auch geplant, einen so genannten Ankermieter mit hineinzuholen, der die nötige Miete zahlen konnte. Darüber hinaus war an eine Verflechtung von Alltag und Kultur gedacht und so kam es zu der Idee, einen Supermarkt und Büros in das Gelände einzugliedern. Diese Idee wurde von der TLG, also vom damaligen Bauherrn, durchgeprüft und es wurden Renditebetrachtungen und Erträglichkeitsberechnungen angestellt – Berechnungen, die den Vergleich zwischen Finanzierung, Investition und Ertrag angehen. Es wurde ein Konzept entwickelt, das unter anderem ein Multiplexkino mit acht Kinosälen auf etwa 5.000 m² vorsah, als einen jener zahlungskräftigen Mieter, die die reguläre Miete zahlen sollten. Die Einrichtung solcher Ateliers in größerem Umfang wurde nicht realisiert, weil zu den Mietpreisen, die man von Künstlern erwarten kann, aus der Sicht der TLG diese Räume nicht bereitzustellen waren. So entstanden vergleichsweise viele Büros und es blieb bei zwei kleinen Ateliers, die von der Kulturbrauerei GmbH selbst betrieben wurden. Es wurde ein Supermarkt installiert, des Weiteren Verkaufsflächen eingerichtet und es gab die Idee, mehrere Restaurants auf das Gelände zu holen. Dieser Streit und Kampf, der dann zwischen Nutzungsnotwendigkeiten aus der Sicht der TLG und Vorstellungen von Künstlern oder auch Bewohnern des Prenzlauer Bergs entbrannte, brach nun voll aus und führte zu dem so genannten »Kinokrieg«. Zu dieser Zeit erwachte der Trend zu Multiplexkinos, und witzigerweise hatte Arthur Brauner 800 m von diesem Standort entfernt gerade ein solches großes Kinokolosseum mit 2.400 Plätzen erbaut. Arthur Brauner wehrte sich dagegen, dass die TLG – die unter anderem auch Verkäuferin des Grundstücks an ihn war – zur gleichen Zeit noch ein weiteres Kino errichten wollte, so dass die Sanierung dieses Projekts gefährdet war. Letztlich gelang es aber, die politischen Entscheidungsgremien im Stadtbezirk umzustimmen, dass das Kino auf jeden Fall gebaut werden konnte. So wurden Baugenehmigungen erteilt und das Areal der Kulturbrauerei ab 2000 der Nutzung übergeben.

Die eigentliche Initiatorin, die seit 1990 nicht nur der Namensgeber war, sondern auch die Initialzündung für das Projekt gab und vor Ort, während der Bauzeit, diejenige war, die das Projekt immer wieder in der Öffentlichkeit gestützt und beworben hat, ist im vergangenen Jahr Konkurs gegangen. Die finanziellen Mittel von jährlich 500.000 DM, die das Land Berlin vermittelte und über die Senatsverwaltung zur Verfügung stellte, reichten für die Betreibung von 8.000 m² – inklusive Personalkosten, Mieten, Betriebskosten, Projektmittel – nicht aus. Inzwischen ist ein neuer Kulturbetreiber gefunden worden, der in den Mietvertrag der Kulturbrauerei GmbH eingestiegen ist und gegenwärtig die kulturelle, nichtkommerzielle Nutzung fortsetzt: die Konsens GmbH. Unser Projekt unterscheidet sich vom Pfefferberg und vom Tacheles – neben der Kulturbrauerei in Berlin die größten Projekte vergleichbarer Art – dadurch, dass die Strategie von Anfang an nicht war, das Objekt zu erwerben, möglicherweise jemanden zu überzeugen, das Eigentum der Kulturbrauerei zu übertragen, auch nicht selbst als Kulturbetreiber Bauherr zu werden, wie es zum Beispiel der Pfefferberg macht, aber auch nicht wie im Tacheles an der Friedrichstraße als touristische Attraktion, vielleicht sogar als temporäres Ereignis mit ständig wechselnden Leuten zu operieren und auf der Grundlage eines nicht vorhandenen Mietvertrages weiter den Besetzerstatus zu pflegen. Für die Kulturbrauerei war der Ansatz, auf der Grundlage einer legitimierten Besetzung des Objekts, mit einem Mietvertrag in der Tasche und einer gesicherten Miete von 5 DM über eine Laufzeit von fünfzehn Jahren (mit Option zur Verlängerung) zunächst einmal nicht im Blickwinkel zu haben, dass Künstler hier produzieren sollen, sondern dass Kultur den Leuten, den Menschen, die dort leben, zugänglich gemacht werden soll. Dieser Mietvertrag wurde 1995 abgeschlossen. Er beinhaltete die wesentliche Klausel, dass für die 8.000 m² Gebäude und Räume für die Laufzeit des Mietvertrages nur 5 DM Miete zu zahlen sind – was einen wesentlichen Vorteil darstellt – allerdings mit einem Haken: Die Kulturbrauerei hatte sich nämlich dazu verpflichtet, bis auf die Sanierung von Dach und Fach durch die TLG keine weiteren Mittel der TLG in Anspruch zu nehmen, sondern diese Mittel selbst zu besorgen. So kam es, dass die Kulturbrauerei GmbH zum Ausbau um Unterstützung bei der Deutschen Klassenlotterie Berlin anfragte und diese auch bekommen hat. Wir werden im Januar und Februar mit den Planungen beginnen, ab Mai weiterbauen und für die Kulturbrauerei GmbH die Gebäude innen so ausbauen, dass es eine wesentliche Verbesserung der Nutzungsfähigkeit gibt. Unsere Absicht ist es auch, den Status des Unzulänglichen, also beispielsweise der nicht vorhandenen Toiletten und nicht beheizbaren Räume, nicht als dauerhaft zu betrachten, sondern annehmbare Bedingungen für alle zu schaffen, die Arbeitsplätze haben wollen.

Im Ergebnis vermag ich nicht zu sagen, ob ich das Projekt Kulturbrauerei als gelungen betrachten kann. Ich denke nur, und das ist für mich sehr wichtig, dass es hier gelungen ist, durch die Bindung von Investitionsmitteln, durch die Sanierung selbst, durch die feste Platzierung eines nichtkommerziellen, kulturellen Betreibers dauerhaft eine kulturelle Nutzung an diesem Standort zu sichern. Wer das dann im Einzelnen macht und ob die Betreiber wechseln, wie es durch den Konkurs der Kulturbrauerei GmbH geschehen ist, das sei einmal dahin gestellt. Gedacht war nicht, dauerhafte Arbeitsplätze für Künstler zu schaffen, also Ateliers für fünfzehn oder zwanzig Jahre zu vergeben, sondern Ateliers für die vielfältige und kurz- bis mittelfristige Nutzung durch unterschiedliche Kultur- und Kunstschaffende zu schaffen. Das war der Ansatz. Das Projekt ist gegenwärtig zu 100 % vermietet. Sie wissen, dass sich seit 1995 bis heute sehr, sehr viel auf dem Vermietungsmarkt getan hat. Die Vorstellungen von erzielbaren Mieten mussten sich der Realität eines rasant geschrumpften Budgets anpassen. Mieten von zum Teil 35 bis 40 DM, wie sie hier einst veranschlagt wurden, werden natürlich längst nicht mehr erzielt. Mieter für den kommerziellen Sektor zu finden, die die Räume auffüllen und somit auch dazu beitragen, dass der Vermieter der Kulturbrauerei GmbH einen stabilen Status hat, sind heute schwer zu finden. Den Mietvertrag mit der Kulturbrauerei GmbH aufrecht zu erhalten, ist daher sehr, sehr kompliziert. Ursprünglich hatten wir 1990 die Idee, das Konzept von Public-Private-Partnership tatsächlich umzusetzen und zu versuchen, nicht nur subventionierte Mieten, also 5 DM für den Quadratmeter, als PPP zu betrachten, sondern die Idee war, aus heutiger Sicht mag das naiv klingen, aus dem Mehrertrag von kommerziellen Mietern, die auf dem Areal sind, einen Teil des Gewinns, den der Vermieter erzielt, an die Kulturbrauerei abzuführen, um damit Projekte zu machen und Kulturproduktionen zu unterstützen. Das ist nicht gelungen, und so ist es dabei geblieben, dass hier für 5 DM Miete ein Mietvertrag abgeschlossen werden kann.

1) KULTURBRAUEREI, PRENZLAUER BERG, BERLIN, VOGELPERSPEKTIVE

Weiß · 153 · R/10

2) KULTURBRAUEREI, MODELL STEFAN WEISS, DETAIL

3) KESSEL- UND MASCHINENHAUS DER KULTURBRAUEREI

4) EINGANG DES MASCHINENHAUSES DER KULTURBRAUEREI

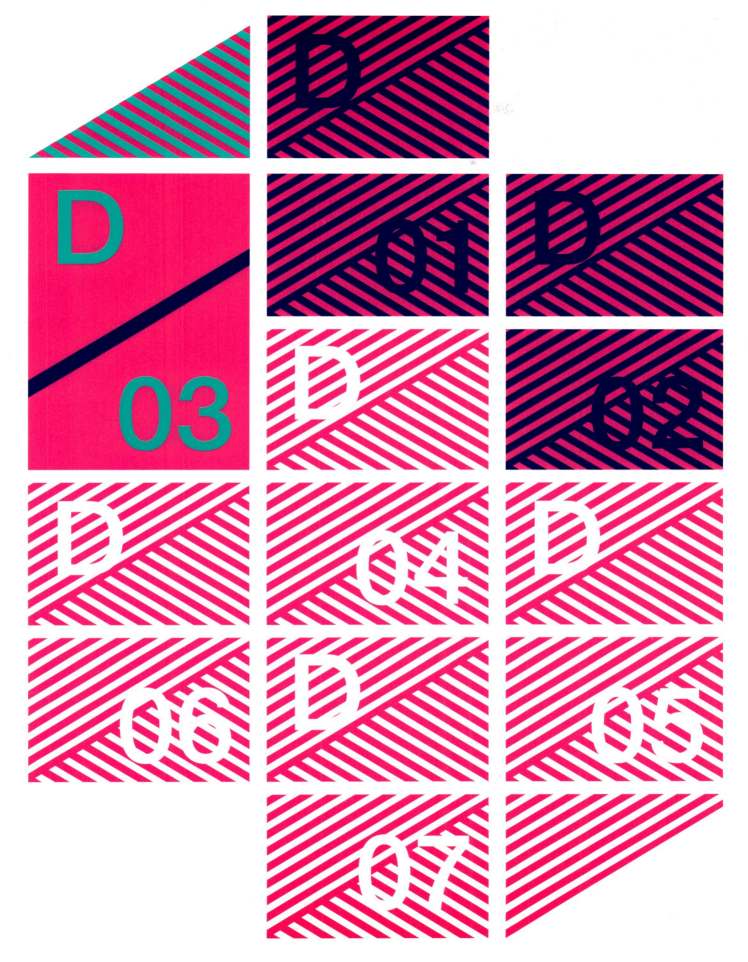

BERNHARD SCHULZ (*1953)
ARCHITEKTURKRITIKER • STUDIUM DER KUNSTGESCHICHTE, VOLKSWIRTSCHAFT UND POLITIK AN DER FU BERLIN • SEIT 1977 AUSSTELLUNGSMACHER • SEIT 1982 KUNSTKRITIKER • SEIT 1987 REDAKTEUR BEIM *TAGESSPIEGEL* BERLIN • LEHRAUFTRÄGE IM BEREICH KULTURMANAGEMENT UND KULTURFINANZIERUNG AN BERLINER HOCHSCHULEN • ZAHLREICHE KATALOG- UND BUCHBEITRÄGE ZU KUNST, ARCHITEKTUR UND STÄDTEBAU

WOLFGANG KIL (*1948)
FREIBERUFLICHER KRITIKER / PUBLIZIST • 1967 - 72 ARCHITEKTURSTUDIUM IN WEIMAR • 1978 - 82 REDAKTEUR BEI DER FACHZEITSCHRIFT *FARBE UND RAUM* UND 1978 - 82 BEI DER *BAUWELT* • LETZTE PUBLIKATIONEN: *LUXUS DER LEERE – VOM SCHWIERIGEN RÜCKZUG AUS DER WACHSTUMSWELT* (2004), *WERKSIEDLUNGEN – WOHNFORM DES INDUSTRIEZEITALTERS* (2003), *HINTERLASSENSCHAFT UND NEUBEGINN* (1989)

BS	Bernhard Schulz	
SB	Simeon Bruner	—> R/09
HM	Henry Moss	—> R/09
SW	Stefan Weiß	—> R/10
WK	Wolfgang Kil	
PO	Philipp Oswalt	—> R/07
WKü	Wilfried Kühn	—> R/08
JKü	Johannes Kühn	—> R/08

Moderation: Bernhard Schulz, Wolfgang Kil

YOU BETTER THINK CAREFULLY BEFORE YOU ACT SPONTANEOUSLY

Teilnehmer: Simeon Bruner, Henry Moss, Stefan Weiß, Philipp Oswalt, Wilfried Kühn, Johannes Kühn

BS

Guten Tag meine Damen und Herren, mein Name ist Bernhard Schulz, ich komme aus Berlin und arbeite für den Tagesspiegel, schreibe über Kunst und Architektur. Ich weiß nicht, wie viele von uns das MASS MoCA gesehen haben. Ich hatte das Vergnügen, das Gelände das eine oder andere Mal zu sehen, allerdings noch nicht im fertigen Zustand, dafür aber schon zu einem sehr frühen Zeitpunkt, nämlich in den 1980er Jahren. Das Ganze war ja sehr lange eine Brachfläche. Bei jedem Besuch bekam ich alle paar Jahre eigentlich immer dieselben Pläne erzählt. Man will es groß ausbauen, aber es fehlt Geld. Was hat denn eigentlich die Idee von MASS MoCA über so viele Jahre am Leben erhalten?

SB

MASS MoCA had many near death experiences. Mostly because of political changes. And because politicians in general hated contemporary art and thought that if they were associated with it they would get into political trouble. But what happened each time as the politicians began to look at the welfare costs for unemployment support and social services in the area they realized that those costs were much greater than MASS MoCA. That even for that small area, the risk was low for the investment. And as we've shown already, it will have a payback period for above five years. So each time, you had to re-educate a new political group.

HM

I think it is interesting too because when Tom Krens was curating it, he was selling MASS MoCA as a cultural destination. When Joe Thompson took over, he realised how important it was to sell MASS MoCA as an economic catalyst. So, Joe's genius, aside from the artistic issues of making the building part of the city and making it part of the cultural map of North Adams, was to sell the project to the then governor, William Weld, as an economic piece, not as a cultural piece. And I think that was ultimately what got us funding.

BS

Ich habe MASS MoCA als ein kulturelles Projekt kennen gelernt. Es war einmal im Gespräch, dass dort eine sehr große Sammlung von zeitgenössischer Kunst, nämlich die Sammlung von Panza di Biumo installiert werden sollte. Das war der Ausgangspunkt. Sie sagen jetzt, der ökonomische Treibsatz kam erst im Laufe der Zeit hinzu, hat dann aber das Projekt am Leben gehalten beziehungsweise überhaupt erst zur Verwirklichung geführt, das ist für uns in Deutschland eine unübliche Perspektive, weil in der Regel kulturelle Projekte überwiegend aus staatlichen Mitteln finanziert werden. Wann trat der ökonomische Aspekt in den Vordergrund? Es scheint ja inzwischen so, dass MASS MoCA vor allen Dingen als ökonomischer Katalysator oder Mittelpunkt von North Adams funktioniert, die Kultur also nur noch eine nachgeordnete Rolle spielt.

HM

When Thomas Krens left to the Guggenheim, after a while we were brought in to develop a plan that was more achievable than earlier more grandiose, more pure plans. Our background was developers of historic industrial, ruined industrial buildings and with local economic revitalisation there was a change in the architectural approach. Joe Thompson, who was there, also has a business administration degree as well as curatorial genius, and so he kept the cultural notion of these enormous spaces for works of art that no one else had been able to realise. For instance, Dan Flavin's four-hundred foot-long light sculpture. They were just ideas that couldn't be made and now there's a room to make them in. He developed slow and grudging political support from the mayor and people locally because it was the last chance for that community. As Simeon said, it was one-third of the real estate of that town, so they had to believe something could happen. After MASS MoCA opened and seemed to be a success, Joe Thompson began to get museum offers for a new job probably every month, but what he says he's most interested in doing is community revitalisation using cultural events. The performance portion of MASS MoCA, Simeon showed big theatres, black box theatres, that was not part of Krens's original idea. It was impure, yet we know that people will not come back again and again just to see a Carl André brick sculpture. However, they will come back again and again if there are new events and then they also go to the museum.

SB

I think Henry though, if I may give credit to Tom Krens, I think Krens really revolutionised, at least from our American perspective, he really revolutionised the art business. And I think art is a business, art's about money, it's a little bit about culture but today the Krens idea was about money and his franchising was all about the glorification of Tom Krens and also about the glorification of the Guggenheim, and how to make money for the Guggenheim. It's run into some problems now with the worldwide economic slump, but it was about the same thing that Mc Donald's is about and in the worst context. I think MASS MoCA was too small for him at that point and lacked prestige, so he went on to do Bilbao. Ironically, of course, our director Joe Thompson did the program for Bilbao taking our program from MASS MoCA, understanding the issue of variety gallery spaces and scale and used that to program

Bilbao. So, if you go to Bilbao, you'll see that the spaces, there's an analogy between those spaces and MASS MoCA which is sort of fascinating. Actually Gehry worked early on in MASS MoCA in the first phase that was never built. Though art is a business and the issue is how you deal with it and how you take advantage, as we talked about yesterday, of the collateral development opportunities that happen with the business of art.

BS

Da ist ein interessanter Punkt in dem gewesen, was Sie gesagt haben, nämlich dass sich der Zugang durch die Änderung der Zielbestimmung des Gebäudes geändert hat. Können Sie das noch näher ausführen? Was hat sich mit Ihrem Zugriff auf das Gelände und auf die Architektur geändert?

HM

Everything. In the first place we tried to designate the areas in the building complex that we thought would look easy for private developers. So the state had pressed us to make all of the first buildings that you encounter along the street, make those the museum and tear everything else down. We wanted, as Simeon said, to bring people who visited the museum as deeply into the site as we could. Partly to protect it from the state. We also began the museum architecture by choosing buildings, which should be able to last but were in very bad shape because we could invest in altering those. We left all of the frontal buildings, which were obvious, on the street, for private development. This was one of the simplest, non-glamorous ideas that we would bring to the discussion. Mostly, preparing rental properties is not as exciting as talking about art but it's the cross-subsidy that the Brewery is trying to achieve also.

BS

Ein weiterer Punkt, den ich sehr interessant fand, ist die sehr hohe Anteilnahme der örtlichen Bevölkerung. Sie haben in Ihrem Vortrag auch erwähnt, dass die Membership, etwas ganz Wichtiges für amerikanische Kultureinrichtungen, also die Mitgliedschaft im Freundeskreis, zu ungefähr 30 % aus Einwohnern der Stadt besteht, also aus Locals. Das hat mich etwas überrascht, weil North Adams nicht gerade als kulturfreundliche Stadt gilt. Wie ist dieser Prozess zustande gekommen, dass das Projekt auch in die Stadt integriert werden konnte?

HM

I think really it was a community development effort by Joe Thompson and led by Joe, who understood that the only way to get this museum built was to get the town of North Adams behind him. The mayor of North Adams originally had said he wouldn't walk across to the other side of the street to see the kind of art that we would have in MASS MoCA. He's a character and he's walked across the street now which I think is a pretty good sign. The town put up about $800,000 of mostly gifts in kind initially to begin this process with a series of parties, dances in the vacant building, meetings, there was a night-shift café in one of the buildings... And Joe went on to basically devise public relation schemes to increase awareness of what the redevelopment of that building would do for North Adams. The original hope had been to convert it into a discount store, as I said. That would have been a disaster; no one would come to North Adams for discount merchandise. But, North Adams is near Tanglewood and all those other destinations and so it's a natural place for visitors to come to see art. The town was very proud of it's mail building. This was the main employment for several generations and it was important to them that everything succeeded. By rallying the merchants and the local folk they began to understand that this might be an interesting project if it succeeded. The advantage we really had was that our backs were against the wall and we were with no other option. So, it was either, make this museum succeed or go down the tubes. We're still against the wall frankly; we're still trying to make it succeed because the economics don't support it initially. But, it has succeeded from a catalytic point of view, with a whole bunch of developments happening in town, people will now come to North Adams. So it really was a community development effort, working with the community, getting local merchants involved, getting local community groups involved that really did this over a period of about five years. This did not happen over night and it was not easy, but it was a lot of excitement and that is shown by the support that the town gives. And also shown by Joe's programming where his performances are geared toward the town. So, although the art may be a little bit more high brow, the performance stuff, films and rock bands and other concerts are attractive to local North Adams folks. In fact, they're sold out very quickly because the prices are kept low so as to be affordable, which of course is a disaster financially because it's underwriting these performances, but it really deals with the whole issue of the town/museum relationship which is critical to this project.

SB

And for rock concerts even Williamstown's students come over.

HM

They come over and they pay the discounted price, so it doesn't help the museum.

BS

Eine weitere Frage, die sich aus dem Komplex staatliches und privates Handeln ergibt, ist – für mich war das sehr interessant – dass das Verhältnis der Finanzen drei Dollar privat und sieben Dollar öffentliche Gelder sei. Das ist ja für amerikanische Verhältnisse sehr ungewöhnlich. Ist das alles nur unter dem Aspekt der ökonomischen Revitalisierung möglich gewesen? Ich erinnere mich, dass es schon vor vielen Jahren den Versuch eines Staatskredits gab, der dann gescheitert ist, damals, als das Ganze als reines Kulturprojekt angedacht war. Diese Gelder, die jetzt aus öffentlichen Töpfen kommen, sind doch mehr als Arbeitsbeschaffung oder als ökonomische Revitalisierung gedacht, nicht als kulturelle. Ist das richtig?

HM

It was never primarily cultural, never. The matching grant is very common in America through private foundations that they always demand a demonstration of commitment by others for the match, so then percentages may vary. Just after the bond issue, which guaranteed the $35 million for the state's $7 for every $3 was passed, there was a recession, a very severe recession for New England and the Northeast. State monies respond very rapidly because of taxes. They go down. So they cut the operating budgets of the cultural council and state supported entities very dramatically. So, they all began to hate the idea of MASS MoCA with esoteric art and a bond issue that couldn't be changed.

SB

Henry, I have a slightly more pessimistic attitude. I think that the matching grant was a way of the state saying no very politely. By saying, we don't believe you in North Adams can raise the money you need to match our grant. In fact, before throughout that entire early construction project, you recall, they kept wanting to see our money before we started. Actually, it's kind of an interesting discussion we're having here, I don't know how much time we've got left but, we used a pretty interesting »smoking mirrors« reflecting back the money technique. Where we needed for our first phase $18 million, about $12 million of this would be state money. So this meant we needed to raise $5 million of private money... now we didn't have $5 million of private money and we've still never got it actually. So, what we did was, we were able to first count the in-kind contributions we had used in our upfront architecture fees, we'd gone ahead and done some work, in terms of the parties the town had thrown, in terms of catering, in terms of advertisement. Joe was able to show a real actual of about $800,000 of in-kind services. Secondly we got the owner of the property, the »Sprague Electric« folks for zero dollars but we were able to value that, quite frankly, at about $4 million bucks. So we had about $4.8 million day one towards our match of $6 million. We had to raise $1.2 million in cold hard cash, which we did, over time, and it was difficult. But that gave us our $6 million match toward the $12 million of the state; I mean roughly, it's not quite right. That gave us the $18 million but actually we had $12 million. So, for phase one we had $12 million not $18 million. We built our building at about $700 a square meter, which is unheard of in the United States. That's about a third or less of what a new building would cost, by being very very careful and paying attention to the infrastructure and every piece we could. Frankly, using that cause as an excuse to do interesting architectural things. Whenever the client wanted something we didn't like we said, »You can't afford it!« so then we'd do what we wanted elseways and he was great and very helpful.

BS

Das letzte Bild, das Sie in Ihrem Vortrag zeigten, war diese »Economic Impact Study«. Für uns in Deutschland sind solche Zahlen, jedenfalls bei kulturellen Institutionen, nicht ganz so wichtig und spielen auch keine solche politische Rolle. Vielleicht können Sie noch einmal erklären, wie stark die Wirkung einer solchen ausgefeilten Studie ist. Mich würde auch interessieren, wie Sie zu den genauen Zahlen kommen, denn es wurden ja sicherlich auch Annahmen gemacht über Ausgabeverhalten von auswärtigen Besuchern und dergleichen mehr, also Dinge, die sich auf die lokalen Steuereinnahmen auswirken. Ich erinnere mich nur, dass beispielsweise im Fall von Bilbao unglaublich dicke Papiere angefertigt wurden, die die spanischen Autoritäten überzeugt haben, dass es eine sehr gute Investition ist.

HM

We did that too. Joe Thompson was a student of Tom Krens as an art history person from Williams. Then he went to get a business administration degree, this was part of the new thinking of what you needed to do to make and run a museum. From the first time when you went to meet either Krens or Joe Thompson in 1987, there was a computer on the desk, which was unusual then. Immediately a spreadsheet would come up, and there always was a business plan to which the curatorial concepts were being related, always. So, as we worked with him on the development of the building costs, timing and cashflow, he was also guessing what would happen in terms of numbers of people he would need: for security, curators, catering, cleaning... He was also trying to imagine how many, if so many people came to the museum through the year, how many cups of coffee might they buy in the town. When we began the museum there was no drinkable coffee available in the town.

SB

There was just a McDonald's on the corner... It was awful. Let me interrupt to tell you, talking of undrinkable coffee; the secretary was a vegetarian, so when you sent out for lunch she would bring you back vegetables only. And we found a restaurant that served meat. It served tuna fish and the way it served tuna fish salad was to put tuna fish in a blender with mayonnaise and then stick it on a piece of white bread! It was... I turned vegetarian, it was terrible.

HM

So the town had very little cultural infrastructure or gastronomic infrastructure to support any kind of tourism. It was guessing what changes would occur there and, as Simeon showed, many of our estimates were wrong as line items. But, in aggregate, they were about right and sometimes generally higher. We constantly revised it, and it's difficult to stress just how incremental the process was, and when people from other towns come to look at MASS MoCA for guidance they always think that it suddenly happened, all of it, all at once. Well it didn't, it was one piece after another and when something changed Joe changed his spreadsheet. He began to get more and more credibility.

SB

I think the change is really the issue here though. I think the flexibility, understanding, we couldn't sell it as a cultural institution, and we had to sell it as an economic institution. It's like an old building that has a number of uses; if you can't use one then you find another use for it. We had the building and we were hooked because we liked the site, and the question was then now do we sell it to the state. It was clear that they weren't buying the cultural aspects of it because that was not relevant to the governor. Personally, I think Governor Weld bought it as a cultural institution although he sold it to his staff as an economic institution. So we were able to sell this, and Krens did this. We always sell this to the state as an economic catalyst. We had a $35 million bond issue set aside that we couldn't touch. Joe said, I could raise a million dollars, let's push it a little bit. So, he figured on a $1.2 million, we did the back figuring on what we could get out of it. We miscalculated and actually got more for the building than we thought, so we were able to pull $12 million bucks out. That left us about $9 million from our perspective to build the building. So we were back into it. He said, okay what can we get for $9 million dollars? I haven't got any art and we'll show what we can show. Ironically, the issue was not to do more; he kept pushing to do more space, we kept pushing to do less and protect yourself. Well, we were fortunate enough and we worked, frankly, very hard to come out on budget. We had a seven percent contingency; we spent a little less than that on the project. So it was a constant interrelation back and forth between the available money and what we could do. In the same way as saleability and what we could sell.

BS

Noch eine Frage zu der Kunst, wo kommt sie jetzt tatsächlich her, da das Museum selbst, wie Sie sagten, keine Sammlung hat? Kommt sie aus New York, aus den Beständen von Guggenheim? Oder sind inzwischen auch andere Sammlungen interessiert, dort zu zeigen?

HM

There are several answers. The first idea is that it was going to come from the Guggenheim or through Guggenheim... the phantom Panza collection that everybody was going to have at some museum or other at one point... so we started, the first show was boring for artists and art critics because they'd been writing about the work they saw for thirty years. It was Rauschenberg, Rosenquist and Robert Morris. What began to happen though was artists came to do pieces just for the spaces – like the »Überorgan«. Therefore we began to have some of the original dreams of having artists working on site as part of something you would see as you came to the museum. Now we're actually going out to find artists. There's a big show of Austrian artists now and what I love about it, is that when I go to the museum now I no longer know who any of the artists are. So I find this believable as contemporary art. We're also looking at the possibility of permanent and semi-permanent collections, partly because they don't have to be changed so expensively and so often. We're working with Sol LeWitt about the possibility of the whole building just devoted to his wall drawings inside and out. We have connections to the Yale art galleries, the Williams art galleries, and the Sterling and Francine Clark Collections... so it's all of those groups, not a collection.

BS

Ich habe mich ein bisschen lang mit MASS MoCA beschäftigt, weil ich denke, dass das für uns doch sehr ungewöhnlich ist. Nicht, dass Sie sich zurückgesetzt fühlen, Herr Weiß. Es gibt ja viele Parallelen, mir werden immer mehr Parallelen zwischen den beiden Projekten deutlich. Nicht zuletzt ist ja eine Parallele, dass es nicht von Anfang an einen architektonischen Masterplan gab, der dann Stück für Stück ausgeführt werden konnte, sondern dass das Projekt im Laufe der Zeit adaptiert werden musste und offenbar immer noch adaptiert werden muss und weiterhin adaptiert werden wird. Können Sie Ihre Erfahrung mit diesen Wandlungsprozessen noch einmal beschreiben, von einer Institution, die zunächst einmal in der Aufbruchstimmung der Künstlerselbstverwaltung entstand, bis hin zu den notwendigen Kompromissen, die mit kommerziellen Nutzern zu machen waren, und den Anforderungen, die sich dann verändert haben, insbesondere was das Multiplexkino angeht?

SW

Ich begleite dieses Projekt mittlerweile dreizehn Jahre als Macher und als Architekt. Die Architektur – ich kann die Frage nur so beantworten – ist eigentlich relativ uninteressant, sie ist durch den Bestand vorgegeben und steht unter Denkmalschutz. Konzeptionell war für uns von Anfang an wichtig, dass wir auf keinen Fall versuchen wollten, uns mit neuer Architektur, mit neuer Symbolik, mit neuen Erfindungen gegen die alte Architektur durchzusetzen, sondern für uns war es wichtig, dass wir behutsam, kaum spürbar Eingriffe vornehmen. Daher beschränken wir die neue Architektur nur auf die Innenräume und versuchen, das Objekt möglichst unberührt und unbeschädigt zu lassen. Dieser konzeptionelle Vorsatz widerspricht dem allgemeinen Denken des Architekten, der seine eigenen Visionen kreativ umsetzen möchte. Insofern haben wir uns im Konkreten gar nicht so sehr mit der Architektur auseinandergesetzt, sondern viel mehr mit den Nutzungen, mit den Inhalten. Insofern hatten wir auch keine Schwierigkeiten, das partielle Vorgehen, das ständige Wandeln von Konzepten architektonisch zu vollziehen.

BS

Wenn ich mich aber an die früheren Jahre erinnere, dann bestand der Charme der genutzten Räume darin, dass sie nahezu – fast hätte ich gesagt – naturbelassen waren oder zumindest geschichtsbelassen waren, während für die Einrichtung eines Multiplex mit einem weiteren Zugang direkt zur Straße hin, zu der Seite, wo der Hauptverkehrszugang ist, das Erscheinungsbild des gesamten Geländes verändert werden muss. Wie sind Sie mit diesem Feintuning klar gekommen?

SW

Es gab im Laufe der Jahre immer wieder Stimmen, die sagten, dass das Projekt durch die Sanierung wesentlich verändert wurde. Wenn man den heutigen Zustand mit dem vor zehn Jahren vergleicht, steht da nicht mehr die Ruine, die es war, sondern das Gebäude ist nahezu wieder hergestellt. Die Spur der Steine beschreibt tatsächlich die Geschichte vom Wandel des Projektes von seiner Gründung bis heute. Allerdings muss ich deutlich sagen, dass ich kein Liebhaber und Verfechter der Kultivierung des Verfalls bin. Insofern wurde der Bestand vor zwölf, dreizehn Jahren von uns nicht als Ästhetik, die zu erhalten ist, begriffen, sondern es ist ein erbärmlicher Zustand gewesen, den das Objekt hatte. Es war desolat, es war kaputt, es lief das Wasser durch alle Decken und Dächer, es gab keinen Wärmeschutz, es funktionierte einfach nichts. So haben wir natürlich bei dem Einbau dieses Multiplexkinos Eingriffe vornehmen müssen und haben neue Zugangssituationen geschaffen, die gar nicht so funktionieren, wie wir uns das vorgestellt haben. Der große Kinovorplatz wird kaum angenommen und die Leute laufen alle dort rein, wo nur die LKWs reinfahren sollen, so ist das mit der Planung und der Realität. Wir haben zumindest versucht, die Spuren der Geschichte weitgehend anwesend zu lassen. Man kann es jedoch nicht vermeiden, wenn man saniert, die Steine anfasst, sehen sie nicht mehr so aus wie vorher. Ich kann auf Ihre Frage nicht anders antworten, als ich es eben gemacht habe.

BS

Sie sagten ja, dass das Gelände von Anfang an unter Denkmalschutz gestanden habe. Stammte der Denkmalschutz noch aus DDR-Zeit?

SW

Der Denkmalschutz stammt aus den 1970er Jahren der DDR, allerdings wurde er modifiziert und verschärft durch die Gesetzgebung der Bundesrepublik. Es gibt keinen Denkmalschutz, der sich nur auf die äußere Form, auf eine Fassade oder ein Dach beschränkt, sondern Denkmalschutz ist eine sehr komplexe Angelegenheit. Er bezieht sich auf die Gesamterscheinung, auf das gesamte Bild des Objekts, also auch im Inneren.

BS

Wieweit haben Auflagen des Denkmalschutzes beim Umbau eine Rolle gespielt? Sie haben darauf hingewiesen: Das Gelände wurde selbst über einen Zeitraum von zwanzig Jahren gebaut, umgebaut, abgerissen, ergänzt usw. Gab es da einen Status Quo, den die Denkmalpflege anstrebte, oder wie muss man sich das vorstellen?

SW

Ich hatte vor einigen Tagen eine Führung, da habe ich eine japanische Journalistin durch das Objekt begleiten können. Ich habe ihr vom Denkmalschutz erzählt und von der Geschichte des Areals und sie fragte dann als Erstes, nachdem die Führung beendet war: »Warum haben Sie das eigentlich nicht abgerissen und neu gebaut?« Ist ja kein abwegiger Gedanke und dieser nicht abwegige Gedanke ist natürlich bei jedem, der Geld gibt, der investiert, vorhanden, und Sie können mir glauben, das war nicht so, dass die TLG, als sie mit dem Vorhaben begann, unbedingt davon begeistert war, dass hier eine Bestandsstruktur vorhanden ist, dass das ein Baudenkmal ist und dass sie sich im engen Korsett des Denkmalschutzes bewegen sollte. So ganz reinen und offenen Herzens sind die Investoren da nicht mit dem Gedanken reingegangen, dass man sich hier mit Denkmalschutz auseinander setzen muss. Insofern war der Denkmalschutz aus meiner Sicht absolut hilfreich für uns Architekten, um darauf zu drängen, dass man eben nicht den Gedanken hegt, ein Haus, das dort steht, abzureißen, bloß weil man eine Tiefgarage bauen möchte und die Zufahrt so viel effizienter und billiger in einen Hof einzubauen wäre, sondern dass man mit dem Bestand, so wie er ist, umgeht. Leider ist es so, dass es uns nicht in Gänze gelungen ist, alles zu bewahren. Wir hätten viel mehr von den alten Installationen und den Einrichtungen drinnen gelassen und hätten dazu eine neue Nutzung gesetzt. Insofern haben wir viel rausschälen müssen aus der alten Struktur, aber es ist noch erträglich. Aber wie gesagt, Denkmalschutz an der Stelle – ich kenne die Diskussion um den Sinn des Denkmalschutzes in Deutschland – war für uns äußerst wichtig. Für den Investor wurde es natürlich interessant, wenn es um die Abschreibungsmöglichkeiten ging, die der Denkmalschutz nach sich zieht. Hier haben sich zwei Sichten ergänzt.

BS

Ich möchte noch eine Frage loswerden, weil sie bei MASS MoCA so eine große Rolle spielte, nämlich die nach der Einbindung des Projekts in die örtliche Bevölkerung. Nun ist Berlin keine überschaubare Kleinstadt und nicht jeder, der in Prenzelberg wohnt, fühlt sich auch als Prenzelberger, gleichwohl gab es auch eine Menge Anwohnermeinungen.

SW

Proteste!

BS

Ja, ich wollte das Wort Proteste vermeiden, da immer zu differenzieren ist. Jeder hat am Ende seine eigenen Wünsche, aber trotzdem: Wie ließ sich das Projekt in dieser Gegend des Prenzelberges verankern und durchsetzen, am Ende auch mit dieser sehr starken kommerziellen Nutzung?

SW

Um den Begriff noch einmal aufzunehmen, die Proteste, die es gegen die Realisierung dieser Nutzungsidee gab, mit einem Multiplexkino, mit Restaurants, mit einem Diskobetrieb, mit dem Verdacht, dass das Streichen der Ateliers zugunsten der so genannten Büros für die Neue Ökonomie sei, für die Computerfirmen, die seinerzeit aus dem Boden sprossen: Ich denke, dass diese Proteste, die sehr scharf vorgetragen wurden, zum Teil aggressiv, schon ihre Berechtigung hatten, da auch der Bauherr nicht unbedingt heiß geliebt war. Er hat ein sehr schlechtes Image als Treuhand-Liegenschaftsgesellschaft, als Abwickler und Verhökerer von Grundstücken und Betrieben in der ehemaligen DDR. Für uns war es mit diesem Investor schwierig, der sich ein solches Image selbst produzierte und der mit dem Projekt nicht offensiv in die Öffentlichkeit gegangen ist. Sie werden kaum einen Artikel in der Presse aus dieser Zeit finden, der vom Bauherren selbst initiiert wurde, sondern nur Presse von den Gegnern und dem Spiegelbild der Gegnerschaft. So war der Prozess mit extremen Reibungen versehen; es gab Demonstrationen, es gab Plakate, es gab Bürgerproteste. Für uns war das eine besonders verschärfte Situation, weil wir als Architekten, als Planer dort hineingeraten sind, aber letzten Endes hat sich der Investor, der das Geld gibt, durchgesetzt. Er hat es gebaut und der Verdacht, der dem Projekt vorausging, da entstünde ein Vergnügungsviertel in unserem schönen Prenzlauer Berg, hat sich mit der Zeit relativiert. Es hat sich alles normalisiert, das Projekt wird angenommen, man steht als Prenzelberger nicht fremd vor der Tür und geht hinein. Das Projekt ist total verflochten, und dazu hat natürlich im Wesentlichen der unkommerzielle Betreiber Kulturbrauerei GmbH beigetragen.

BS

Die allerletzte Frage: Gibt es über die Kulturbrauerei oder über das Areal so etwas wie eine Studie zu den wirtschaftlichen Folgen für die Umgebung, für den Bezirk, für das Steueraufkommen, für die Umsätze und dergleichen?

SW

Gibt es nicht.

WK

Mich quält die ganze Zeit eine Frage, die ich jetzt in die Runde werfe. Es melde sich der zu Wort, der sich durch diese Frage provoziert fühlt. Herr Bruner hat vorhin einen Satz gesagt, der ist mir wie eine kalte Hand hinten in den Kragen hineingerutscht: Art is Money. Niemand hat gezuckt, wir alle hören uns das an und wir reden seit einem halben Tag bereits ausschließlich darüber, wie wir in der Kunst möglichst reibungslos mit dem Geld klarkommen. Das war schon bei der Darstellung von Stefan Weiß und der Kulturbrauerei der Fall, einer Geschichte, die ich genauso lange kenne wie er. Ich war von den Gründungszeiten an dabei, habe es aber irgendwann aus dem Auge verloren, und zwar genau aus diesem Grunde, weil ich das nicht so richtig trocken hinbekam wie er, der am Ende sagt: Ich kann nicht sagen, ob es gut gegangen ist oder ob es gescheitert ist, es ist so gewesen, wie es gewesen ist. In meinen Augen ist es gescheitert, und zwar unter einem ganz besonderen Aspekt, nach dem frage ich jetzt. Ich habe mich damals an dem Projekt beteiligt, weil ich es als einen Ort für alternative Kultur gesehen habe und für mich war Kommerzialisierung tatsächlich ein Feindbild. Damit war ich offensichtlich Teil einer Diskussion, die mittlerweile als uralt, als veraltet, als jenseitig gilt. Meine Frage ist einfach: Ist dem wirklich so? Sind wir in einer solchen Jenseitswelt gelandet, dass die Frage nach dem alternativen Charakter dessen, was Kunst und Kultur in einer Gesellschaft kann, überhaupt keine Rolle mehr spielt? Dass wir so reibungslos nur noch über Geld reden, wenn wir über Kunst reden?

Weil das bedeutet dann nämlich, dass wir über ein Überflussprodukt reden, über das wir in Leipzig gar nicht reden müssen. In Leipzig gibt es gar nicht so viel Geld, um so viel Kunst zu bezahlen, zu finanzieren, zu subventionieren wie hier Platz hätte. Reden wir also über einen Faktor, den die Kultur in der Gesellschaft hat, nämlich indem sie sich im Widerspruch, in Reibung mit den Strukturen befindet? Oder reden wir nur noch darüber, wie sich Kultur verflüssigen lässt, damit die Gelder besser fließen?

PO

Ich denke, wir reden von den unterschiedlichen Modellen, deren Vertreter hier auf dem Podium sitzen, und das eine Modell aus Massachusetts ist eigentlich etwas anderes. Es geht dort nicht mehr um Kunstproduktion, sondern um musealisierte Kunst, die an einem Standort genutzt wird, um eine gewisse Art von Aufwertung zu betreiben. Der ursprüngliche Versuch bei der Schultheiss-Brauerei in Berlin, einen Ort der Kulturproduktion zu schaffen, ist gescheitert und daraus ist etwas ganz anderes entstanden. Es ist ein Problem, dass oft auf die informelle Aneignung durch Kulturnutzer der Gentrifizierungsprozess und eine ökonomische Aufwertung folgen. Wobei man jetzt überlegen kann: Ist es kausal, ist es nicht kausal? Fakt ist, dass Kunstproduktion per definitionem etwas ist, was ein kritisches Verhältnis zur Gesellschaft hat, und daher sofort ihrer Seele beraubt wird, wenn sie für Fragen einer Immobilienaufwertung instrumentalisiert wird. Völlig klar, das schließt sich einander einfach aus. Vielleicht ist das altmodisch. Man hat heute viele Künstler, ein Beispiel ist Andreas Siekmann, die sich sehr kritisch mit diesen Prozessen auseinander setzen, und ein Künstler wird sich nie in dieser Weise für eine Immobilienaufwertung instrumentalisieren lassen, das ist absurd.

WK

Stefan, vielleicht sagst Du etwas dazu? Im Rahmen Eurer eigenen Geschichte hat es innerhalb der Kulturproduktion eine gewinnbringende Variante gegeben, das Kesselhaus zum Beispiel. Dort werden Konzerte im Sinne einer Kulturproduktion, die durchaus auch widersetzlich ist, gegeben, und trotz dessen gerät die Kultur plötzlich, ohne es selbst zu merken, in die Gewinnzone wie der Punk, der irgendwann Geld verdient, obwohl er eigentlich das Gegenteil meinte. Kann man Euren Prozess auch als Seitenwechsel beschreiben?

SW

Nein, so würde ich es nicht sehen. Ich kann dem auch nicht in Gänze folgen, weil die Problematik, dass Kultur auch irgendwoher finanziert werden muss, auch heute für die Einrichtungen besteht, die sich dort drinnen befinden, und es handelt sich nicht um Maler, die in einem kalten Raum mit Filzstiefeln und Wattejacke Projekte,

Bilder oder Plastiken machen. Kultur in der Kulturbrauerei ist komplexer, es geht um Theater, es geht um Musikproduktionen und ähnliche Dinge. Der Aufwand, den man betreiben muss, nicht nur um zu produzieren, sondern auch um sich nach außen darzustellen, um Gäste reinzuholen, ist enorm. Es ist eben so, dass aus der Anfangsphase der stillen Duldung durch die Bauaufsichtsbehörden, zum Beispiel von Unzulänglichkeiten baurechtlicher Art, mittlerweile ein strenges Auflagensystem geworden ist, das erfüllt werden muss. Beispielsweise das Theater »Rambazamba«; das ist ein Theater in der Kulturbrauerei mit 120 Plätzen, betrieben von Leuten, die sich mit geistig behinderten Menschen beschäftigen. Der Sonnenuhr e.V. soll geschlossen werden, weil der zweite Rettungsweg nicht existiert, und es ist niemand bereit, das Geld zu geben, damit er installiert werden kann, und das ist nur ein Beispiel, das sich vervielfältigen lässt. Auch das Kesselhaus; die Feuerwehr geht hinein und legt fest, es müssen Rauchabzüge eingebaut werden, es muss eine Schalldämmung eingebaut werden, sonst wird das Kesselhaus geschlossen. Das heißt, in dem Moment können die Leute, die das besetzt haben, den Ort verlassen und sich einen anderen Ort suchen, wo es vielleicht möglich ist, so zu produzieren. Es gibt eine große Klammer, wenn man sich an einem solchen Ort festsetzt, die nach sich zieht, dass Gelder beschafft werden müssen, um diese Kulturproduktion überhaupt zu ermöglichen. Und der Witz beim Kesselhaus zum Beispiel mit einer Kapazität von knapp 800 Personen ist, dass sich das gar nicht im Deutsch der Betreiber rechnet. Das heißt, wenn man dort einen bekannten oder einen interessanten Musiker auftreten lassen will, kostet das Geld. Es deckt sich nicht durch die Einnahmen, die relativ niedrig sind, insofern kommt man in eine sehr schwierige Schere. Was macht man? Man installiert Gastronomie und glaubt, dass man damit Geld verdienen kann, um wiederum die Projekte zu finanzieren, die man machen will. Kunst- oder Kulturproduktionen im weitesten Sinne – das ist meine Erfahrung der letzten zwölf, dreizehn Jahre in der Bundesrepublik – brauchen Geld und Du weißt genau, wie schwierig es ist, Sponsoren zu finden, die sich in diese Nischen hineinbegeben. Sponsoren suchen für gewöhnlich andere Markenprodukte, die für sie werben. Es ist also äußerst kompliziert, ohne nennbares Kapital Kultur und Kunst zu produzieren. Ich verstehe das Bemühen, sich zum Teil kommerziell zu gebärden, weil man Geld verdienen muss, auf der anderen Seite möchte man natürlich ungewöhnliche Projekte machen, die weit weg sind vom Kommerz. Das geht mir im Kopf herum, wenn ich das höre, mit welchem Anspruch man rangeht und wie man es machen könnte; die Leute selbst, die es machen, die haben das Geld eben nicht und müssen zusehen, wie sie die Räume unterhalten. Wenn Du Miete zahlen musst und dazu noch Betriebskosten, die quasi die zweite Miete sind, sind das Summen, die gar nicht aufzubringen sind.

BS
Die Begrifflichkeit von der Instrumentalisierung der Kunst klingt zunächst immer sehr eingängig, aber sie ist beim zweiten Hinsehen ziemlich daneben. Das Beispiel MASS MoCA zeigt, wie aus einer kulturellen Idee durch einen Wechsel der Zielrichtung ein Stadterneuerungsprojekt werden kann, gerade weil es sich um einen überschaubaren Raum mit einer überschaubaren ökonomischen Struktur handelt. Aber das ist keine Instrumentalisierung im eigentlichen Sinne, sondern dadurch ist es möglich geworden, das ursprüngliche Konzept, Kunst zu zeigen, zu verwirklichen.

PO
Aber da ist doch der Unterschied. Das sind zwei verschiedene Anliegen, die Idee, Kunstproduktion zu ermöglichen, oder die Idee, ein Museum zu schaffen, um andernorts produzierte Kunst auszustellen. Das ist nicht mehr das Projekt eines Künstlers oder einer Künstlergruppe, sondern einer Gruppe von Leuten, die sich zusammengeschlossen haben, um ein Museum zu gründen, und das ist etwas komplett Anderes. Dass das in sich funktioniert und seine Logik hat, ist ja unbestritten.

SB
What is happening though, is that because of MASS MoCA people are moving, including artists, to North Adams, where it's very depressed. Housing costs are very low, so you don't need a special subsidy for artists housing; people can just move into these spaces for so much less than in Manhattan or Boston. It's beginning to develop its own life. In fact, they are beginning to be private artists who have opened art schools and so forth, doing private industrial building conversions already, after MASS MoCA.

SW
Ich glaube, dass hier zwei verschiedene Modelle angesprochen werden. Das eine ist ein privates Modell: Ich habe Investoren, dazu hole ich mir noch öffentliches Geld, gründe ein Museum und so weiter, wodurch ich dann Wohlstand schaffe und Leute hinkommen. Es funktioniert über den Marktmechanismus und das ist auch gut so! Das andere ist die Frage: Soll man Kunst tatsächlich einbinden in so viel Struktur? Soll Kunst, sowohl in der Ausstellung als auch in der Produktion, wirklich so abhängig von festen Strukturen werden? Das heißt, einerseits diesen musealen Strukturen mit der ganzen Finanzierung, die dahinter steckt, andererseits, wie bei der Kulturbrauerei Prenzlauer Berg, die GmbHs, die sich bilden, und die langfristigen Gewinnanalysen mit Anteilen für die Kunst? Soll Kunst in gesellschaftliche Prozesse wirklich so eingebaut werden oder ist es besser für Kunst, von dieser Art Integration frei zu bleiben, die am Ende ein Würgegriff ist, eine Umarmung, die tödlich endet? In Wirklichkeit entziehen sich gute Künstler immer wieder diesen Mechanismen, indem sie sich in Städten an Plätze begeben, wo noch niemand war. Die wollen an neue Plätze gehen. Die gehen in Landschaften, wo noch niemand war. Die machen Sachen an Orten und auch ohne Orten. Es ist normalerweise kein Bedürfnis von Künstlern, in Gruppensituationen, in Horden zu sein, deshalb auch kein Bedürfnis, langfristig institutionalisiert zu werden, sich nicht als Angestellte einer Stiftung, eines Staates oder einer Kultur zu fühlen. Reden wir hier über das größere Publikum und darüber, dass man vielleicht interessante Museen schafft? Oder reden wir darüber, wie Orte aussehen sollen, an denen Künstler und Kulturschaffende leben? Ich bin der Meinung, wenn Orte zum Leben gemeint sind, die muss man weniger institutionalisieren.

SB
Every artist needs to eat as well as to produce art, and the way the society is set up these days is that in order to eat you need to earn money, so automatically you need to find a way to get money and to feed your family and yourself, so you need to do that and you want to show your art, so if you start polarizing, setting up poles, then you miss all the wonderful grey areas between the poles and you need to address the issue, if you are an artist: how do you find a way to eat and how do you find a way to show your art which doesn't pollute what you believe in?

SW
Da haben wir ein System in Amerika genauso wie hier, das ist unser Gallery System. Wir haben private Galerien, die sich damit befassen, Künstler aufzubauen. Zum Beispiel im Bereich der bildenden Kunst werden die Künstler aufgebaut, wird Markt für Künstler geschaffen. Gleichzeitig schützen sie diese auch vor diesem Markt, sie ziehen sie quasi in Gewahrsam groß. Künstler verdienen heute sehr gutes Geld mit ihrer Kunst, der Kunstmarkt funktioniert extrem gut. Die Zusammenarbeit zwischen privaten Galerien, Institutionen und Künstlern ist ein funktionales Dreieck. Was aber verhindert werden muss, ist, dass man diese funktionalen Ebenen wie das Gallery System quasi nicht sehen will, und glaubt, man könnte Künstler direkt in Institutionen einbinden, die Geld und Kultur in irgendeiner Form mischen. Daran glaube ich nicht. Ich glaube, dass gerade der Kapitalismus in seiner heutigen Form mit dem Galeriensystem Möglichkeiten schafft, Zwischenräume zwischen Kunst und Kommerz herzustellen, die funktionieren und eine hohe Qualität schaffen. Und es geht Künstlern heute sehr gut.

BS
Ich glaube, Sie scheren die Künstler zu sehr über einen Kamm. Die Erfahrung zeigt natürlich, dass Künstler, die erfolgreich sind, genau in der von Ihnen beschriebenen Weise – nach Schillers Motto »Der Starke ist am mächtigsten allein« – ihre eigene Arbeit machen und dann sehr gut mit dem vorhandenen Galeriensystem und den Ausstellungs- und ähnlichen Transportmechanismen arbeiten. Wiederum gibt es eine Menge Künstler, die zum Beispiel auf kommunal finanzierte Galeriehäuser und dergleichen abfahren, und da womöglich auch ein halbes Leben zubringen. Ich selbst war jahrelang in Berlin im Beirat für Künstlerförderung und da konnte man genau diese Unterscheidung feststellen, diejenigen, die am liebsten allein laufen und diejenigen, die am liebsten an die Hand genommen werden wollen. Insofern ist eine radikale Standortbestimmung, wie Sie sie vorgenommen haben, gar nicht möglich. Es gibt beides. Es gibt eben auch in der Tat das, was Sie unterschwellig als eine Korrumpierbarkeit oder Selbstkorrumpierung der Künstler angeprangert haben. Aber sie ist nie aufgezwungen, sondern es gibt sehr viele Künstler, die sich in diesen Strukturen sehr wohl fühlen und um Gottes Willen auch nie wieder hinaus wollen.

WK
Deshalb stelle ich zu den beiden Beispiele die zugespitzte Frage: Sind das MASS MoCA und die Kulturbrauerei in Berlin Orte, an denen kreative Kunst und neue Ideen entstehen, oder sind es effiziente Orte, an denen Kunst, die entstanden ist, unter die Leute kommt?

PO
Der Veranstaltung hier liegt doch unterschwellig die These zu Grunde, dass Kunst zur Stadtentwicklung beiträgt. Das ist ein aktuelles Thema. So hat mir Hanno Rauterberg neulich erzählt, dass er gerade an einem solchen Artikel für die ZEIT arbeitet. Wie ist das Verhältnis zwischen Kunst und Stadtentwicklung? Wird Kunst eingesetzt, um Stadtentwicklung zu betreiben? Das ist eine interessante Frage und es ist tatsächlich so, dass gewisse künstlerische Praktiken in städtischen Kontexten manchmal besser funktionieren als gewisse urbane Praktiken der Stadtplaner und Architekten. Insofern ist diese Fragestellung wichtig und relevant, nur muss man differenzieren zwischen einer eigenen künstlerischen Praxis, einer kulturellen Produktion und kulturellen Produkten und Kultur im allgemeinen Sinn, die solche Funktionen sehr wohl wahrnimmt. Natürlich gibt es auch unterschiedliche künstlerische Praktiken, aber ich stehe dazu, dass Instrumentalisierung eines Künstlers im Sinne von Stadtteilentwicklung oder Immobilienentwicklung für mich fast per definitionem ausgeschlossen ist. Dass das ungewollt passieren kann, das will ich gar nicht ausschließen, aber als nicht-bewusste Strategie.

SB

There has been a very interesting development in the United States, funded by a number of foundations, which is looking into the effect of art as an urban catalyst. The Ford Foundation is spending about $5 million this year, and I work with the foundation that deals with art as an economic catalyst. There have been studies looking at how artists… they are looking at the colonisation of a space, the progression of gentrification and MASS MoCA is being used as a typical example. There are a number of them showing how a museum or an art facility or even the invasion if you look at artists, can actually begin to stabilize a community that has been downed. And there are a whole bunch of statistics on that and a whole bunch of interests in the United States in funding the arts community and stabilizing the location, and that will then stabilize the neighbourhood. So I think the polemic of art and money and capitalism and socialism is a forced one and because if you use it properly you can split the difference and line up using the economic models to stabilize the arts, and it doesn't necessarily pull the arts. It simply gives them a home in the gentrifying community. The trick is then to find a way to maintain the economic base for the arts and not squeeze them out.

PO

That's the point of the discussion. I'm not saying there is no possibility to combine a kind of cultural production and urban development, but I am saying it's also not so simple that you take like three interesting artists and give them a job and then they should stimulate the urban development.

SB

Well, to put it in a littler context: If you could essentially stabilize a community like this by finding a way to use it for art, then the fact that there were a hundred of artists already working here would probably tend to attract a number of artists who want to be in this kind of environment, so it would then spawn restaurants, inexpensive restaurants and some kind of other businesses which aren't around there which would then effect how we catalyze or develop it to become a more desirable place to live. So you could see that as a way to develop an area. It doesn't have the effect to devalue the art.

PO

But I mean this research project we have been doing was for us a strong focus on, as you said, the discount space; actually our interest was in the discount space because we had the observation that in these discount spaces there is lot of actually innovative cultural practice appearing and this is something we should be aware of and think about. I think one message is kind of to institutionalize something, or you found an art institution or cultural institution which can have a good effect on urban development, no question, and you may critique it here, but this is something totally different than to say – and I think this is another option which is important – that you have something as discount spaces and they have their own effect, and as you said, the art production in your case don't pop up in the institution itself but there is kind of an side effect in the context of a low cost neighbourhood near to your institution, and in this kind of combined forces something different happens – as a side effect.

SB

But then you can use it. If you know what the effect is going to be then that you step back, which means you say »Ok, here is what I've done, here is what could happen,« then I use that for what I want to create. So you work the system to get what you want. If you know what the result is going to be then you institute. How we financed MASS MoCA was, we knew we could sell it as an economic institution, this didn't mean it was the only goal but we sold it as that to get our goal. We didn't change, we still are a good museum, even if we realize our economic goal, and we use it as a tool.

BS

Sie fabrizieren also Spontaneität, ein Problem, das unlösbar ist. Sie müssen den ersten Schritt, der eigentlich spontan erfolgen müsste, erst einmal fabrizieren, weil Sie erkannt haben, dass er notwendig ist, damit der zweite Schritt folgen kann. Und damit kommen Sie an einen Punkt, wo Sie den Künstler auffordern, dorthin zu gehen, oder den Künstler in eine Richtung drängen. Der Witz an der Bewegung von Künstlern in Städten ist aus meiner Sicht, dass Künstler so etwas spontan tun und niemanden haben wollen, der sie in irgendeiner Form drängt, sondern dass in dem Augenblick, in dem der Druck da ist, die Künstler schon wieder woandershin ausweichen.

WKü

Das ist doch völlig in Ordnung. Wir sollten auch nicht so tun, als ob die Verkunstung aller Gebäude und Einrichtungen der einzige Weg zur Revitalisierung wäre. Natürlich hat es sich als sehr erfolgreich erwiesen, mit kulturellen, möglichst selbstverwalteten Einrichtungen, selbstverwalteten Theatern oder Performancegruppen, bestimmte Dinge zum Leben zu erwecken, um sie dann mehr und mehr kommerziell zu nutzen. Das ist zusammengefasst auch die Ihren Beiträgen zugrunde liegende Kritik an diesem Vorgehen, aber es gibt auch andere Möglichkeiten. Wenn wir zum Beispiel diese ganze großartige Struktur hier in Leipzig sehen, dann lassen sich außer dem berüchtigten Supermarkt auch andere Nutzungen denken, wenn man sich mit den Verhältnissen genau auskennt, die eben nicht über das Künstlerische oder – anders gesagt – über das Einbeziehen und Wiederherausdrängen von Künstlern laufen. Ich erinnere daran, dass es in Berlin auch Projekte gibt, in denen »Start-up Economies« oder kulturnahe Wirtschaftsbranchen wie zum Beispiel Plattenherstellung, also das ganze Music Business, eine große Rolle für die Revitalisierung von brachliegenden Industriegebieten und die umliegenden Areale spielt. Solche Strategien sind nicht beschränkt auf den an keinem Profit interessierten, armen Künstler, der dann am Ende die Zeche zahlt. Also auch da muss man die Optik ein wenig verändern.

WK

Mir lag mit der vorherigen Frage daran, eine Frage an die Veranstalter loszuwerden. Ich habe mit der Einladung, so wie sie formuliert war, ein bisschen gehadert. Als Architekt bringe ich wahrscheinlich eine Sensibilität dafür mit. Warum wird hier die Architektur nach ihrem sozialen Verantwortungsgehalt gefragt? Wer fragt eigentlich nach dem sozialen Verantwortungsgehalt der Kunst, um die es hier eigentlich geht? Ich würde die Frage mit dem Geld und der Kunst einfach noch einmal aufwerfen, wenn wir über Kunst als einen stadtbildenden Faktor reden, und Stadt ist nun einmal das Soziale schlechthin. Dann geht es – natürlich vermittelt – um das Geld, was diese Kunst entweder kostet, die Stadt, das soziale Gefüge oder um das, was die Kunst bringt. In unserem amerikanischen Beispiel hat man uns erst einmal ganz massiv vorgeführt, wie man es anstellt, dass Kunst etwas bringt. Das ist nur eine mögliche Antwort auf die Frage, wie sozial Kunst sein könnte. Umgreift es das gesamte Kunstverständnis, oder – wir hatten gestern schon mal das Problem – ist es alles übertragbar? Wir in Deutschland oder in Europa sind mit anderen, vielleicht antiquierteren, aber doch vorhandenen Denkmodellen belastet oder geformt und versuchen unsere heutigen Probleme zu lösen. Das gilt vielleicht auch für den Kunstbegriff. Ich habe als Europäer, als Kunstliebhaber und vor allem als Anhänger von spontanen und widersetzlichen Kunstpraktiken große, ungeheure Probleme, wenn Kunst allein auf museales Darbieten von irgendwo anders entstandener Kunst reduziert wird. Für mich steht fest, dass Orte, an denen Kunst entsteht, mindestens genauso wichtig sind wie Orte, an denen die Kunst dann präsentiert wird. Aber wie sich herausgestellt hat, sind das offenbar verschiedene Orte, weil sie verschieden wirken. Sie haben verschiedene Folgen und sie machen Verschiedenes mit den Menschen, die an diesen Orten sind. Und auf diesen Konflikt wollte ich hinweisen und am Ende dieser Diskussionsrunde und zur Eröffnung des nächsten Symposiumsteils noch einmal gemäß der Ausgangsfrage fragen: Wie kann Kunst sozial denken, wenn wir sie im Zusammenhang mit Stadt sehen?

BS

Herr Kil, wenn die Frage nach der sozialen Verantwortung kommt, kann ich mir doch die kleine Spitze nicht versagen, dass in einem etwas anderen Kontext, in einer Podiumsdiskussion mit einer etwas anderen Zusammensetzung, die Tatsache, dass ein wesentlich kulturell bestimmtes Projekt wie MASS MoCA in einer daniederliegenden Region einen Beschäftigungsgrad – ich zitiere – von 30 % im Jahr 1996 binnen fünf Jahren auf 75 % in die Höhe treibt, geradezu als Sieg einer sozialen Idee gefeiert werden würde. Es geht nicht um den Sieg der Kunst, es war die Frage nach der sozialen Verantwortung von Architektur, die hier im Vordergrund steht. Wenn wir uns über die soziale Verantwortung von Kunst unterhalten, brauchen wir ein etwas anderes Podium, aber wenn wir die Ausgangsfrage nach der sozialen Verantwortung von Architektur ernst nehmen, dann sind aus dem so erzkapitalistischen Amerika Zahlen gekommen, die uns zu denken geben und die auch als Muster außerhalb jeden Zweifels stehen.

Publikum

Wenn wir darüber reden und jetzt diese Statistiken feiern oder sie zumindest unhinterfragt hinzunehmen versuchen, geht dennoch ein Punkt nicht ganz auf: In einer Region, wo MASS MoCA entstand, gibt es jetzt plötzlich 45 % und mehr Belegung von Flächen bei einer Bevölkerung, die vorher von 30 % Arbeitslosigkeit geprägt war. Diese Bevölkerung sieht plötzlich ein neues Beschäftigungsfeld in der Kunst und kann selbsttragend diese Flächen bespielen. Irgendwas geht für mich da nicht auf. Darum glaube ich auch nicht an diese Statistik, weil ich sie nicht selber gefälscht habe, denn es ist für mich ein Bruch darin. Wie ist diese arbeitslose Bevölkerung zu Kunstproduzenten mutiert oder mutiert worden? Wie kommen diese Zahlen zustande? Was ist in dieser Gesellschaft passiert, dass so viele Leute in die Statistik der Kunstproduktion eingehen?

SB

Hitherto, before MASS MoCA, North Adams was not an acceptable place to live or work so people who lived there or wanted to work there couldn't simply do so. After MASS MoCA, because it became a sort of artsy place, it was acceptable to buy a building in North Adams, it was acceptable to open a restaurant in North Adams. There were only about thirty-five jobs created by the museum itself, the remainder came through people who began to work in North Adams because it was now okay. Carpentry jobs opened up because people were buying buildings and fixing up old buildings, restaurant jobs opened up because people were opening restaurants in North Adams, and that's what we call the trickle-down effect. It wasn't a panacea, and it didn't solve all the problems, but it began to chip away at them. North Adams only mutated of itself and allowed people to work and live in North Adams. This whole issue of spontaneity is much overrated. It's the best when it's calculated because you can't do something that really… I mean, occasionally spontaneity works, but as a long run you're not going to make it all the time, so you better think carefully before you act spontaneously, as it seems to me.

PO

Ich würde gern auf Bernhard Schulz antworten, irgendwie werden hier die Fronten zu einfach aufgebaut. Man muss es wirklich etwas differenzierter sehen und deswegen habe ich versucht, diesen Unterschied zu machen zwischen der Kulturproduktion als kreativem Prozess und Kultur als weiterem Feld. Das ist einfach ein Riesenunterschied, den man sich in einer solchen Diskussion klar machen muss. Insofern kann man die Frage von Wolfgang Kil nach der sozialen Verantwortung von Kunst ganz unterschiedlich beantworten. Natürlich kann man sagen, dass so ein Projekt eine sehr große soziale Verantwortung hat. Die soziale Verantwortung von Kunst kann aber wiederum aus der engen Sicht des künstlerischen Schaffens, eines Künstlers, in der Regel eher eine kritische Position gegenüber der Gesellschaft einnehmen. Das ist wiederum etwas komplett anderes. Hier gibt es auch wieder eine Differenz. Es ist in unserer Zeit und gerade auch in einem Kontext wie in Leipzig oder Ostdeutschland sehr wichtig, über diesen Zusammenhang von Kultur, Ökonomie und Stadtentwicklung zu diskutieren. Dieser Zusammenhang ist zentral, das ist gar keine Frage. Das Zweite ist, dass es weniger darum geht, dass kulturelle Produktion wirklich ein signifikanter Wirtschaftsfaktor ist, die Sache ist – ich habe es versucht, am Beispiel von Manchester zu zeigen –, dass die Rolle von Kultur eigentlich viel mehr darin besteht, dass sie zur Identitätsbildung und zur Selbstvergewisserung von Standorten, Gesellschaften und Städten beitragen und damit bestimmte Prozesse begleiten oder unterstützen kann, denn es geht nicht so sehr darum, dass eine kulturelle Produktion soundso viel Dollar oder Euro oder soundso viel Arbeitsplätze schafft.

BS

Das eine schließt das andere nicht notwendigerweise aus. Es sind einfach verschiedene Perspektiven, verschiedene Sichtweisen, die Sie da anlegen können. Natürlich kann und soll es zur Identität einer Stadt, einer Region beitragen, trotzdem kann es unabhängig davon oder parallel dazu die gewünschten, hier angesprochenen, ökonomischen Effekte haben.

PO

Da rennen Sie offene Türen ein.

BS

Umso besser.

Publikum

What I think we are talking about here; it's very admirable what you've done with the building. The way that I see it is that you've simply re-placed one industry with another and when we talk about industry we are not talking about Unicode or the production of unique art pieces. And I think art is always open ended, you cannot predict that, you can certainly do that with economics and you can certainly do that with town planning, and you've made money and that's admirable in one way. But as someone who deals with art and someone who's partner is an artist I know up-close and personally that's not the way artists produce, and we're really talking about an event of culture that you've placed into a city in order to draw people there. Let's be honest, no serious artist is going to move and live there. We are talking about an industry which is no different than an automobile line, and basically what you've done is taken art and put it into a former industrial place and you've basically taken the curtain away so that people who don't know anything about art can come and look at it. But it's really about production and a production line, it's not artists who are there and creating unique pieces. Therefore you are not going to be able to use that place as a unique place of production. Let's face it, Henry Ford didn't make up ideas about cars or come up with research ideas about cars in the factory production that happened somewhere else, and so what I think you've done with MASS MoCA is in a way what's being done here in Germany – there's a car production plant that they talk about as transparent production and it basically unveils to the larger public how an automobile is made and that in itself is an event like a movie or any other type of entertainment, but when you really talk about innovative ideas in art or culture or any other type of field, you are not talking about the type of place that you've made in my opinion.

SB

Well. I think you've been simplistic again. I think there is a place for every range in the spectrum and those folks who want to produce art in a gallery but often they need a place to show it and I think it's fortunate that we have a whole range of places and actually…

Publikum

Fortunately MASS MoCA is not a place where every artist can show their work, let's be honest about that, that's an event, it's a spectacle, because it's the replication or the constant production of large events, otherwise it wouldn't make money.

BS
It wouldn't people attract to come there.

Publikum
Absolutely.

SB
And in fact there are good artists showing interesting art.

Publikum
Yes, but these artists already have an international presence and therefore a name, therefore a logo and therefore their place there, and that's why they bring in money. But if you really want to have an innovative place you have to also be able to fund it and have places for those people.

BS
And that would be a rather solitary place?

Publikum
No, I don't think so, but I think there must be a better way to integrate some of that into your building and I don't see that being done.

Martin Kunz
I would like to add something to close the discussion. Der Widerspruch von Kunst zu Kommerz ist inhärent. Wir müssten Joseph Beuys hier haben, um es aus dieser Sicht zu sehen. Ohne dem zu widersprechen, dass Kunst einen inhärenten Widerspruch zu Kommerz hat, darf man auch nicht die amerikanische, pragmatische Erfahrung isolieren, dass man sagt: Kunst ist Kommerz. Ich denke, daran scheitert diese Diskussion. Diesen inhärenten Widerspruch kann man nicht vergessen und deswegen ist es wichtig, diese Frage zu stellen. Ich denke, die heutige Generation von Künstlern und Vermittlern hat sich dermaßen am Erfolg der amerikanischen Modelle orientiert und das produktiv, was das Positive daran ist, wodurch es nicht nur ein esoterisches Ding ist. Aber diese Erfahrung vergisst, dass dieser Widerspruch existiert, in der Kreation von Kunst kann der Kommerz keine Rolle spielen.

BS
Aber der inhärente Widerspruch zwischen Kunst und Kommerz, den Sie ansprechen, verhinderte nicht, dass auch ein Joseph Beuys bei Anthony d'Offay in London ausgestellt hat, der wohl durchkommerzialisiertesten Galerie in ganz London, und diesen Widerspruch auch ausgehalten und zugleich thematisiert hat.

Martin Kunz
Beuys klopfte ja an die Kunstmesse in Köln an, wo er ausgestellt war. Er war sich bewusst, dass das ein Widerspruch ist, machte das klar und ich denke, wir müssen hier in memoriam Joseph Beuys den Geist etwas öffnen.

BS
Dann werden wir diesen Widerspruch offen halten.

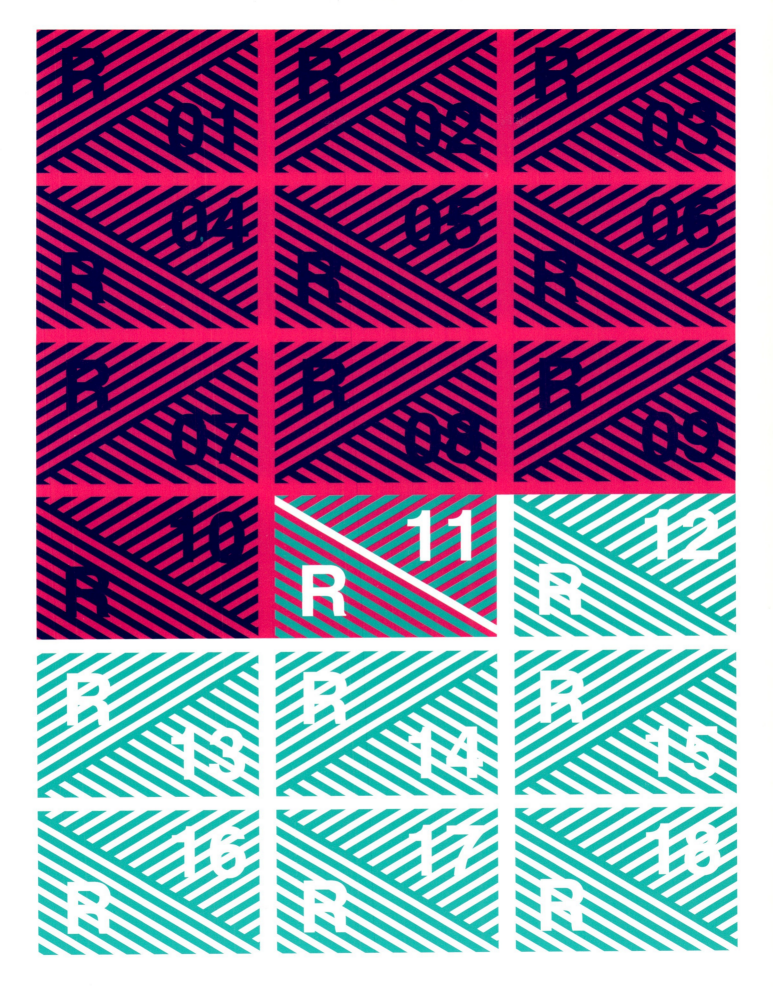

JEAN PHILIPPE VASSAL (*1954)
ARCHITEKT • 1980 DIPLOM AN DER ÉCOLE D'ARCHITECTURE DE BORDEAUX • 1980 - 85 ARCHITEKT UND STADTPLANER IN NIGER • 1992 - 99 LEHRTÄTIGKEIT AN DER ÉCOLE D'ARCHITECTURE DE BORDEAUX • AB 2002 AN DER ÉCOLE D'ARCHITECTURE DE VERSAILLES • SEIT 1987 ZUSAMMEN MIT ANNE LACATON ARCHITEKTURBÜRO LACATON & VASSAL IN BORDEAUX • 1999 GRAND PRIX NATIONAL D'ARCHITECTURE JEUNE TALENT DU MINISTÈRE DE LA CULTURE • 1999 MAISON À LÈGE-CAP-FERRET • 2001 PALAIS DE TOKYO, PARIS

PHOTO CREDITS
LACATON & VASSAL

PALAIS DE TOKYO IN PARIS

The Architecture of the Site for Contemporary Art

It's nice to be in Leipzig, and I'm only sorry not to be able to stay longer, because it seems to be a town where really exciting things are taking place. Recently I was doing an exhibition in Bordeaux, and for the introduction I asked a friend, the German architecture critic Andreas Ruby, to speak not so much about our work but rather about the aspects of his job that I'm unfamiliar with. He chose to focus on three architects: one of them a Spanish artist-architect with a highly unusual practice. He also addressed the activities of a group of architects from Vienna, called BKK3. They have formed a community project with somewhere between thirty and forty people, having simply decided that, instead of each of them buying one house, they could pool all their money and purchase an old factory building in the centre of the city and make a project. As a result they now have something ten times better than they would have had acting separately. Andreas Ruby also spoke about a group of Leipzig architects and urbanists known as L21, and we were shown a project by this group. From that moment on I have felt very excited about the city of Leipzig.

To return to the subject at hand, How can architecture think socially, I believe that now is really the moment to change our way of making architecture. For far too long architects have been involved in the fabrication of the architecture of power: churches, palaces, projects of this sort. Now, I think, we live in a democracy so we have to work for different clients: it's no longer politicians, although indirectly it still is, but the fact remains that it's for the people. So when you make a gymnasium, it's for children; when you make other projects, it's really for the people. This is very important for me. It means that monumentality is no longer the question: it is now certainly more a question of lightness, kindness, accessibility, rather than monumentality.

I feel that architecture is the crossing of space and use: people inside space. If I consider a project, I imagine that I'm inside at all times. I don't want to make a model. When you make a model, you are on the outside. So I am inside and try to work from there. I make one space/a door, another space/a window, and even if I'm on the outside, I am still on the street of the city, so I am inside. I don't concern myself with the facade, or any volume dictated by regulations. The aesthetic result is therefore nothing more than the result of the internal spaces. And being inside means to live, living in. This idea of living is the foremost one for me, the idea of well-being and comfort in a space. What could it be? It could be a living-room, it could be a room like this one here at the cotton spinning mill in Leipzig; it could even be the street itself. But the idea is, that it is going to be a comfortable space.

Six or seven years ago, we were invited for an exhibition in New York called *Premises*, organized by the Centre Pompidou, an exhibition of French artists and architects. At this point we had completed only one project so far, a house, but one that differed greatly from older models for low-cost housing in France. Doing this exhibition was a strange experience, because for the first time I found myself feeling closer to the artists than to my architect friends. The way I showed the project was to use large-screen slide-projection only – no models, no drawings, nothing. Nearby there was an installation by the French artist Dominique Gonzales-Foerster, who was talking about *habitat*, a project about simply living in. I felt that his project and my own were very close, and far different from the other architectural works in the show. The idea was to get as much space as possible in the house on a very low budget. Here you see a very simple way to live: a bed, a toy on the bed, windows facing outside, one elemental light fixture; a living-room with normal, as opposed to designer, furniture, the door from the street façade and the house. The budget came in at the average price paid for a first house in France at this time, though in volume it was twice as big. Another house with the same interior spaces consisted of a greenhouse, with exterior elements to protect it from the sun. A kitchen table, the view looking out onto the large garden, very simple furniture, and the bathroom very close to the outside. The house is in fact the result of converting an actual agricultural greenhouse by using standard elements, in which one section is more isolated and its functions are combined with the other, non-isolated, part. The result is a house of three hundred square meters for the price of a one hundred square meter dwelling. So once again, the idea is that we can really live in a comfortable manner in a simple space.

But it's possible to be even more radical: these are images from the time I spent in Nigeria, in the Sahara. Here you see a stretch of desert road. All that is required to live is a small hut, under which you can stay for hours protected from the sun. This small shelter is made out of no more than a few branches and straw panels. At a wayside stop a man prepares you some tea. Then kilometres and kilometres of road.

I got to know the man who was my neighbor. He showed up each morning and took branches, stuck them in the sand and then, with an expansive gesture, tossed a cloth over them: this was a one-minute architecture project. People working in the marketplace in the same manner is another very beautiful project; this is a nature school in the desert: you have to image than there is nothing but sand, and then sixty square metres covered with straw panels on branches to form the roof. Children sit there on the sand and watch educational television. These scholars didn't even have a teacher – instruction came via satellite. You see the batteries, and the solar panels on the roof. This, for me, is an incredible piece of architecture, proving how simple it is to make a school. Straw is used along with modern materials like corrugated steel panels, which are fixed to the wood using Coca-Cola bottle caps to avoid slipping. This is my idea of the limit of making architecture. In addition, the landscape in this part of the Sahara was so horizontal, so even, plain and shallow, so vast, that what I felt most of all was the impression of existing in space, being in space.

Now we come to the subject of the Palais de Tokyo. It is a museum in Paris close to the Seine, built in 1936 to house the Universal Exposition. It is divided into two parts: One part, on the right, is owned by the City of Paris; the other, by the Culture Ministry. These are two different institutions. In the beginning, it was a place for modern art, and for a long time it displayed modern work until the opening of the Centre Pompidou, to which the collections were then transferred. After this the building was used for a variety of functions, for example as a cinematèque, and for »La Fémis,« the famous school of cinema. At this time, fifteen years ago, they decided to build a very ambitious project, a palace of cinema. The start-up phase was very prolonged and at one point they began the demolition of the interior. Because the existing building was not adapted to the programme, they spent over two years demolishing what was inside. After a very difficult two years, just at the moment when the entire inside had been completely destroyed, the Ministries decided to definitively cancel the project. During the next five years the building remained in this state, unsuitable for any public use. With the infiltration of dirt and rain through the roof, the building sank into a very sorry condition.

The building is very monumental. Here we see the exterior of it. The project which we were interested in working on was just behind these windows. When we discovered it, the place was like a ruin or an abandoned factory, with an accumulation of debris, a jumble of dismantled decoration. Most of the marble elements had been removed, ceilings shattered, and what we were left with was the skeleton of a building. The floors too were very dangerous, with the constant risk of falling fifteen meters through a gaping hole. There was no electricity, no lights or heating.

Then the in-coming Minister of Culture decided to launch a new challenge from this state of affairs, which was to attempt to install in this building – not the whole building, but nearly half of it – a centre for modern and contemporary art. It was to be a very light structure, a centre for production and exhibition by young artists. The ministry held a competition, and we won. However, the competition was at this stage not to actually carry out the project, but only for discussion.

Our budget was twenty times lower than that of the failed palace of cinema project. What sort of project could we then present to the directors of the competition? A place in Marrakesh, Morocco, entered my mind. It is a famous place called »Djemaa-el-Fnaa,« a sort of void right in the centre of the city. There is the souk, the various areas in front of the buildings, and then suddenly you come to a very, very large void: no urban planning, no architecture whatsoever. It is nothing more than a plaza, in reality a mere flat floor. All the streets and avenues intersect at this point, and very early in the morning you find a horde of cars, bicycles, lorries, buses and so forth, all trying to cross this plaza. Then the artists begin to arrive. Some of them sing, play musical instruments, perform theatre pieces, and others sell their wares. At this moment circles of spectators quickly begin to form around them, and in one or two hours the whole plaza is completely covered with circles of spectators gathered around the artists. It's a scene of total interaction. Meanwhile the cars, lorries and buses are forced to zig-zag their way through the crowd. This is the everday situation in the plaza, long into the night. It's fantastic. For me, then, the idea of a new centre for art in Paris, on a very small budget, could look something like this plaza in Morocco. That means that it should become a place where reaction is possible, where artists are not hermetically sealed – each in his or her box – but instead a place where artists are able to share something, where public and artist can talk together, and where the public feels as if in their own home: it was this idea of living and being comfortable in a place that ran through my mind.

So this was the site before the project started, occupied by the famous »La Fémis« school of cinema. It was a very strange situation, because all the light comes from above, and the roof is transparent but you cannot see though, since they had intended to arrange special lighting for the cinema school.

This was the site as we found it. At this point – after the plaza in Morocco entered our minds – we decided that it wasn't possible for us to stay at Bordeaux. We told our client that the situation was too complex for us, and we needed to be on the site. Therefore we asked all the people from our office, and everyone agreed. So we left Bordeaux and came here and settled down to work. This was the beginning of 2000, and we're still there.

All the same, in this place and also in function of the programme, it was possible to sell some products, to eat, and to visit a cinema and watch films, or work as an artist in a very elementary way. This is the exhibition called *Spaces*, all virtual images. It was very easy for us, because the office was there and we simply made some photographs of the situation and added some figures, in order to try to explain to the directors how it would look. In this photograph you see the exhibition rooms. Also, in the programme the directors had mentioned a school for young artists, who after completing their studies could come to this place for one year and work with artists, curators and the directors to make their own work; the director of the center is a French artist.

At the same time it seemed possible to re-discover the transparency of the roof: Why not have orange and lemon trees, under which the ladies from the area could come and read the newspaper? I remember once in Paris several years ago being fascinated by the very beautiful greenhouses made at the beginning of the last century, overgrown with tropical plants, palm trees, beautiful flowers. Most fascinating of all was, on cold winter days I would see all the ladies talking together surrounded by this tropical atmosphere. For me, this is the idea of living: you create a place in which you feel comfortable, a sort of extraordinary ambience.

There were already some solutions to the problem of fire exits, but in fact for us they became new entrances to the museum. While the floor plan of the entire museum is 20,000 square metres, we worked on 8,000 square metres. This is the main level, dedicated to exhibitions, and there is also an exhibition hall upstairs, as well as space for administration and the school for young artists.

In this picture you can see only those parts of the buildings that are in use. This is very important for me, because you are not obliged to have a global view of the building in order to start using it. In this way, we are just using a little under half of the building, but we don't mind having a project that can adapt itself to what will come after. But at the same time we don't have to wait years and years for money in order to arrive at a general global project which is completely controlled – in fact, you can really go into the project like an installation, or even a squat.

All of these images are virtual, and after the work begins we will have very long and high stairs to the exits from the exhibitions; there is a small garden, which was formerly used for outdoor sculpture.

It's good to keep in mind that the location is the Sixteenth Arrondissement, certainly one of the most well-to-do neighbourhoods in all of Paris, where there is a great concentration of embassies. The proposition of the artist for this garden was to change it into a worker's garden: the small plot has been divided into thirty miniscule parcels which were then alotted to different people – students, workers, people from the suburbs – when our building was still a construction site. Each had a little parcel of land on which to grow tomatoes, cucumbers, melons and the like. It was really interesting to see the contrast between this very chic and bourgeois part of Paris and these workers' gardens.

On the exterior of the building, looking onto the street, the windows were given over to an art work by the Swiss artist Beat Streuli, who installed very large photographs under the main windows. Another image of a finished art work is that of Les passerèlles – the footbridges. It is a reaction to the monumentality of the building. When you enter it, you have to climb up ten steps. It was to provide a ramp going from the pavement to the inside. This idea of arriving into the building horizontally is very important.

The restaurant is another project within the main project. We are not the architects of the restaurant. However, this is a temporary situation for the restaurant that we really want to extend for as long as possible. For us, this temporary situation is the best we can have. Another architect is in charge of this, and the directors of the Palais de Tokyo asked us to assist them by giving a few directions for the restaurant project. We proposed that it would be a good idea to offer a meal at the price of five Euros, and coffee for one Euro. Once again, this is also part of an architect's work. Actually, the restaurant is highly interesting because its owner is obliged to work around these rates, which are very inexpensive for this area of Paris. People flock to the restaurant, and it features a few common tables, so you find not only people from the embassies and rich people but also young artists and children, all sitting together at the same tables.

This is the entrance. This is the little bookstore, which is protected only by some iron grids. The idea was to deal with a minimum budget, something like 380 Euros per square metre after tax: a very, very minimal budget, and the decision was therefore to keep existing elements in place as much as possible and change only what was really necessary. This meant having to replace some of the columns, which were inadequate for fire safety, but nonetheless we've made only minimum modifications. We decided to resolve some structural problems; what was in marble we have kept in marble. A Thai artist named Michael Linn has made the ground floor. Here you can see the interior, where in February of this year the artists began installing work. This was a very nice place, because there was a Chinese lady making tea and you could lie down on the cushions on the floor and drink tea.

All floors were re-done to enable them to carry enough weight; then there was the question of an elevator, lighting, heating, fire safety, and by the time we solved all of these problems, we were over our budget. The transparent roofs are equipped with no more than agricultural systems for providing natural ventilation and shelters for fans. A view of a section of the upstairs. This is a place for young artists, the school inside the Palais de Tokyo.

I think that's all.

House Coutras

House Latapie

Niger

Vassal   R/11

Palais de Tokyo

Vassal

Vassal

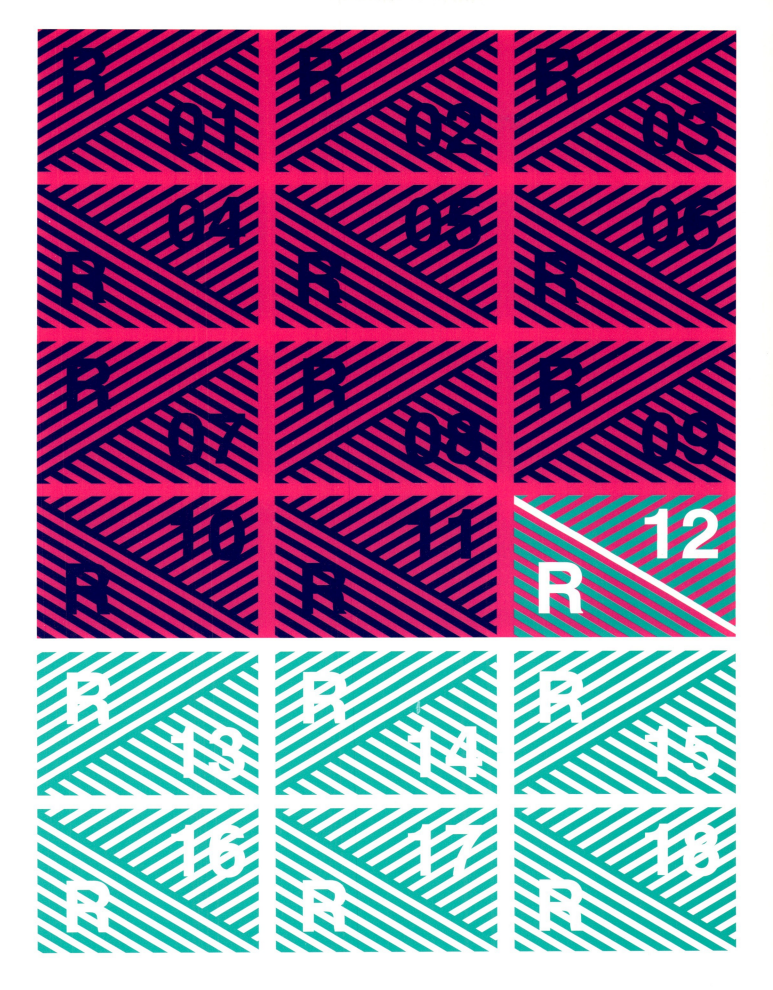

ENGELBERT LÜTKE DALDRUP (*1956)
STADTBAURAT DER STADT LEIPZIG • 1976 - 82 STUDIUM DER RAUMPLANUNG (STADT- UND REGIONAL-
PLANUNG) AN DER UNIVERSITÄT DORTMUND • 1980 SCHINKELPREIS IN DER SPARTE STÄDTEBAU •
1982 - 84 STÄDTEBAUREFERENDAR IN FRANKFURT AM MAIN • 1988 PROMOTION • 1989 - 95 SENATS-
VERWALTUNG FÜR BAU- UND WOHNUNGSWESEN, BERLIN • AB 1992 LEITER DES REFERATS HAUPT-
STADTGESTALTUNG, BERLIN • SEIT 1995 BEIGEORDNETER DER STADT LEIPZIG FÜR STADTENTWICK-
LUNG UND BAU

FOTONACHWEISE
ALLE ABBILDUNGEN: STADT LEIPZIG

Engelbert Lütke Daldrup

STADT IM UMBAU

Ein kreativer Prozess

Leipzig macht zurzeit einen Transformationsprozess durch, der durch ein Paradox gekennzeichnet ist. Im Nordraum entwickelt sich eine Sequenz von Bausteinen der globalen Ökonomie: Flughafen Abb. 1), Güterverkehrszentrum, Porsche-Werk, neue Messe Abb. 2, 3, 4) und der Industriepark Nord mit seinem Kernstück, der BMW-Ansiedlung. Abb. 5) In diesem Bereich wächst die Stadt. Andererseits sind auch Schrumpfungsphänomene zu verzeichnen. Die Einwohnerzahlen werden kaum nennenswert ansteigen, realistischerweise ist mit einem langfristigen Rückgang zu rechnen. Daraus folgt: Die über Jahrhunderte gewachsene europäische Stadtstruktur muss angepasst, umgebaut werden. Viele Städte erleben gegenwärtig Ähnliches, nicht nur im Osten Deutschlands, sondern auch in den alten Bundesländern und in anderen Staaten Europas. In ein und derselben Stadt bilden sich Zonen unterschiedlicher Dichte. Boomenden Arealen stehen sich ausdünnende Bereiche gegenüber, deren überkommene Strukturen auf Dauer nicht zu halten sind. Seit einiger Zeit macht das Wort von der perforierten Stadt die Runde. Diese Entwicklung kann nur gemeistert werden, wenn sie – bei klarer Sicht auf alle mit ihr verbundenen Risiken – primär als Chance begriffen wird. Dem planerischen Mut, der gestalterischen Kreativität kommt dabei eine entscheidende Rolle zu. Wie wir uns in Leipzig dieser Herausforderung stellen, davon soll im Folgenden die Rede sein.

Besucher, die nach Leipzig kommen und unmittelbar die Urbanität und die Kraft des tradierten städtebaulichen Kontextes spüren, fragen sich, wieso gerade hier der Topos der perforierten Stadt geprägt wurde. Erst wenn man in die Vorstädte geht, versteht man, dass trotz der prägnanten Raumstruktur einer europäischen Stadt und der gelungenen Sanierung von drei Vierteln der Altbauten heute Teile von Leipzig am Scheideweg zwischen erfolgreicher Erneuerung und schleichender Perforierung stehen. Neben den vielen anspruchsvoll erneuerten Gründerzeitquartieren gibt es immer noch etliche unsanierte, oft ruinöse Altbauten in den benachteiligten Stadtquartieren.

Die Rahmenbedingungen der Leipziger Stadtentwicklung haben sich im letzten Jahrzehnt im Zeitraffer-Tempo geändert. Bis Mitte der 1990er Jahre gab es Wohnungsmangel bei gleichzeitigem Leerstand vieler unsanierter Altbauten mit sehr schlechtem Bauzustand. In der Region Leipzig wurden seit der Wende über 50.000 Wohnungen neu gebaut, vor allem am Stadtrand und auf der »grünen Wiese«. Trotz aller Proteste der Kernstadt entstanden in den kleineren Umlandgemeinden städtebaulich nicht integrierte Geschosswohnungen in unmittelbarer Nachbarschaft zu den alten Dorflagen. Die Zersiedelung der Landschaft und im Grunde überflüssige Verkehrsbelastungen sind die Folge dieses »Bürgerwettstreits« um Zuwanderer. Die maßlose Neubautätigkeit erfolgte parallel zum Rückgang der Einwohnerzahlen in Leipzig. Geburtenrückgang und vor allem Stadt-Umland-Wanderung zehrten die Kernstadt aus. Der Wohnungsüberschuss erreichte im Jahr 2000 seinen vorläufigen Höhepunkt. Von den 320.000 Leipziger Wohnungen war fast jede fünfte unbewohnt. Die stadtbildprägende Altbausubstanz war mit über 40.000 leeren Wohnungen besonders stark betroffen. Der Neubauboom vor den Toren der Stadt wurde in der zweiten Hälfte der 1990er Jahre von einem Sanierungsboom abgelöst. Seit 1998 – dem Höhepunkt der Sanierungstätigkeit – hat sich der Erneuerungsprozess aufgrund der Wohnungsüberschüsse und der auslaufenden steuerlichen Förderung stark abgeschwächt. Vier Jahre später wird nur noch etwa ein Fünftel dieses Sanierungsvolumens im Jahr bewältigt. Inzwischen sind gut 10.000 Altbauten des Historismus und des Jugendstils saniert.

Seit einigen Jahren stabilisiert sich die Leipziger Einwohnerzahl bei einer halben Million. Dies führt bei steigenden Haushaltzahlen – aufgrund der immer noch anhaltenden Verkleinerung der durchschnittlichen Haushaltsgrößen – zu einer größeren Wohnungsnachfrage. Entgegen dem allgemeinen Trend in Ostdeutschland geht der Wohnungsleerstand in Leipzig zurzeit langsam zurück. Dabei gewinnt vor allem die alte Stadt. In den zentralen Lagen und im Umfeld des Leipziger Auwaldes zieht die Nachfrage an. Viele sanierte Leipziger Altbauten haben sich auf einem übersättigten Wohnungsmarkt als konkurrenzfähig erwiesen. Die Einwohnerzahl der inneren Stadt steigt wieder. In den letzten fünf Jahren sind über 25.000 Bewohner in die Altbauquartiere zurückgekehrt. Dementsprechend ging der Leerstand in der innerstädtischen Bausubstanz am stärksten zurück, wenngleich der Altbauanteil am Wohnungsüberschuss von 50.000 Wohnungen auch heute noch bei der Hälfte liegt.

In den Großsiedlungen verläuft die Entwicklung entgegengesetzt. Besonders in Grünau nimmt der Leerstand seit einigen Jahren deutlich zu: die Plattenbaugebiete sind in der innerstädtischen Wanderung seit etwa fünf Jahren die Verlierer. Da sich der Leerstand auf die dichtbebauten ehemaligen Arbeiterwohngebiete und die Plattenbaugebiete der DDR-Zeit konzentriert, kann man von einer Krise des massenhaft produzierten Geschosswohnungsbaus mit hoher Dichte sprechen.

Die Trendwende in der alten Stadt ist ein großer Erfolg der Stadterneuerung, zumal über 60% der innerstädtischen Blöcke weitgehend saniert sind. Allerdings ist dies nur die eine Seite der Medaille, da etwa 2.500 alte Häuser aus der Gründerzeit noch unsaniert sind und überwiegend leer stehen. In den benachteiligten Quartieren konnte der Abwärtstrend kaum gebremst werden, so dass auch im wirtschaftlich relativ erfolgreichen Leipzig (u. a. BMW- und Porsche-Ansiedlung) in Teilräumen flächiger Stadtverfall droht. Besonders schwierig ist die Situation in Teilen des Leipziger Westens und in großen Bereichen des Leipziger Ostens. In diesen Stadtteilen beginnen sich die Blockstrukturen stellenweise aufzulösen. Eine perforierte Stadt entsteht.

In der östlichen Vorstadt gibt es mittlerweile Ortsteile, in denen jede zweite Wohnung leer steht. Kleinräumig betrachtet sind es bis zu 80 %. Die Entleerung wird vom Niedergang der lokalen Ökonomie und sozialen Abwärtsbewegungen in den benachteiligten Quartieren begleitet. Das Stadtgewerbe wird auf Grund der räumlich unterschiedlich ausgeprägten Verdünnung der Nutzung lockerer. Der traditionelle, durchgehend zusammenhängende Leipziger Gründerzeitgürtel bekommt Risse und Löcher. Die patchworkartige Peripheriestruktur beginnt in die innere Stadt einzusickern. Abb. 6)

Angesichts dieser großen Herausforderungen ist die Stadtgesellschaft aufgerufen, ihre Energien auf die Erneuerung möglichst vieler wertvoller Altbauten zu konzentrieren und den unvermeidlichen Stadtumbau als eine behutsame und bewusste Perforierung der Stadt auszuprägen, um einer polarisierten Stadt mit direkter Nachbarschaft von Wohlstands- und Verfallsquartieren kreativ entgegenzuwirken. Stadterneuerung muss die intakten Stadtschollen der inneren Stadt zusammenhalten und die Konkurrenzfähigkeit der innerstädtischen Quartiere fördern.

Im Leipziger Westen (Lindenau und Plagwitz) wird mit dem EU-Programm »URBAN II« neben der klassischen Stadterneuerung vor allem die lokale Wirtschaft gefördert. Einzelbetriebliche Förderungen von kleinen und mittleren Unternehmen (KMU-Beihilfeprogramm für Erweiterung, Neuansiedlung und Existenzgründung), die Bildung von Unternehmensnetzwerken (Energie und Umwelttechnik, Automobilzulieferer, virtuelle Produktentwicklung) und die Gewerbeansiedlung auf dem Jahrtausendfeld (Future Energy-City) stehen im Mittelpunkt. Daneben läuft ein Beihilfeprogramm für soziale und stadtkulturelle Träger an und mit Geschäftsstraßenmanagement soll den traditionellen Einkaufslagen geholfen werden. Ingesamt wird die soziale und wirtschaftliche Basis des Stadtteils gestärkt, damit Stadterneuerung und Stadtumbau eine tragfähige Grundlage erhalten. Dazu gehört auch ein Gebietsservice zur Beschäftigungsförderung und Stadtbildpflege.

In der nachhaltigen Stadtentwicklung, die wir anstreben, ist Raum für das wirtschaftliche Engagement wie auch Raum für das Experiment. Etwa in brach gefallenen Arealen, die in naher Zukunft vermutlich nicht wieder bebaut werden. Nehmen wir das Jahrtausendfeld in Plagwitz. Hier ist für das Jahr 2000 auf einer Brache Korn gesät und geerntet worden: das Feld als starker Kontrast zu einer Umgebung aus unsanierter Altbausubstanz und sanierten Gebäuden. Abb. 9) In Lindenau entstand auf Abrissflächen und an Häusergiebeln eine temporäre Kunstlandschaft, die einen neuen stadträumlichen Akzent setzte. Dieses Projekt mit dem Namen »Stadthalten«, das die Stadt gemeinsam mit dem Verein Leipziger Jahresausstellung realisierte, versucht den Transformationsprozess im Stadtteil sichtbar zu machen, zu kommentieren, auch ein wenig zu ironisieren. Da gibt es zum Beispiel einen Park aus hundert Parkplatzschildern Abb. 10) oder ein Tapetenzimmer, das paradoxerweise aus einer tapezierten Außenwand mit zwei Schlafzimmerlampen besteht. Oder ein Stück modelliertes Gelände, das unter dem Motto »Liegen ist gebührenfrei« die Nutzung des öffentlichen Raumes auf originelle Weise thematisiert. Abb. 11)

Soll der Stadtumbau nicht primär zur Desinvestition und Verfestigung der sozialen Segregation führen, sondern als Chance genutzt werden, brauchen wir für die Leipziger Innenstadt auch neues innerstädtisches Grün, das sich nicht auf ökologische Aspekte reduziert, sondern den Gestaltungsauftrag ernst nimmt und eine neue innerstädtische Gartenkultur entwickelt. Ein Gebiet, in dem diesem neuen Grün eine besonders wichtige Rolle zukommt, ist der Leipziger Osten. Hier steht etwa ein Drittel aller Wohnungen leer, einige Bereiche sind desolat. Stadtbildprägenden, zu erhaltenden Bereichen stehen im Leipziger Osten solche gegenüber, in denen abgerissen werden wird. Auf den notwendigen Gebäudeabbruch reagieren wir mit dem Freiraumprojekt »Rietzschkeband«, einem Grünzug quer durch den Leipziger Osten. Abb. 13, 14) In einem »dunklen Wald« Abb. 15, 16) oder einem »lichten Hain« Abb. 17) werden nach dem Abriss Freiflächen einer neuen Typologie angelegt. Zentraler Teil des Rietzschkebandes ist der in den 1970er Jahren entstandene Stadtteilpark Rabet. Abb. 18) Seine Umgestaltung ist eines der Kernprojekte für das Gebiet. Mit dem Rietzschkeband korrespondiert die Entwicklung des ehemaligen Eilenburger Bahnhofs zu einem neuen Stadtteilpark.

Für den Leipziger Osten wurden im Programm »Soziale Stadt« und »EFRE« bereits etwa vier Millionen Euro eingesetzt. Diese Mittel dienen, neben der Durchführung von Abrissen der Verbesserung des Wohnumfeldes und der Instandsetzung wichtiger Gebäude, vor allem den Kernprojekten Unterstützung der Gewerbetreibenden, Förderung des Wohneigentums und Quartiersmanagement. Weitere Projekte sind der Aufbau eines Qualitätsservice sowie die Förderung von kleinen und mittelständischen Unternehmen (KMU) und bürgerschaftlichen Einzelprojekten.

Neben den räumlichen Schwerpunkten gibt es stadtweite Programme zur Schaffung zukunftsweisender Qualitäten. Dabei spielen neue, attraktive innerstädtische Wohn- und Eigentumsformen eine große Rolle. Mit dem Selbstnutzerprogramm unterstützt die Stadt die Eigentumsbildung im unsanierten Gründerzeitbestand, um eine kostengünstige Alternative zum Anlegermarkt aufzubauen. Das Programm wurde unter dem Namen »selbstnutzer.de – Wohnen im Eigentum« etabliert und hat bisher über fünfzig Leipziger Familien zu individuell sanierten, attraktiven Altbauwohnungen verholfen. Zur weiteren Verminderung der Stadt-Umland-Wanderung fördert die Stadt innerstädtische Stadthäuser. Auf preisgünstigen städtischen Grundstücken entstehen die ersten ambitionierten städtischen Reihenhäuser und private Grundstückseigentümer entdecken für ihre bisher nahezu unverkäuflichen Geschossbaugrundstücke einen neuen Markt. Da der zur Konsolidierung des Wohnungsmarktes unvermeidliche Rückbau eine städtebauliche Gratwanderung bedeutet, wurde ein verwaltungsinterner Abrisspool gebildet, der in qualifizierter Weise die städtebaulichen, denkmalschutzrechtlichen und stadtentwicklungspolitischen Aspekte bei Abrissanträgen prüft. Auf Grundlage der Stadtentwicklungsplanung und detaillierter, kleinräumiger Konzepte wird über Rückbau einzelfallbezogen entschieden. Dabei wurden über 300 unsanierte Altbauten geprüft, deren Abrissförderung nur in etwa der Hälfte der Fälle zugestimmt werden konnte. Im Rahmen von Ordnungsmaßnahmen wurden in den beiden letzten Jahren 333 Gebäude (von der Garage bis zum Vorderhaus) abgetragen und insgesamt 14 ha Flächen neu gestaltet. Quantitativ bedeutender ist der Rückbau in der Großsiedlung Grünau, wo bisher der Abriss von über 2.500 Wohnungen in Häusern, vor allem Hochhäusern, angelaufen ist. Die großen Siedlungen werden vom Leerstand eingeholt und erweisen sich aufgrund ihrer Monostruktur als wenig krisenfest. Hier kann Stadtumbau nicht nur einen Beitrag zur Verminderung des Wohnungsüberschusses leisten, sondern auch einen städtebaulichen Mehrwert schaffen: mehr Qualität durch weniger Häuser. Stadtumbau von Außen nach Innen muss von einer »Inwertsetzung« der Landschaft am Stadtrand und einer klaren Ausprägung der Stadtkanten begleitet sein. Wir stehen noch am Anfang des Stadtumbaus der benachteiligten Quartiere. Daher kann die Frage, ob die Perforierung der innerstädtischen Blockstrukturen zu neuen Qualitäten weniger verdichteten Wohnens in der alten Stadt genutzt werden kann, oder ob sie letztendlich den Zerfall des räumlichen Gerüstes der inneren Stadt, eine Auflösung der traditionellen Strukturen bedeutet, noch nicht abschließend beantwortet werden.

Alles in allem greift die aktuelle Diskussion um schrumpfende Städte im Fall Leipzig jedenfalls viel zu kurz. Neben dem Stadtumbau sind in der Stadt wichtige Wachstumsprozesse zu bewältigen. Am nördlichen Rand der Stadt rücken die eingangs erwähnten Bausteine der globalen Ökonomie immer stärker ins Blickfeld. Hier entsteht eine neue großmaßstäbliche Raumstruktur. Was sich hier herausbildet, passt nicht mehr in das traditionelle Muster der europäischen Stadt, der Blockstruktur, des rasterförmigen Städtebaus. Wir interpretieren deshalb den Nordraum als eine Sequenz unterschiedlich großer Elemente, die durch einen grünen Korridor strukturiert werden soll.

Leipzig wird in der Zukunft seine eigene Balance zwischen Stadterneuerung und Stadtumbau im Inneren und der internationalen Wettbewerbsfähigkeit finden müssen. Sollen lokale Identitäten bewahrt bleiben, müssen strukturelle und kulturelle Differenzierung und unterschiedliche teilräumliche Entwicklungstempi akzeptiert werden. Nur die Pflege der Ungleichzeitigkeit kann der Nivellierung lokaler Strukturen entgegenwirken. Das erfordert einen kreativen Umgang mit den Gegebenheiten, eine immer wieder neu auszutarierende Balance zwischen dem urbanen Innenstadtkern, dem Standbein der Leipziger Stadtentwicklung, und den perforierten Quartieren, ihrem Spielbein.

2) VOGELPERSPEKTIVE AUF DAS GELÄNDE DER NEUEN MESSE IM NORDOSTEN LEIPZIGS, 1996 ERÖFFNET

1) DER FLUGHAFEN LEIPZIG-HALLE MIT SEINEM 2003 NEU ERRICHTETEN TERMINAL

3) BLICK IN DIE GLASHALLE DER NEUEN MESSE

4) IMPRESSIONEN AUF DER NEUEN MESSE BEI NACHT

5) BMW-ANSIEDLUNG, KONZEPTVISUALISIERUNG VON ZAHA HADID, LONDON

6) ABRISS IN DER WURZNER STRASSE, LEIPZIGER OSTEN

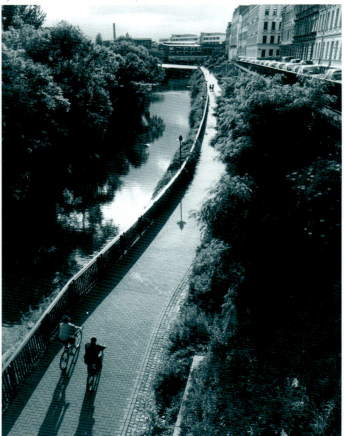
7) DER 1856 ANGELEGTE KARL-HEINE-KANAL DURCHZIEHT DEN LEIPZIGER WESTEN

8) DIE WEISSE ELSTER IN PLAGWITZ: DIE ALTE INDUSTRIEARCHITEKTUR WIRD IN WOHN- UND GESCHÄFTSHÄUSER UMGEBAUT

9) JAHRTAUSENDFELD, EXPO 2000, LEIPZIG-PLAGWITZ

10) *STATTPARK* VON KLAUS MADLOWSKI, KUNSTPROJEKT *STADTHALTEN*, LEIPZIG-LINDENAU

11) R. HABERMEHL & C. SCHNEIDER, KUNSTPROJEKT *STADTHALTEN*, LEIPZIG-LINDENAU

12) *33 LINDEN* VON WOLFGANG KE LEHMANN, KUNSTPROJEKT *STADTHALTEN*, LEIPZIG-LINDENAU

13) LEITBILDPLAN LEIPZIGER OSTEN 2020

14) RIETZSCHKEBAND, LEIPZIGER OSTEN

15) DUNKLER WALD, RIETZSCHKEBAND

16) DUNKLER WALD, RIETZSCHKEBAND

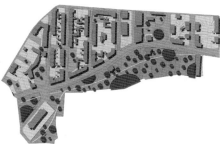
17) LICHTER HAIN, RIETZSCHKEBAND

18) STADTTEILPARK RABET, RIETZSCHKEBAND

19) VERSTECKTER GARTEN, LEIPZIGER OSTEN

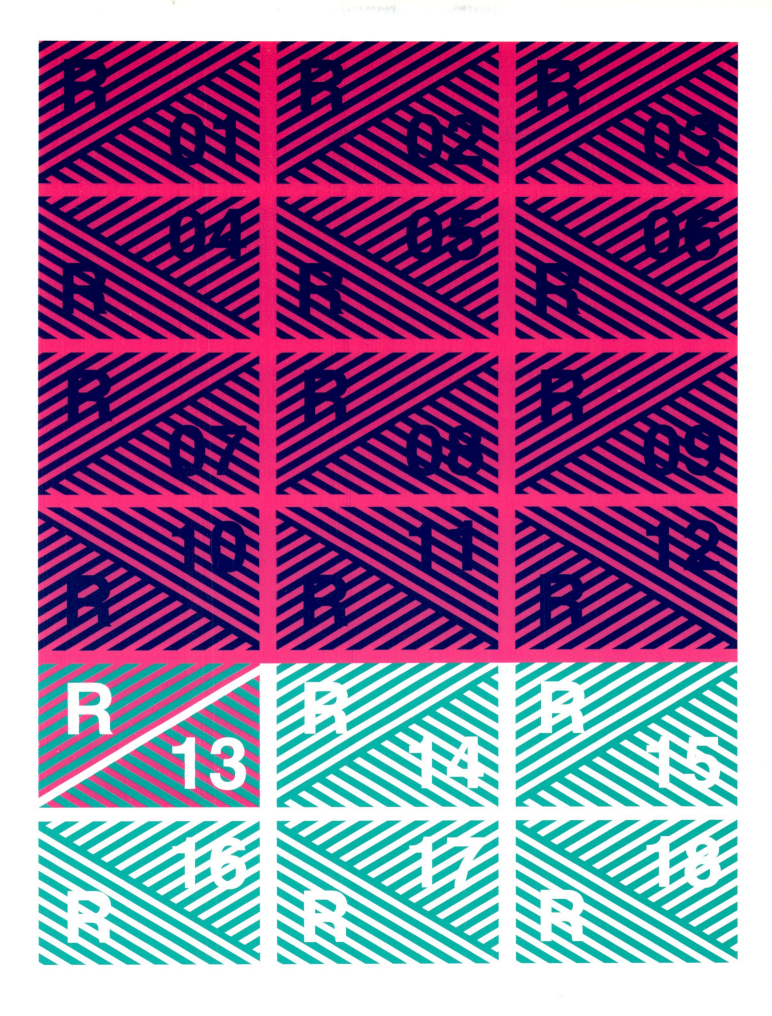

MARIUS BABIAS (*1962)
KUNSTKRITIKER, U.A. FÜR *KUNSTFORUM INTERNATIONAL* UND *KUNST-BULLETIN* • GASTPROFESSUR FÜR KUNSTTHEORIE UND KUNSTVERMITTLUNG, U.A. AN DER STÄDELSCHULE FRANKFURT AM MAIN, AN DER UNIVERSITÄT LINZ UND AM CENTER FOR CONTEMPORARY ART KITAKYUSHU, JAPAN • 1996 *CARL EINSTEIN PREIS* FÜR KUNSTKRITIK • 1997 CO-PROJEKTLEITUNG *WEITERGEHEN*, KULTURBEHÖRDE HAMBURG • SEIT 2000 *INTERNATIONAL COMMITTEE CENTER FOR CONTEMPORARY ART KITAKYUSHU* • 2001 - 03 CO-KURATOR UND LEITER KOMMUNIKATION DER *KOKEREI ZOLLVEREIN | ZEITGENÖSSISCHE KUNST UND KRITIK*, ESSEN • HERAUSGEBER VON *IM ZENTRUM DER PERIPHERIE* (1995) • MITHERAUSGEBER U.A. VON *DIE KUNST DES ÖFFENTLICHEN* (1998), *DIE OFFENE STADT: ANWENDUNGSMODELLE* (2003) • AUTOR U.A. VON *ICH WAR DABEI, ALS...* (2001) UND *WARE SUBJEKTIVITÄT – EINE THEORIE-NOVELLE* (2002)

FOTONACHWEISE
ALLE ABBILDUNGEN: ROMAN MENSING, KOKEREI ZOLLVEREIN | ZEITGENÖSS. KUNST UND KRITIK
7), 13), 16), 18), 19) WOLFGANG GÜNZEL, KOKEREI ZOLLVEREIN | ZEITGENÖSS. KUNST UND KRITIK
17) MARCEL MEURY, KOKEREI ZOLLVEREIN | ZEITGENÖSS. KUNST UND KRITIK

Marius Babias

DIE RÜCKEROBERUNG DER SUBJEKTIVITÄT

Kokerei Zollverein | Zeitgenössische Kunst und Kritik

Die unsympathischen 1990er

Die 1990er Jahre brachten eine Reihe von unsympathischen Phänomenen hervor, deren Ausläufer das Millennium bestimmen. Der Zusammenbruch des Staatssozialismus entfesselte die Globalisierung, so will es zumindest die neoliberale Erzählung. Die deutsch-deutsche Wiedervereinigung 1990 gilt als Weltmodell der Globalisierung en miniature. Die DDR, stellvertretend für die sozialistische Orientierung Osteuropas, wurde als Irrweg der Moderne gebrandmarkt und politisch, sozial und kulturell neu vermessen. Der Westen, der anscheinend über das überlegenere ökonomische Konzept verfügte, übernahm die Deutungshoheit in allen gesellschaftlichen Fragen. Dank IWF, WTO und Guggenheim setzte sich das Reproduktionsprinzip im globalen Maßstab durch. Der Exodus des Kapitals über nationale Grenzen hinweg schuf einen »supranationalen Kapitalstaat« (André Gorz), einen Staat ohne Territorium, der zwar von außen auf den Nationalstaat einwirkt, aber sich selbst der politischen Kontrolle entzieht.

Der Ende der 1980er Jahre in die Krise geratene Kunstmarkt erholte sich Mitte der 1990er Jahre dank der an den Weltbörsen frisch verdienten New-Economy-Milliarden und hauchte tot gesagten Medien wie der Malerei neues Leben ein, weil sie die Warenförmigkeit der Kunst am besten reproduzieren. Jene kollektive kritische Kunstpraxis, die sich in Opposition zu den Institutionen an den Rändern des Betriebs entwickelt und kurzzeitig Diskursmacht errungen hatte, wurde nach und nach zurückgedrängt, um Platz zu schaffen für das altbewährte Individualmodell künstlerischer Praxis. Intendanten-Künstler der Sorte Matthew Barney sind die Profiteure dieser Entwicklung. Die wohl unangenehmste Erscheinung unter den Phänotypen der Endneunziger ist das aus sich selbst schöpfende Künstlersubjekt, das wie eh und je einen ästhetischen Früchtekorb für den bürgerlichen Disktinktionsgewinn bereit stellt. Alte und – vom Standpunkt entwicklungsgeschichtlicher Evidenz aus – erschöpfte Medien und Genres wie Malerei und Skulptur, die von einer politisierten jungen Generation für erledigt erklärt worden waren, erleben seit Mitte der 1990er Jahre eine Konjunktur, die bis heute anhält. Fotografie und Video-Kunst sind zur zeitgeistigen Ersatz-Malerei aufgestiegen; Fotografie und Video-Kunst beherrschen die Kunstmessen und die Großausstellungen. Ironischerweise war es der Erfolg der High-Tech-Werte an den Börsen, der den Erfolg der alten Medien beflügelte, die sowohl die documenta X als auch die Biennalen Venedig 1999 und 2001 mit einer nicht für möglich gehaltenen Penetranz dominierten. Besonders bitter ist, dass Catherine David ihren kritischen documenta-Diskurs 1997 ausgerechnet mit einem Overkill an fotografischen Arbeiten illustrierte. Aber auch die Documenta11 von Okwui Enwezor, der die Bildende Kunst in einen übergreifenden Diskurs zwischen Postkolonialismus und Globalisierung einbettete, kam nicht ohne Videokabinette aus.

Produktionsort für Zeitgenössische Kunst und Kritik

Die Kokerei Zollverein | Zeitgenössische Kunst und Kritik in Essen ist ein Kunstprojekt, das seit 2001 für insgesamt fünf Jahre ein Produktions-Display für den Wandel der Arbeits- zur Wissensgesellschaft entwickelt. Ende 2000, von der in Dortmund ansässigen Stiftung Industriedenkmalpflege und Geschichtskultur aufgefordert, verfasste Florian Waldvogel, der zusammen mit dem Verfasser das Programm der Kokerei Zollverein kuratiert, auf Empfehlung von Kasper König ein Gutachten mit dem Inhalt, das ehemalige Industrieareal zum Zentrum für zeitgenössische Kunst zu profilieren. 2001 wurden in den Teilausstellungen *Arbeit*, *Freizeit* und *Angst* Werke von 26 internationalen KünstlerInnen ausgestellt, die neue gesellschaftliche Kommunikationsprozesse initiieren sollten. Die Ausstellung, die in drei Etappen auch ihre Entstehungsgeschichte transparent machte, wurde begleitet von Diskussionsveranstaltungen zu den Themenfeldern »Geschichtskultur«, »Bitterfelder Weg«, »Existenzgeld« und »Rechtsradikalismus«. Im Jahresprojekt 2002 *Campus* wurde dann eine weitere gesellschaftspolitisch brisante Frage thematisiert: Bildungspolitik bzw. Wissensproduktion. Im Jahresprojekt 2003 *Die Offene Stadt: Anwendungsmodelle* wird in den künstlerischen und diskursiven Projekten die Auseinandersetzung mit »Öffentlichkeit« und den

Orten ihres Entstehens und Wirkens geführt. Das Gelände der ehemaligen Industrieanlage der Kokerei Zollverein eignet sich aufgrund seiner Geschichte und seiner sinnfälligen Bedeutung für eine zukunftsgerichtete Neunutzung in idealer Weise für ein Projekt, in dessen Mittelpunkt das Entwickeln neuer Wege und Modelle der Vermittlung von Wissen, politischer Mündigkeit und Subjektivität steht.

Die Kokerei Zollverein wurde in den Jahren 1959-61 errichtet und war bis 1993 in Betrieb. Nach Plänen der Bauhaus-Architekten Fritz Schupp und Martin Kremmer entstand eine technisch wie gestalterisch markante Architektur: Kubische Formen und Stahlfachwerkkonstruktionen bilden eine nüchtern-imposante Synthese. Die Kokerei Zollverein zählte zu den modernsten Anlagen Europas. An der 600 Meter langen Koksofenbatterie mit ihren 304 Öfen arbeiteten bis zu 1.000 Menschen. Sie produzierten täglich auf der so genannten »Schwarzen Seite« aus 10.000 Tonnen Kohle 8.600 Tonnen Koks für die Stahlindustrie. Nebenprodukte wie Rohbenzol, Teer und Ammoniak wurden auf der »Weißen Seite« weiterverarbeitet. Die Kokerei wurde 1993 stillgelegt, weil einerseits die Stahlindustrie in die Krise geriet sowie die Koksnachfrage stetig sank und andererseits die Koksproduktion zu teuer wurde. Die gesamte Anlage gehört seit Dezember 2001 zum UNESCO-Weltkulturerbe.

Das bis auf das Jahr 2005 angelegte Konzept des Projekts Kokerei Zollverein | Zeitgenössische Kunst und Kritik sieht vor, einen Produktionsort zu schaffen, an dem sich die bildende Kunst – unter Berücksichtigung von Industrie- und Sozialgeschichte – mit gesellschaftsrelevanten Fragen auseinander setzt. Dabei soll das jeweilige Jahresprogramm nicht nur unter einem anderen thematischen Schwerpunkt stehen, sondern auch jeweils ein anderes, das heißt adäquates Präsentations- und Vermittlungsmodell hervorbringen.

2001: Arbeit Essen Angst

Das Ausstellungsprojekt *Arbeit Essen Angst* siedelte die Werke von 26 KünstlerInnen auf unterschiedlichen Ebenen an: thematisch, architektonisch und konzeptionell. Das so genannte Display wurde von Angela Bulloch Abb. 1) und Maria Eichhorn Abb. 2, 3) bereit gestellt; ihre Arbeiten sowie die Artists-in-Residence-Projekte von Dirk Paschke / Daniel Milohnic (Werksschwimmbad) Abb. 4) und Sebastian Stöhrer (Kochwerkstatt) ummantelten gewissermaßen die drei thematischen Teilausstellungen *Arbeit*, *Freizeit* und *Angst* über die gesamte Ausstellungsdauer. Die Werke und ihre zeitlich aufeinander abgestimmte Abfolge verdichteten sich nach und nach zu einem thematischen Ganzen. Auf diese Weise bezog die Ausstellung nicht nur die BesucherInnen in einen fortwährenden Entwicklungsprozess ein, sondern machte zugleich die Projektarchitektur sowie die Entstehung der Ausstellung transparent. Die Teilausstellung *Arbeit* versammelte Werke von Christian Borchert, Asta Gröting Abb. 5), William Kentridge Abb. 15), Henrik Olesen, Dan Peterman, Tobias Rehberger Abb. 11), Marijke van Warmerdam; die Teilausstellung *Freizeit* zeigte Arbeiten von Franz Ackermann, Christine und Irene Hohenbüchler, Laura Horelli, Olaf Metzel und Stephen Willats Abb. 6); die Teilausstellung *Angst* mit Dennis Adams, Valie Export Abb. 8), Jeppe Hein Abb. 9), Santiago Sierra Abb. 14), Andreas Slominski Abb. 10) und Silke Wagner vervollständigte den Zyklus.

Im Erdgeschoss der Kokerei Zollverein wurde eine so genannte Disko-Ebene eingerichtet. Hier können sich die BesucherInnen mit Sekundärliteratur, Künstlerarchiven und thematischen Materialien sowie mit der Geschichte des Hauses auseinander setzen. Die Disko stellt bei allen Jahresprojekten einen Themen-Pool zur Verfügung, in dem die BesucherInnen sowohl online als auch in Büchern, Zeitschriften, Materialien und Archiven recherchieren, kostenlos kopieren, scannen, CDs brennen und so die »Inhalte« selbst produzieren können. In der Disko-Ebene finden auch die Diskussionsveranstaltungen statt.

Arbeitslosigkeit gilt als das Schlüsselproblem der postindustriellen Gesellschaft schlechthin. Die neuen Formen dezentralisierter und flexibilisierter Arbeit, flacher Hierarchien und Outsourcing bewirken unübersehbare soziale Probleme; die neuen Informations- und Kommunikationstechnologien, wovon viele Menschen ausgeschlossen sind, steuern die Bildung von Kompetenz, Karriere und Wohlstand. Die soziale Marktwirtschaft, eine Errungenschaft der deutschen Konsensgesellschaft zu Zeiten des ungebremsten Wirtschaftsaufschwungs, steht zur Disposition. Kritiker der sozialen Marktwirtschaft sehen die Arbeitslosigkeit als Folge einer »verfehlten Sozialpolitik«, sie halten die BürgerInnen für sozial überversorgt und plädieren für eine flexible Beschäftigungspolitik ausschließlich nach den Marktgesetzen der Globalisierung. Mit der Kritik an der sozialen Marktwirtschaft ist die Vorstellung eines für sein Auskommen, seinen Wohlstand und seine Sozialversorgung eigenverantwortlichen Individuums verbunden. Paritätische Mitbestimmung, Betriebsverfassungsgesetz, Solidargemeinschaft oder Flächentarif stünden dem im Wege. In der Teilausstellung *Arbeit* hinterfragten die KünstlerInnen die Marktideologie des kapitalistischen Arbeitsbegriffs, thematisierten die sozialen Folgen und formulierten modellhaft Alternativen. Sie setzen die »Arbeit« nicht in Tauschverhältnisse, sondern in Kooperationsverhältnisse. Vom DDR-Fotografen Christian Borchert († 2000) beispielsweise waren historische Aufnahmen von der *IV. Deutschen Kunstausstellung der DDR* 1958 in Dresden zu sehen – eine Auseinandersetzung mit der sozialistisch verklärten Arbeitswirklichkeit und ein einzigartiges Dokument der Sozio-Fotografie, das zum ersten Mal öffentlich zugänglich gemacht wurde.

In einer Gesellschaft, welcher die Arbeit ausgeht, gewinnen Freizeit und Freizeitgestaltung eine immer größere Bedeutung. Verschoben haben sich die Formen von Arbeit, von Kommunikation, von Konsumption und Kultur. Dem Niedergang der Industriegesellschaft folgte ein Aufschwung der Freizeitindustrie mit vielfältigen kulturellen Sinnangeboten. Während die gesellschaftspolitische Teilhabe abnimmt, haben die Menschen in Fragen der Freizeitgestaltung so viele Auswahlmöglichkeiten wie niemals zuvor. Unübersehbar ist aber der Preis für diesen Zugewinn an gesteigerter Individualität: die Abwertung der gesellschaftlichen Dimension des Einzelnen, seiner sozialen Identität und Kompetenz. Diesem Verlust an »Gesellschaftlichkeit« stehen eine ganze Reihe von Freizeitangeboten gegenüber, die immer mehr Warencharakter angenommen haben. In der Teilausstellung *Freizeit* thematisierten die KünstlerInnen die industriellen und psychologischen Aspekte der Freizeitgesellschaft. So errichteten Christine und Irene Hohenbüchler auf dem

Gelände der Kokerei Zollverein gemeinsam mit Kindern aus Essen-Katernberg ein Hüttendorf. Unter der Anleitung der KünstlerInnen entstand eine kreative Situation, an der die Kinder aktiv teilnehmen konnten. Olaf Metzel installierte in der zentralen Bunkertasche die aus hängenden Campingzelten, Straßenlampen und Tarnnetzen bestehende Arbeit *Im Grünen*, die den Zusammenhang zwischen Gewalt und Freizeit thematisiert – eine Chiffre auf das Freizeitverhalten des europäischen Kulturmenschen zwischen Sport und Urlaub. Abb. 12)

Profite, so lautet die Botschaft der Globalisierung, werden nicht mehr in der Fließbandproduktion erwirtschaftet, sondern im Bereich einer globalen Finanz- und Kommunikationsdienstleistung. Die so genannte Dritte Welt, wohin die Fließbandproduktion zunehmend ausgelagert wurde, geht dabei leer aus, weil sie weder über die Produktionsmittel verfügt noch die nötigen Fertigkeiten im Umgang mit Information und Kultur beherrscht. Welche Chancen und Perspektiven ergeben sich aus dem Wandel der Arbeitsgesellschaft zur Freizeit- und Wissensgesellschaft? »Workfare« oder »Wellfare«? Liegt die Zukunft der Arbeit im Existenzgeld und der Einkommensgarantie? Liegen die Chancen und Perspektiven der postfordistischen Produktionsweise in der »Multiaktivitätsgesellschaft«, die das Soziale aus der Logik der Tauschverhältnisse befreit und in Kooperationsverhältnisse setzt?

»Deutsche Leitkultur«, Zuwanderungsdebatte oder EU-Osterweiterung – das Leben in der Zivilgesellschaft wird mehr denn je von der Politik emotionalisiert und polarisiert. Ironischerweise setzte die Emotionalisierung der Politik zu einem Zeitpunkt ein, als die Ost-West-Konfrontation mit dem Fall der Mauer für überwunden erklärt wurde. Die derzeit am stärksten emotional aufgeladenen und angstbesetzten »Probleme« der deutschen Zivilgesellschaft sind Arbeitslosigkeit und Rechtsradikalismus. In der Teilausstellung *Angst* beschäftigten sich die KünstlerInnen mit angstbesetzten Phänomenen, die der Wandel der Arbeitsgesellschaft zur Wissensgesellschaft hervorruft. So realisierte Silke Wagner ihr Projekt *bürgersteig* mit Antifa- und Antira-Gruppen aus Essen. Abb. 13) Sie stellte lokalen Gruppen einen Kleinbus für deren politische Arbeit zur Verfügung. Gemeinsam mit der Künstlerin entstanden eine Dokumentationsausstellung in der Disko-Ebene sowie eine Reihe von Aktionen und Vorträgen in der Innenstadt Essens und in der Kokerei Zollverein. Außerdem wurde eine »Gelbe-Seiten«-Broschüre mit Anlaufadressen für MigrantInnen und Opfer rechter Gewalt zusammengestellt.

2002: Campus

Das *Campus*-Projekt positionierte sich zur Frage: Was ist eine »Wissensgesellschaft«? Wie können Formen der Wissensproduktion und -vermittlung thematisiert oder dargestellt werden? In diesem Jahresprojekt ging es nicht mehr um eine Gesamttektonik »Ausstellung« wie 2001, sondern um Einzelprojekte sowie Seminare und Workshops in universitärer Form. *Campus* gliederte sich in vier übergeordnete Fachbereiche einer »idealen Universität«, die Ansätze einer von gesellschaftspolitischer Autonomie, Wunschproduktion und politischer Teilhabe ausgehenden Ausbildung bzw. Fortbildung aufzeigen sollten: »Bildende Kunst«, »Politische Ökonomie«, »Flow-Werkstatt« und »Stadt«. Realisiert wurden über das »Sommersemester« von Mai bis Oktober 2002 jeweils Projekte, bestehend aus Aktionen, Seminaren, Workshops, Vorträgen, Lesungen und Diskussionen, die von verantwortlichen ProjektleiterInnen entwickelt und durchgeführt wurden. Es fanden interne Kurse für SchülerInnen, StudentInnen, Interessierte und Laien statt. Inhalte und Ergebnisse der Kurse wurden in öffentlichen Veranstaltungen vorgestellt und vermittelt. TeilnehmerInnen waren u. a. Ayse Erkmen, die in der Bunkerebene ein Gehege für ein Tigerpaar einrichtete Abb. 16), Regina Möller, die ihr neues *regina*-Heft produzierte (Nr. 6 - Stillleben) Abb. 17), der Arbeitskreis Rote Ruhr Uni, ein loser studentischer Verbund, der in der Disko-Ebene der Mischanlage Seminare und Vorträge zum Thema »Autoritäre Charaktere« organisierte.

Die »Flow-Werkstatt«, ein die Hip-Hop-Kultur thematisierendes Projekt über sechs Wochen, bildete die Schnittstelle zwischen Darstellender Kunst, Musik, Stadtteil- und Jugendkultur. Die »Flow-Werkstatt« – eine Fortsetzung des Live.Performance.Art-Festivals »Home & Away«, das 1999 im Kunstverein Hannover stattfand – verdeutlicht den *Campus*-Ansatz, der kulturelle Praktiken mit gesellschaftspolitischen Fragen verknüpft und zum Untersuchungsgegenstand einer kritischen Kunstpraxis macht. Hip-Hop ist die derzeit dominierende Jugendkultur. Hip-Hop wird häufig synonym mit Rap-Musik gesetzt, bezeichnet jedoch einen viel umfassenderen kulturellen Komplex, der Breakdance, Graffiti und Lebensstil umfasst. Seine Wurzeln liegen in den frühen 1970er Jahren, als schwarze Ghetto-Kids in den USA eigene Ausdrucksformen entwickelten. Von der Gesellschaft abgeschnitten, führten sie Stellvertreterkriege gegen sich selbst: Drogen, Kriminalität, Gangwars. Rap, zunächst nur eine alternative Partyform fernab vom Mainstream, entfaltete in den 1980er Jahren sein soziales Potenzial zur gesellschaftlichen Veränderung. Die Gangs trugen nun ihre Rivalitäten in wortgewaltigen Verbal Contests und DJ-Battles aus und verkehrten das verächtliche »Nigger«-Dasein zum selbstbewussten »Black & Proud«. Die Hip-Hop-Kultur entwickelte sich zur kulturellen Bewegung in der Nachfolge der schwarzen Bürgerrechtsbewegungen, der Black Panthers und der Zulu-Nation. Hip-Hop wurde in den 1990er Jahren so populär, dass die einstige Ghettokultur auch weiße Communities in aller Welt erreichte, die darin ein Overground-Widerstandpotenzial erkannten. Die in die Mischanlage der Kokerei Zollverein eingezogene Infrastruktur der »Flow-Werkstatt« – Workshops, Studio, Konzerte, Handbibliothek und Videothek – stellte den täglichen Betrieb sicher. Darüber hinaus betreute ein Projektleiter – halb Sozialarbeiter, halb Szenefigur – die Jugendlichen über die gesamte Zeitdauer. SzenemusikerInnen und -künstlerInnen wie Blek le Rat, Cora E., Spax, Torch oder Mode 2 führten Workshops durch, die jeweils drei Tage dauerten und Freestyle Sessions, Open-Air-Konzerte, Jam Sessions und CD-Produktionen beinhalteten. Um die männliche Dominanz im Hip-Hop aufzubrechen, wurden von Cora E. Workshops ausschließlich für junge Mädchen angeboten.

Kritikkonsum ist ein ebenso ernst zu nehmendes Phänomen wie Kritikabwehr. Ein Beispiel für ein Vorgehen, das kritisch auf die Gesellschaft und zugleich selbstkritisch auf die Handlungsräume der Kultur schaut, ist das im Rahmen von *Campus* herausgegebene *Handbuch Antirassismus* (Autoren: Mirko Heinemann, Alfred Schobert, Claudia Wahjudi). Man kann fragen: Was hat ein *Handbuch Antirassismus* in einer Kunsteinrichtung wie der Kokerei

Zollverein | Zeitgenössische Kunst und Kritik zu suchen? Angetreten mit dem Anspruch, der bildenden Kunst, die ja in sich bereits eine erweiterte kulturelle Praxisform darstellt, weitere gesellschaftspolitische Untersuchungsfelder zur Seite zu stellen, löst das *Handbuch Antirassismus* gewissermaßen den Anspruch des Projekts Kokerei Zollverein | Zeitgenössische Kunst und Kritik ein, ein kultureller Produktionsort zu sein. Dieses Verhältnis zwischen Kunst und Gesellschaftspolitik ist allerdings nicht doktrinär zu verstehen. Gesellschaftspolitische Fragen sollen der Kunst zur Seite gestellt werden, um ihr weitere Wirkungsfelder zu erschließen.

Auch knüpft das *Handbuch Antirassismus* an den Schwerpunkt »Rechtsradikalismus« im Rahmen des Jahresprojekts 2001 *Arbeit Essen Angst* an und stellt eine thematische Kontinuität zwischen den Jahresprojekten her. Im ersten Teil dieses Kompendiums werden die historischen Wurzeln von Rassismus und Antisemitismus dargelegt sowie ihre gegenwärtige Wirkungsmacht untersucht. Im zweiten Teil versammelt der Band Initiativen gegen Rassismus und Antisemitismus in Deutschland mit Kurzportraits und Adressen – insgesamt 700 Projekte und Initiativen. In der bundesdeutschen Gesellschaft sind Rassismus und Antisemitismus allgegenwärtig. Über 100 Menschen wurden in Deutschland seit der Wiedervereinigung ermordet – weil sie nichtdeutscher Herkunft oder obdachlos waren, weil sie von einer vermeintlichen Norm abwichen. Rassismus und Antisemitismus zeigen sich auch im Alltag, etwa in der Ausgrenzung aus der Arbeitswelt. Sie zeigen sich im Wahlkampf, in der Popkultur und auf dem Schulhof – und in Straftaten wie der Schändung jüdischer Friedhöfe und Gedenkstätten.

Mit dem *Handbuch Antirassismus*, einer im deutschsprachigen Raum einzigartigen Publikation, liegt nun ein bundesweiter Index von Projekten und Initiativen vor, die oftmals im Schatten der Medien stehen, und öffnet sich zugleich ein Handlungsraum für BürgerInnen, die Rassismus und Antisemitismus nicht tolerieren wollen. Das *Handbuch Antirassismus* schafft die Basis für Vernetzung und ruft dazu auf, selbst aktiv zu werden. Auch rückt es eine neu-artige und bislang nicht genügend untersuchte Form des Rassismus ins Blickfeld: den institutionellen Rassismus. Rassistische Denk- und Handlungsweisen sind nicht ausschließlich Sache der persönlichen Einstellung einzelner Individuen; sie werden oftmals im institutionellen System selbst produziert, das darauf ausgerichtet ist, Menschen mit anderer religiöser oder kultureller Ausrichtung dauerhaft aus dem gesellschaftlichen Leben auszuschließen und zu diskriminieren – in Fragen des Asyl- und Bleiberechts, der Abschiebung oder etwa in der großangelegten Rasterfahndung gegen Menschen islamischer Herkunft. Mit dem französischen Rassismusforscher Étienne Balibar gibt das *Handbuch Antirassismus* die Antwort darauf, was zu tun ist: »Man muss die Demokratie wieder zum Einsatz machen, um zu verhindern, dass sie untergeht.«

2003: Die Offene Stadt

Das Jahresprojekt 2003 *Die Offene Stadt: Anwendungsmodelle* soll auf künstlerisch-diskursive Weise den öffentlichen Raum untersuchen und die Frage nach der Öffentlichkeit und nach dem Ort ihres Entstehens thematisieren und siedelt sich auf drei Ebenen an. Erstens soll der Übergang der Kokerei Zollverein von der »verbotenen Stadt« zur »offenen Stadt« thematisiert werden. Zweitens soll der Wandel des Kunst-im-öffentlichen-Raum-Begriffs von der Außenskulptur zur Projektkunst der 1990er Jahre deutlich werden, die nicht mehr im Außenraum, sondern in politischen und sozialen Konfliktfeldern der Gesellschaft agiert. Und drittens soll durch die geplanten Kunstprojekte, Publikationen und Diskussionen eine neue Kunstpraxis ausformuliert werden, welche die Grenzen der Projektkunst überschreitet und die »offene Gesellschaft« in den Bereichen Kunst und Feminismus, Popkultur, Stadttheorie und Medien erreicht.

Die Verschiebung des Rollenmodells Künstler/Künstlerin hin zu Kulturproduzent/Kulturproduzentin ist zentral für die aktuelle Kunstproduktion. »Kunst im öffentlichen Raum« hat sich längst soziale, politische und mediale Zonen außerhalb der Kunst angeeignet, sie ist nicht mehr skulptural oder topographisch festzulegen. Die gesellschaftlichen und ästhetischen Rahmenbedingungen dieses Prozesses stehen im Mittelpunkt des Jahresprojekts 2003. Die Auseinandersetzung mit Öffentlichkeit und dem Ort ihres Entstehens soll sowohl in der Mischanlage der Kokerei Zollverein als auch auf dem Außengelände stattfinden. Rebecca Forner bringt auf Billboards und Werbeflächen im Stadtraum Plakate der Opfer rechtsextremer Gewalt in Deutschland seit 1989 an; in Kooperation mit lokalen Gruppen und Archiven soll zusätzlich die Geschichte der Plakatkunst aufgearbeitet werden. Dan Perjovschi ist als Artist-in-Residence eingeladen, über einen Zeitraum von vier Monaten die gesamte Bunker-Ebene mit seinen politischen Graffiti in Kreide zu gestalten; so entsteht ein historisches Panorama und zugleich ein Zeitschnitt der gegenwärtigen weltpolitischen Situation. Abb. 7) Den Zusammenhang zwischen Architektur bzw. Denkmalkultur und politischer Herrschaft bzw. sozialer Wirklichkeit greift Marko Lulic in der geplanten Skulptur für die Trichterebene der Kokerei Zollverein auf; die Trichterebene mit ihren überdimensionierten Anlagen für die Koksproduktion, die in sich eine Art »Denkmal der Arbeit« ist, wird in einem kritischen, skulpturalen Verfahren der Dekonstruktion mit der eigenen Geschichte konfrontiert. Julie Ault und Martin Beck erarbeiten eine Publikation, die grundsätzliche methodologische Fragen nach dem Zusammenhang von Gesellschaftspolitik, Institutionskritik und künstlerischer Praxis stellt. Gemeinsam mit dem Künstlerkollektiv Political.Rhyme.Practice Abb. 18) und Studierenden des Fachbereichs Kommunikationsdesign der Universität Essen sollen in Form eines mehrwöchigen Workshops Modelle des visuellen Handelns im Stadtraum erarbeitet und umgesetzt werden (»Culture Jamming«). Das Thema Netzkultur wird in Zusammenarbeit mit Inke Arns in Form eines Symposiums umgesetzt.

Und, wie jedes Jahr, werden die so genannten Display-Arbeiten von Angela Bulloch, Maria Eichhorn, Dirk Paschke / Daniel Milohnic erneut ausgestellt; als dauerhafte Display-Arbeit neu hinzugekommen ist der *bürgersteig*-Bus von Silke Wagner in der Gestaltung seines letzten Einsatzes als »Lufttransa Deportation Class«-Fahrzeug.

In die Realität eingreifen

Die Kokerei Zollverein | Zeitgenössische Kunst und Kritik ist ein durch Theorie und Praxis verklammerter Produktionsort mit einem von bildnerisch-sozialer Verantwortung geprägten Aufgabengebiet zur Rückeroberung der Subjektivität. Die Neukonstruktion des Subjekts zum informatischen Schaltkreis der Neuen Ökonomie soll in Frage gestellt, die Umwandlung von Kommunikation in eine Dienstleistung durchbrochen werden, Alternativen zur Content-Industrie sollen formuliert werden. Kritische, künstlerische und kunstvermittelnde Praxis ist hier eine durch historische Aufarbeitung und zeitrelevante Rekombination bestimmte Methode, um Zusammenhänge zwischen politischer Praxis und kultureller Darstellung bzw. Repräsentation aufzuzeigen und, ein Wort Toni Negris aufgreifend, um in die Realität einzugreifen.

Epilog

Die schlechte Nachricht ganz zum Schluss: Nach dreijährigem Bestehen wurde das ursprünglich auf fünf Jahre angelegte Kunstprojekt Kokerei Zollverein | Zeitgenössische Kunst und Kritik zum 31. Dezember 2003 überraschend gekündigt. Trotz vorhandener Förderung für das Jahresprogramm 2004 *Ramp* durch die Kulturstiftung des Bundes wird das Projekt nicht fortgesetzt. Der bisherige Träger – die Stiftung Industriedenkmalpflege und Geschichtskultur – kündigte die Verträge der MitarbeiterInnen zum Jahresende 2003. Grundlage dafür sei eine Vorgabe des Ministeriums für Städtebau und Wohnen, Kultur und Sport des Landes Nordrhein-Westfalen, die eine Gesamtkoordination aller Projekte auf Zollverein durch die Entwicklungsgesellschaft Zollverein (EGZ) ab 2004 vorsehe. Verhandlungen bezüglich einer finanziellen Sicherung des Projekts Zeitgenössische Kunst und Kritik durch die EGZ scheiterten. Zollverein verliert nicht nur ein international anerkanntes Kulturprojekt, sondern auch einen Mittelpunkt sozialen und kulturellen Lebens im strukturschwachen Essener Norden.

Zusammengefasst, stand im Mittelpunkt des Gesamtprojekts das Entwickeln neuer Wege und Modelle der Vermittlung von Wissen, politischer Mündigkeit und Subjektivität. Das Konzept sah vor, einen Produktionsort zu schaffen, an dem sich die Bildende Kunst – unter Berücksichtigung von Industrie- und Sozialgeschichte – mit gesellschaftsrelevanten Fragen auseinandersetzt. Dabei sollte das jeweilige Jahresprogramm nicht nur unter einem anderen thematischen Schwerpunkt stehen, sondern auch jeweils ein anderes, je adäquates Präsentations- und Vermittlungsmodell hervorbringen.

Die Kulturpolitik in Nordrhein-Westfalen hat dem Experiment ein Ende gesetzt.

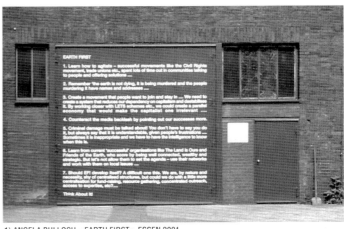
1) ANGELA BULLOCH, »EARTH FIRST«, ESSEN 2001

2) MARIA EICHHORN, »VORHANG ORANGE«, 1989/2001

4) DIRK PASCHKE / DANIEL MILOHNIC, »WERKSSCHWIMMBAD«, ESSEN 2001

3) MARIA EICHHORN, »VORHANG ANTHRAZIT«, 1989/2000

5) ASTA GRÖTING, »DIE INNERE STIMME«, ESSEN 2001

6) STEPHEN WILLATS, »VIER INSELN IN BERLIN / WIE ICH MICH HIER DRIN ABGRENZE / IN ISOLATION LEBEN / WORKERS PARADISE«, ESSEN 2001

7) DAN PERJOVSCHI, »WHITE CHALK – DARK ISSUES«, ESSEN 2003

9) JEPPE HEIN, »DISCOVERING YOUR OWN WALL«, ESSEN 2001

10) ANDREAS SLOMINSKI, »HELGOLÄNDER WINKELREUSE«, ESSEN 2001

8) VALIE EXPORT, »…REMOTE…REMOTE/UNSICHTBARE GEGNER/MENSCHENFRAUEN/DIE PRAXIS DER LIEBE«, ESSEN 2001

11) TOBIAS REHBERGER, »SWEATSHOP«, ESSEN 2001

12) OLAF METZEL, »IM GRÜNEN«, ESSEN 2001

13) SILKE WAGNER, »BÜRGERSTEIG«, 2001/2002

15) WILLIAM KENTRIDGE, »MINE«, ESSEN 2001

16) AYSE ERKMEN, »KETTY UND ASSAM«, 2002

17) REGINA MÖLLER, REGINA NR. 6 »STILLLEBEN«, 2002

14) SANTIAGO SIERRA, »CLOSURE OF A STREET WITH A TRUCK, SOUTHERN HIGHWAY, MEXICO CITY«, ESSEN 2001

18) POLITICAL.RHYME.PRACTICE., »POLITICAL DESIGN«, ESSEN 2003

19) DAVID LAMELAS, »INFORMATION OFFICE (ESSEN)«, ESSEN 2003

20) DENNIS ADAMS, »PATRICIA HEARST, A THRU Z«, ESSEN 2001

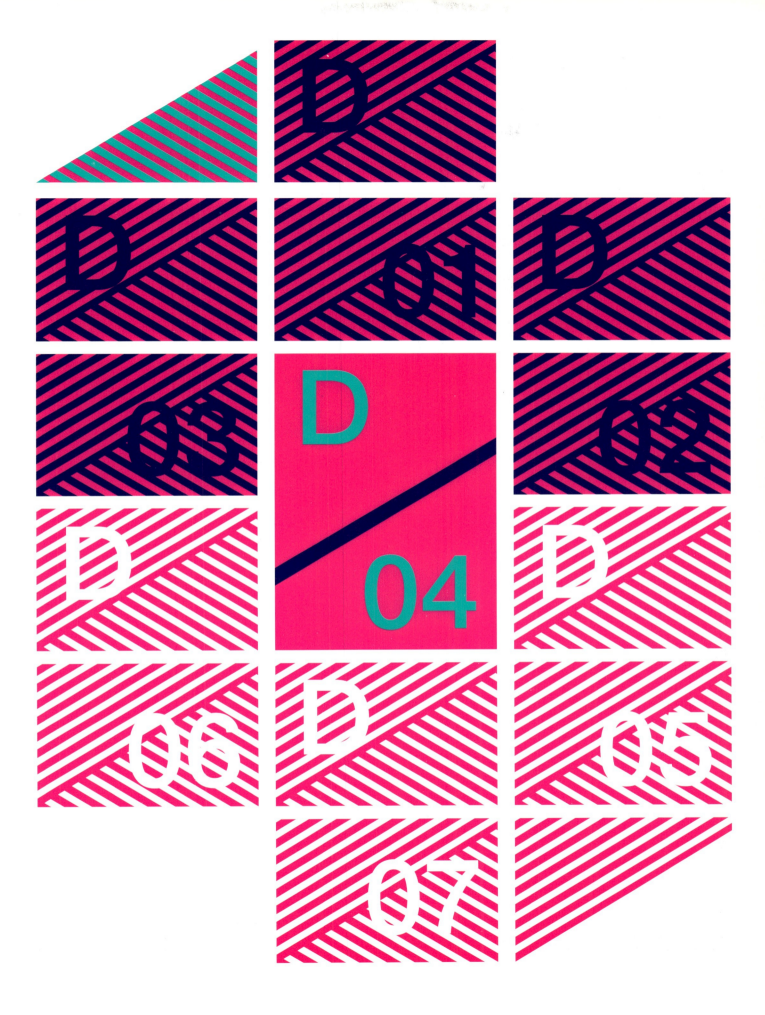

MICHAELA BUSENKELL (*1962)
ARCHITEKTURKRITIKERIN • DIPLOM-ARCHITEKTURSTUDIUM 1992 AN DER TU MÜNCHEN • 1992 DÖLL-GASTPREIS DER TU MÜNCHEN • 1992 - 96 PROJEKTE MIT MARKUS LINK • MITARBEIT IM ARCHITEKTURBÜRO ANDREAS MECK UND ZMSP ARCHITEKTEN MÜNCHEN • 1996 - 99 VOLONTÄRIN UND REDAKTEURIN BEI *AIT* • INHALTLICHE KONZEPTION DER ONLINE-ARCHITEKTURZEITSCHRIFT *A-MATTER* (SIEHE: WWW.A-MATTER.COM), SEIT 1999 EDITORIAL DIRECTOR • PUBLIKATIONEN IN *AIT, ARCHPLUS, JAHRBUCH ARCHITEKTUR DEUTSCHLAND 2002, ARCHITECTURE & TECHNIQUES, DE ARCHITECT* • MEDIENKOOPERATIONEN VON A-MATTER.COM MIT ARCHITEKTUR BIENNALE VENEDIG 2004 UND DEM DAM • AUSSTELLUNG *DIGITAL REAL* (2001) • KONZEPTION VON / MITWIRKUNG AN KONFERENZEN, SYMPOSIEN, AUSSTELLUNGEN UND JURY-TEILNAHMEN

MBu	Michaela Busenkell	
MBa	Marius Babias	—> R/13
JPV	Jean Philippe Vassal	—> R/11
ELD	Engelbert Lütke Daldrup	—> R/12

Moderation: Michaela Busenkell

WHEN UTOPIA BECOMES REAL

Teilnehmer: Marius Babias, Jean Philippe Vassal, Engelbert Lütke Daldrup

MBu

Guten Abend, vielen Dank, ich freue mich sehr, dass Sie mich eingeladen haben, an diesem Symposium teilzuhaben. Ich möchte kurz etwas zu meinem Bezug zu dem Thema industrieller Raum im weitesten Sinne sagen. Ich betreibe eine Internetredaktion für ein Architekturmedium und arbeite selbst in einem ehemaligen Industriegebäude. Die zweite Verbindung ist, dass wir einen Sponsor haben, der aus der Möbelindustrie kommt. Dieser Sponsor finanziert dieses Architekturmedium im Internet komplett, das wir publizieren. Wir haben einen Deal getroffen, also er zahlt nicht nur, sondern wir tun auch für ihn etwas, das heißt, wir beraten dieses Unternehmen zu vielen Themen, die mit Architektur zusammenhängen. Erste Ergebnisse sind beispielsweise diese Stühle, auf denen wir hier oben sitzen, die in Zusammenarbeit mit dem Architekten Peter Wilson entstanden sind. Ein anderes Projekt, was jetzt im Entstehen begriffen ist, sind neue Gebäude, die Sauerbruch & Hutton gerade für die Sedus Scholl AG planen. Das zu meinem Hintergrund. Jetzt möchte ich an die Vorträge anknüpfen, die hier stattgefunden haben und mich mit der ersten Frage an Marius Babias richten. Mich interessiert an den Kunstprojekten, gesellschaftspolitischen Projekten, parakulturellen Projekten ob diese ganz woanders in Essen stattfinden können? Wie ist der Bezug zur Architektur, in der das passiert, also zur Kokerei?

MBa

Eigentlich möchte ich diese Frage nicht so gern beantworten, weil man nur die Arbeit tun kann, die einen selbst interessiert. Wo Projekte in ähnlichen Locations angeschoben werden und stattfinden oder projektiert sind, da müssen die Leute vor Ort schon selbst wissen, welchen Ansatz sie verfolgen. Unserer ist der, dass wir nicht ausschließlich die Kunst in den Mittelpunkt ästhetischer Interesses, ästhetischer Anschauung stellen wollen. Das wäre nicht nur obsolet, sondern in der heutigen politischen Situation auch regressiv. Unser Modell besteht darin, benachbarte Felder der Kunst mit der Kunst selbst zu kontrastieren, in Beziehung zu setzen, so dass möglicherweise neue Erkenntnisse, neue Querverweise, Elemente eines neuen Kritikbegriffs freigesetzt werden können.

MBu

Meine Frage zielte dahin, denn Ihre Workshops und sonstigen Veranstaltungen richten sich auch ganz stark an die Bewohner, die in diesem Umfeld angesiedelt sind, die vielleicht gar nicht so mit bildender Kunst in Verbindung kommen, die aber doch eine Zielgruppe sind, die da hingeholt wird, was offensichtlich sehr gut funktioniert. Kann es sein, dass die Architektur wie ein Transmitter funktioniert, dass sie ein Identifikationsobjekt ist, das bekannt ist, das überleitet zu unbekannten Bereichen, auf die man sich dann auch einlässt?

MBa

Man kann das Identitätsproblem des Ruhrgebiets und Lösungsansätze dazu nicht nur unserem Projekt gutschreiben, so offen und ehrlich muss man sein. Die ehemaligen Arbeiter, Beschäftigten und deren Familien, die in diesen stillgelegten Industriebetrieben gearbeitet haben, nun aber arbeitslos sind, identifizieren sich sehr stark mit diesen mittlerweile öffentlichen Orten, das heißt sie verbringen dort viel Freizeit. Sie gehen da beispielsweise spazieren, es gibt Treffen und Treffpunkte ehemaliger Steiger. Was wir mit den Kunstprojekten als Zusatzangebot bieten, kann dieses bereits bestehende Bedürfnis und Interesse nutzen – nicht im Sinne einer Verkunstung oder einer Festivalisierung, sondern im Sinne eines Anstoßes, eine Mündigkeit zu entwickeln, sowohl ästhetisch als auch politisch die Wahrnehmung der eigenen Umwelt und Situation betreffend. Viele Kids, die in prekären Verhältnissen leben und aufwachsen, können sich beispielsweise keine Ferien leisten. Am Werksschwimmbad von Dirk Paschke und Daniel Milohnic verbringen viele Kinder und Jugendliche ihre Ferien, sozusagen die Adria an der Ruhr.

MBu

Jetzt gebe ich die Frage an Jean Philippe Vassal in Bezug auf das Palais de Tokyo weiter: Wie ist das mit diesem Gebäude, wie steht es um diesen Flügel, der jetzt bespielt wird, der vorher, seit den 1970er Jahren, leer stand? Was gibt es da für eine Wechselwirkung mit dem Viertel, in dem sich dieses Gebäude befindet?

JPV

Actually there is not much connection between the two art centres and the Ministry. There is no connection between the art exhibitions or production between the two institutions. But concerning the public, it is very interesting because it creates in the place a sort of meeting-point where people come to see exhibitions in one part and afterwards they come to the Palais de Tokyo to the right side of the building. And also there is a fact, that I don't talk about, that the two spaces keep different hours; the city opens quite early in the morning, perhaps at ten, and closes at six in the evening. The Palais de Tokyo opens at noon, for lunch, and goes on till midnight. So it provides the feeling that really some of public can stay quite late in this area of the city. And besides these two centres there is another, a fashion museum, just in front, and another new institution, the Guimet Museum. So its a part of Paris which is really very interesting, with different kinds of exhibitions to be found. After the connection with more direct movement in the surroundings, it is not so evident but equally interesting, because, as I said, it is the really bourgeois part of Paris, and since the opening of the Palais de Tokyo the exhibitions are oriented to the quite young. Some concerts, some skateboard exhibitions, can bring a very young public, so it makes a sort of crossing of different kinds of populations in the same place, sometimes at the same tables for dinners, which is really interesting.

MBu

Es gibt noch eine andere Sache, von der Sie vorhin gesprochen haben. Sie sprachen im Zusammenhang mit dem Palais de Tokyo als »place to live in«. Ich habe noch von keinem Architekten gehört, dass ein Ausstellungsort nach einem Konzept des »Living in the Museum« geplant wird. Ist das ein Konzept, das Sie entwickelt haben, das Sie auch in Ihren Wohnhäusern immer wieder angewendet haben, oder kam das in Zusammenarbeit mit den Kuratoren zustande?

JPV

I think it's a general desire to try to develop, with my architecture and with my associates, this idea that all architecture should be first about living in. I think you can live in a gymnasium, you can live in a school: it means that each space, each internal space, has the potential to be comfortable. You might not sleep in a bed in this place, but you will feel a comfortable in air and light, you will, in the Palais de Tokyo for example. There is the limit between inside and outside which is very very thin, so sometimes you can hear the rain when it is raining, you can feel the sun through the glass when it is sunny; the acoustics is not so good, so you can hear the noises of the city all around you; it is also sometimes a work which says that we want to make too much out of standard comfort, too much protection, and in fact, there is a discussion possible between some elements, the climatic elements. Perhaps it is the same for the exhibitions: it means that a good result for the Palais de Tokyo will be that artists can present their work not so independently, but could try to take a step closer one to the other. What is really interesting for me is the space between people, the space between the functions, between inside and outside, which is also a thing we are working with really well.

MBu

Ich möchte an der Stelle eine kleine Anekdote wiedergeben, die mir Jean Philippe Vassal zum Thema Architektur und sozialer Raum erzählt hat. Sie bezieht sich nicht auf das Palais de Tokyo, sondern auf ein Wohnhaus, das er ganz am Anfang gezeigt hat, das Maison Latapie bei Bordeaux, und er erzählte mir: Der Bauherr, der hat ein Haus bekommen, was doppelt so groß ist wie ein normales Wohnhaus in Bordeaux, also teuer war. Der Bauherr war tätig bei der französischen Eisenbahn und war sehr stolz auf dieses große Haus, denn seine ganze Familie traf sich nun am Wochenende bei ihm. Früher war das nicht möglich, da lebte er in einer kleineren Wohnung. Auch die Verwandtschaft, die akademisch ausgebildet war, Juristen oder Mediziner, hatte kein so großes Haus, alle kamen zu ihm. Das war Punkt eins, der ihn mit großem Stolz erfüllte. Punkt zwei war, dass nun Architekten kamen, um dieses Haus zu besichtigen. Wir kennen das Phänomen, es kommen Busse an, Architekten steigen aus und kleben an den Scheiben. Normalerweise reagieren die Leute darauf oft ein bisschen ungehalten. In diesem Fall war es aber so, dass Monsieur Latapie die Architekten hereingebeten hat, gerne mit ihnen Führungen gemacht hat und ungeheuer stolz darauf war, ein Haus zu haben, was die Leute interessiert. Dann begann er das interessant zu finden, worüber sich die Architekten unterhielten, also Ausstellungen, die sie in der Stadt gesehen hatten, oder ähnliche Themen, die auch Jean Philippe Vassal in diesen Haushalt transportierte. Er fing an, seine Frau und seine Kinder aufzufordern, am Wochenende mit ihm Ausstellungen zu besuchen, was er heute auch noch tut. Auch hat er sich im Kleidungsstil seinem Architekten angeglichen, nämlich immer dezent. Das als Anekdote, was Architektur im sozialen Leben bewirken kann. An der Stelle möchte ich jetzt zu Herrn Lütke Daldrup überleiten, zum aktuellen Thema, die Baumwollspinnerei in Leipzig. Wäre ein Modell wie die Kokerei in Essen hier in Leipzig vorstellbar?

ELD

Das ist eine schwere Frage. Was das vielleicht verbindet, ist, dass auch die Baumwollspinnerei eines der beiden Dinge bereitstellen kann, die wir im Stadtumbau momentan als zentrale Themen haben. Wir haben interessante Orte, in denen Möglichkeitsräume entstehen können. Die Baumwollspinnerei ist ein großes Ensemble von zwei Dutzend Hallen, die teilweise saniert, teilweise unsaniert sind und ganz verschiedene Ambiente anbieten. Die räumlichen Möglichkeiten des Ortes sind hier gegeben, wie auch andere Stellen der Stadt, beispielsweise die alten Gasometer, Orte waren, wo Ballett stattfinden konnte, oder alte Industriehallen, wo Theater und Musik stattfinden kann. Wir haben im Rahmen dieser Stadtsituation, in der wir uns befinden, durch den großen Veränderungsprozess eine ganze Menge interessanter Orte und es gibt auch interessante Themen, denn die Transformation in der Stadt führt zu vielen Brüchen, ungewöhnlichen Stadtansichten, unfertigen, gebrochenen, widersprüchlichen. Es gibt Ansatzpunkte für Kunst oder für das, was in der Kokerei gemacht worden ist. Die andere Frage ist natürlich immer, gibt es Finanzierungen für solche Themen? Da bin ich jetzt kein Experte, ich bin Chef für Städtebau und Stadtplanung, aber vom räumlichen Setting dieser Stadt haben wir eine ganze Menge Orte, in denen sich Kunst und kulturelle Aktivitäten auf ganz ungewöhnliche Weise ausdrücken können, die auch Anregungen geben können und die fast umsonst verfügbar sind.

MBu

Gibt es so etwas wie eine Gesamtstrategie zum Thema Kunst oder Kultur oder leer stehender industrieller Räume, wo man überlegen könnte, wie man ein Projekt wie die Baumwollspinnerei einbindet? Wo könnte man noch Andockstellen suchen?

ELD

Es gibt zunächst einmal, wie es in so einer normalen Stadt üblich ist, einen traditionell relativ großen Bereich der so genannten Hochkultur, das kennen Sie, das ist das Gewandhaus, die Oper und das Schauspielhaus, die zusammen etwa 50 Millionen Euro Jahresbudget verbrauchen. Daneben gibt es die freie Szene, die etwa 5 Millionen Euro Budget hat, wenn ich die Zahlen so richtig im Kopf habe, aber die Relationen werden wohl etwa so sein. Die freie Szene bewegt sich in Häusern wie im Werk II, Haus des Volkes oder am Lindenauer Markt und ähnlichen Orten und auch ein bisschen an informellen Orten, die bisher keine Institutionalisierung, institutionalisierte Förderstrukturen haben, soweit ich Ihnen das, da ich kein Kulturdezernent bin, im Groben mitteilen kann. Wenn man sich die finanzielle Situation unseres Staates und unserer Stadt anschaut, ist es relativ unrealistisch zu erwarten, dass die Budgetanteile weiter zugunsten der Kultur verschoben werden. Übrigens sind sie in Leipzig in den letzten Jahren zugunsten der Kultur verschoben worden. Der Budgetanteil der Kultur im Haushaltsbudget der Stadt war früher bei 5 % und ist relativ deutlich zu anderen Ausgaben auf etwa 9 % gestiegen. Wenn man über solche Themen diskutiert, kann man nur über Umverteilung diskutieren, ob die Gewichte richtig gesetzt sind und ob die Möglichkeiten, die solche Orte bieten, möglicherweise auch in Kombination mit den großen Häusern genutzt werden können. Ich habe das Ballett eben angesprochen, das Ballett der Leipziger Oper hat im Gasometer gespielt oder das Leipziger Schauspielhaus hat in Plagwitz in einer Industriehalle das Stück »Golem« aufgeführt. Ich glaube, da liegen Möglichkeiten: Dass man versucht, Institutionen und Träger, die eine Stadt hat, für solche Orte zu interessieren, sie zum Austragungsort von kulturellen Ereignissen, welcher Art auch immer, macht.

MBu

Wer ist denn bei der Kokerei der Träger, Herr Babias? Wie funktioniert die Finanzierung?

MBa

Wir sind an eine Stiftung angebunden, die Stiftung Industriedenkmalpflege und Geschichtskultur. Das Gelände der Kokerei Zollverein ist seit Dezember 2001 UNESCO-Weltkulturerbe. Unsere Mittel kommen aus dem Landeshaushalt Nordrhein-Westfalen, werden dann der Stadt Essen zugeteilt und unter anderem in unser Projekt eingebucht. Zu den Größenordnungen: Im Jahr 2001 hatten wir ein Budget in Höhe von umgerechnet 3 Millionen Mark, allerdings als Anschubfinanzierung. Davon werden aber nicht nur Kunstprojekte realisiert, sondern auch bauliche Maßnahmen, Instandsetzung und Personal bezahlt. Allein die Infrastruktur zu bewältigen, frisst einen großen Teil dieses Geldes auf. 2002 betrug der Etat nur noch 1,5 Millionen Mark, und durch die Kooperation mit Uta Schnell von der Bundeszentrale für politische Bildung konnten wir glücklicherweise das Hip-Hop-Projekt »Home&Away02.Flow.Werkstatt.Politik« komplett realisieren. Ohne Zusatzfinanzierung durch Kooperationspartner wäre das Jahresprojekt 2002 »Campus« in dieser Form nicht möglich gewesen.

MBu
Meines Wissens hat es sich beim Palais de Tokyo so verhalten: Für das Projekt, das zuvor dort angesiedelt werden sollte, nämlich ein Kinomuseum, wurden bereits 100 Millionen französische Francs für die Abrissarbeiten in den Raum gesteckt. Sie hatten allein 20 Millionen Francs zur Verfügung, um diesen Raum als Ort für zeitgenössische Kunst bespielbar zu machen. Wer trägt jetzt diesen Ort? Ist es die Stadt Paris? Wer unterhält es? Muss es sich selbst tragen? Wissen Sie, wie es dort funktioniert?

JPV
No. It's a public project, in France. Things like that sometimes happen in France. The state decides to go in one direction and, after two or three years of work, they decide to stop because the minister or the government changes, and it's part of some not so very good decision. It's not so nice, that you have to stop working. You can try to make do with this situation. And I think, actually one thing interesting in architecture is precisely this: that you work on situations. It's no longer a situation where you build a beautiful sculpture in the city. It's a situation where the city exists, but we are on sort of new ground. This new ground is made of empty buildings, old factories. And all this new ground holds enormous opportunities. For me, perhaps twenty, thirty years ago it was time for Utopias, utopian architectures. Archigram and all those. And after this moment passed, I think architecture became a bit sadder. But now I think that we are in a period where we can find incredible situations. Like this one in Leipzig, in this place. Out of these situations we can make extraordinary things. The present moment is a time when Utopia becomes real. It is possible: because the scale of the buildings like in Essen or here is so enormous, so strange, that you cannot think traditionally. A flat is not a flat here. A flat which is eighty kilometers from the centre of the city, here, why isn't it five hundred kilometers? And anyway, the solution is like in Essen: you can demolish, or you can just react and use and work with what you have. And at this moment, we can really make very very interesting things as a result.

MBu
Um den Begriff Utopie aufzugreifen, den Jean Philippe Vassal in Bezug auf Architektur verwendet hat. Bei mir entsteht der Eindruck, dass es in der Kokerei und in Paris manchmal einfach darum geht, sich andersartige Konzepte auszudenken. Das Pariser Ausstellungskonzept wurde in einer deutschen Architekturfachzeitschrift ein kaleidoskopischer Überblick genannt, was wahrscheinlich, nach deutschen Begriffen, wildes Durcheinander heißen soll. Das bedeutet, dass sich in diesem Gebäude unterschiedlichste Aktivitäten verschränken, dass dieses Gebäude gar nicht funktionieren würde ohne den Nutzer, ohne den Besucher, der da hingeht und mitmacht, dass beispielsweise aus alten Kleidern neue Kleider genäht werden. Dann ist der ganze Eingangsbereich ein einziges Nähareal und zwei Wochen später wird alles versteigert. So etwas funktioniert nur gemeinsam mit dem Nutzer. So ist auch mein Eindruck von der Kokerei, die nur mit den Nutzern gemeinsam betrieben werden kann. Das wäre mein Nachsatz zu dieser Diskussion. Wenn noch Fragen aus dem Publikum sind, würden wir sie gern beantworten. Jean Philippe Vassal ist nachher zur Abschlussdiskussion nicht mehr da, also fragen Sie jetzt!

Publikum
Wir haben jetzt schon den zweiten Tag Vorträge gehört und über eine hohe Sensibilisierung gesprochen, einerseits was den Umgang mit der historischen Substanz betrifft und andererseits die Neunutzung betreffend und was man dabei schon für Erfahrungen gesammelt hat. Mich wundert in diesem Zusammenhang der Umgang oder das Konzept der Stadt Leipzig. Was mich einerseits natürlich beeindruckt hat, waren die vielen Bilder, aber auf der anderen Seite wundert mich, dass man, obwohl in der Stadt so viel Platz ist und so wenig Menschen sind, solche Großprojekte wie BMW und die Messe aus der Stadt auslagert, anstatt dazu beizutragen, dass die Stadt selbst Festigkeit findet und auch eine Chance bekommt, eine neue Struktur zu entwickeln. Man kann natürlich sagen, das sind Geldfragen und dergleichen. Ich würde es gern einmal von Ihnen erfahren, was der Ansatz ist.

ELD
Das ist eine Frage, die durchaus berechtigt ist. Ich habe ganz bewusst den Nordraum gezeigt, um das Thema ein bisschen zu kontrastieren, weil wir seit fast 30 Jahren über die Stadterneuerung reden, über die Revitalisierung alter, brach gefallener, leerer Bausubstanz. Wir haben es mit einem doppelten Prozess zu tun. Auf der einen Seite hat eine Stadt wie Leipzig oder die Region Halle-Leipzig den Anspruch, im Wettbewerb der Städte Europas und darüber hinaus mitzuspielen. Zum Wettbewerb der großen Städte gehören die Bausteine einer globalen Ökonomie, das sind Flughäfen, Messen, Güterverkehrszentren, Automobilwerke, über deren Ansiedlung wir alle sehr froh sind, die aber niemals in der alten Industriearchitektur stattfinden könnte, weil schon die Logistik nicht mehr funktionieren würde. Die Hallen sind dafür nicht mehr brauchbar. Eine Stadt, die sich weiterentwickeln will, muss mit großen Bausteinen umgehen, die sich nicht in die traditionelle Stadtstruktur integrieren lassen. Das ist das eine. Das muss man schlicht zur Kenntnis nehmen und akzeptieren. Das andere ist, dass man die Nutzungen in der Stadt behält, die in der traditionellen Stadtstruktur verarbeitet werden können; das ist Wohnen, das sind die neuen Berufe, beispielsweise die Medien. Ich arbeite gegen das weitere Ausufern der Städte, und dafür, Nutzungen in der Stadt unterzubringen, dafür, dass man eben nicht in großem Umfang Baugebiete am Stadtrand ausweist, sondern sich darum bemüht, alte Stadtteile wettbewerbsfähig und konkurrenzfähig zu machen. Im Grunde haben wir mit einer Situation zu tun, in der wir momentan mehr Angebot als Nachfrage an Flächennutzung haben. Die entscheidende Frage für die Überlebensfähigkeit dieser alten Strukturen besteht darin, ob wir Nutzer interessieren können, hier zu arbeiten, zu wohnen, ihr Geld auszugeben und Kultur zu betreiben, anstatt sich eine neue Situation am Rande der Stadt, in der Peripherie, zu schaffen. Diese Konkurrenz muss ausgehalten werden, darin liegt eine zentrale Frage von Stadtentwicklung und Nutzbarmachung von alten Strukturen. Illusionär wäre es, ein Güterverkehrszentrum an einen solchen Standort zu holen, weil es von der ganzen Situation her nicht funktionieren kann. Gerade der Transformationsprozess des Leipziger Westens, wo vormals 20.000 Industriearbeitsplätze waren, hat ja deshalb stattgefunden, weil diese Industriearbeitsplätze mit ihren Strukturen im Grunde schon in den 20er Jahren des letzten Jahrhunderts obsolet waren. Plagwitz war industriegeschichtlich um 1900 modern. Da war es eines der prosperierendsten Industriegebiete in Deutschland. Schon in den 1920er Jahren gab es Studien des Bauhauses, wie man Plagwitz umbauen müsste, weil die damaligen Bau- und Raumstrukturen schon nicht mehr den industriellen Erfordernissen der 1920er und 1930er Jahre entsprachen und schon damals sind große, neue Industriekomplexe auf der grünen Wiese entstanden, denken Sie an Leuna, denken Sie an den Südraum. Wir haben heute eine neue Chance. Ich glaube, gerade mit dem Hightech und neuen Medien kann man eine Menge in alten Strukturen machen, aber man wird hier keine Automobile bauen und keine Großlogistik betreiben.

Publikum

Irgendwie klingt das für mich trotzdem noch nicht schlüssig. Ich habe von der Sensibilität gesprochen und ich meine, Geld kostet alles, ob ich etwas Neues baue oder etwas Altes saniere. Ich habe von Ortsansässigen gehört, dass die Messe nicht gerade der kommerzielle Hit ist. Da ist sicherlich viel Geld ausgegeben worden, das man vielleicht mit einem guten Konzept in die Rekonstruktion des alten Messegeländes hätte stecken können. Gerade aufgrund der Erfahrung, von der Sie gerade gesprochen haben, die 1920er Jahre in Plagwitz, warum bringt man das nicht mehr in die Stadt, das verstehe ich einfach nicht, das klingt für mich wirklich absurd. Es gibt auch andere Städte, die anders mit diesen Themen umgehen, interessant zu sein für den internationalen Markt.

ELD

Ich glaube, Sie müssen schlicht die verschiedenen Nutzungen auseinanderhalten. Es gibt keine Stadt, die einen Flughafen in der Stadt hat oder ein Güterverkehrszentrum mitten in der Stadt, weil das schlicht nicht funktioniert. Wenn Sie einmal an das Thema Messe denken, das kann man auf einen nüchternen Punkt bringen: Wenn Leipzig keine neue Messe gebaut hätte, gäbe es keine Messe mehr in Leipzig. Das alte Messegelände in seiner Struktur hätte man nicht drei Jahre umbauen können und trotzdem eine Messe in dieser Stadt am Leben erhalten können. Sie müssen sich folgendes vorstellen: 1991 war die Messe in Leipzig obsolet geworden, weil Leipzig mit seiner Frühjahrs- und Herbstmesse Drehscheibe des Ost-West-Handels war und das war ihre ökonomische Funktion. Diese funktionierte nicht mehr, die Messe war ein Desaster im Jahre 1991 und danach hat man versucht, mühsam ein Fachmessenkonzept aufzustellen in einem Markt, der im Grunde schon vergeben war, und hat sich entschlossen, mit einem neuen Messegelände auf diesem Markt eine konkurrenzfähige Infrastruktur zu bauen. Denken Sie an die Münchner Messe, die gerade das Gleiche gemacht hat und auf dem Flughafen Riem ein neues Messegelände errichtete. Sie stehen in einer Konkurrenz und Sie können sich entscheiden, ob Sie Nischenstandort bleiben, vielleicht mit einer kleinen Buchmesse in der Innenstadt, so ein bisschen Kultur drum herum, oder ob Sie sich im Messegeschäft in Deutschland und in der Welt bewegen wollen. Wenn Sie das wollen, und diese Stadt hat den Anspruch, dann brauchen Sie dafür eine entsprechende Infrastruktur. Und darüber kann man streiten, aber ich glaube, dieser Streit ist unproduktiv. Ein Automobilwerk von BMW mit 208 Hektar Grundstücksfläche können Sie nicht in der Stadt unterbringen. Selbst die größte Brache, die alte Messe, hat einen Kernteil von 50 Hektar, nur um mal die Dimension deutlich zu machen. Das ist das eine, aber auf der anderen Seite müssen Sie alles, was Sie in der Stadt behalten können und wo es eine realistische Chance gibt, in der Stadt behalten und für Nutzer, Menschen und Arbeitsplätze, die sich in der Stadt orientieren, nicht bedenkenlos Flächen auf der grünen Wiese preisgeben.

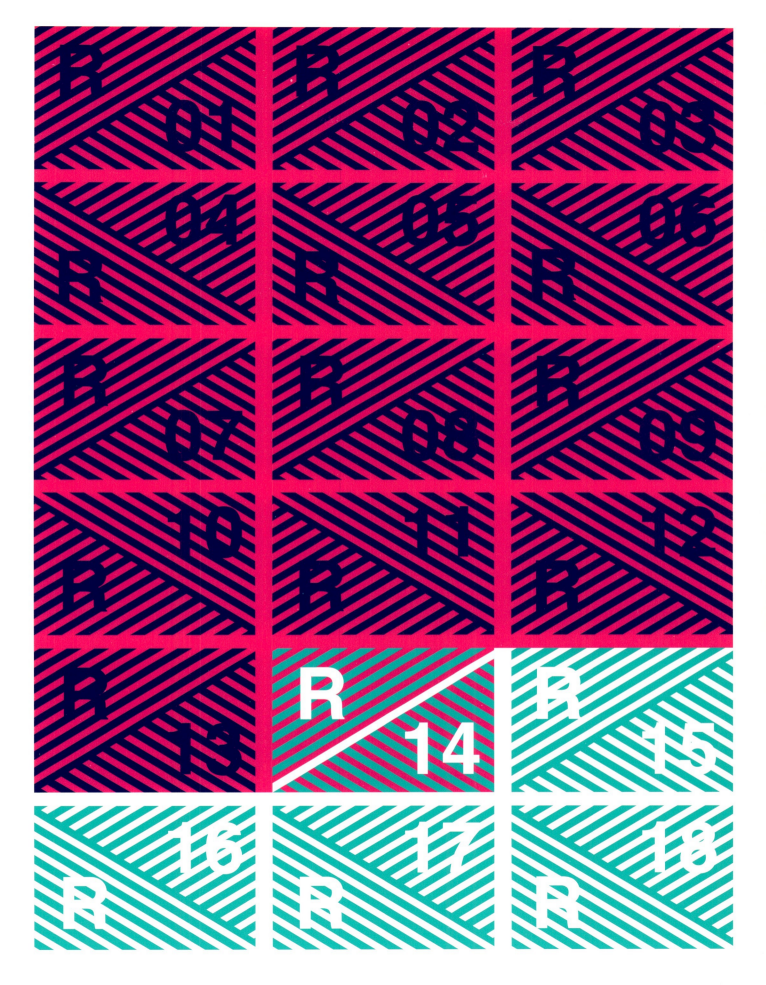

DOMINIC WILLIAMS (*1965)
ARCHITECT • 1983 - 84 AT MANCHESTER ART COLLEGE • 1984 - 91 ARCHITECTURE AT SHEFFIELD UNIVERSITY • RECENT PROJECTS: BALTIC FLOUR MILLS CONTEMPORARY ART GALLERY, DIDCOT PERFORMING ARTS CENTRE, BICESTER ARTS CENTRE • PRIZES: STEPHEN WELSH PRIZE IN ARCHITECTURE, BLUEPRINT AWARD, RIBA AND CIVIC TRUST AWARD FOR BEST REFURBISHMENT BALTIC

PHOTO CREDITS
ALL PICTURES: ELLIS WILLIAMS ARCHITECTS
 1), 14) GATESHEAD COUNCIL
 2), 15), 22) ETIENNE CLEMENT
 9), 17) EDMUND SUMNER
16) BALTIC OFFICE AND EVA GRUBINGER
19) BALTIC OFFICE AND JANE AND LOUISE WILSON
23) BALTIC OFFICE AND PEDRO CABRITA REIS
24) BALTIC OFFICE AND OYVIND FAHLSTRÖM
26) CRITICAL TORTOISE

Dominic Williams

THE ART FACTORY

Baltic Centre for Contemporary Art

The Baltic is the project I am presenting here today. I was involved for eight years on this project, which is now finished. In relation to the previous speakers' content it is worth mentioning that I'm currently working on other arts projects which possess similar sets of circumstances, including a place called Didcot, which is located between London and Oxford and is currently experiencing an exodus from these main cities, mainly due to younger people who find it difficult to afford accommodation costs in central commercial areas. Didcot council is faced with this serious issue, in terms of providing space and useful social spaces for, in some cases, a disenfranchised youth. We have had a whole series of consultations in which we actually sit down with the community members. There are two artists involved on this team: Jacqui Poncelet and Richard Layzell. And it has been very interesting: a certain social responsibility we have through architecture, as an architect and artist. I think there is an interesting position of polarisation between content and activity, which has often led to an effect of stagnation in places where rents are not so cheap. And I think, having now worked with a number of artists, that most of them would say they would like more people to see their work rather than less, and in more public circumstances. So I believe this is a very important factor in terms of economics, and leaving different areas where the rent prices are polarised and can tend to isolate these activities.

The title of this presentation, »The art factory«, is slightly tongue-in-cheek, in the sense that the opening book had this same title, and that the user came up with it in counterpoint to the existing use of the flour-mill itself, which was to store and process flour. The public weren't really aware of this function before, for the simple fact that it wasn't visible. Hence we realised a building that could be evolved to commission art works and actually generate activity through it, with art and people giving a sense of its original function.

I need to explain the pragmatics of the building itself: Baltic is situated in a city called Gateshead, which lies south of a river – to the north is the city of Newcastle. Despite the great number of high-level bridges that span the valley, the usual north/south issues have cropped up here in the past. image 1) Newcastle enjoys all the grand civic architecture, whereas Gateshead has suffered at the hands of a fairly negative late Sixties planning policy, with the consequence of people moving outwards. The project itself came from Gateshead's Council's desire, in the early Nineties, to have an arts venue because they had an incredibly active arts commissioning programme. They also saw the building as a potentially key regeneration catalyst for the entire area, which would thus not only allow artists to actually continue their activities, but in more public ways. The building itself was left isolated in the late Eighties, and in fact this building only dates from the Nineteen-forties, so it's not that old; its name was derived from the region that supplied the flour. Baltic was originally attached to a whole series of adjacent buildings which were all part of the flour treatment process. These were demolished in the Eighties, leaving it isolated in the area. I became involved with this building in 1994, following an architecture competition.

The building represented an image of isolation, so I think the issue that certainly first faced us was that the building itself was not great in plan area, and yet we were looking at the possibility of realising ten thousand square meters of space and looking at how we could create a series of very versatile, flexible spaces. image 2) Another important issue to mention was the lack of any existing art collection at all. It was seen as a project to actually develop art while regenerating the area and bringing people to it.

We were very concerned about the way the building was originally put together. Early on it became apparent to us that, unlike a lot of industrial warehouse buildings, there were no existing floor-levels as such. image 3) Baltic was made out of a hundred and forty vertical silos two and half meters square. The walls of these were very thin, and having been built quickly some hadn't been constructed very well. So we managed to speak to the original site engineer, who was ninety-six at the time, which was fantastic. He became crucial to the investigative aspect of our work. The preservation of decay was difficult to achieve due to the logistics, and thus we looked to utilise the inherent structure in a different way in order to create new floor levels. Peripheral silos now support new floor structures which are in turn positioned in height to suit the new programme within the existing 2.5 m grid lines.

This approach of resetting the heights gave a range of different-sized spaces, and I think this was very important. We looked at comparatives with other buildings, and certainly we went through a very intense briefing stage with lots of different people and artists. It seemed that there was a desire to have a variety of different uses in the building; some of this referred back to my own thesis project, which I had devised for central Manchester in the mid-Eighties. I was very interested in the potential of taking redundant sites in city centres and actually bringing very different uses into them. This was a project which was to give a place for activity to groups of disenfranchised artists who were looking for new spaces and, importantly, alongside groups of musicians who were suffering similar circumstances where studios in old warehouses were being sold off by the council as an act of »gentrification« into expensive apartments. This project attempted to address these issues. For instance, we had large studio boxes made out of compressed cardboard graffitied by artists and used by bands for rehearsals, and so on. At ground level, the public could actually go into the building and experience a range of activities: an action to encourage the public to support whole new organisations. Anyway, I digress. But I think it certainly emphasised an interest I had in trying to create something out of nothing: almost an act of alchemy.

I was also interested in the sorts of spaces that were working very well in terms of installation art movements in the Eighties, and working very well as open accessible spaces for people to go into. But we had to in a sense redefine these spaces, and this meant we might be anticipating new art without any internal context. It's almost like designing for the impossible. And while actually trying to second guess an artist's action is impossible, there were certain sorts of parametres that we had to design within. Examples include Richard Wilson's *20/50*, now in the Saatchi Gallery, which spoke to me about the notion of fully inhabiting and redefining space. Anthony Gormley's hanging fruit and body objects, which in one example weighed four tonnes suspended from a single wire. This was the sort of context we wanted to consider when we were creating new floors. As an architect you cannot be too precious about these spaces; in a sense they have to allow for events and a certain perversion of space to be able to happen. We also had to create spaces that might allow acoustic separation and total light control, which again was important for fast-developing performance and digital media. We were also lucky to have the artist Julian Opie as part of the team. He had a wide experience working with different types of media and spaces, so this was very helpful for us as architects when it came to interpreting the future practical needs of artists.

One of the original ideas at the competition stage, when the funding was uncertain, was that the ground floor could be used for a variety of uses, whether it be a market or a nightclub. The idea was to generate revenue for the development of an organisation so that eventually they would be able to add further floors, completing the building progressively. image 4)

I think the point about funding – and I'm not going into detail about this lengthy process – but one could claim that this ended up as a public-funded building from the new lottery system at that time. I think an active arts organisation needs to have public support, and I think it's practically impossible without or incredibly difficult with an ambitious artist development programme.

There was a desire to raise awareness of the building and its future use, so an artist programme and exhibition was started very early on to encourage a focus and funding, and I think this must have worked, as full funding was eventually achieved. Gaining funding meant that we could work with the director Sune Nordgren who had earlier helped commission a light piece by the artist Jaume Plensa in front of the building in 1996. This piece »bridged« the river, so to speak. Further works included Anish Kapoor's red PVC installation that inhabited the whole volume of the building during the construction phase for eight weeks. These installations seemed to me themed with space and context around the building, thereby changing perceptions and attracting people to the idea. image 5, 6)

Throughout this process we also heard many stories of people who had worked in the building, and I think this helped with public acceptance of what we were trying to do. There were all sorts of other interesting issues attached to the building such as a population of Kittiwake birds that were living on the building that were eventually relocated onto new perching structures, but that is another story.

I think this project was seen as a long-term strategy for Gateshead in terms of attracting people across the river from the Newcastle side. Again, you can see the flour silo's isolation from the existing infrastructure, namely the river, though it is very visible. image 7) Again both Gateshead and Newcastle had to evolve their urban strategies in order for the building to function. This slowed the design process also. A new low-level pedestrian bridge was planned and completed for the opening, which has indeed had the desired result of activating the river front and sustaining people-flow into the building, nearly a million to date. The Baltic, as part of this urban strategy, has put some of the focus back to the river, and this is a wonderful tool for a city to have in that sense. This of course has sparked further plans for buildings around the Baltic. The main building also needed to be extended at the front with a pavilion housing a café, bookshop and social support facilities, which really was a result of the funding requiring extra space for revenue.

The existing building had an incredible presence in terms of its verticality. image 8) Architecturally it wasn't significant, built in the Forties with »empty« corner towers. We decided to reinforce a sense of what was already there and actually play on the existing idiosyncratic behaviour of the building. For example, we looked at completing the towers in a different material and not using brick to do this. One of the original drawings was very much focusing on this and the nature of the verticality of the silos.

Again there was a crossover in terms of new and old materials, in that we used Corten steel to emulate the mass of the existing brickwork, but on closer inspection it is clearly a different material. image 9) In terms of materiality and scale we used this brute material also in contrast to a modern aluminium system to make newly added structures as unambiguous as possible. So the question was not necessarily emulating the architecture of, or the surface quality of, the building itself: the question was one of analysing the impact of the building on the spaces around it. And for this reason also, I think the building was saved because certainly people recognised its presence on the riverside.

I think obviously putting a completely new structure into the existing flourmill is not an easy proposition. It raised all the usual issues such as fire escape and supply, so it made it difficult in technical terms, but I also think one of the advantages was that in terms of stacking the spaces, it would allow a very flexible programme in that you could actually get access to any floor, while other floors are shut off for installation and so on. This can be a problem with linear gallery arrangements, certainly between change-over of different exhibitions, as sometimes galleries have to shut thereby loosing revenue. And now in practice this seems to work very well, so there is always a level of activity in the building and there is always public access while installation work is going on, which is good as people can see what's going on in terms of future installations. image 10)

The main construction concept derived four new concrete floors that could take heavy loads of up to eight tonne point loads and the equivalent weight of a half-meter of water. The intention of this was to actually allow very heavy works to happen if required on any level, and also new partitions and floors can be erected or taken down easily with services unaffected. We also designed very simple timber floors that could be treated as a working studio would, but had air grills that could allow the air to seep into the spaces at low velocity. They could be removed for connecting power and so on, so detail was also important. image 11)

As the existing structure of Baltic was a very solid brick building which it is very difficult to bring daylight into, we had to look at ways of achieving daylight without decreasing the solidity. The framed roof structure that supports a rooftop café also allows daylight in at the top, and this was our next conceptual move. We also brought in daylight at either end, which gave lighting flexibility to the art spaces, and we derived a very economic layout for the escape stairs and so on, which would allow maximum art space and flexibility of arrangements. image 12)

The entry-sequence at ground level allows people to enter the building in a very direct way, but also one that offers choices. That is about making choices of whether you visit the café first or need to go to the toilet, or want to look in the book shop and read, or you then again perhaps go straight into an art space. The plan shows a very direct relationship between the café bar space and the ground floor art space, and as you go up the centre axis of the building it shows the relationship between the main building and the riverside pavilion building as you travel underneath the café space between the entry walls. image 13)

It was a difficult design proposition for us to actually create a new horizontal building along side the Baltic, so again we looked at using similar materials in terms of unifying with the main building strategy. image 14) However, the link between these elements has become an important place for looking up on entry and back from the ground floor art space. image 15,16) This space also links with the main vertical circulation of three main lifts and a large stair. image 17) They also provide a way of reading the movement through the building as each level is accessed at this point above.

Taking you briefly through the stacked programme spaces: The first main floor, level one, is really devoted to spaces that could allow performance and different »black box« activities. The cube would potentially allow an isolated space if an artist want to work in it in a very detached manner from the rest of the building. image 18) The artists Jane and Louise Wilson used this space for a film work at the opening exhibition. image 19)

At this level there are also a series of stacked artists' studios and education spaces within the original receiving house element attached to the existing building. Artists such as Alec Finley and Chad McCail have already created very interesting work here, and one quote here I hope summarises very well our original intent for artists working in the building:

> »These are beautiful studios and educational spaces to work in, it is the proportion and light that make them so successful. I really like the way they are isolated and quiet and yet barely ten metres away the gallery spaces full of people.«
> ALEC FINLAY, artist and publisher in residence

The main driving force behind the organisation is obviously the people working in the building and the administration at level two was intentionally put in the centre of the building as the »heart« but also as an important interaction with the flexible level two art space. image 20) The design sketch depicts the rest-area for artists and people working in the building and the design allows a big space for this activity, which is very important as a meeting-place and generator for new ideas. image 21)

Levels three and four are devoted as large art spaces of eight hundred square meters each. image 22) These are reliant on the art supply lift the size of a small house to bring in very large and heavy objects. A work by Pedro Cabrita Reis tested this out on level four as a site specific work to this space. image 23) The large Meccano bridges of artist Chris Burden also worked well here for the opening. Their relationship with the external context was also interesting. One of these floors was designed to allow museum conditions if touring shows of sensitive works are required, and this again gives flexibility to the Baltic, helping with possible sources of income. This was also tested out when the space was subdivided for a major retrospective exhibition of Fahlström's work. image 24)

Places for people to look out and to look in were also important for the design strategy. image 25) The aluminium view box, which some people call »the TV«, which you can see high up above the entry, allows people to enter and connect visually with the cityscape. image 26) We even planned the roof top café toilets to enjoy views over the river. There are also other places in the building where one can engage with the city, and I think this was another very important idea in terms of connecting the identity of the gallery and bringing the cities into some of the public spaces. And so I end on that one. And just to say thank you very much.

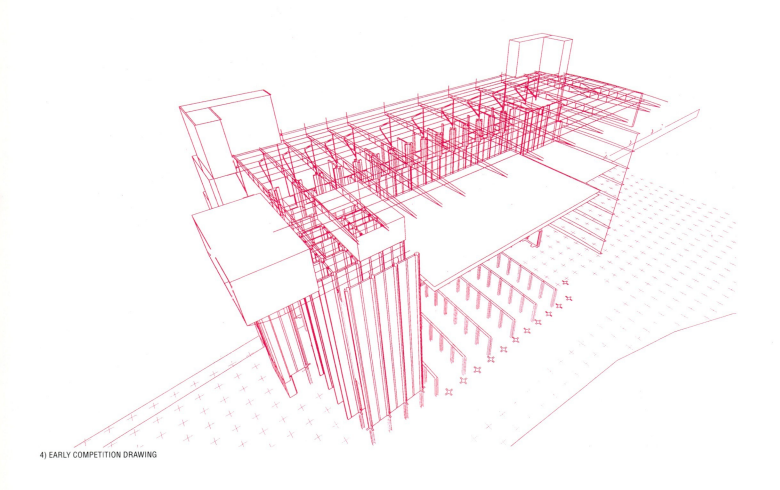

4) EARLY COMPETITION DRAWING

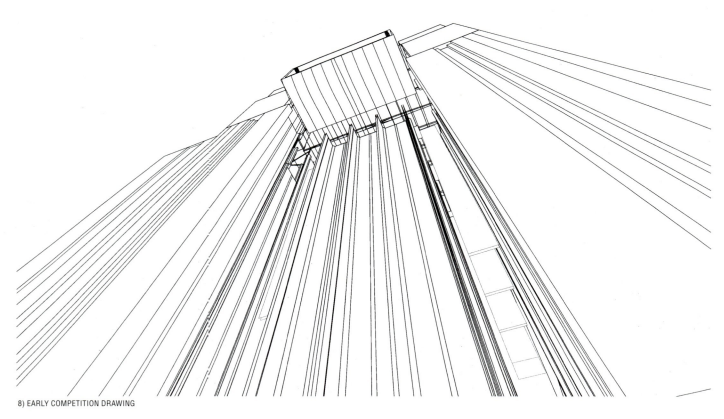

8) EARLY COMPETITION DRAWING

1) AERIAL PHOTOGRAPH

2) EXISTING FAÇADE

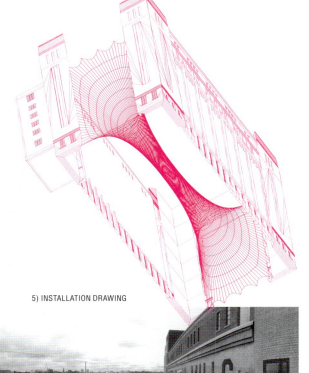
5) INSTALLATION DRAWING

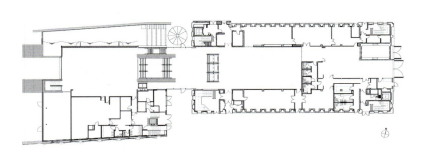
7) PANORAMIC FROM BALTIC TERRACE

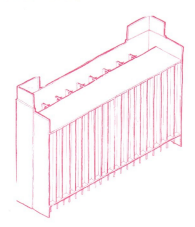
3) DESCRIPTIVE DRAWING

13) PLAN DRAWING

6) ANISH KAPOOR INSTALLATION

9) DETAIL FAÇADE

11) DETAIL FLOOR

17) DETAIL STAIR

10) SECTION MODEL

12) EARLY CONCEPT DRAWING

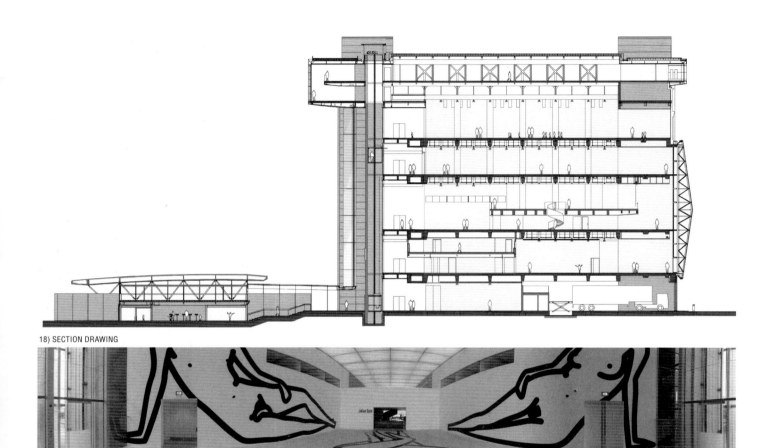

18) SECTION DRAWING

20) PANORAMIC FROM LEVEL TWO ART SPACE

14) RIVERSIDE

15) LINK

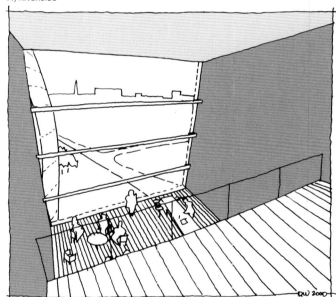
21) SKETCH OF REST AREA

22) LEVEL FOUR

16) GROUND FLOOR ART SPACE, EVA GRUBINGER INSTALLATION

19) LEVEL THREE ART SPACE (WITH JANE AND LOUISE WILSON INSTALLATION)

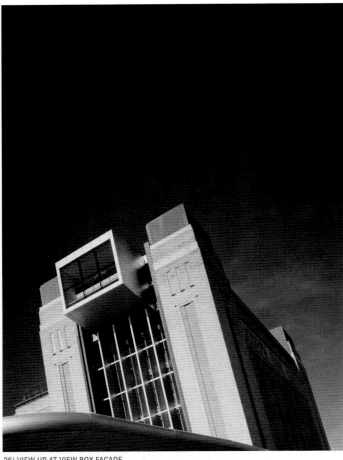
26) VIEW UP AT VIEW BOX FAÇADE

24) LEVEL THREE WITH OYVIND FAHLSTRÖM WORK

23) LEVEL FOUR WITH PEDRO CABRITA REIS INSTALLATION

25) PANORAMIC LOOKING DOWN TO LEVEL FOUR

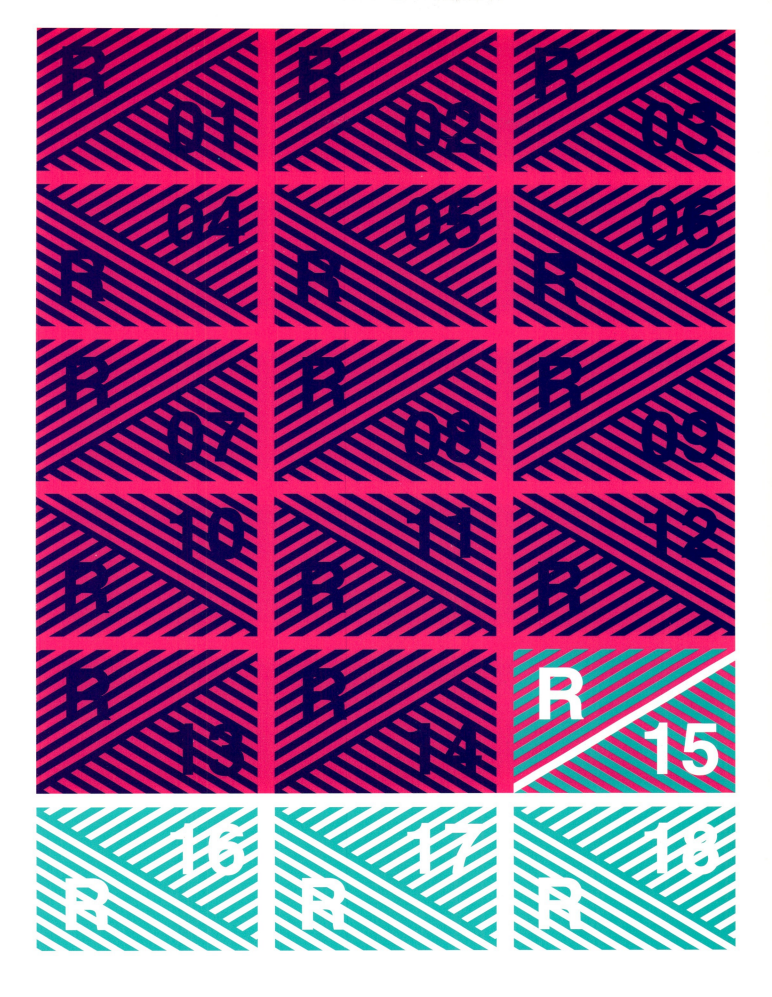

REIN WOLFS (*1960)
KURATOR • KUNSTGESCHICHTSSTUDIUM IN AMSTERDAM • SEIT 2001 HEAD OF PRESENTATIONS AM BOIJMANS VAN BEUNINGEN MUSEUM IN ROTTERDAM • BIS 2001 DIREKTOR DES MIGROS MUSEUMS FÜR GEGENWARTSKUNST IN ZÜRICH, DAS WOLFS AUS DER MIGROS-SAMMLUNG ENTSTEHEN LIESS UND DAS FÜR SEINE REGE SAMMLUNGS- UND AUSSTELLUNGSTÄTIGKEIT BEKANNT IST • AUTOR UND HERAUSGEBER VON PUBLIKATIONEN UND MAGAZINEN WIE *MATERIAL* UND *DIE KUNST-ILLUSTRIERTE* • KURATOR VON GRUPPENAUSSTELLUNGEN WIE *FLEXIBLE* (1997), *IRONISCH/IRONIC* (1998) UND *PEACE* (1999) • EINZELAUSSTELLUNGEN FÜR KÜNSTLER WIE CARLOS AMORALES, ALICIA FRAMIS, RIRKRIT TIRAVANIJA, DOUGLAS GORDON, ANGELA BULLOCH UND SYLVIE FLEURY • KURATOR DES OFFIZIELLEN NIEDERLÄNDISCHEN AUSSTELLUNGSBEITRAGS ZUR 50. BIENNALE IN VENEDIG

FOTONACHWEISE
1) MICHAEL PFISTER
2), 5) FBM ZÜRICH
3), 6) RITA PALANIMUKAR
4) ATTILIO MARANZANO
7) BOB GOEDEWAAGEN
8) ATTILIO MARANZANO, COURTESY MARIAN GOODMAN GALLERY, NEW YORK

Rein Wolfs

UNIVERSELL UND SPEZIFISCH

Ein autobiografischer Vortrag mit drei Extrembeispielen

Mein autobiografisch geprägter Vortrag wird drei Stationen meiner Laufbahn durchlaufen – zwei Stationen in der Schweiz, eine Station in Holland. Eine Entwicklung vom Spezialmuseum zum Universalmuseum, eine Entwicklung, die passt, wenn man ein bisschen älter wird.

Das Museum Boijmans Van Beuningen, über das ich zuletzt reden werde, ist fast ein Universalkunstmuseum mit Sammlungen vom Mittelalter bis heute, mit Kunst, Kunstgewerbe und Design. Im Boijmans bin ich momentan zuständig für alles, was mit Ausstellungen zu tun hat. Aber angefangen haben die Dinge ein bisschen anders. Ich werde vor allem den mittleren Teil, den Teil über das Migros Museum in Zürich, ein wenig ausführlicher gestalten. Gerade dort lässt sich einiges über die soziale Wirkung von Architektur sagen, über das Thema des Symposiums also. Den ersten Teil über die Hallen für neue Kunst in Schaffhausen, wo ich nach meinem Studium als Assistent eingestiegen bin, möchte ich nur ganz kurz vorstellen.

Hallen für neue Kunst, Schaffhausen

Die Hallen für neue Kunst in Schaffhausen befinden sich in einer ehemaligen Kammgarnspinnerei. 1984 wurden sie von Urs Raussmüller, einem Künstler und Architekten, gegründet. Er hat die Hallen für neue Kunst als ein Sammlungsmuseum aufgebaut und leitet sie jetzt noch. Ein Museum, wo seit 1984 zwölf Positionen der Kunst der 1970er und 1980er Jahre zu sehen sind, ein Museum mit extrem großzügigen räumlichen Verhältnissen auf insgesamt vier Stockwerken. Die Sammlung ist die Sammlung Crex, die seit Mitte der 1970er Jahre von Raussmüller im Auftrag eines anonymen Sammlerkollektivs zusammengetragen wurde. Der Schwerpunkt liegt auf Minimal Art, Concept Art und Arte Povera. Ganz oben: Carl André, Sol LeWitt und Robert Ryman. Wo Ryman normalerweise mit zwei oder drei Bildern in Museen vertreten ist, sind in Schaffhausen mehr als fünfzig seiner Werke zusammengebracht. So erhält man die Möglichkeit, das Oeuvre des Künstlers in all seiner Einfachheit einerseits, in seiner Komplexität andererseits so richtig zu verstehen und zu werten. Ryman hat fast nur weiße, quadratische Bilder gemalt, hat immer versucht, das Wesentliche der Malerei, die Definition der Malerei, mit seinen Bildern ausfindig zu machen. Der dritte Stock ist Jannis Kounellis, Dan Flavin und Bruce Nauman gewidmet. Von Nauman werden in Schaffhausen circa zehn Installationen präsentiert, darunter einige sehr wichtige Erfahrungsräume, alles Werke aus den Jahren 1968 bis 1984. Der spätere Nauman, der mehr figurative Nauman, wenn man so will, ist nicht zu sehen. Eine große Installation von Joseph Beuys, *Das Kapital Raum* von 1977, verbindet den dritten und zweiten Stock. Hier sind viele Informations- und Diskussionstafeln aus Beuys' Documenta-Arbeit zusammen gekommen. Sie bestücken die Wände des Raums. Im Raum selbst hat der Künstler viele Kommunikationsmittel – Filmprojektor, Kassettenrekorder, Flügel usw. – und viele Gegenstände aus verschiedenen Aktionen zusammengebracht. In der Installation geht es vor allem um das Thema Kommunikation. Im zweiten Stockwerk baute Mario Merz eine Art Iglusiedlung auf, daneben ist eine fast sakral anmutende Arbeit von Richard Long zu sehen. Im ersten Stockwerk, das ab und zu anders eingerichtet wird, sind momentan Bilder von Robert Mangold, Site-Specific-Wandmalereien von Sol LeWitt und ortsbezogene Textarbeiten von Lawrence Weiner zu sehen. In Schaffhausen und seinen Hallen für neue Kunst ging es immer darum, eine möglichst einfache Struktur zu nehmen, und so eine zweckmäßige Ausstellungsarchitektur für die raumgreifende Kunst der 1970er und 1980er Jahre zu erstellen. Hier wurde alles in den Dienst der Werke und der Sammlung gestellt. Auf die bereits gesammelten Kunstwerke hin wurden Räume geschaffen, die ermöglichten, die Kunst optimal zu präsentieren. Seit nunmehr siebzehn Jahren hat sich in den Hallen für neue Kunst für das Auge der Besucher sehr wenig geändert. In den 1980er Jahren wurde hier das ideale Museum für die Kunst der 1970er und 1980er erdacht und realisiert: Ideale räumliche Verhältnisse, unter denen diese raumgreifende Kunst so gut wie möglich zur Geltung kommen und so gut wie möglich wahrgenommen werden konnte.

Die grundlegende Idee dieser Art von musealen Strukturen in ehemaligen Industriebauten war damals – eigentlich noch sehr früh –

vor allem auch die Suche nach einer kostengünstigen Hülle, nach einer rein zweckmäßigen Architektur, um die Inhalte so gut wie möglich zeigen zu können, aus der man vielleicht später den Inhalt wieder entnehmen und woanders hinstellen könnte – je nach veränderten Bedürfnissen. Schaffhausen ist ein Museum über das Sammeln. Und Sammeln heißt auch ein sinnvolles Ganzes zur Verfügung stellen. Sammeln ist erst in zweiter Linie Veröffentlichen. Ganz einfach gesagt: Bauen wir zuerst einmal eine Sammlung auf, die Sinn macht, und versuchen wir dann, diese Sammlung so optimal wie möglich der Öffentlichkeit zur Verfügung zu stellen. Wenn diese Struktur auf Dauer nicht funktioniert oder wenn die Struktur zum Beispiel einer neuen architektonischen oder städtebaulichen Entscheidung weichen soll, dann nehmen wir den Inhalt und versuchen, ihn irgendwo anders in einem neuen, vielleicht wieder kostengünstigen Rahmen unterzubringen. Daran hat sich, so denke ich, wenn man Beispiele wie Baltic oder auch andere sieht, heutzutage etwas grundlegend geändert. Die frühen Beispiele von Nutzungen ehemaliger Industrieareale waren eben sehr zweckmäßige und auch kostengünstige Übungen. Schaffhausen ist eine Provinzstadt, wo ein großes, international wichtiges Museum zu sehen ist, was aber in dieser Stadt nichts ändert, weil die Provinzstadt eben Provinzstadt bleibt, weil der Rhein weiterhin strömt, wie er will, und das Museum auch bleibt, was es ist. Schaffhausen schläft weiterhin ein bisschen, wie Schaffhausen immer ein bisschen geschlafen hat, eine Kleinstadt mit 30.000 Einwohnern, idyllisch, etwas abgetrennt vom Rest der Schweiz, fast eine Enklave in Deutschland. Die Hallen für neue Kunst haben einen Einfluss auf Amerikaner, auf Menschen, die sich für Ryman, Nauman oder Merz interessieren – aber sie haben äußerst wenig Einfluss auf ihre unmittelbare Umgebung.

Migros Museum für Gegenwartskunst, Zürich

Von Schaffhausen bin ich nach Zürich gegangen und habe mit privatem Geld ein Museum gründen können, einen Raum, der quasi zwischen einem Museum und einer Kunsthalle anzusiedeln ist. Ein Museum, weil es eine Sammlung hat, eine Kunsthalle, weil es eher die Dynamik und Ausstellungspolitik einer Kunsthalle (im Schweizer Sinne) nachzuahmen versucht. Das Migros Musem für Gegenwartskunst ist seit 1996 das Museum eines Großverteilers. Migros ist die größte Supermarktkette der Schweiz, ein genossenschaftlich organisiertes Unternehmen ohne Profitzielsetzungen mit einem statutarischen Satz, der bestimmt, dass 1% des gesamten Jahresumsatzes jeweils für soziale und kulturelle Zwecke aufgewendet werden muss. 1% des Umsatzes, das sind ungefähr 110 Millionen Schweizer Franken, also 75 Millionen Euro jährlich, werden über die ganze Schweiz verteilt, und zwar in guter föderalistischer – eben Schweizer – Tradition. Das Geld strömt in alle Kantone, fließt für hohe und weniger hohe Kultur, für High Art bis Low Art. Am Ende bleibt ein bisschen Geld übrig, womit seit Mitte der 1970er Jahre, zuerst von Urs Raussmüller, nachher von anderen, eine Sammlung internationaler Gegenwartskunst angekauft wurde. Ab 1994 konnte ich die Migros-Sammlung weiter ausbauen. Und wenig später bekam ich die Möglichkeit, für das Unternehmen ein Konzept für die Veröffentlichung dieser Sammlung vorzulegen. 1995 kamen wir mit dem Konzept für ein Museum für Gegenwartskunst in einer ehemaligen industriellen Architektur bei den Migros-Gremien durch. 1996 eröffneten wir dann im ehemaligen Löwenbräu-Areal das Museum für Gegenwartskunst Zürich. Noch nicht das Migros Museum, aber ganz einfach, ganz anständig, ganz akademisch, ganz wissenschaftlich, eher deskriptiv bezeichnet – das Museum für Gegenwartskunst Zürich. Die alte Löwenbräu-Brauerei stand seit Ende der 1980er Jahre leer; das Quartier war für Züricher Verhältnisse eher heruntergekommen; das Drogenelend hatte um sich gegriffen. Zürich war Ende der 1980er, Anfang der 1990er Jahre eine der europäischen Hauptstädte des Drogenkonsums mit einem international bekannten Drogenpark, dem Platzspitz, und nachher einem weiteren Drogenareal, dem Letten, nicht unweit der Brauerei. Ein Quartier also, das im Gegensatz zum Zürichberg, wo sich die Elite Europas zu Hause fühlt, ein schäbiges, ehemaliges Industriequartier war. Die Kunsthalle Zürich, die an einem anderen Ort, weiter stadtauswärts, beheimatet war, auf einem Areal, das abgebrochen werden musste, war zur gleichen Zeit auf der Suche nach einem neuen Zuhause. Dabei war sie auf das Löwenbräu-Areal gestoßen. Wir entschieden uns, das Areal gemeinsam zu nutzen. Zürich war in dieser Zeit in der Schweiz in Sachen Gegenwartskunst eigentlich die dritte Stadt nach Basel, das traditionell sehr stark war, und auch Bern. In Basel wurde schon lange die zeitgenössische Kunst gepflegt, von richtigen Sammlern, vom »Basler Daig«, wie man den Basler Chemie-Adel nennt; und Bern war mit der Kunsthalle Bern vor allem durch die Impulse von Harald Szeemann international an vorderster Front dabei. Mitte der 1990er kam dann Zürich, kam das Löwenbräu, ein charakteristisch rotes Backsteingebäude, das heutzutage als Zentrum für zeitgenössische Kunst internationale Wirkung hat. Nicht nur Kunsthalle und Museum für Gegenwartskunst, sondern auch noch vier Galerien und eine Kunstbuchhandlung machten das Löwenbräu zu dem, was es nun ist. **Abb. 1)** Eine vergleichbare Dichte an Kunstorten innerhalb eines Hauses lässt sich in Europa schwierig finden. Wer heute an der Limmatstraße 270 vor dem Eingang der ehemaligen Brauerei steht, sieht eine Namenstafel mit den verschiedenen Mietern und Untermietern. Man sieht die Institutionen Kunsthalle Zürich und Migros Museum für Gegenwartskunst – Institutionen, die versuchen, wertfrei, unter Ausschluss des Kommerzes, ihr Programm zu machen, die Kunst voranzutreiben. Man sieht Galerie Peter Kilchmann, Galerie Hauser & Wirth, Galerie Bob van Orsouw, Galerie Hauser & Wirth & Presenhuber, Galerie Fabian Walther, drei oder vier IT- oder andere kulturelle Agenturen, die Buchhandlung Kunstgriff und CIT Fitness-Center. Eine Tür weiter, aber im gleichen Haus, gibt es dann noch die Daros Collection, eine Privatsammlung mit Kunst seit 1960, die museal, in Form von halbjährlich wechselnden Ausstellungen präsentiert wird. Noch eine Tür weiter, aber immer noch im gleichen Haus, gibt es seit zwei Jahren auch die Galerie De Pury & Luxembourg.

In einer relativ kleinen Stadt – Zürich hat circa 350.000 Einwohner und ist damit jedoch zugleich die weitaus größte Schweizer Stadt – gibt es also ein Ballungszentrum zeitgenössischer Kunst, das vor allem kommerziell mit sonst wichtigeren Städten konkurrieren kann. Die Galerie Hauser & Wirth hat sich innerhalb kürzester Zeit zu einer der weltweit führenden Galerienkonsortien hochgearbeitet. Als sie anfangs ins Löwenbräu einzog, war sie vor allem im Kunsthandel und mit einer eigenen Sammlung beschäftigt. Ein paar Jahre später hatte sie sich zu einer Galerie mit führenden

Gegenwartskünstlern – Pipilotti Rist, Dan Graham, Jason Rhoades, Paul McCarthy usw. – entwickelt. Dazu hatte sie eine zweite Galerie, Hauser & Wirth & Presenhuber, auch im Löwenbräu eröffnet – eine Galerie, die aus der Einverleibung des mehr oder weniger gesamten Künstlerprogramms der Zürcher Galerie Walcheturm mitsamt ihrer Leiterin entstand. Dann ist Hauser & Wirth einen Joint Venture mit der Galerie David Zwirner in New York eingegangen – sie eröffneten gemeinsam die Galerie Zwirner & Wirth. Das Imperium Hauser & Wirth ist weiterhin am Wachsen und hat auch ein eigenes Sammlungsmuseum im ostschweizerischen St. Gallen gegründet. Auch die Geschichte von der neueren Galerie De Pury & Luxembourg ist interessant in dieser Hinsicht. Simon de Pury war Auktionär bei Sotheby's, ist dort aber weggegangen und hat sein eigenes Auktionshaus gegründet: De Pury & Luxembourg. Einige Jahre später hat er dann seine Löwenbräu-Galerie gegründet. Inzwischen hatte sein Auktionshaus sich zusammengeschlossen mit einem anderen Auktionshaus: Philips, das dritte nach Christie's und Sotheby's. Somit gab es dann De Pury & Luxembourg & Philips. Philips war aber Teil vom Luis-Vuitton-Moët-Hennessey-Konglomerat, ein echter Luxusgüterkonzern also. Mit anderen Worten: Als man 1996 anfing, Zürich ein bisschen zu verjüngen beziehungsweise Zürich mit einer neuen Art von Kunst zu konfrontieren, da hat sich plötzlich etwas vollzogen; innerhalb von fünf, sechs Jahren wurde diese alte Brauerei von verschiedenen Luxusgüterkonzernen umworben. Schlussendlich ist die Gegenwartskunst heute, 2002, eine Kunst, die von Louis Vuitton, von Gucci, von Prada und von anderen globalen Konzernen mitgetragen und weitergeführt wird. Und das in einer alten Brauerei, gelegen in einem leicht abgefuckten Quartier in Zürich. Tür an Tür ist eine Situation, die man sonst in Europa eigentlich sehr selten findet, über die ich sagen kann, das es eine sehr interessante Struktur ist, bei der man ein ähnliches Zielpublikum anspricht, voneinander profitiert, Synergien entwickelt. Es ist aber auch eine Struktur, die hier und da problematisch wirkt und das ganze Quartier verändert – gentrifiziert – hat. Schon 1996 warnte die Kunstzeitschrift *Texte zur Kunst* vor dieser Entwicklung in Zürich. In einem Quartier, in dem sich die Bevölkerungsstruktur rapide verändert, in dem monatlich ein neuer Club entsteht, in dem viele neue Restaurants eröffnen, verschwindet die ausländische Bevölkerung und die Mieten steigen sehr stark an. Jetzt wurde vom neuen urbanen Stadtentwicklungsgebiet Züri-West gesprochen. Das neue Boom-Quartier also, wo sich auch das Schauspielhaus ein zweites Zuhause baute. Ein Quartier, was man innerhalb von fünf Jahren nicht mehr wiedererkennt. Ein Quartier, wo nicht nur das Löwenbräu oder das Schauspielhaus diese Wirkung ausgeübt hat, aber wo sich mit wohlwollender Einwirkung des Stadtrats eine Entwicklung vollzog, die meines Erachtens im europäischen Vergleich fast beispiellos ist. Das Löwenbräu ist Symbol und Stimulator dieser Entwicklung und das Migros Museum für Gegenwartskunst ist einer der Protagonisten.

Zurück zum Migros Museum beziehungsweise noch zum Museum für Gegenwartskunst Zürich. 1996 hatten wir als Museum für Gegenwartskunst Zürich eröffnet. 1998, gleichzeitig mit der Ausstellung *Das Soziale Kapital*, bei der Rirkrit Tiravanija das Museum in eine echte Migros-Supermarktfiliale umfunktionierte, entschlossen wir uns den Namen Migros Museum anzunehmen. Abb. 3)

Nach zwei Jahren fanden wir den alten Namen doch ein bisschen zu akademisch und zu wenig distinktiv. Bei der Gründung des Museums wollten wir Spaghettiverkäufer, d.h. die Migros, zunächst als ernsthafte Kunstinstitution anerkannt werden. Nachdem das gelungen war, haben wir uns entschieden, das Museum in Migros Museum umzutaufen, weil es eine Mischform zwischen Museum und Kunsthalle war und eine aktive Politik führen wollte, also nicht um Werbung für unsere Spaghetti zu machen, sondern um der Institution einen neuen, eher realen Charakter zu verleihen. Wir wollten klar machen, dass wir damit zwei völlig ungleichwertige Größen zusammenbringen, die eigentlich nichts miteinander zu tun haben, Migros und Museum – und versuchen, sie quasi zwischen den verschiedenen Realitätsstrukturen hindurch zu manövrieren. Es hat sich gezeigt, dass wir damit auch die Möglichkeit hatten, uns als neues Museum, als neue Struktur zu profilieren, zu »branden«. Die Ausstellung von Rirkrit Tiravanija war eine Ausstellung, in der das Dispositiv des »Realen«, des »Alltäglichen« gesucht und geprobt wurde, in der das, was einer der zwei Direktoren vom Palais de Tokyo »relationelle Ästhetik« nennt – eine Art Beziehungsästhetik – erfahrbar wurde, in der es darum ging, Kommunikation und Diskurs anzuregen. Der Titel *Das soziale Kapital* steht in diesem Zusammenhang natürlich nicht nur für »sozial« und »Kapital« im Sinne von Geld, auch nicht nur im Sinne von Joseph Beuys, er steht für das kommunikative Potenzial einer Ausstellung und das der Gegenwartskunst schlechthin. Rirkrits Ausstellung hat viele grundlegende Veränderungen für das Museum bewirkt. Sie hat dem Museum zuletzt klar gemacht, was seine Rolle im Bezug auf Kunst ist. Sie hat uns als Museumsverantwortlichen klar gemacht, wie wir die Institution Museum weiterdenken können, wo wir uns spezialisieren können, wie wir uns, gerade weil wir von einem Wirtschaftsunternehmen finanziert werden, mit dieser Wirtschaft auseinander setzen müssen und können. Außerdem wurde uns klar, dass wir uns mit Realität, mit High und Low auseinander setzen müssen, wenn wir mit einem Low-Unternehmen wie einem Großverteiler arbeiten, und dass wir uns auch mit Kommerz und mit Warenwirtschaft kritisch auseinander setzen müssen. Alle diese Aspekte, und vor allem auch der performative Aspekt, waren eine Spezialität des Migros Museums, des Migros Museums unter meiner Leitung. Um dem Unternehmen Migros gegenüber doch eine gewisse spielerisch-kritische Distanz zu bewahren, schrieben wir den Namen damals immer zwischen Klammern und mit Kleinbuchstaben: <<migros museum>>. Neben der Ausstellung von Rirkrit kamen diese Aspekte in fast allen Ausstellungen zur Geltung. Ich nenne zum Beispiel die Ausstellung von Olaf Nicolai, der sich eben auch mit dieser Warenwelt auf spielerische Art kritisch auseinander setzt. Sein riesiger *Nike Air Max*, Fetisch der 1990er-Kreativen, wurde einem langen Wandtext mit einem Zitat von Zadie Smith gegenübergestellt. In diesem Text kritisiert sie gerade auch die Produktionsstrukturen von Firmen wie Nike. Auf der andere Seite stellte Nicolai drei ZDF-Torwände mit Andy Warhol Camouflage-Muster hin, fast getarnte Symbole einer Fernseh-Konsumkultur. Maurizio Cattelan ließ für seine Ausstellung im Migros Museum fast alle Backsteininnenwände verschwinden. Übrig blieb ein sehr großer leerer Raum. Ganz am Ende, um die letzte Ecke, hing eine Puppe an einem Garderobenständer, das Abbild des Künstlers in einem Joseph-Beuys-Filz-Kostüm, einer getreuen Kopie eines bekannten Kunstmultiples also. Abb. 6) In der Ausstellung von Carlos Amorales wurde eine Art mexikanische Maquiladora nachgebaut, ein Kleinbetrieb, der ganz billig für den amerikanischen Markt kleine Teile von größeren Produkten herstellt. Diese Maquiladora wurde einem Cabaret Amorales, einem Club, gegenübergestellt. Die Besucher mussten einerseits arbeiten – Schuhteile herstellen – andererseits »performen«. Amorales selber trat als Teufel verkleidet auf, und versuchte das Publikum zu verführen, einen Tanz mit dem Teufel einzugehen; also wieder performative Kunst, Kunst mit Performance als Basis, Kunst, die versucht, sich mit Realität und Warenwelt auseinander zu setzen. Abb. 4)

Museum Boijmans Van Beuningen, Rotterdam

Abschließend möchte ich noch einige Anmerkungen zum Boijmans machen. Hierbei handelt es sich also um ein echtes Museum in einem echten Museumsgebäude. Das Haus wurde in den 1930er Jahren gebaut, ein klassischer Museumsbau, der in den 1970er Jahren mit sehr großzügig gestalteten Wechselausstellungsräumen erweitert wurde, und momentan vom belgischen Architektenbüro Robbrecht & Daem nochmals erweitert wird. Boijmans Van Beuningen ist ein Museum mit Sammlungen vom Mittelalter bis heute, mit sehr viel Kunstgewerbe, Design, Fashion usw. – fast ein Universalkunstmuseum. Im Boijmans versuchen wir öfters anachronistisch zu arbeiten, indem wir Werke aus verschiedenen Sammlungsepochen miteinander konfrontieren. Da kann es vorkommen, dass eine Maurizio-Cattelan-Figur inmitten einer Sammlung mit Bildern aus dem 19. Jahrhundert auftaucht oder dass eine Bruce-Nauman-Skulptur von Statuen von Rodin und Maillol flankiert wird. Solche Werke steigern die Aufmerksamkeit und hinterfragen die übliche Wahrnehmung eines klassischen Museumsparcours. Sie wecken einen so richtig auf. Maurizio Cattelans Lausbub, der aus dem Boden des Altbaus hoch kriecht und die Kunst der alten Meister abzugucken versucht, steht für ein neues Boijmans, für eine Neuauffassung des geschichtlichen Kontinuums. Abb. 8) Eine weitere Arbeit von ihm, die nur zwei Monate lang in unserem Museum aufgestellt war, führte diese historische Komponente noch viel weiter, sei es auf eine mehr provozierende Art. Eine äußerst eindringliche Arbeit, die in Rotterdam – einer Stadt, die im Zweiten Weltkrieg fast völlig zerstört wurde – hart ankam und auf viel Kritik stieß. Wenn man durch die Räume mit der Kunst aus dem 19. Jahrhundert spazierte, näherte man sich als Besucher von Weitem einer kleinen knieenden Figur, die man zuerst nur von hinten wahrnahm. Erst nachdem man sich ihr genähert hatte und ins Gesicht schauen konnte, wurde man richtig konfrontiert. Man starrte ins Gesicht von Hitler – eine haargenaue Kopie, verkleinert, in betender Haltung. Das Böse kniete vor uns nieder. Grotesk, diese Arbeit mit dem Titel *Him*. Konfrontierend, aber auch so abgebildet, dass das Böse für uns eher beherrschbar wurde. Die Institution Kunstmuseum bleibt auf allen Fronten in Bewegung.

2) SAMMLUNG MIGROS MUSEUM (ALICIA FRAMIS, RIRKRIT TIRAVANIJA, KLAT, BRUCE NAUMAN), 2001

1) FASSADE LÖWENBRÄU ZÜRICH, ENDE 2002

4) CARLOS AMORALES, »DEVIL DANCE«, IM MIGROS MUSEUM FÜR GEGENWARTSKUNST ZÜRICH, 2001

3) RIRKRIT TIRAVANIJA, »DAS SOZIALE KAPITAL«, 1998, MIGROS MUSEUM

5) CARLOS AMORALES, »AMORALES VS AMORALES«, 1999, MIGROS MUSEUM

6) MAURIZIO CATTELAN, »LA RIVOLUZIONE SIAMO NOI«, 2000, MIGROS MUSEUM

7) PETER FISCHLI UND DAVID WEISS, »OHNE TITEL«, 1994-2003, AUSSTELLUNG IM MUSEUM BOIJMANS VAN BEUNINGEN 2003

8) MAURIZIO CATTELAN, »UNTITLED«, 2002, MUSEUM BOIJMANS VAN BEUNINGEN

MICHAELA BUSENKELL (*1962)
ARCHITEKTURKRITIKERIN • DIPLOM-ARCHITEKTURSTUDIUM 1992 AN DER TU MÜNCHEN • 1992 DÖLLGASTPREIS DER TU MÜNCHEN • 1992 - 96 PROJEKTE MIT MARKUS LINK • MITARBEIT IM ARCHITEKTURBÜRO ANDREAS MECK UND ZMSP ARCHITEKTEN MÜNCHEN • 1996 - 99 VOLONTÄRIN UND REDAKTEURIN BEI AIT • INHALTLICHE KONZEPTION DER ONLINE-ARCHITEKTURZEITSCHRIFT A-MATTER (SIEHE: WWW.A-MATTER.COM), SEIT 1999 EDITORIAL DIRECTOR • PUBLIKATIONEN IN AIT, ARCH-PLUS, JAHRBUCH ARCHITEKTUR DEUTSCHLAND 2002, ARCHITECTURE & TECHNIQUES, DE ARCHITECT • MEDIENKOOPERATIONEN VON A-MATTER.COM MIT ARCHITEKTUR BIENNALE VENEDIG 2004 UND DEM DAM • AUSSTELLUNG DIGITAL REAL (2001) • KONZEPTION VON / MITWIRKUNG AN KONFERENZEN, SYMPOSIEN, AUSSTELLUNGEN UND JURY-TEILNAHMEN

BERNHARD SCHULZ (*1953)
ARCHITEKTURKRITIKER • STUDIUM DER KUNSTGESCHICHTE, VOLKSWIRTSCHAFT UND POLITIK AN DER FU BERLIN • SEIT 1977 AUSSTELLUNGSMACHER • SEIT 1982 KUNSTKRITIKER • SEIT 1987 REDAKTEUR BEIM TAGESSPIEGEL BERLIN • LEHRAUFTRÄGE IM BEREICH KULTURMANAGEMENT UND KULTURFINANZIERUNG AN BERLINER HOCHSCHULEN • ZAHLREICHE KATALOG- UND BUCHBEITRÄGE ZU KUNST, ARCHITEKTUR UND STÄDTEBAU

MBu	Michaela Busenkell	
RW	Rein Wolfs	—> R/15
BS	Bernhard Schulz	
MB	Marius Babias	—> R/13
DW	Dominic Williams	—> R/14

Moderation: Michaela Busenkell, Bernhard Schulz

THINK GLOBAL, ACT LOCAL

Teilnehmer: Rein Wolfs, Marius Babias, Dominic Williams

MBu

In den beiden letzten Vorträgen wurden ganz unterschiedliche Konzepte vorgestellt. Ich möchte einen Event ansprechen, der im migros museum stattfand: den Tanz mit dem Teufel. Rein Wolfs zeigte uns das Bild von Amorales, der versucht, das Publikum zu sich auf die Bühne zu holen und mit dem Teufel zu tanzen. Dieses Bild erschien mir wie ein Zeichen für das, was Sie mit dem migros museum gewagt haben: Die Verbindung eines Lebensmittelanbieters mit dem Thema, und das auch im Namen zu thematisieren. Aber jetzt haben Sie das migros museum in Zürich verlassen. Was zog Sie ins Boijmans van Beuningen nach Rotterdam?

RW

Wenn man »älter« wird, muss man schon etwas anderes machen und ein bisschen ruhiger werden, sich »zur Ruhe setzen«. Ich denke, das migros museum war einerseits ein Wagnis, weil man immer mit diesem Unternehmen in Verbindung gebracht wird. Und anfangs war es ein Wagnis, weil man nicht wusste, ob die Leute es einem abnehmen, dass man als Makkaroniverkäufer einfach Kunst zeigen geht, dass sie nicht meinen: »Aha, das sind die, die normalerweise ihre Nudeln verkaufen, und das sind nicht ernst zu nehmende Kunstaktionisten.« Andererseits, das migros museum war immer wieder ein Wagnis, auch wenn wir den Namen in migros museum geändert haben. Die Migroschefs wollten das zuerst nicht, die wollten ein bisschen fern vom Museum bleiben, fern bleiben von diesem Kunstraum. Es hat sich aber gezeigt, dass es gut war. Es war eine Möglichkeit, das Museum sehr stark zu »branden«, um es klar auf Neudeutsch zu sagen. Das Boijmans van Beuningen ist älter, hat aber einen ganz dynamischen Direktor, Chris Dercon, der jetzt ins Münchner Haus der Kunst weggeht. Ich versuche natürlich auch, in diesem Museum dynamisch zu sein. Es gibt sogar noch mehr dynamische Leute. Rotterdam ist eine ganz andere Stadt als Zürich. Ich wollte weg aus dieser Kommerzmetropole, ich wollte weg vom großen Geld. Ich wollte zurück zu den Wurzeln, zurück zur Arbeiterstadt, in eine linke Stadt, die jetzt leider keine linke Stadt mehr ist, die jetzt eine rechtspopulistische Stadt geworden ist. Pim Fortuyn, der Politiker, der in Holland erschossen worden ist, der kam aus Rotterdam und hatte gerade zwei Monate vorher die dortigen städtischen Wahlen gewonnen. Rotterdam ist eine andere Stadt geworden, das Boijmans ist auch eine städtische Struktur, städtischer Dienst. Wir sind dem Stadtrat unterstellt und es ist zu befürchten, dass es das Boijmans in der nächsten Zeit, auch mit dem Direktorenwechsel, schwierig haben wird. Das habe ich mir natürlich nicht ausgemalt, dieses Szenario. Als ich gegangen bin, war Rotterdam noch die linkeste Stadt Hollands, jetzt ist es die rechteste, da hat sich einiges geändert. Aber ich wollte mit Boijmans einfach an ein Museum wechseln, wo man wirklich »Museum spielen« kann, wo man nicht nur kleines Museum spielt, wo man Ausstellungen produzieren muss, die für mehrere Leute zugänglich sind, wo man nicht für 20.000, 30.000 Leute im Jahr, sondern für 200.000 oder 300.000 Leute im Jahr produziert, wo man versuchen kann, die ganze Bandbreite der Kunst zu zeigen, und wo man Räume hat, die 30 auf 35 Meter sind oder die mit Holzlambrisierungen, mit Oberlichtdecke, denkmalgeschützt und vier mal fünf Meter groß sind. Das ist eine Spannung und dieses Spannungsfeld ist interessant und auch dynamisch.

MBu

Sie haben das Konzept des migros museum maßgeblich entwickelt; ein ungewöhnliches Konzept, das sich an den sensiblen Stellen der Kunst im Zusammenhang mit Kommerz und Marketing bewegt. Wer führt es jetzt weiter? Funktioniert es mit einer anderen Person genauso?

RW

Jetzt macht es Heike Munder, eine Deutsche, die früher in Lüneburg war, an der Halle für Kunst Lüneburg. Sie macht es sicher anders, sie setzt andere Akzente. Ich habe das Konzept gemacht, aber es war im Grunde ein einfaches Konzept: jung und hip spielen. Das war zum Teil auch die Kritik am migros museum. Einerseits hat es ganz gute Kritiken eingefahren, zum Beispiel mit der Rirkrit-Tiravanija-Ausstellung, andererseits kam Kritik vor allem auch von einigen ernsthaften deutschen Zeitungen, zum Beispiel von der Frankfurter Allgemeinen. Sie hat über die Atelier-van-Lieshout-Ausstellung geschrieben, es sei wie ein Pfadi-Lager, mehr nicht. Über Rirkrit hat sie geschrieben, Beuys hätte es schon besser getan, Beuys hätte das Unternehmen auch mehr kritisiert. Ich habe mir gedacht, Beuys, das war in den 1970er Jahren, und jetzt leben wir in den 1990er Jahren, mittlerweile im 21. Jahrhundert, da hat sich einiges geändert, in der Haltung, in der Perspektive der Wirklichkeit gegenüber. Kritik, das kritische Dispositiv, ist etwas anderes, als es vor zwanzig Jahren war. Ich denke, das migros museum bekommt jetzt eine andere Ausrichtung, das gehört auch zur Flexibilität einer Low-Cost-Struktur. Ich weiß nicht, was bei Baltic und beim Palais de Tokyo für Mittel aufgewendet wurden, aber beim migros museum wurden eben nur eine Million Schweizer Franken, das sind noch keine 700.000 Euro, investiert. Man zahlt Mietzins für zehn Jahre und nach zehn Jahren kann man sagen, wir machen weiter oder wir führen es vielleicht in Genf fort, weil die Schweiz kein großes Land ist, oder in Lugano. Oder man kauft sich einen migros-Bus und fährt rum. Der Low-Cost-Rahmen war wichtig und macht es auch möglich, dass man seine Ausrichtung ändern kann. Das einzige mit einer gewissen Kontinuität ist die Sammlung.

BS

Sie haben in einem starken Maß auf die Wirkung des Museums auf seine städtische Umwelt Bezug genommen und den Begriff Gentrification anhand des Anstiegs der Mietpreise deutlich untermauert, der Veränderung der Bewohnerstruktur bis hin zum Zuzug einer Galerie, die Sie einem Luxuskonzern zugeordnet haben, die jedoch inzwischen wieder selbständig geworden ist. De Pury, das muss man für Nichtschweizer dazu sagen, war früher der Kurator der Thyssen-Sammlung, hat also eine enge Verwurzelung im allergrößten Sammlermilieu der Schweiz. Aber zurück zu den sozialen Auswirkungen: Wie hat das Ihre Arbeit, als Ihnen das bewusst wurde, beeinflusst? Wie würden Sie das heute aus der Distanz, aus der Distanz einer anderen Stadt, sehen? Spielt das Museum oder die zeitgenössische Kunst die Rolle des Hofnarren, wobei es oder sie ganz anderen, nicht mehr selbst zu steuernden Interessen dient? In diesem Falle dem Interesse, das weit verbreitet in der Stadt war, mit dieser Schmuddelgegend endlich einmal aufzuräumen? Und alle polizeilichen Maßnahmen – Platzspitz haben Sie erwähnt – haben ja nicht gegriffen.

RW

Ja. 1996, als wir das Löwenbräu eröffnet haben, gab es einen Artikel von Jochen Becker in »Texte zur Kunst« und er hat geschrieben, dass dieses Löwenbräu zu Gentrification führen wird. Das habe ich damals verneint, muss ich Ihnen sagen. Jochen Becker hat sich zusammen geschlossen mit Leuten aus der Shedhalle, der Roten Fabrik, das ist ein ziemlich ideologisierter Raum, der aus der Jugendkultur entstanden ist, aus den Zürcher Krawallen, aus der Zeit von »Zürich brennt«, das war 1980. Das war die Zürcher Gegenkultur. Ich bin dann zur Shedhalle hingegangen und bin einem Tribunal von fünf Leuten gegenüber gesessen. Ich war allein und alle fünf haben gesagt: »Das Löwenbräu und die migros machen dieses Quartier kaputt. Die migros macht das Quartier kaputt, weil sie bei der Stadt eine Klage eingereicht hat, dass die Drogenszene eine Million Franken pro Woche an Umsatzeinbußen kostet, dass die Stadt also eingreifen und die Drogenszene schließen muss.« Das hat die Stadt auch tatsächlich gemacht. Jochen Becker und seine Kumpanen haben gesagt: »Siehst du, damit hat die migros die Kreativszene« – die Drogenszene haben sie gemeint, aber die Kreativszene gesagt – »kaputt gemacht«. Ich bin dann fünf Jahre später zu Jochen Becker gegangen und habe mit ihm für das Magazin »Material«, das wir als migros museum herausgaben, ein Interview geführt. Das ist später auch im »Kunstforum International« abgedruckt worden. Da habe ich ihm zum Teil Recht geben müssen, denn wir haben da etwas in Bewegung gesetzt, was nicht nur positiv ist. Ich habe mich damals ein bisschen als Hofnarren gesehen, ich habe auch das migros museum als Hofnarren gesehen, in dieser ganzen Situation. Ich habe die ganze Kunstszene als eine sehr interessante Szene in Zürich gesehen. Wenn man drin ist, sieht man es anders, als wenn man draußen ist. Ich habe vor zwei Monaten einen Artikel für eine Zürcher Tageszeitung geschrieben, in dem ich sage, dass die Zürcher Kunstszene versucht, zu hip und zu cool zu werden, zuviel von dem, wovon sie meint, dass es hip ist, weil es das ist, was die Eltern nicht gut finden. Und dass sie aufpassen muss, dass sie noch über die Grenzen Zürichs hinaus schaut. Dann hat die Neue Zürcher Zeitung geantwortet, dass ich endlich Bildungsbürger geworden sei, und vielleicht ist das auch so, vielleicht werden wir das in einem gewissen Alter. In Zürich hat sich sehr viel geändert, in Zürich boomt die Kunst, in Zürich boomt meines Erachtens aber vor allem der Kommerz. Die Kunst boomt eigentlich gar nicht so sehr, wie wir in Zürich denken. Man muss immer versuchen, das aus einer gewissen Distanz zu betrachten. Für mich war das der Grund, da weg zu gehen, weil der Kommerz zu sehr geboomt hat, zu sehr das Ganze in einen Würgegriff genommen hat. Wenn man sieht, wie alle Kunstgeschichtestudienabgänger und -abgängerinnen in Zürich bei Hauser & Wirth arbeiten wollen, nach zwei Jahren zurückkommen und enttäuscht sind, aber nirgendwo mehr hin können, weil sie mit dem Kommerzvirus infiziert sind. Es ist alles ein Cartoon, aber man muss es ein wenig als Cartoon bringen, sonst wird man ja nicht gehört.

BS

Die Interaktion mit den Bewohnern, die Interaktion mit dem sozialen Umfeld, Herr Babias, ist in Ihren Essener Projekten von vornherein angelegt gewesen und zwar in einer positiven Weise. Würden Sie das auch so sehen, dass Sie da die Kunst, wie soll ich sagen, so als eine Art »Schmiermittel« für eine Region im Umbruch, für eine Region zwischen Industrie und neuer Identitätsbildung, benutzt haben oder haben benutzen lassen?

MBa

Im Prinzip ja, aber nicht als »Schmiermittel«, es war weder eine Ausschreibung noch ein Wettbewerbsverfahren, im Zuge dessen wir dieses Projekt realisiert haben, sondern ein autonom entwickeltes, in einem theoretisch fixierten Feld formuliertes Programm, das von vornherein die Einbeziehung der Community vorsah. Aber nicht in einer Streetworker-Perspektive, auch nicht im Sinne einer New Genre Public Art, so à la Chicago 1992, diese Culture-in-Action-Programme, sondern auf freiwilliger Basis. Die Community-Mitglieder sollten nicht zu Mitproduzenten der künstlerischen Arbeit aufsteigen, weil all diese Konzepte der 1990er Jahre als kommunikationsstiftende Mitmachprojekte mehr oder weniger eine Hierarchie leugneten, die Hierarchie aber trotzdem vorhanden und nachweisbar blieb. Wir haben also gewissermaßen die Lehre daraus gezogen, also autonome Werke à la Schwimmbad mit dem Zusatzangebot an Freizeitbeschäftigung errichtet. Inzwischen ist dieses Schwimmbad Territorium bestimmter Gangs, die dort in dieser Community agieren. Während am Anfang noch Akte von Vandalismus festzustellen waren, haben die inzwischen begriffen, dass dieses zu einer Verschlechterung ihrer eigenen Lebenssituation führen würde und verteidigen dieses Territorium entsprechend. Ich würde einen klaren Trennstrich ziehen zwischen partizipatorischen Kunstprojekten der 1990er Jahre, die in voluntaristischer oder kommunitaristischer Weise den prekären Bewohnern doch irgendwie etwas Gutes tun wollten. Wir sind den umgekehrten Weg gegangen.

BS

Und tun auf diese Weise den Bewohnern was Gutes.

MBa

Sicher! Aber doch auf freiwilliger Basis und sie sind nicht Statisten in einem kommunikativen Prozess.

BS

Aber die Situation im Ruhrgebiet ist spätestens seit »IBA Emscher Park« dadurch gekennzeichnet gewesen, dass es große Freiräume für die diversesten Vorhaben gegeben hat, einfach weil diese Region nicht mehr weiter wusste und versuchen musste, sowohl räumlich wie physisch mit den vorhandenen Objekten, also sprich mit den leer stehenden Fabriken und mit den brach liegenden Geländen, aber vor allen Dingen auch mit den Bewohnern, etwas zu machen, um ihnen eine Perspektive zu geben. Ich sage nicht, dass Sie ihnen in dem Sinne eine Perspektive geben, aber Sie sind ein Puzzlestein dieser Entwicklung, die insgesamt als sehr positiv eingeschätzt worden ist, nämlich dass die IBA und alle diese Projekte des letzten Jahrzehnts dazu geführt haben, dass das Ruhrgebiet sich nicht mehr als eine sterbende Region begreift, sondern als eine Region im Umbruch, die noch nicht ganz genau weiß, wo sie hin geht, die aber diesen Verlust nicht mehr einfach als Verlust betrachtet, sondern als eine abgeschlossene Periode.

MBa

Ja, alles richtig. Es kommt nur auf die Perspektive und dann auf die Bewertung an. Es ist ja nicht zu leugnen, dass ein bestimmter Anteil unserer realisierten Projekte eingefasst ist in genau so einer Perspektive, die Sie beschreiben. Wo die Industrie keine Identität mehr zur Verfügung stellt, soll es eben die Kultur tun. Das ist natürlich ein üblicher Weg, die Frage ist nur, welche Richtung man in diesem Weg dann einschlägt. Wie ich in meiner Präsentation darzulegen versucht habe, gucken wir eben auf die prekären Seiten dieser Entwicklung und versuchen, Aufklärung zu betreiben, Bewusstseinssteigerung zu erzeugen, aber eben nicht durch die Kunst allein. Die Kunst soll ihren autonomen Rahmen behalten, wir wollen kein doktrinäres Verhältnis. Dafür haben wir eben eine Fülle von Seitenaktivitäten, wie Diskussionen, Workshops, Publikationen und so weiter.

BS

Mich würde interessieren, Dominic Williams, wie stark dieser Bezug zur Einwohnerschaft, zum sozialen Umfeld bei Ihnen ausgeprägt war. Nach den Fotos, die Sie uns gezeigt haben, ist die Stadt auch von Stadtbrachen gekennzeichnet, von Industrierestflächen, von überdimensionierten Verkehrsflächen, die heute nicht mehr benötigt werden, dort befindet sich heute ein Juwel am Ufer, jetzt noch schöner geworden durch die wunderbare Brücke. Was ich aber ein bisschen vermisst habe: Wer geht da hin? Was gibt es für einen Bezug zu den beiden Städten, die da entlang des Flusses liegen?

DW

Essentially, the issue was the creation of something which has local significance. There have been proposals for housing, for offices in the building and even sports facilities since there is the possibility of a new stadium being built nearby. There was very much an emphasis on looking at local people in the area, whilst at the same time trying to raise the profile of the project nationally and internationally as well. So we were faced with achieving some sort of balance between bringing in not only international artists but also regional and local people, somehow making it into a melting pot. Achieving that is very important because local people can be disenfranchised very quickly even when there is only a discussion of bringing in some quite high-profile artists. Likewise bringing in local people might disenfranchise the other end of the spectrum. What was important in The Baltic was also to provide a series of educational spaces that would allow a programme and also accommodate artists of different approaches and different levels of awareness. The whole idea of The Baltic is very much that of a melting pot.

BS

Nebenbei, wie teilt sich bislang – Sie sind eine ganz neue Institution – die Besucherschaft zwischen lokalen und überregionalen Besuchern auf?

DW

Since the project opened in July there have been half a million visitors in total which compares to a predicted visitor level of about a quarter of a million people over a year. In that sense, it has been a success with the public. I do not have exact figures on the breakdown of that half million but there is a significant number of local repeat visits hidden in there, with an estimated number of three hundred repeat visits being local. One has got to weigh this up against the fact that at present there is no entrance fee because it is supported publicly. It will be supported publicly for the next five years by the Lottery system which has placed an endowment fund to allow the organisers and a brand-new organisation to establish itself and look for other revenue opportunities. Of course, this could cause conflict later on but it has allowed them to avoid all the usual pitfalls in terms of advertising. There has to be some degree of local sponsorship to match funding but continued financial support is obviously the challenge they have had and will have once they reach a point when they do not have that support.

MBu

Das ist in England genau der Punkt: Solange die Lotteriegelder geliefert werden bzw. das Gebäude umgebaut und eröffnet wird, läuft alles gut. Aber danach kam bei einigen Häusern der Crash, weil kein Geld mehr vorhanden war. Ihr bekommt jetzt noch, das ist ungewöhnlich, fünf Jahre lang Startgeld von dem staatlichen Lotteriesystem und nach diesen fünf Jahren müsst Ihr Euch selbst tragen oder gibt es da noch irgendwelche anderen Fördermittel von der Stadt?

DW

It is a very rare project in terms of Lottery support in England. Once entrance fees had been introduced a number of Lottery projects have experienced a dramatic drop in visitor numbers. A good example for this is the »Sheffield Pop Museum«, which was a museum for pop memorabilia which, in my opinion, had a fundamentally wrong approach. Sheffield had, and still has, a large student population, which made up the bulk of visitors when entrance was free. Very few students, however, are going to pay £8 for a re-visit. I view it as critical that these sort of things are thought about early on in the business planning process. Certainly The Baltic was lucky enough to benefit from this sort of thinking early on.

MBu

Und wie wird es in fünf Jahren aussehen? Die Bedingungen für die Produktionen von Kunst sollen im Baltic sehr gut sein. Es war Teil des Konzepts, dass man Künstler holt, die vor Ort produzieren und später ihre Kunstwerke verkaufen. Das Baltic ist an diesem Verkauf beteiligt. Ist das eine Art und Weise, wie solch ein Museum in Zukunft überleben kann?

DW

Absolutely. Obviously, there is a café space and a book shop space and also evening programmes where for example there is a whole digital art suite which people can hire out to local film groups. So little bits of revenue are always coming in from there. Alongside those sort of strings there is also the art, the commissioning art and actually the making of art. There is a whole business aspect which I am not party to but I imagine that has got to make up a proportion of it.

BS

Herr Wolfs, ich habe noch eine Frage an Sie, weil Sie Schaffhausen ein bisschen abqualifiziert hatten.

RW

Ach, wieder mal Cartoon, im Sinne des Cartoons!

BS

Einen Punkt haben Sie besonders herausgestrichen, das war Ihre Konklusion. Schaffhausen sei eine kleine Provinzstadt und ist es auch geblieben, das heißt, das Museum hat sich auf die Stadt nicht ausgewirkt. All das, was wir eben diskutiert haben, Gentrification, Beteiligung oder Involvierung der Bevölkerung, findet dort seit 1984 nicht statt. Es ist eine sehr kleine, ausgewählte, kunstsinnige Besucherschaft, die dorthin pilgert. Ich kann mich entsinnen, dass man außerhalb der Sommermonate dort klingeln oder sich vorher anmelden muss, also noch eine zusätzliche Hürde. Gleichwohl denken die Sammler, dass Sie damit ein Statement für die Kunst, die sie schätzen, gemacht haben. Kann man sagen, Schaffhausen ist das Modell oder das Beispiel einer untergehenden Gattung von dauerhaftem Museum, dauerhafter Sammlung? Die eben nicht auf Produktion und Veränderung angelegt ist?

RW

Ich denke schon. Schaffhausen ist eine von den letzten Reliquien aus einer Zeit, wo die Besucherzahlen nicht so wichtig sind, wo die Öffnung zur Stadt nicht wichtig ist, wo die städtischen, die regionalen, die Schweizer Künstler verneint werden. Es ist zum Beispiel in dieser Sammlung kein Schweizer Künstler zu sehen. Es werden nur zwölf Künstler gezeigt, aber die Sammlung ist viel größer. Es gibt kein großes lokales Publikum, es gibt kein regionales Publikum. Es gibt ab und zu einmal eine Sonntagsmatinee, wo die zwanzig Interessierten aus Schaffhausen jedes Mal wieder kommen, aber es gibt sonst keine großen Bestrebungen, um die Stadt hinzu zu ziehen. Obwohl ich dort eine wichtige Zeit verbracht habe, sehr viel gelernt habe und auch sehr viel Respekt habe vor Schaffhausen, halte ich es trotzdem für eine etwas elitäre Geschichte.

Ich habe mit dem migros museum ein bisschen dagegen rebelliert, wenn ich gemeint habe, dass der erste Grund ist, weshalb man so ein Museum baut, eröffnet, gründet, dass man damit für die Zürcher da ist. Man muss sich zuerst einen Platz unter den Lokalen erwerben und erst dann kann man ins Ausland schauen. Das geht auch ein bisschen gleichzeitig, aber man muss immer versuchen, die Szene um sich herum zu bilden. In Rotterdam habe ich auch Probleme, was das angeht, vor allem, weil das Museum jetzt schon seit sechs Jahren umgebaut und erweitert wird. Es ist da ein großer Baugraben, die meisten Stadtbewohner meinen, das Museum sei geschlossen, und laufen in einer großen Kurve darum herum. In Zürich habe ich gelernt, eine Szene zu bilden, in Rotterdam könnte man auch eine Szene bilden, aber vielleicht muss man in einem solchen Universalmuseum verschiedene Szenen bilden, vielleicht eine Szene für die zeitgenössische Kunst, eine für das zeitgenössische Design, eine für die Mode, vielleicht auch eine Szene für alte Kunst. Ich weiß es nicht, es wäre doch denkbar, man müsste es probieren.

BS

Sie haben bei Ihrer Schilderung von Rotterdam allerdings ausgelassen, dass in geringer Entfernung, nur getrennt durch den Museumspark, die Kunsthalle steht. Die sich nicht nur in einem sehr avantgardistischen Gebäude befindet, sondern auch sehr avantgardistische Kunst zeigt, insofern relativiert sich die Rolle des Boijmans sehr stark.

RW

Damit bin ich nicht einverstanden. Ein avantgardistisches Gebäude ist es schon, das Haus ist von Rem Koolhaas, aber bei den Ausstellungen würde ich das Gegenteil behaupten. Die Kunsthalle pflegt, wie sie selber sagt, ein bewusst populistisches Programm. Vor einem halben Jahr, als der neue Stadtrat in Rotterdam installiert wurde, der rechtspopulistische Stadtrat, haben alle städtischen Institute ein Papier vorgelegt, um sich vorzustellen.

BS

Seit dieser Zeit war ich noch nicht wieder da, deswegen ist mir das noch nicht bekannt.

RW

Nein, ich sage Ihnen was, die Kunsthalle hat damals ein Papier vorgelegt mit dem Titel »10 Jahre verantwortungsvoller Populismus«. Die Kunsthalle versucht nicht avantgardistisch zu sein, die Kunsthalle in Rotterdam ist nicht wie eine schweizerische oder wie eine deutsche Kunsthalle, sondern sie ist eine Halle, wo Ausstellungen stattfinden. Das können auch Harley-Davidson-Motorenausstellungen, Kinderausstellungen oder eine Duane-Hanson-Ausstellung sein. Duane Hanson, dreißig von seinen Skulpturen, ist nicht das Avantgardistischste, was ich mir vorstellen kann. Da sind wir schon aktueller, was die Kunst angeht. Die Kunsthalle ist viel populistischer und kriegt deshalb auch ein bisschen mehr Besucher. Es gibt Ausstellungen, zum Beispiel »Das Gold der Thraker«, die nehmen wir nicht mehr rein. Die gehen zur Kunsthalle. Das ist das größere Publikumsinstitut in dem Sinne.

BS

Ich glaube, es gibt das Bedürfnis aus dem Publikum, Fragen zu stellen.

Karsten Schmitz

Ich habe eine Frage an Dominic Williams von Baltic. Inwieweit ist die Stadt da eingebunden? In Schaffhausen gab es Sammler, die sich das Museum leisten. migros gab den Kulturpfennig und bei der Tate gab es die Trusties, die gesagt haben, hier in London platzen unsere Sammlungen aus allen Nähten, wir brauchen etwas Neues. Und so entstand die New Tate. Für mich ist interessant, wie es in Baltic funktioniert, inwieweit wir den Spirit haben. Die faszinierende Architektur, wie damit umgegangen worden ist, das haben wir mitbekommen. Jetzt ist die Frage die geistige Nutzung des Geländes. Wie wird das von der Stadt getragen oder von wem wird es getragen?

DW

Firstly it is important to note that the city were very much part of raising the funding. Obviously they realised that the regeneration of The Baltic could be of positive impact for other things around it, but I shall disregard the art argument in that. It was enough that it was going to be an active place for people to be and do whatever they want to do. So that was very important and the city did contribute towards the project in terms of the funding. If you talk about the spirituality of space, I hope as a designer, that we have allowed for many different reactions to the building. It is multi-faceted because not only are we dealing with an existing kind of understood visual structure, but we are also having to deal with a completely new programme alongside that. In effect we tried to allow for all sorts of different user groups and mixes to work within the same volume. So I hope different people find different things from it including spirituality, if that is what they are looking for.

MBu

Ich möchte zur Frage von Karsten Schmitz noch etwas hinzufügen. Meines Wissens war diese Art von Gentrification, die in Zürich ungeplant stattgefunden hat, in Gateshead beabsichtigt und erwünscht. Dieses Museum ist in ein urbanistisches Entwicklungsprogramm eingebunden. Es war nicht als einzelnes Objekt gedacht, sondern als Teil einer Reihe von Perlen am Fluss Tyne, der wiederum das Rückgrat von zwei sich gegenüberliegenden Städten ist – Gateshead und Newcastle. Newcastle ist finanziell sehr viel üppiger ausgestattet als Gateshead. Man wollte also die Gentrification von Gateshead bewusst initiieren.

DW

Yes, you are right. It absolutely was seen as that sort of mechanism. I am not here to critique what is happening alongside the building, we are not involved in that. A good example is the site behind The Baltic which at the time was set aside for cinemas and bowling alleys and all the supermarkets you can imagine and all the commercial activity alongside the building. Then what can probably only be described as politics kicked in, and I am saying this purely as someone commenting from the outside of that process, or rather from within The Baltic. The new plan is to put more residential units alongside The Baltic. One has then got to ask the question of what the impact of such a project is on residential areas; there has certainly been a massive impetus down the river Tyne on the Newcastle side for private flats which are now almost reflecting the house prices around it. It is incredible how the economics have changed in that region and I am not saying that The Baltic is responsible for that. On the Newcastle side there has been a generally expanding economy alongside a shrinking economy on the other side. So, as you say, a balance is occurring between the two sides and obviously Gateshead are keen to get in on the action occurring in Newcastle. One has to consider how The Baltic remains intact during that process which I think is an interesting question to ask in terms of the future.

BS

Ich würde gerne noch auf einen Gesichtspunkt zu sprechen kommen, den Sie, Herr Wolfs, angedeutet hatten. Bei der Beantwortung meiner Frage nach Schaffhausen haben Sie es negativ bewertet, dass dort keine Schweizer Künstler ausgestellt wurden. Man kann sich darüber wundern, über einen solchen Punkt in Zeiten der Globalisierung, auch der Kunst. Ansonsten haben Sie Künstler gezeigt, die man überall sieht, bei denen man immer erst dazu sagt, wo sie gerade ausgestellt haben, weil es globale Namen sind. Gleichwohl würden Sie sagen, eine lokale oder regionale Verankerung oder sogar eine nationale in Gestalt eines Schweizer Künstlers hätte es geben müssen. Verstehe ich Sie da richtig?

RW

Im Normalfall schon, aber in Schaffhausen ist das schon speziell, weil es in der Zeit so beschränkt ist und wirklich nur so wenige Positionen zeigt. Wenn man jetzt so eine Sammlung zusammenbauen würde, dann müssten unbedingt ein oder zwei Schweizer Künstler drin sein, aber in den 1970er Jahren war der Anteil von Schweizer Künstlern an der Weltkunst nicht so groß wie heute. Aber man muss schon gut um sich schauen.

BS
Marius Babias, an Sie würde ich die Frage auch gern stellen. Spielt das in Ihrer Arbeit eine Rolle, inwieweit Künstler dabei sind, die als regionale Identifikationsfiguren tauglich sind, die auch von der Bevölkerung als solche wahrgenommen werden?

MBa
Ich denke, es ist uns allen klar, dass man sich lokal vernetzen muss oder auch lokal verankern sollte, allerdings nicht über die Kunst. Das ist nicht unser Konzept. Wir verorten uns lokal über eine bestimmte Themenpalette, zum Beispiel die Arbeiterkultur, Geschichtskultur oder Rechtsradikalismus. Es sollte nur dann über die Kunst geschehen, wenn man wirklich einen Künstler vor Ort hat, der entsprechend der Kriterien in Frage käme. Als reines Politikum, nicht philosophisch, würde ich die Frage so beantworten, wie es Hardt und Negri in ihrem Buch »Empire« tun: Der lokalistische Wert an sich kann – entgegengesetzt dem, was man in den 1970er Jahren gemäß dem Slogan »Think global, act local!« glaubte – auch stark regressive Momente haben, nämlich in dem Moment, in dem der lokale Wert in ein schützenswertes Gut umkippt, so dass es eine Insel der Globalisierung wird, nach dem Motto: »Uns geht es gut, wir haben jetzt unsere Ökoläden, unsere Infoshops, tragen jetzt unsere indischen Sandalen und das soll bitteschön so bleiben.« Der lokale Wert muss im Millenium radikal in Frage gestellt werden – ob in einer politischen Konzeption der Globalität das Lokale noch einen Sinn hat oder ob er vielmehr ein reaktionäres Element frei setzt.

MBu
Ich habe noch eine Frage an Rein Wolfs. Sie haben ja vorhin gesagt, für Sie war der Grund aus Zürich weg zu gehen, dass »der Kommerz zu sehr geboomt hat«. Was genau sind denn die schwierigen Punkte? Angenommen, man würde hier auf diesem Spinnereigelände ein solches Modell versuchen. Wo müsste man aufpassen, wo kann es kippen?

RW
Das ist schwierig zu beantworten, das hat eine Eigendynamik. Das hätte man in Zürich auch nicht so stark voraussehen können. Schon ein bisschen, aber nicht so stark. Ich würde nicht von vornherein davon abraten, den Kommerz im Haus zu dulden, da sehe ich im Grunde kein Problem. Aber in Zürich, in so einer kleinen Stadt, wo auch die Räume ziemlich eng sind, da wird das einfach, als ob man auch ein gemeinsames Treppenhaus teilen muss und jede Woche Streit kriegt, wer jetzt wieder reinigen sollte. Hier in Leipzig sind die Räume weitläufiger als in Zürich. Dass sich Hauser & Wirth so entwickelt hat, was ich zum Teil sehr positiv finde, das hat man nicht so stark voraussehen können. Es ist aber passiert und das hat dem Haus nichts Schlechtes getan, nur hat es dazu geführt, dass es für mich belastend wurde. Man hat sich seine Freiräume sehr stark suchen müssen, weil sonst die Kritik immer da war, man nimmt zu schnell einen Künstler von Hauser & Wirth. Andererseits, was im Quartier passiert ist, das möchte ich nicht nur dem Kunstkommerz anrechnen. Da sind wir genauso mitschuldig, da sind wir, genauso wie die anderen, Player auf dem Spielfeld gewesen, auch das Schauspielhaus, auch die Stadt, auch die Projektentwickler, alle, alle, alle. Und die migros schlussendlich auch. Und die ganze Zürcher Szene, die einfach so ist. Die ist nicht mit Leipzig zu vergleichen. Zürich ist eine Finanzmetropole, so klein sie auch ist, 350.000 Einwohner, aber 250.000 von diesen Einwohnern haben ziemlich viel Geld im Sack. Und das ist etwas, was man sonst in Europa nie in dieser Dichte sieht. Von daher würde ich keine Angst haben, dass das hier auch passiert. Aber in Zürich, da liegt der Hedonismus auf der Straße und wenn man diese Verführung in einem Haus groß macht, dann wird auch ringsherum der Hedonismus sehr groß. Das hat man auf Vernissagen gesehen und das wurde mir zu viel. Da bin ich zu sehr einfacher Holländer und nicht so ein reicher Zürcher gewesen.

BS
Also die Baumwollspinnerei kann noch ein bisschen Hedonismus vertragen, meinen Sie?

RW
Ich denke schon.

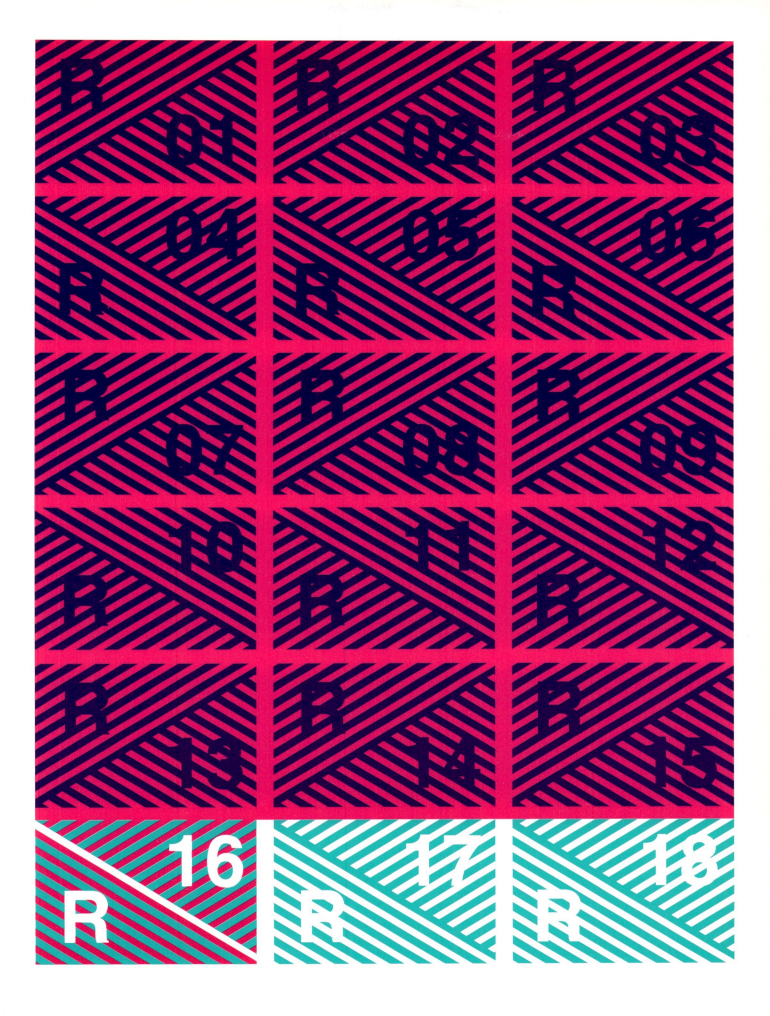

LUCY BYATT (*1962)
ARTISTIC DIRECTOR OF SPIKE ISLAND, BRISTOL, SINCE LATE 2002 • EDUCATED AT BRIGHTON UNIVERSITY, GLASGOW SCHOOL OF ART AND CONCORDIA UNIVERSITY IN MONTREAL, CANADA • WORK AS ARTIST • 1995 CO-DIRECTOR IN THE VISUAL ART PROJECTS, GLASGOW • SHE REALISED PUBLIC COMMISSIONS WITH ARTISTS SUCH AS DOUGLAS GORDON, CLAIRE BARCLAY, LUCY SKAER AND DAVID SHRIGLEY • IN 2000 SHE ESTABLISHED *THE CENTRE*, GLASGOW, AN INDEPENDENT COMMISSIONING ORGANISATION • PROJECTS SUCH AS *NEO-HORIZONS* WITH DOMINIQUE GONZALES FOERSTER, TOM LAWSON'S PUBLICATION *THE PEST OF SCOTLAND* AND *THE ROYSTON ROAD PROJECT* INCLUDING WORK BY GRAHAM FAGEN, RADIO TUESDAY, JENNY BROWNRIGG AND TOBY PATERSON • LATTERLY WORKING WITH SIMON STARLING, SIOBHAN HAPASKA AND FIDDIAN WARMAN, VONG PHAOPHANIT AND OLAF NICOLAI ON A SERIES OF COMMISSIONS FOR LOCH LOMOND

PHOTO CREDITS
SPIKE ISLAND, BRISTOL

SPIKE ISLAND – RENEWED DIRECTIONS

I am the director of an organisation called Spike Island in Bristol in the South West of the UK. I would like to contribute some thoughts on the evolution of an active *artists' space*.

The initial idea for what Spike Island is now emerged in the 1970s when a group of artists identified a need for *space* so that they could continue working. The very simple intention behind their search was to find affordable studio accommodation. At the time the notion of the collective was at its height of its popularity. It was perceived as an anti-institutional structure, and so they regarded working »collectively« an appropriate structure for a group of artists wishing to establish an autonomous organisation. The group did not come together with any complex ideology regarding collectivism; simply it was distaste for hierarchies that made them choose this way of working.

In addition to this organisational structure, two models for using the space evolved, one being the open access »workshop« and the other, the »studio«. The workshop, the more democratic of the two, was based on the understanding of shared facilities. The studio was more about exclusive use, the artist alone in his or her private space. This pointed to a very conventional understanding amongst these artists of where »art making« should take place. Whilst privacy was and remains important, having and holding »a space« when this commodity is at such a premium eventually became problematic in terms of renewing the energy of the organisation and the ownership of territory.

In these early days though, everything was fresh and viewed with great optimism, thus these two models of »what artists need for art making« became the basis upon which *Bristol Art Space*, now Spike Island, was initially founded.

The artists who, by the mid-Eighties had named their group *Bristol Art Space* found various semi-derelict buildings but were only able to negotiate short-term leases which were inconvenient, as moving was disruptive. Eventually they found McArthur's Warehouse, a Victorian tobacco warehouse building on the edge of Bristol's harbour side. The building was a semi-derelict shell which the artists divided in a makeshift way. All considerations of health, safety, fire risk, heat and comfort were cast aside since their budgets were low, and most of their income went towards paying the rent.

This building, which the artists worked from over a number of years, stands a few hundred yards away from the building that is now called Spike Island. The location is key since this is an area which must eventually develop, and Spike Island is regarded as one of the catalysts for this.

The building's origin, of the artists scraping by, of pulling together over the need for affordable work space, created the sort of machismo which springs from regarding oneself as a pioneer – suffering in the garret, being cold, huddling together for warmth. All this seemed to satisfy the romantic image drawn from the Nineteenth Century of the poor, slightly mad artist, suffering, growing pale and being brilliant.

In contrast to this unquestioned model, another model was evolving. In the Eighties, art academies were still dividing students between painting, sculpture and printmaking, all sliced into academic courses. Gradually, this structure was being replicated at Art Space.

Bristol Art Space, like many other such organisations of the Eighties, was thus born out of the *artist run studio* movement and the continued desire to be at art school. This is what lies at the origin of Spike Island.

There was no questioning of the conventions of the teaching institution, no real scrutiny of what their practices were and what they might have in common philosophically, just the adrenaline and romance of working together against all the odds, of having a place of one's own. To a large extent, this eagerness to be pioneers was perfectly understandable.

In the late Eighties, Margaret Thatcher's right-wing government brought in the business rate along with the much hated Poll Tax.

This centralised the taxation of industrial buildings and meant that local authorities across the country, who up to then had waived the charge, could no longer do so.

The growing acceptance of the *artist-run space* as being of benefit to the development of a city meant that, whilst the means to support them was ebbing away due to the centralisation of power, cities like Bristol looked for other ways of ensuring the future of such organisations. They could see that their success lay in bringing young, active people into underdeveloped areas, creating new associations for a place that might once have suffered from a reputation of being violent or poor. The developers and city planners realized that offering short-term leases to artists could show them in a philanthropic light and at the same time create the desired associations for a given location for future development. After about two years the artists would then be moved out, bulldozers would move in, preparing the ground for smart new houses for smart people. Wherever artists went, the steady march of gentrification was sure to be heard soon afterwards.

For *Bristol Art Space* the answer to survival and avoiding the unaffordable business rate was to become a charity. Charities automatically enjoyed rate reductions, often to zero percent. This, however, meant a drastic change to the constitution of the space. Instead of the artists running the organisation themselves in the ad hoc way in which it had evolved, a group of trustees now had to be established. It may have gone unnoticed by some of the artists at the time, but this certainly was a point of fundamental change. The implications of being a charity were vastly different from that of running an organisation that vaguely resembled a coop. In all areas power had been relinquished and negotiation was now a required new skill.

Gradually a group of artists from the space developed a new vision for the future together with the trustees. The degree of rough and readiness that the warehouse offered, the dripping roof and flooding ground floor, was no longer what they wanted. Instead, they wished the organisation to evolve, permanent accommodation became a priority. They wanted a building where they could develop their visiting artists initiative and their gradually evolving exhibition programme more professionally – this became increasingly important. Thus they began to search for a building where this could realistically and safely be housed whilst at the same time searching for significant investment from both public and private sources.

In the mid-Nineties Britain saw the introduction of Lottery Funds. This remarkable flood of new money to the arts became available to all arts organisations across the country to invest in capital building projects. Art Space's application for funds was quick off the mark, only the fourth to hit the desks in the Arts Council. They were awarded £1 million, an unheard of sum for an organisation that was still artist-driven, offered towards the development of such an ambitious facility. Being early has both its advantages and disadvantages. The following years saw the allocation of many similar and much larger awards, but at the time *Bristol Art Space* was the organisation that, amongst similar studio groups in regional cities across the country, was being most closely watched. By this time the search for an appropriate long-term home was well advanced, and eventually a decision was made to negotiate a long lease on a city-owned Sixties building that had originally been built as a tea warehouse. The building was in good repair and had a huge amount of space which would accommodate over seventy studios, and a vast space at the centre of the building which would come to provide exhibition space.

The process was inevitably difficult, with considerable funds having to be found over and above the funds from the Arts Council's new Lottery scheme. The design process started and the project began on site in 1996.

The money that was raised was enough to develop a first phase of development. This was completed in 1997, and the artists moved into the building. Even though some fundamental elements of the development had been left out, the artists were moving from such derelict premises that the new space, now called Spike Island, offered luxury by comparison.

With the benefit of hindsight, it doesn't seem difficult to see exactly why Spike Island evolved into what it is today and how its development was shaped by circumstance. Today, though, it is in need of considerably renewed direction. It is all very well having a building, but just having space is not enough. Ultimately it is the ideology established at the heart of the organisation that will achieve its future success.

It has been a struggle for the various artists and others who have been close to the development of the physical manifestation of Spike Island, but now is really the time to ask Why? Who is the organisation for? What is its future relevance?

Many of the artists who were first working within the organisation have left, some have been at Spike since the move into the building nearly seven years ago, but until recently, there has been no mechanism for renewal, no way of finding relevance for new artists to join and be influential and effective.

When I arrived at Spike Island in September 2002, I was aware of the profile the organisation had in relation to its public programme, but I was not so aware of what was going on amongst the artists who were working in the studios. Spike is now run not by a group of artists, but by a committee of trustees who take on full responsibility for the legal and financial aspects of running the organisation. I was aware that their intention was to complete what had been started in the early alterations of the building. There is something very interesting and exciting about such a facility on the brink of a new chapter, where there is a chance to re-invent, whilst still bringing along all the valuable things that have emerged over the years.

The great idea that had been formed over the years was the emphasis on research and development. The visiting artists' programme was first established through the work of a small group of artists from the very earliest time in McArthur's Warehouse. It has now developed and become an ambitious residency and fellowship programme for artists coming to work here from across the UK and from all over the world. Spike Island's future will be as a centre of research and development, a place providing space and time and opportunity, a place that believes in and values these processes, without placing unrealistic demands on artists for product.

As other studio facilities in the UK provide space without a direct programme, Spike Island's unique qualities must be about understanding that artists need more than just a studio space. No longer can the idea that all art comes from the studio dominate the culture of support for artists. Spike Island is beginning to find a number of ways of cracking the building open, establishing more networks in the city and beyond, opening itself to artists who are not looking for a studio but instead require discussion, motivation, direction, collaborative opportunities and so on. The energy and intelligence of so many artists and others who are connected to the art world does not just emerge from »having a building«. It relies on much more than just the architecture of space and there needs to be clear intention, reasons around which artists gather together to work and think, about whatever they come to work and think about.

The implied importance of the development of an ideology does not mean to say that the building itself is not important. It is clear that having the building is of course central to being able to do the things we want to do. The mistake, however, is that the building »boom« in the UK, fuelled by Lottery Funds, seems to have focussed much more on the building itself and not enough on what goes on inside it.

Spike Island is a Sixties modernist industrial building which was used for packing tea, albeit for a short time only. image 1) It was built specifically for that purpose which lasted only for twelve or so years. It is differentiated by its »modern« design from so many other industrial buildings that are now used as arts buildings. It is not a leftover space from the Victorian era of heavy industry; there are no reminders of Empire, no nostalgia for an age of manufacturing fuelled by the abuses of colonialism. Spike Island's modernist façade points much more optimistically to a future inspired by new technologies and approaches, its design having emerged from an era of post-war hope, a bright, contemporary view. This is a great starting point which distances Spike Island from the architecture of heritage. image 2)

Spike Island thus is a building that houses a great deal of activity and my role is to guide it through its next chapter, through new capital investment and through new ideas to renew and revitalise it. With such great potential, Spike Island feels like a big tanker to turn into a new direction.

1) TEA FACTORY

3) TANIA ABADJIEVA, *DRAWING WOOD*, VISTING ARTS FELLOW

4) MARIELLE NEUDECKER, *UNRECALLABLE NOW*, HENRY MOORE FELLOW 1998

8) JACKIE DONACHIE, *SOUTH*, HENRY MOORE FELLOW 2000

5) BRYNDIS SNAEBJORNSDOTTIR AND MARK WILSON NANOQ, *FLAT OUT AND BLUESOME*, 2004

9) JACKIE DONACHIE, *SOUTH*, HENRY MOORE FELLOW 2000

7) ANNA LUCAS, *BUD*, HENRY MOORE FELLOW 2002

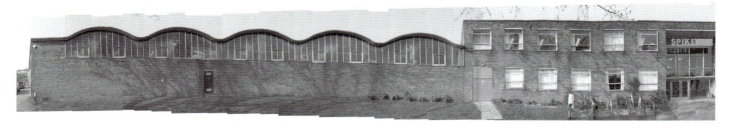
2) BUILDING OF SPIKE ISLAND, BRISTOL

6) ANNA LUCAS, *BUD*, HENRY MOORE FELLOW 2002

10) CHRIS BARR, *DESIGN FOR SPACE*, SPIKE OPEN STUDIOS 2003

11) CHRIS BARR, *DESIGN FOR SPACE*, SPIKE OPEN STUDIOS 2003

12) CHRIS BARR, *DESIGN FOR SPACE*, SPIKE OPEN STUDIOS 2003

13) JAMES IRELAND, *ALL THE KNOWN UNIVERSE*, 2003

14) ELOISE ROWLEY, GRADUATE FELLOW FOR 2003

15) GREEN FLOOR, SPIKE OPEN STUDIOS 2004

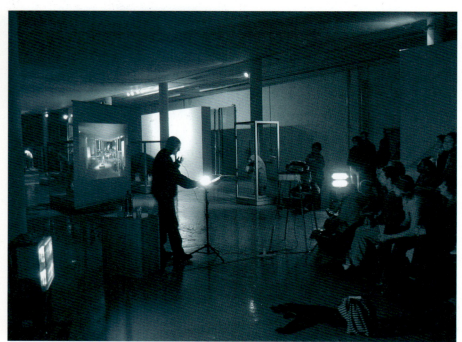
16) WHITE OUT CONFERENCE FOR NANOQ, *FLAT OUT AND BLUESOME*, 2004

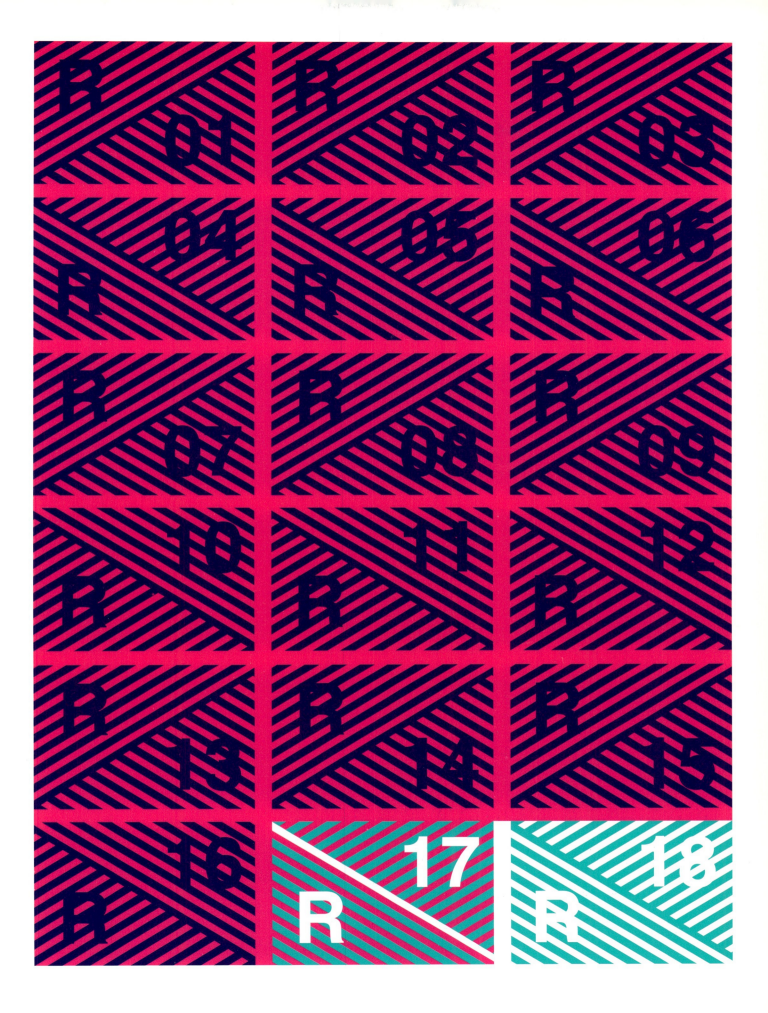

MARJORIE ALLTHORPE-GUYTON (*1948)
DIRECTOR OF VISUAL ARTS, ARTS COUNCIL ENGLAND • CRITIC AND CURATOR • TRAINED AS AN ART HISTORIAN UNDER PROFESSOR PETER LASKO AT THE UNIVERSITY OF EAST ANGLIA • ASSISTANT KEEPER OF ART, NORWICH CASTLE MUSEUM: WORKING WITH DR MIKLOS RAJNAI ON OEUVRE CATALOGUES OF JOHN SELL COTMAN • PHD RESEARCH AT THE COURTAULD INSTITUTE ON ANGLO/FRENCH INTERCHANGE 1780 - 1830 • EARLY PUBLICATIONS INCLUDE *A HAPPY EYE, A HISTORY OF NORWICH SCHOOL OF ART 1830 - 1982, IN THE CONTEXT OF THE HISTORY OF BRITISH ART EDUCATION* • 1981 SELECTOR FOR THE ARTS COUNCIL'S BRITISH ART SHOW 1982/84 WITH ARTISTS JON THOMPSON AND SANDY MOFFAT • JOINED *ARTSCRIBE INTERNATIONAL* IN 1989 AS ASSOCIATE EDITOR • BECAME EDITOR 1992 AND RELAUNCHED THE MAGAZINE • MANY ESSAYS PUBLISHED ON CONTEMPORARY ART, INCLUDING RICHARD DEACON, WHITECHAPEL 1989, ANISH KAPOOR, VENICE BIENNALE 1990, HELEN CHADWICK, SERPENTINE GALLERY 1994 • REVIEWS FOR *FLASH ART, ARTFORUM* • EXTERNAL EXAMINER, GOLDSMITHS' COLLEGE, ELECTED TO COUNCIL 1997 • HONORARY FELLOW OF THE ROYAL COLLEGE OF ART AND ROYAL INSTITUTE OF BRITISH ARCHITECTS

PHOTO CREDITS
ALL PICTURES: THE ARTS COUNCIL, LONDON
1), 2) DAVE KING
3) KEITH PAISLEY
4), 5) SALLY-ANN NORMAN
6), 7), 8) HAYES DAVIDSON

Marjorie Allthorpe-Guyton

THE KEY ISSUE

Art and Regeneration – Lottery Projects in England

Much of what I want to contribute to this important and timely debate I hope will show the shift in both the social and political landscape in England and also in my institution, The Arts Council.

Since some might not be familiar with the Arts Council of England, I'd like to start with a short introduction to this institution in terms of its history and its current role.

The Arts Council was founded fifty years ago and really was part of the regeneration and rebuilding of the country after WW II. It began as an exhibition, theatre and music producing body, bringing its productions and exhibitions to the regions, essentially to cheer up the population.

Over time, it has changed fundamentally, because now we no longer directly produce and organize exhibitions or produce concerts or plays; instead we fund other bodies. Our job now is to create a funding environment where key art institutions can do their job, and to widen the audiences for their work and for the work of artists as much as possible.

A great deal of change comes with the changing demographics of England. We are now a multi-cultural population, with urban centres not only with a growing immigrant population, but also with long-standing generations of peoples from other parts of the world, from the African, Caribbean, Asian or Chinese communities and now also a great number of East Europeans. We thus have a completely different social base to deal with, and the Arts Council has to address this. The government, particularly with New Labour, has really hit this head on with very strong social directives that the arts have a place within the wider social and political arena. Our interesting role is to contest and address this tension between the instrumentalised use of the arts and artists and the integrity of the artists.

What has really happened is that we have changed our priorities from the core business of supporting main art institutions, be they theatres, opera companies, ballet companies, or galleries, to looking at the concerns and the needs of the individual artists.

I joined the Arts Council having been a museum curator and then a critic and an editor of an international arts magazine. I had no experience of bureaucracy, although I had been a museum curator in a local authority in England. I was concerned that the world's artists simply did not seem to be on the lips of the people I worked with. I am delighted to say that this has changed, with individual artists being one of the five core priorities for this very important funding body set by the government in what it describes as the creative economy.

Our Chairman has won the case for substantial new funding, so both the last public round of funding and now the most recent one have been a tangible gain for the art world, worth over £200 million over the last three years. Coupled with the advent of the National Lottery, which I will say more about, this is really an unprecedented change in arts resources, and I see it as having great significance for individual practitioners.

Some of the things I should mention have come from papers that others and I have written, and they contain information that is very pertinent to what I am trying to communicate. The last decade certainly marked a seismic shift in the relationship between public and private interests in the production, distribution and consumption of the arts in the UK, particularly in England. The accelerating phenomenon of culture as business in the UK up to the launch of the National Lottery in 1995 is mapped in a publication by a left-leaning think tank, a research institute based in London. In 1996, The Policy Studies Institute published a research document *Culture as Commodity* that attempted to establish the economic relationship between all players in the cultural sector – private and voluntary sources, super-national bodies, national and local government, corporate sponsors, grant giving trusts, volunteers and the commercial sector. In my view these relationships are very important and have to be taken into account, and even actively fostered, for a wider view of the arts economy.

Over fifty years ago the question of whether architecture should be taken into the fold of the Arts Council's interests had already been discussed. Visual arts were always thought of as the most orthodox practices of painting and sculptur by contemporary artists. We do not fund museums, as this comes under the heritage remit, but we deal with contemporary practice – although the relationship between the two is absolutely a continuum and we do support a number of linked projects.

Architecture, however, did not become part of the Arts Council's concerns until fairly recently under the chairmanship of Peter Lord Palumbo. Peter is a wealthy philanthropist who also had commissioned major works of architecture. He insisted that architecture should become a focus of Arts Council policy and a very powerful advisory group was convened, chaired by the architect of the new British Library, Sir Colin St John Wilson, and a number of other key luminaries.

This was in 1991, just before I joined the Arts Council. At that time we wanted reassurance that, as announced, the National Lottery would be launched in 1994, with substantial sums of money to be allocated for capital projects. We also needed to know that projects would be eligible for funding regardless of whether they were refurbishments of existing buildings or new commissions. So architecture became a major focus in a sense that the objective was to improve the design quality of public buildings in the UK, but also to look at the inter-relationship between architecture, the arts and wider political issues. We had very little money, just £200,000, to allocate. But we used that to lever other money.

The timing was good; coinciding with European examples of major visual arts events: the *Skulpturenprojekte Münster*, *documenta X*, and the *Venice Biennial*. In 1996, we had a spectacular success for the visual arts. In the Northern region, the Arts Council is part of a wider network of regional offices of which there are nine. The Northern region lounched Visual Arts UK in the lead-up to the millennium, with £700,000 to kick-start initiatives in the region. But the outcome was far more than £700,000. It was a regionwide celebration of the visual arts, a partnership of the Northern Arts Board of the Arts Council, and others, the Northern Development Agency, the assembly of local authorities in that region, tourist boards and the private sector.

The value of Visual Arts UK to the North of England has been calculated at over £75m. It added a major contribution to the £60m capital program for the visual arts, which we've heard about yesterday with Dominic's presentation on the Baltic, but also others such as a National Glass Centre and the Beacon Gallery. All of these were financially resourced through the Lottery. images 1, 2)

Visual Arts UK gave nearly 500,000 additional tourist nights in the region generating over £12m and over three hundred new jobs, one per £40,000. All these statistics were collated at the time. Increased attendance at regional galleries, one gallery for example seeing a two hundred and fifty percent increase on the previous year. Increased artist and supply chain employment. Estimated at two hundred and fifty fulltime equivalents from over £15 million new investment in the visual arts programme. And the sale of art work increased by thirty percent. This was an extraordinary start to what became over time a huge investment in not only creative projects but in the wider arts infrastructure and the urban infrastructure in the North of England. And it formed what the Northern office described as the *Case for Capital*. For government investment in that part of the country, which certainly was one of the most deprived areas in terms of the loss of the shipbuilding industry, the loss of manufacturing industry and general decay. And we've seen particularly the impact that it has had on Gateshead in the Northeast on Tyneside. Dominic described the development of the building in Gateshead, and if I just say something about the extraordinary local support that led to lottery investment and other investment in the North. This really came about from a grassroots political drive from the local authority. Gateshead is the size of a London borough, and there are forty London boroughs, so it is much smaller in terms of its funding than Newcastle. It began really with a number of public art projects, of which the most celebrated is Anthony Gormley's *Angel of the North*. images 3, 4, 5)

This is included in an Arts Council book on lottery projects entitled *Pride of Place*, a description of fifty projects and some case studies. Sid Henderson, the chairman of Gateshead Council Arts and Libraries Committee, said that public art really came to a head with the *Angel of the North*. »We had some lively debates in the labour group. But once we had agreed what we wanted we stuck with it, and we were very gritty in the North, stubborn and extreemely tenacious. I think when people like the Arts Council saw how we stuck with our projects, it gave them more confidence in us. So we could look at other areas that might benefit, we looked over the Tyne and perhaps some of us thought: Why shouldn't Gateshead have a gallery and a concert hall?«

What we didn't have yesterday was the context of the Baltic; it will be joined by a major new concert hall built by Norman Foster, just a way up the river, which is of course a new build project. The success of getting those two built has brought huge benefits to the area, as others see that it's worth investing in. Who would have thought that Gateshead would have a Hilton Hotel? In terms of the development of huge areas for new residential accomodation there is a very interesting volume housing project taking place in Gateshead spearheaded by maverick British designer, who was a fashion designer, Wayne Hemingway, who is a televsion personality as well. He persuaded a major housing developer that they should improve on the »rabbit hutch« attitude to low-cost housing. And he is building a six hundred unit housing complex in Gateshead and pegging the cost so that it is not out of the reach of relatively low-paid people in Gateshead. Everybody's eyes will be focused on whether this works and how good the quality of the design is and whether people will want to live in those houses. So what's happened to the Northeast is an example of where new investment – public and private investment and European money – goes. It has also become an examplar for other authorities and cities throughout the UK, and we just heard about Bristol.

But what we have achieved in Baltic and the new Sage music centre are the big monumental projects to do with presenting arts to the public. They are I suppose what was described yesterday by the Leipzig development person as classic catalysts, bring with them of course other problems, in the sense that increased footful in the area and the press of high attendance does increase running costs for those buildings.

I think the Tate Modern images 6, 7, 8), which is another project we contributed to, has seen not only double the audiences they expected, but also rising costs, because more people create more maintenance problems and expense which was not anticipated.

In the new Lottery's first phase the money allocated helped us a great deal with the refurbishment of major arts buildings and some new commissions. Among the two thousand projects supported there have also been many very small projects, sometimes improving disabled access and sometimes developments entirely for artists and new production spaces. However, very few projects were as big as Spike Island images 9, 10), which was one of the first beneficiaries.

We're now planning to address the problems faced by artists, and the Chief Executive of the Arts Council, Peter Hewitt, is personally extremely interested in creating new opportunities for artists because he views the relationship between the artist and the viewer or the listener as fundamental to changing the perceived elitism in the arts. The biggest challenge is to make sure that public opinion is supportive of the arts, with cultural facilities being one of the principal beneficiaries of Lottery funds.

This underlines my earlier statement about the perception of art and culture and the place of cultural creativity in the average person's mind in this country. It has not specifically to do with the lottery, but it's to do with everything that we undertake. We certainly have repositioned art to some extent, with the renaissance I have been referring to, but there is still a lot to do in terms of advocacy, selling, illustrating and demonstrating the significance, the value and the importance of this type of activity to people in Britain.

We really need to direct the focus onto how artists work, as the public is very interested in this. Let me give you two examples of artist-run spaces. In England, and not just in London but in other cities and some rural areas as well, we have very strong groups or clusters of artists who have traditionally worked together and supported each other. Over the last thirty or forty years there has been a movement towards artist-run studios. Acme in London is a leader in the field. images 11, 12) Acme Studios were founded by artists in 1972 to support artists in their work through the provision of low-cost studio and living space, achieved through acquisition, conversion and management of large ex-industrial buildings. These were let to artists as non-residential studio space and housing on long leases as combined living and working space. Acme, set up by two people, Jonathan Harvey and David Panton, has helped over three thousand artists and is the largest organisation of its kind in the UK. It manages four hundred and seventy studio units across twelve buildings and fifty houses. Recently, with Lottery money, Acme was able to develop some major projects, and Jonathan Harvey contributed to a conference, which was held in Sheffield's newly built studio space, called the Creative Clusters Conference, where he describes a project which they have recently completed.

The project he was talking about is a building in Orsman Road, near the now cultural hot spot of Hoxton Square in London. It is 26,000 square feet of good quality studio space providing fifty studio units, supporting over sixty artists. It has been developed in two phases. The first phase took place during the period of de-industrialization and decline in the city from 1983. The second phase for this building began in 1998, when artists began to be recognized not only as important contributors to city regeneration but also as pioneers of that process.

However, the problem has been – and this of course is experienced everywhere – that the very process fuels escalating property values, which has the effect of threatening to pricing low cost studios and artists out of the market.

Between the two phases of course was the brief Lottery bonanza; since then the amount of Lottery money available has shrunk considerably. The consequences of this drying up of money are very obvious in the second capital programme, which is being unrolled now – there is support only for six studio developments. There are many more situations throughout the country, and particularly in London, where artists are under threat of losing their properties because of landlords wanting to redevelop. The solution may be to enable artists to buy the freehold of these buildings, and I will come to that later.

Just how did Acme Studios manage to put together sufficient funds to do this with Orsman Road? In 1996, Acme made a successful bid for Lottery funding and with a grant of £1.2 million, out of a total project cost of £1.8 million, they were able to buy and convert two major buildings in East London, providing studios, work/live units and premises for their own offices. This was to begin a long-term capital acquisition and development process of this building in Orsman Road, which was built in 1939 as a Players' cigarette factory.

In 1961, the building had been purchased by an engineering company. Critically, the company bosses did not see themselves as property developers. They were seeking a modest and trouble-free income. Acme took a lease at a reasonable rent and converted the floors into twenty self-containing studios with the help of an Arts Council grant, and thirty-two artists occupied it. The building ran smoothly and successfully for fifteen years, with the rent covering the running and management costs.

It was a classic example of its kind and was repeated many times over in a similar manner in the Eighties and Nineties throughout London. However, with the expiry of the lease looming, the problems began. It was due to expire in 1998, and discussions were initiated with the owner about the possibility of buying the whole building. The owner sold his interest in the engineering company and began to move out. The building was then valued at something under a million pounds. Acme managed to extend their short lease to give them time to try to find the funding.

The building was now being valued at £2 million. In a relatively short space of time they put together a scheme, which involved the purchase of the whole site and the development of a part for resale to cross-subsidize the initial acquisition cost. In the end, with the offers coming in for commercial developments of over £2 million, the owner agreed to fix the price at £1.9 million. A scheme was developed creating eight units with residential space linked to workspace above. Through this development they achieved the permanent acquisition of the original studios to price, which translates into affordable rents for artists. Importantly, the project has been achieved without additional subsidy and the artists' initial 1983 investment of £20,000 has been secured.

Subsequently Acme acquired another building, a fire station. What used to be a London County Council Fire Brigade Station in London's East End was turned into twelve live/work spaces by Acme in 1999, with help from the Arts Council but also with funding from private foundations.

The Lottery was also able to support in the first capital programme, the Yorkshire Art Space in Sheffield, in Yorkshire. image 13) This is a £4 million Lottery project in Sheffield's cultural industries quarter, right in the middle of the city, a newly built project providing eighty studio spaces. This is remarkable being in the centre of the city and not marginalised to the external periphery of the city. Designed by architects Fielden and Bradley right next to the railway station, it is a very simple building, in terms of the spaces available, and allows a wide range of activities to take place inside.

The city of Sheffield sees the project as a driving force for the creative industries in the sense that some of the spaces are used by commercial artists, artists working in jewellery-making or photography as well as traditional fine art practitioners. There is also a very strong public education programme, and education space for children. Artists also get support in terms of how to make a living as an artist, just basic business advice. The rents pay the upkeep of the buildings so there are no long-term revenue requirements for public subsidy, making the set-up highly sustainable. Artists use art space established by artists.

Overall, the whole studio movement has constantly been under threat, particularly in London, because of escalating property prices. There is now less income from the National Lottery, and to counter this shrinking of funds we have engaged in discussions with other studio providers and financial advisors. We now hope to be able to establish a stream of Lottery money of something like £10 million, which would be coupled with other private sources to enable artists to buy their buildings through loans. These would be soft loans, payable over a fairly long time at very low or no interest, so that the studio rentals over time would pay back those loans.

We do not have sufficient resources now to give £4 million awards outright to many places, but what we can do is to offer creative financial instruments, enabling artists to secure their buildings on a long-term basis. Due to the property boom and also because local authorities, who used to give artists low rents, are now under severe financial constraints, it is now not feasible for artists to successfully rent studio space. So, using public money to enable artists to manage their own buildings, and to create hubs of creative communities in the centres of cities and also in rural areas: this is one of our main objectives in the future. To me this is real social space, artistic space achieved in collaboration with sympathetic architects.

We have secured architecture as a major focus of the Arts Council's work, we stimulate and fund discussions, debates and conferences. We now work with a government body set up particularly to champion architecture and improve design quality, the Commission for Architecture and the Built Environment (CABE).

The Lottery process, particularly for the visual arts, has made the changes in architectural practice very clear to us. There are some architectural practices that are particularly sensitive to the needs of artists and the visual arts and visual arts spaces. These concerns and this sensitivity really should be applied to a much wider range of public building. One good example of this practice is the success of The Baltic, which is not least due to its brilliant design by Dominic Williams.

But there are a number of other, but not many, architectural practices which have a particularly fine art sensibility, for example we have Herzog de Meuron who worked on Tate Modern. Their practice is interrelated with arts practice in its thinking and conception.

That is exactly where we want a much sharper focus, to really follow some of the thinking that Jean Philippe Vassal talked about in his lecture on new ways of living. Architecture Week, which we run every year as an umbrella celebration of good architecture, last year was called The Way we Live. This year we will focus on architecture and social space.

1) BALTIC CENTRE FOR CONTEMPORARY ART, GATESHEAD

2) BALTIC CENTRE FOR CONTEMPORARY ART, GATESHEAD

3) *ANGEL OF THE NORTH*

6) TATE MODERN, LONDON: VIEW OF BANKSIDE, COMPUTER GENERATED IMAGE

4) ANTHONY GORMLEY, *ANGEL OF THE NORTH*, MAY 1998

7) TATE MODERN, LONDON: AERIAL VIEW, DECEMBER 1997

5) ANTHONY GORMLEY, *ANGEL OF THE NORTH*, JUNE 1998

8) TATE MODERN, LONDON: BANKSIDE POWER STATION

13) YORKSHIRE ART SPACE, SHEFFIELD

9) SPIKE ISLAND, BRISTOL

10) SPIKE ISLAND, BRISTOL

11) ACME FIRE STATION, LONDON

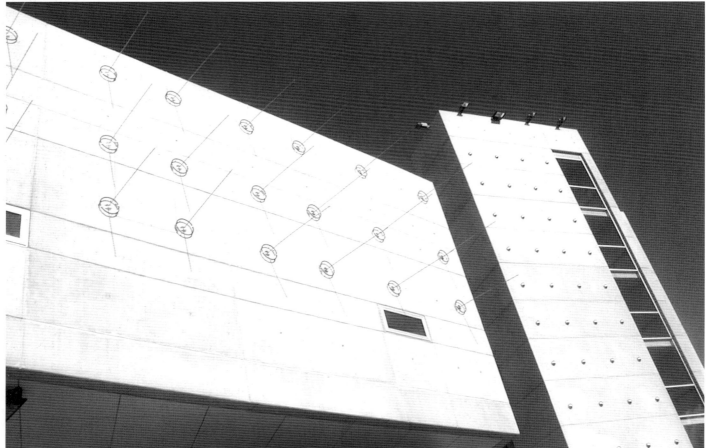
12) ACME FIRE STATION, LONDON

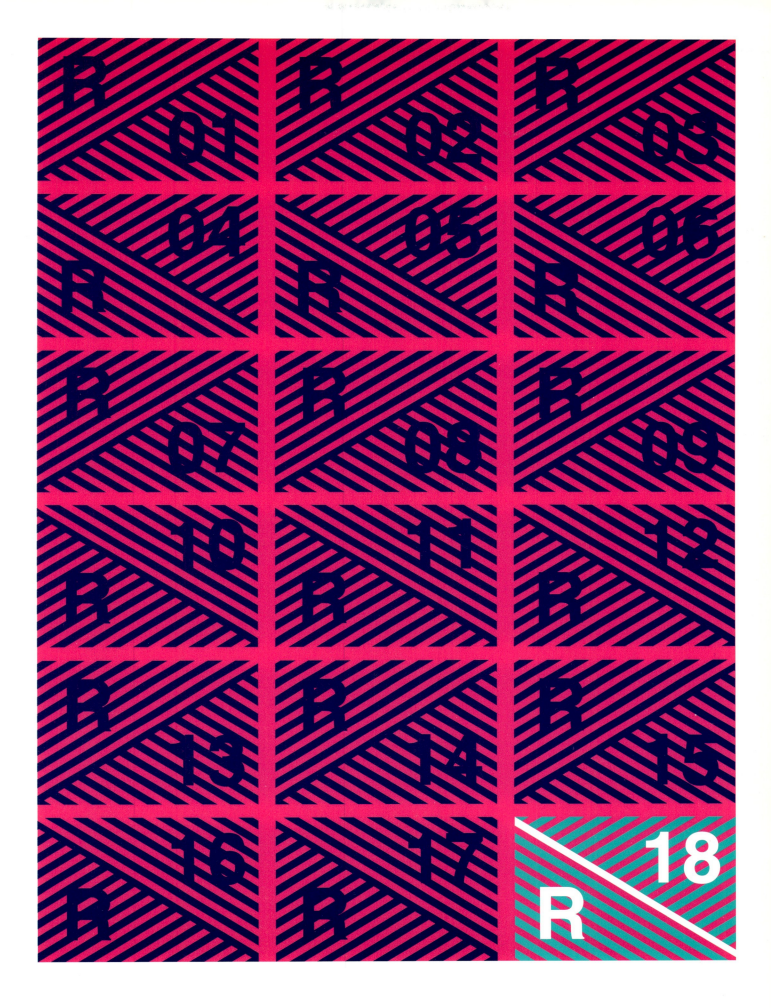

MARTIN KUNZ (*1947)
KURATOR • 1967-74 STUDIUM DER KUNSTGESCHICHTE, ARCHÄOLOGIE, GERMANISTIK UND PHILOSOPHIE IN BASEL, AN DER SORBONNE PARIS UND AM COURTAULD INSTITUTE IN LONDON • 1970-71 KUNSTKRITISCHE TÄTIGKEIT IN LONDON, U. A. FÜR *STUDIO INTERNATIONAL*, *KUNST-NACHRICHTEN*, *KUNST-BULLETIN* • 1974-77 KUNSTKRITIK UND FREIE AUSSTELLUNGSTÄTIGKEIT IN BASEL UND PARIS • FORSCHUNGSARBEIT ZU DADA UND SURREALISMUS • 1977-89 DIREKTOR DES KUNSTMUSEUMS LUZERN • 1980 KOMMISSAR DER BIENNALE IN VENEDIG • 1982-88 INTERNATIONALE AUSSTELLUNGSBETREUUNGEN • 1989-91 WILLIAM-WEGMAN-BUCH UND -AUSSTELLUNGSTOURNEE (U. A. KUNSTMUSEUM LUZERN, STEDELIJK MUSEUM AMSTERDAM, ICA LONDON, CENTRE POMPIDOU PARIS, FRANKFURTER KUNSTVEREIN, ICA BOSTON, MCA HOUSTON, WHITNEY MUSEUM OF AMERICAN ART NEW YORK) • 1989 GRÜNDUNGSDIREKTOR DER KUNSTHALLE NEW YORK • AUSSTELLUNGSBETRIEB VON 1993-2002 • SEIT 2003 ALS FREIER AUSSTELLUNGSMACHER UND MUSEUMSBERATER IN SOMEO/TESSIN UND NEW YORK

FOTONACHWEISE
ALLE ABBILDUNGEN: NEW YORK KUNSTHALLE, NEW YORK
6) NEW YORK *NEWSDAY*

NEW YORK KUNSTHALLE: EIN EUROPÄISCHES MODELL IN DEN USA

Ein kreativer Widerspruch

Herzlichen Dank dafür, dass ich hier sein kann, und ich muss im Prinzip alle enttäuschen, die Organisatoren wie Sie, dass ich völlig andere Prämissen habe, dass nichts funktioniert hat von dem, was ich ursprünglich realisieren wollte in New York, dass ich in diesem Sinne ein Projekt vorstelle, das nach konventionellen Maßstäben ein absoluter Misserfolg ist, dass ich trotz dieses Misserfolgs glücklich vor Ihnen stehe. Ich weine nicht und ich beklage den Misserfolg nicht, weil jeder davon in meinem Leben mehr gebracht hat, als dass es sich lohnen würde, darüber in Tränen auszubrechen.

Ich verschütte auch keine Tränen über Gentrification, Liegenschafts- und Immobilienwertzuwachs, weil das einzige Glück jenes war, das mir New York bescherte. Dieser Wertzuwachs hat mir ermöglicht, dass ich noch gut gelaunt unter Ihnen bin und immer noch meine Ausgaben selber bezahlen kann. Aber er hat natürlich Folgen. Wenn Sie dieses Bild sehen, dann sieht das so aus, als ob es zum Thema passt: ausrangierte, ruinöse Fabrikhallen, die für Kunst verwendet werden. **Abb. 5)** Das ist ein Bild aus der ersten Ausstellung der New Yorker Kunsthalle im April 1993 mit einem deutschen Künstler, Felix Droese, und einer Arbeit, bei der er sich von der Dresdner Frauenkirche inspirieren ließ – zeitlich kurz nach dem Mauerfall, kurz nach der Wiedervereinigung, aber Droese arbeitet sehr spezifisch und ich habe ihn speziell für unsere Situation in New York eingeladen. Im Hintergrund ist das Profil der Frauenkirche von Dresden zu sehen, eine Anspielung auf jenen Disput in Dresden, den es immer noch gibt: Droese war gegen den Wiederaufbau der Kirche. Die Silhouette der Ruine mit der Figur inmitten ist ein Fensterdurchbruch, der detailgetreu nach einem Foto, das er selbst aufnahm, in der New Yorker Kunsthalle aufgebaut wurde. Sie sehen im Mittelgrund eine Arbeit, *The Self-Driver*, eine Anspielung auf das Automobil und seine wörtliche Bedeutung. Die aus den Holzplatten der Karosserie ausgeschnittene Figur des Fahrers fährt auf vier primitiven Holzrädern. Hier sehen Sie Papierschnitte, der erste, ausgestellt in einem bedachten Teil des Gebäudes, und der andere, wie er von Droese gerade am Boden geschaffen wird. **Abb. 2, 3)** Zurück zum Hauptraum: Im Hintergrund die Türme des World Trade Centers. Der Titel der Ausstellung von Droese lautete *Vanishing Images* und dieser Titel und dieses Foto bekommen eine ganz beunruhigende Aktualität, nachdem diese Türme heute nicht mehr stehen. Ich habe vom inzwischen gebauten Dach der Kunsthalle miterlebt, wie sie in sich zusammenstürzten. **Abb. 1)**

Aber das Gebäude der Kunsthalle und das Bild, das Sie hier sehen, trügt. Wir hatten gar nicht die Idee, ein Projekt zu machen, in dem wir mitten in New York eine Abbruchliegenschaft, ein nicht benötigtes Fabrikgebäude gesucht hätten – das ließe sich auch nicht finden. Im Zentrum von New York kann man keine Liegenschaft finden, die wertlos ist, keine Liegenschaft, die nicht mehr gebraucht wird. Jeder Quadratzentimeter wird bekanntlich genutzt und immer teurer. Wie kam es also, dass ich mitten in New York diese Ruine für die Kunsthalle fand? Es war ein Unglücksfall. **Abb. 6)** Der Unglücksfall war ein Feuer, ein Großbrand, der geschah, nachdem wir eine perfekte Liegenschaft gekauft hatten, mitten in Downtown New York, zu einem damaligen Höchstpreis. Wir schreiben das Jahr 1989, eine Zeit, in der man eine gute Liegenschaft nur zu einem hohen Preis kaufen konnte. Das Gebäude der Kunsthalle war ein ehemaliges Filmstudio namens »Mothers Film Stages«. Ich habe 1988 eher zufällig diese Liegenschaft gefunden, als ich damals – noch als Direktor des Kunstmuseums Luzern – mit meinem Förderkreis in New York war und dort eine ganz faszinierende Kunstreise organisiert und miterlebt habe. Zwei der mitreisenden Luzerner Kunstförderer wollten eine Liegenschaft kaufen. Sie suchten Studios für Schweizer Künstler in New York. Und auf diesem Rundgang haben sie dann dieses Gebäude der Filmstudios gesehen, die noch in Betrieb waren, gelegen ganz in der Nähe von SoHo, Fifth Street, unterhalb der Cooper Union. Das Gebiet ist am Rande des East Village und NoHo, praktisch fünf bis zehn Minuten zu SoHo. Das war das einzige gute Gebäude, das man damals finden konnte, mit großen Räumen und zu einem noch erschwinglichen Preis. Natürlich hohe Preise für europäische Verhältnisse, aber eben interessant, weil es sich um ein Gebäude handelte, das über mehrere Geschosse stützenfreie, große und hohe Räume offerierte – also das Gegenteil zu einem Fabrikbau oder Stützenbau, der für New York so typisch ist, für die Kunstszene in New York, wo die meisten Galerien und viele Museen mit ihren alternativen Kunsträumen in solchen Gewerbelofts logierten. Ich sah dieses Gebäude im intakten Zustand und war völlig fasziniert von der Qualität der Räume, nicht von der oberflächlichen Qualität, den ziemlich abgefuckten Filmstudios mit schmuddeligen Tonisolationsplatten, aber die Proportionen waren so ungewöhnlich für New York, Räume in einer Größenordnung von 100 mal 50 Fuß (also rund 30 mal 15 Meter), stützenfrei über drei Geschosse. Da ließ sich meine Fantasie, was man damit machen könnte, nicht mehr zügeln. Hier sehen Sie Felix Droese beim Aufbau der Ausstellung, von der Sie bereits einige Dias sahen. Und Sie sehen, was er dort alles vor Ort produziert hat. Abb. 4) Wie formulierte sich dann also meine anfängliche Faszination zu der konkreten Idee, eine Kunsthalle in diesem Gebäude einzurichten? Zum einen hatten diese Sammler und Geldgeber die Idee, Kapital in New York zu investieren. Sie dachten an ein Haus mit ein paar Studios, das jüngeren Künstlern aus Europa und der Schweiz für limitierte Zeit zur Verfügung gestellt würde – nach dem Vorbild PS1. Doch dieses Gebäude war mit einer Grundfläche von 5.000 m^2 zu groß für ein kleines Studioprojekt und die Räume hatten mich vor allem auch als zukünftige Ausstellungsräume interessiert, in Kombination mit Studios. Auf dem Rückflug in die Schweiz konnte ich nicht schlafen, die Idee, dort eine Kunsthalle aufzubauen, hielt mich wach. Zum damaligen Zeitpunkt war ich zehn Jahre Direktor des Kunstmuseums Luzern, regelmäßig in New York unterwegs, auch um zahlreiche junge, zum Teil noch unbekannte Künstler über den Atlantik nach Europa zu bringen, um dort ihre Arbeiten erstmals in einem öffentlichen Museum oder einer Kunsthalle zu zeigen. Um ein paar Namen zu nennen: Vito Acconci, Terry Fox, Alice Aycock, Mel Bochner und dann auch jüngere Maler wie Terry Winters, der seine erste Museumsausstellung in Luzern hatte, und das hat mir einen Ruf als aktiven Entdecker junger, internationaler Kunst gegeben. Damit wurde das Kunstmuseum Luzern praktisch zu einer Kunsthalle, weil die Sammlungstätigkeit nicht so wichtig war und der Ausstellungsbetrieb tatsächlich das Image des Museums geschaffen hatte. Nachdem ich diese Entdeckerarbeit zehn Jahre machte, fasziniert von New York und der Energie dieser Stadt und ihrer Kunstszene, wollte ich im Prinzip den Spieß einmal umdrehen. Denn in New York sah ich, neben guter Kunst aus Amerika und etablierter Kunst aus Europa, wenig Kunst aus Europa, wie zum Beispiel einen Felix Droese. Er war damals hierzulande bereits sehr bekannt, in New York war er jedoch ein No Name, auch weil er nach der Biennale mit Absicht keine exklusive Galerie wollte und keine Galerie in New York suchte. Das wurde also die Eröffnungsausstellung: Felix Droese zusammen mit einem Konzert von Peter Brötzmann, der in New Yorker Jazzkreisen bekannt war. Der Publikumsandrang war so enorm, dass 2.000 Menschen auf der Straße blieben und ebenso viele in die Ausstellung gelangen konnten. Abb. 7)

Den Zustand des Gebäudes, in dem die Ausstellung stattfand, muss ich Ihnen beschreiben. Es handelt sich um das dritte Geschoss mit der großen Halle, darunter sind zwei weitere Geschosse. Sie waren immer noch voll von Brandschutt, es stank katastrophal, wenn man in das Gebäude kam, und man musste mit einem kleinen Lift hochfahren, weil die Treppen nicht mehr in einem guten Zustand waren – die Nottreppe musste für den Fluchtweg freigehalten werden. Tatsächlich eine höchst illegale Aktion, und wäre mir meine rechtliche Lage damals bewusst gewesen, hätte es diese Eröffnung nicht gegeben. Ich hatte zwar einen Bauberater, der mir versicherte, dass alle unsere Maßnahmen gesetzlich sind und dass er eine Bewilligung eingeholt hatte für diese Eröffnung. Faktisch aber hatte er schlicht auf die New Yorker Art die zuständigen Beamten geschmiert. Und als er dann sah, dass 4.000 Leute vor dem Gebäude anstanden, bekam er wirklich heiße Füße und wollte mich einen Zettel unterschreiben lassen, dass ich alle Haftung übernehme. Das habe ich natürlich nicht gemacht. Gott sei Dank ist nichts geschehen und die einzige Folge war, dass die New Yorker Kunsthalle ihre darauf folgenden Eröffnungen nicht mehr groß ankündigte, weil wir nie mehr so viele Leute zulassen konnten – so gerne wir sie gehabt hätten. Aber wie kam es zunächst einmal dazu, dass das Projekt überhaupt ins Rollen kam? Nachdem ich bereits über die Zukunft des Gebäudes als Kunsthalle träumte, fanden sich jene Schweizer Investoren, mit deren Bankgeldern das Gebäude erworben wurde, auf der Grundlage, das Kapital auf Jahre hin nicht der Kunsthalle zu überschreiben. Besitzer blieben also die Investoren im Sinne einer Risikoabsicherung für den Fall eines ausbleibenden Erfolgs des Projekts Kunsthalle, so dass der Wert der Immobilie geschützt blieb. Das war eine teure Geschichte, auch in dem Sinne, dass wir über all die Jahre hinweg Steuern wie für ein kommerzielles Gebäude bezahlen mussten, aber kein Einkommen aus dem Betrieb hatten. Außer am Anfang, und das war die prinzipiell gute Situation: Wir haben nicht einfach ein Gebäude gekauft, sondern wir haben das Filmstudio miterworben, das war alles in einem Paket, so dass bis zu dem Großbrand das Filmstudio noch in Betrieb war und die ganze Planungszeit mitfinanzierte. Der Erwerb der Liegenschaft war ein Schritt, der zweite war die Gründung eines Vereins, was in Amerika eine *Non-Profit Organization* ist. Grundsätzlich ist sie zwar völlig anders strukturiert, aber die entsprechende Rechtsform für unsere gemeinnützigen Vereine. Die rechtliche Umsetzung nahm etwa drei Jahre in Anspruch, so dass ich 1992 mit der Kunsthalle aktiv werden konnte. Wir hatten zuerst die Idee, einen berühmten Architekten zu verpflichten, der Name war auch damals schon sehr bekannt: Frank Gehry. 1989 gab es bei ihm einen Schub an Aufträgen, so dass er sich nicht um den kleinen Umbau in New York kümmern konnte. Auch wenn er wollte, er hatte nicht die Zeit, den Altbau zu studieren und gab also nach einem Jahr den Auftrag zurück. Gottlob, möchte ich sagen, weil sich bald zeigte, dass es für die ganze Geschichte besser war, mit einer weniger prominenten Architektur bzw. Minimalarchitektur zu arbeiten. Und Gehry hat das zwar im »Contemporary« in Los Angeles noch gemacht, aber es gibt keine späteren Projekte mehr, wo er sich als Architekt so bescheiden ausgegeben hat. Alle Projekte waren am Anfang auf diese Bausituation eingestellt. Auf die ganz besondere Notlage. Wir hätten nach dem Großbrand zupacken können, weil die ganze Architekturplanung damals abgeschlossen war, und wir wollten das Umbauprojekt Kunsthalle gerade der Presse vorstellen, als der Großbrand geschah. Dann lautete mein Plan, die Kunsthalle in ihrem derzeitigen Zustand zu eröffnen, auch wenn das Gebäude nun eine Ruine war. Ich musste mein Konzept des Ausstellungsbetriebes also an die neue Situation anpassen. Zu diesem Zeitpunkt war ich nun bereits zwei Jahre in New York, so dass ich prüfte, ob ich einen Kunstbetrieb in so einer Ruine betreiben kann. Die Idee war dann, statt des Daches den Boden dieser großen Halle zu isolieren bzw. wasserdicht zu machen, so dass die unteren Geschosse nicht mehr im Regen waren – das Obergeschoss und der Kernausstellungsbereich blieben jedoch Regen und Schnee ausgesetzt. Im Winter lag dort bis zu 1,20 m Schnee! Unter diesen Voraussetzungen einen Ausstellungsbetrieb aufzuziehen, war eine Herausforderung und das Spannende daran war, mit Künstlern so zu arbeiten, dass wir alle – der Ausstellungsmacher, die Institution und der Künstler – gewissermaßen gezwungen waren, mit unkonventionellen Mitteln auf die gegebene Situation zu reagieren.

Sarajewo, Witnesses of Existence war die erste Ausstellung von Künstlern, die damals im belagerten Sarajewo eingesperrt waren. **Abb. 9)** Sie wurden zwar zur Venedig Biennale 1992 eingeladen, konnten jedoch nicht hinfahren. Dank der Hilfe von Susan Sonntag und der UNO konnten sie schließlich 1994 für unsere Ausstellung erstmals mit UN-Flugzeugen die belagerte Stadt mit ihren Arbeiten im Gepäck verlassen. Die Ausstellung bestand aus voluminösen Werken (Objekten, Installationen, Filmprojektionen, Bildern), die sie in Sarajewo kreiert hatten und die sie in der Kunsthalle wieder aufbauten. Sie hatten sich in der Galerie Obala in Sarajewo daran gewöhnt, in Kriegsruinen zu arbeiten und haben sich nicht dem dachlosen Raum ausgesetzt, sondern sie haben sich in die unteren Geschosse zurückgezogen – oben im Schnee haben sie Suppe gekocht am offenen Feuer. Das war eine besondere und intensive Ausstellung, die auch sehr gut besucht wurde. Viele Künstler in New York wussten von unserem Ort und kamen auch, wenn es keine Riesenöffnungen gab. Die Ausstellungen zu machen, war natürlich nicht so leicht, weil man nach dem ersten Schock der Eröffnung bzw. Illegalität dieser Eröffnung versuchen musste, einen legalen Rahmen herzustellen. Und ich erkannte bald, dass man, wenn man in New York versucht, etwas legal zu machen, überhaupt nichts auf die Beine stellen kann. Aber es gibt den tolerierten Rahmen, und dafür musste ich ein Gespür entwickeln. Es gab eine Ausnahme, einen Konzertbetrieb, der über drei Monate hinweg dauerte, eine Art DJ-Lounge mit den Künstlern Gerwald Rockenschaub und Matta Wagnest, die so populär wurde, dass wir am Schluss geschlossen wurden, weil da auch 2.000 bis 3.000 Leute mitten in der Nacht, jeweils samstags, kamen, was für die Nachbarn zuviel wurde. Aber sonst hatten wir in dem Sinne keine Probleme mehr. Die Situation war natürlich nicht auf Dauer ausgelegt, wenngleich wir das Gebäude, laut unseres Ingenieurs, noch ein paar Jahre auf diese Art bespielen hätten können. Als Spezialist für alte Gebäude – er hatte die Carnegie Hall in New York renoviert und ist u. a. auch Berater der Schweizer Eidgenössischen Technischen Hochschule – hielt er die Stahlstruktur unseres Gebäudes trotz aller Wettereinflüsse für tragfähig.

Wir hatten so viel Spaß an diesem offenen Raum im dritten Geschoss, dass wir die schon abgeschlossene Architekturplanung mit einer Architektin der benachbarten Cooper Union letztlich nicht realisierten, weil ihr Projekt vorsah, über das wunderbare Dach einen Riegel mit Ateliers zu setzen, womit die Besonderheit dieses zum Himmel hin offenen Geschosses verloren gegangen wäre. Doch ich wollte so einen offenen Raum, dachte sogar an die Möglichkeit einer mechanischen Dachkonstruktion, die man bei schlechtem Wetter zum Schutz hätte schließen können. Dazu hatte mir ein Bekannter, Santiago Calatrava, in großer Begeisterung 25 Projekte geschickt – es war leider keines davon realisierbar, es war eine wunderbare Fantasie, aber Sie werden es später sehen, wir haben dann letztendlich ein Dach gebaut, das in der Form auf eine Idee von Calatrava zurückgeht. 1995 wurde dieser offene Ausstellungsbetrieb in der Ruine unterbrochen, um das Dach zu bauen. Der Ausstellungsbetrieb war immer integriert in Bautätigkeit, wir mussten immer kleine Bauarbeiten machen, für jede Ausstellung, um das genannte Minimum an Legalität zu erreichen, um einen minimalen Schutz für die Besucher zu haben. In dieser Bauphase sollte neben dem Dach ein voller Ausbau passieren: das Gebäude hat drei Hauptgeschosse und es war vorgesehen, dass das Erdgeschoss ein großes Kunsthallenrestaurant und eine Bar beheimaten würde, ähnlich der Kunsthalle Basel mit ihrem berühmten Restaurant mit vier Betrieben. Das Restaurant macht etwa eineinhalb Millionen Franken Einnahmen pro Jahr für die Kunsthalle, und so was schwebte mir auch für unsere Kunsthalle vor. Über dieser Ebene sollten dann die Ausstellungsgeschosse und ein Projekt mit zwei, drei Gastlofts entstehen. Wir hatten schon von Anfang an Künstlerinnen und Künstler als Werkstattstipendiaten, nicht gegen Geld, aber gegen Material und Raum. Der erste war Alexander Fischer, ein Schweizer, der hat uns dann Möbelobjekte gebaut, dann Christina Colovic, eine Fotografin aus Kroatien, und eine schwedische Künstlerin, Cecilia Omalm, die haben über längere Zeit – also nicht nur ein paar Monate, wie das im PS1 möglich war – ein bis zwei Jahre bei uns arbeiten und leben können. So hatten sie, zwar faktisch ohne Honorar von uns, außer Material und Produktionsbeiträge, eine gute Existenz- bzw. Arbeitsmöglichkeit und waren praktisch auch meine privaten Berater. Inzwischen wurde das Dach gebaut, das ging ganz schnell, fast so schnell wie im Film. In vierzehn Tagen wurde das Dach aufgesetzt und abgeschlossen. Das war die einzige positive Bauerfahrung, die ich je in New York erlebt habe, aber die war beeindruckend. Inzwischen sind wir jetzt im Ausstellungsbetrieb im ganzen Gebäude, auf allen drei Geschossen und in Untergeschossen mit einer Ausstellung von etwa acht Künstlerinnen und Künstlern, die Hälfte Amerikaner, die Hälfte Österreicher. Glen Seator hat unsere Büros im Erdgeschoss samt Bibliothek und Toilette eins zu eins nachgebaut und dann um 35 Grad hochgekippt. Das ging in unserer großen Halle. Dann gab es in einer Ausstellung Künstler wie Doug Aitken, den damals niemand kannte, und Kirsten Mosher, Christine Oppenheim, sowie die Österreicher, die Sie alle kennen, von Ernst Caramelle, Erwin Wurm, Brigitte Kowanz über Gerwald Rockenschaub, den ich schon erwähnt hatte, der in dieser Ausstellung mit Matta Wagnest ein Labor machte, diesen Club, der so erfolgreich wurde, dass sogar CNN kam und in der gleichen Nacht dann auch die Polizei, und drei Monate später war dann Schluss mit dem großen Club. Diese Ausstellungen waren alle relativ aufwändig, weil es größere Projekte waren, die im Prinzip manchmal gar nicht viel Geld kosteten, aber sie waren aufwändig in der Zeit, in der Vorbereitung, in den Baumaßnahmen, denn die Konstruktionen mussten sicher sein, weil das Gebäude nach dem Brand offiziell immer noch eine Ruine war. Wir haben im Prinzip, statt viel Geld in einen Schlussumbau zu investieren, den Bau mit kleinsten Mitteln aufrechterhalten. Außer dem Dach war praktisch nichts fertig, es war alles roh, in dem Sinn ein Industriebau, ein umgenutzter Industriebau. Die Künstler haben immer auf die Räume reagiert, aber auch auf die Institution. Es gab da immer noch Elemente der ehemaligen Filmstudios, Doug Aitken hat das zum Beispiel ausgenutzt. Er hat Filmlampen des Filmstudios eingesetzt, er hat auch auf die Tradition Bezug genommen. Diese Ausstellungen konnte ich mit Beiträgen aus dem Ausland finanzieren. Zum Beispiel diese Ausstellung mit einer Hälfte amerikanischen, der anderen Hälfte österreichischen Künstlern wurde zu 100 % vom österreichischen Kulturministerium bezahlt. Damals gab es noch die Institution des österreichischen Bundeskurators, der alle zwei Jahre gewechselt wurde und eine unheimlich dynamische Aktivität hatte. Der Bundeskurator bekam viel Geld für Projekte seiner Wahl und er musste quasi nur nachweisen, dass er diese auch produziert und das Geld ausgegeben hat. Er hatte also eine unheimliche Flexibilität, was von Amerika nicht zu erwarten war. Er hat sich also eingesetzt und es spielte auch keine Rolle, wie viele nicht-österreichische Künstler teilnahmen, es hätten auch 100 % Amerikaner sein können. Ich komme zurück auf meine Idee, die ich mit der Kunsthalle verfolgte. Ich wollte eine Brücke mit Gegenverkehr über den Atlantik errichten, die mehr Künstler nach New York bringt, als es der kommerzielle Betrieb in New York zulässt, die aber auch nicht nur einseitig funktionieren sollte. Denn ich wollte kein einseitig ausländisches Kulturinstitut in New York aufmachen, sondern eben auch mit den Künstlern vor Ort arbeiten, wie das eine Kunsthalle macht. Gerade in New York hat man viel gebündelte Kreativität für ein solches Projekt. Im Gegenzug wurden dann die gleichen Künstler mit zwei Wochen Verschiebung nach Wien in den temporären Kunstraum eingeladen, den Markus Brüderlin in seinen zwei Jahren Amtsdauer als Bundeskurator in dem neuen Museumsquartier geschaffen hatte. Alle hatten auch ein anderes Projekt in Wien kreiert – jeder Künstler hatte praktisch zwei Projekte, eines in New York, eines in Wien zeitgleich. Mein Vorhaben war damit, Künstler nach New York zu bringen und zugleich die dortige Szene für diese ihnen gänzlich unbekannten Ausländer zu interessieren. Das kann man nicht machen, wenn man nur als Missionar auftritt und etwas einführt. Das geschah nur, weil ich mich für die New Yorker interessiert habe und, wie Sie sahen, einige dieser Leute eben auch mithalfen, sie über den Atlantik zurück zu bringen – ob das Nancy Rubins war, die auch zur Biennale nach Venedig kam, Doug Aitken oder alle anderen. Diese Brücke hat unheimlich gut funktioniert, nur war leider die Ausstellung mit Österreich eine der wenigen Ausnahmen. Es war nicht möglich, genug Geld für solche Projekte zu finden, vor allem nicht in New York, nicht in Amerika. In diesen letzten zehn Jahren wurde die öffentliche Unterstützung für Kunst von schon niedrigen 20 bis 25 % im besten Fall praktisch auf Null zusammengestrichen – vor allem für Institutionen wie eine solche Kunsthalle, die kein »Established Flagship« war, die keine Kunst zeigte, die so etabliert ist, dass die Institution selbst einen ökonomischen Wert bekommt, die nicht reiche Finanzleute gegen großzügige Beiträge in den Vorstand lockt, um mit ihnen leichter Beiträge aus dem schrumpfenden Kuchen öffentlicher Gelder zu erhalten. Alle anderen, alternativen Institutionen haben dagegen unheimlich zu kämpfen, weil sie nicht nur weniger öffentliche, sondern auch weniger private Gelder finden.

Nach 1997 schloss die Kunsthalle offiziell und es ist nur noch ein Gerücht, dass es sie noch gibt, aber es ist ein Gerücht, dass ich Ihnen bestätigen kann, es gibt sie noch, aber es gibt sie auf eine ganz andere Art und Weise. Wir haben jetzt eine völlig andere Situation des gleichen Raumes, der Raum hat immer noch die volle Größe, aber nicht die ganze Raumlänge ist frei, sondern nur ein Teil der Halle ist noch da. Ich habe während der ganzen Brandgeschichte herausgefunden, dass der Bau älter als die »Mothers Film Stages« war, ursprünglich wurde er als »Beethoven Hall« errichtet. Und das war das Tüpfelchen auf dem i in der Liebe, die ich zu diesem Gebäude entwickelt hatte, weil er so anders war als andere Industriekomplexe. Im Grunde wurde er von deutschen Immigranten in New York gebaut, die ein Stück deutscher Kultur nach Amerika brachten, in der Zeit des 19. Jahrhunderts, in der auch die Kunstvereine hier in Europa gegründet wurden. Aber eine Kunsthalle in dem authentischen Rahmen rüberzubringen, das hat sich als unmöglich erwiesen. Dass ich in Amerika ein schlechter Geldsammler war, war wohl einer von mehreren Gründen. Entscheidend war, dass wir alles verkehrt gemacht haben, um an öffentliche oder private Gelder heranzukommen. Die Annahme, dass es leichter ist, für den Betrieb eines ausgezeichneten Gebäudes in guter Lage Geld zu finden, stimmte absolut nicht. Eher galt das Umgekehrte: Niemand wollte uns Geld geben, weil alle dachten, die haben Geld, die haben das Gebäude, die haben genug, die verdienen keinen roten Rappen. Das ist also letztendlich, zusammen mit meinem Programm ohne etablierte Avantgarde, die Essenz, weshalb es nicht funktioniert hat, und die einzige Lösung wäre gewesen, dass sich das Programm an jene Kunst angepasst hätte, die es bereits in New York zu sehen gab. Das kam für mich nicht in Frage. Deshalb habe ich geschlossen. Heute ist die Kunsthalle mein Privateigentum, deshalb habe ich zu Beginn gesagt, ich stehe glücklich vor Ihnen. Meine ursprünglichen Partner sind ausgestiegen, ich hab diese Teile übernommen, aber gleich wieder weiterverkauft. 55 % vom Gebäude wurden an vier andere Eigentümer verkauft. Wir haben das Gebäude zusammen entwickelt und es ist jetzt ein Haus mit Living Working Lofts. Die Kunsthalle ist jedoch als Name und Label etabliert, weil sie bekannt und mehr als ein temporärer Salon war. Diese Halle hier wird zu 80 % für die immer noch existierenden Mothers verwertet, wohlgemerkt nicht mehr die Filmstudios »Mothers Studios«, denn wir machen vor allem Foto- und weniger Filmaufnahmen, daneben gibt es Bankette und Hochzeiten, also zu 80 % Auslastungen dieser Art, womit die monatlichen 20.000 $ Nebenkosten reinkommen. Daneben präsentiere ich in »homöopathischen Dosierungen« Kunst. Mit Email, also ohne Kosten, werden Leute eingeladen. Wer davon erfährt, der kommt, hat Glück gehabt oder auch nicht, und das Erstaunliche ist, wir haben genauso viele Leute wie vorher. Wenn ich was mache, ist die Dichte in New York so groß, dass ich für kurze Events gar kein Marketing und keine Presse brauche. Für einen Abend wird mein privater Raum also wieder öffentlich. Hier haben Sie einen Prospekt der Mothers Studios, in dem unsere ganze Wohnung gezeigt wird. Da sehen Sie die Küche, Schlafräume und so weiter. Abb. 10) Wenn ich, zusammen mit meiner Frau Linda Salerno, eine Veranstaltung ansetze, dann können wir für die fünfzig Leute, die zu einer Eröffnung kommen, Spaghetti kochen und damit etwas bieten, was es sonst nicht gibt in diesem sterilen, kommerziellen Kunstbetrieb New Yorks, der leider die ganze Welt infiziert.

Raging Fire

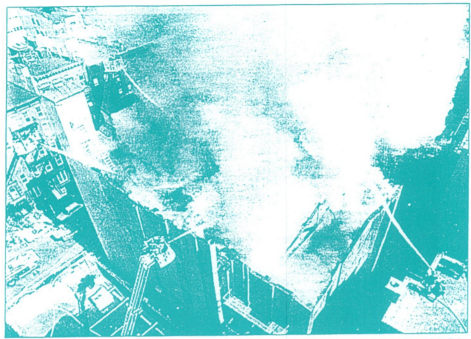

Smoke billows from the top of Mothers Sound Studio in the East Village yesterday as firefighters douse the building's flames.

E. Village studio blaze 'like movie'

By Alfred Lubrano
STAFF WRITER

A three-alarm fire yesterday roared through the historic East Village TV-movie studio where Robert De Niro raged, Cyndi Lauper just had fun and Ralph Kramden threatened to send his wife to the moon.

The blaze, which began around 1:09 p.m., caused extensive damage to Mothers Sound Studio at 210 E. 5th St., once home to Jackie Gleason's "The Honeymooners," studio officials said.

By coincidence, yesterday was the 40th anniversary of the filming of the initial episode of the classic comedy show, first shot in another studio, according to Mothers manager Karen Hughes.

De Niro tested for his part in Martin Scorsese's Academy Award-winning film "Raging Bull," and Lauper filmed her hit video "Girls Just Want to Have Fun" at Mothers.

Two firefighters suffered minor injuries, fire officials said. The four-story, gray brick building is located on a quiet residential street.

The men were taken to St. Vincent's Hospital, where one was treated for minor burns and the other for a shoulder injury, said a hospital spokeswoman, who added that the two were expected to be released last night.

As of last evening, fire officials said they did not know what started the blaze, although Hughes said that "possibly faulty wiring" may have been the cause.

"It's like a movie," said Martin Kunz, president of the Swiss corporation that owns Mothers, as smoke billowed out of the third-floor studio.

"I still can't believe it's real. My shock will come when I realize it's not a movie and it is real," he said.

Two film crews were inside Mothers at the time of the fire, Hughes said. One was making a TV public service announcement aimed at keeping kids in school; the other was filming a music video. Neither Hughes nor freelance video producer Jaye Nydizk would say

Historic Studio Was Site of Comedy, Tragedy, Musicals

Jackie Gleason in "The Honeymooners," left; Robert De Niro in "Raging Bull," middle; recording star Cyndi Lauper.

Fire Heavily Damages Historic Film Studio

FIRE from Page 3

which musical artist was starring in the video.

Nydizk said a crew member told her the fire started on the third floor. She and Kunz said that members of both crews successfully escaped the flames.

"Our people are safe," Kunz said. "As for the building, we're insured. I just wonder how well."

Neither Kunz nor fire officials could assess the damages resulting from the fire, which caused a partial collapse of the rear section of the building. Kunz said that although no films were stored there, he probably lost an extensive art collection to the flames and water.

"No old films are gone," said Kunz, who originally was scheduled to leave for Switzerland yesterday at 6 p.m. "But I had photographs and paintings by William Wegman in there. They may be gone."

"We will rebuild," Hughes vowed as she watched firefighters aim two steady streams of water onto the studio roof.

The studio was most recently used to film commercials and music videos for artists such as Lou Reed, R.E.M. and Lyle Lovett. With three of the oldest sound stages in continuous use in Manhattan, Mothers was doing about $500,000 a year in business, Hughes said in a Sept. 1 interview with New York Newsday.

The city's Landmarks Preservation Commission has been reviewing a request by one of several previous owners — the American Bowling Congress — seeking a landmark designation for the building.

6) RAGING FIRE, *NEW YORK NEWSDAY*, 21. SEPTEMBER 1992, GROSSBRAND DER ZUKÜNFTIGEN NEW YORK KUNSTHALLE

1) FELIX DROESE, AUSSTELLUNG »VANISHING IMAGES« IN DER NEW YORK KUNSTHALLE, APRIL/MAI 1993

2) RAUM II DER FELIX-DROESE-AUSSTELLUNG IN DER KUNSTHALLE NEW YORK

3) RAUM II DER FELIX-DROESE-AUSSTELLUNG, »OHNE TITEL«, PAPIERSCHNITT

5) ERÖFFNUNG AM 17.4.1993 MIT DER FELIX-DROESE-AUSSTELLUNG »VANISHING IMAGES«

4) FELIX DROESE WÄHREND DER PRODUKTION DES HOLZDRUCKS »DRESDEN WINDOW« (ASPHALT AUF PAPIER) MIT DEN SPANPLATTEN DER GLEICHNAMIGEN INSTALLATION

7) »LOVE COMES LIKE SOUR TO MILK BRÖ3«, ERÖFFNUNGSKONZERT DER KUNSTHALLE NEW YORK AM 17.4.1993 MIT PETER BRÖTZMANN

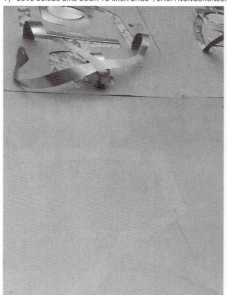
8) FELIX DROESE, »VANISHING IMAGES«, 1993, METALL-SCHNITT (AUSSCHNITT), NEW YORK KUNSTHALLE

9) AUS DER AUSSTELLUNG »WITNESSES OF EXISTENCE«, KÜNSTLER AUS SARAJEWO 1994, VIDEOPROJEKTION UND INSTALLATION »SARAJEVO GHETTO SPECTACLE« VON SANJIN JUKIC

10) PROSPEKT DER »MOTHERS STUDIOS«

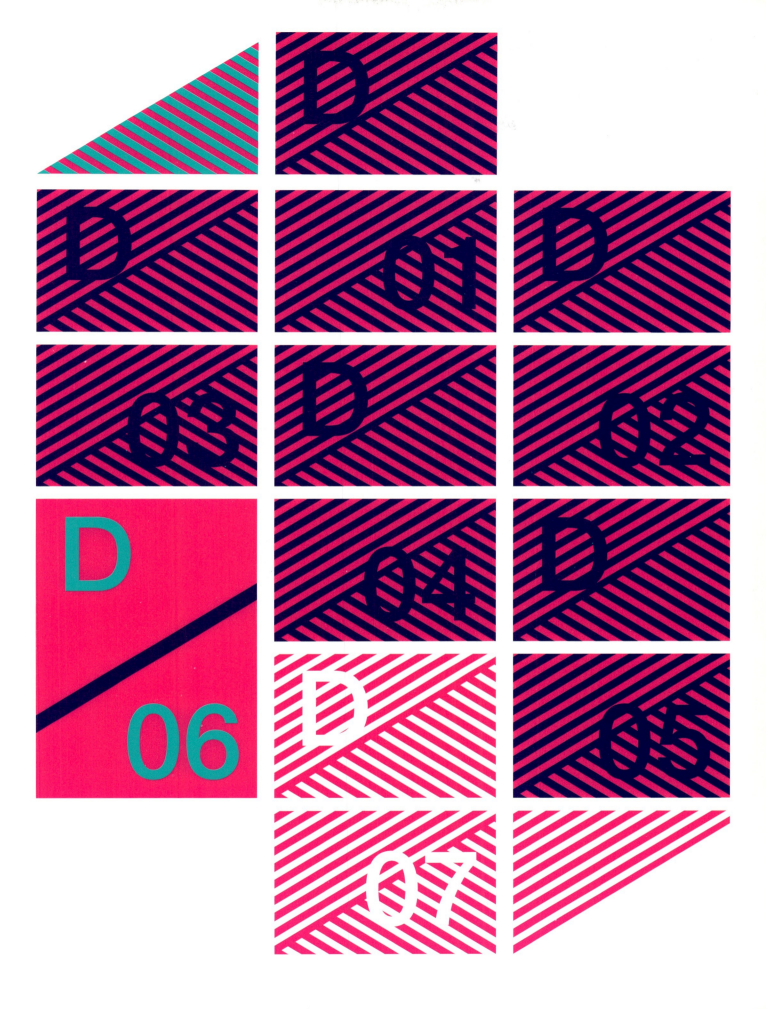

ALAN JONES (*1956)
WRITER AND ART CRITIC • HAS LECTURED AND PUBLISHED WIDELY ON THE MODERNIST PATRIMONY OF EZRA POUND AND MARCEL DUCHAMP AS WELL AS ON CONTEMPORARY ARTISTS FROM KOUNELLIS AND BOETTI TO KOONS AND BAECHLER • HAS CURATED EXHIBITIONS IN THE UNITED STATES, JAPAN AND EUROPE • CO-AUTHOR OF THE BOOK *THE ART DEALERS* (COOPER SQUARE PRESS, 2002), WHICH TRACES FIFTY YEARS OF NEW YORK'S GALLERY WORLD

AJ	Alan Jones	
LB	Lucy Byatt	—> R/16
MAG	Marjorie Allthorpe-Guyton	—> R/17
MK	Martin Kunz	—> R/18
DW	Dominic Williams	—> R/14

Moderation: Alan Jones

FIGHT FOR THAT LITTLE REST

TeilnehmerInnen: Lucy Byatt, Marjorie Allthorpe-Guyton, Martin Kunz, Dominic Williams

AJ

I am very happy to be here in Leipzig today, and I want to thank the Stiftung Federkiel for the opportunity to come to this area of Germany for the first time. I think everyone who has come from outside Germany will go away with a lasting impression of the energy and the intelligence that is going into this symposium. I came from Milan, and a newspaper editor asked me: »Please write something that shows the Italians how they make culture in Germany«. I think I'm going to have a lot to tell them: it has all been very impressive. My role in art is as an advocate and observer writing about living artists, particularly about the young-unknown and the old-neglected; I let my colleagues take care of everyone in between. I have also written a book about art dealers, a fifty-year history of New York galleries' cultural contribution. So perhaps in this discussion of public art I may serve as devil's advocate. I remember alternative art spaces in New York as vibrant stop-gap measures filling artists' needs that were going unmet elsewhere, places of transition that more often than not lack permanent collections. But beyond the public arts realm there is the chain of support of private art galleries and, importantly, private collectors. What role can they play in public alternative spaces? Maybe Lucy can talk about her experiences in relation to Spike Island.

LB

Bristol has no art market at all. London, which is only an hour or so's journey away, is the centre, as it is for the whole of the UK. The gallerists are most likely to stay in London, although gradually, as artists are squeezed economically out of London they are beginning to travel. Still though, artists feel an enormous urgency to move to London, to be closer to the market. We have experienced this for years but especially in the last five years, as the market has had such an impact on young contemporary artists in Britain. As artists become disenchanted with London, and they begin to look for alternative cities to base themselves in, various strategies have evolved, with the particular success of cities like Glasgow and Manchester. Bristol is a small city, close enough to London for artists to be able to base themselves in the city and operate in London. This is a strength, but we still have to keep the momentum going to encourage artists that they can stay in Bristol and be fully supported.

AJ

I recall from your lecture that in Northern England there has been a sharp increase in art sales. How does this manifest itself – through private galleries?

MAG

No. A series of events took place in the Northern region where exhibiting artists – in Gateshead, for example – showed in shops, a very rich range of activity, and some of the sales were to private people, people who are unaccustomed to art, and tend to buy fairly traditional work whether painting or small objects. But people are moving from a typical notion of art to consider more challenging work for domestic environments. There will be a national purchase scheme with Arts Council money eventually matched possibly by some private money, whereby people can actually borrow interest-free funds to buy works by artists. This may encourage more people to buy really rather uninteresting work because its easy to accommodate in a domestic environment. But if you get people actively looking and going to studios, they will be engaging and talking with artists. So the idea is that eventually they may commission artists to do work for them suitable for domestic environments.

AJ

In Great Britain there has always been a certain resistance to radical the avant-garde, going back to the time of the Pre-Raphaelites, not to mention the Vorticists. Is part of the role of public arts funding an educational one?

MAG

Yes, it is an educational role. Actually I have a personal anecdote about Vorticism: When I was a museum curator – very junior – in a regional museum in Norfolk in the East of England, a London dealer of the Mayor Gallery in Cork Street actively sought to try and sell work to regional museums – and he was the only dealer in London who tried to do that. He came to see us with a wonderful painting by Wyndham Lewis, the British Vorticist artist, an absolute classic museum piece that I tried to buy for £10,000. My museum director said he would never get it past the committee, and that was the level of the lack of sophistication even within the museum sector, when you had a museum run by people who are not specialists in the visual arts. I was too young, and my views were not taken into account. So we have a long uphill battle to educate the public. Certainly in England now there is a much bigger audience – I hate that word, it comes from the performing arts sector – but I mean a public who are interested in visual arts and who have been stimulated by things like the Turner Prize and the huge success of some of the more commercially successful young British artists who are not so young anymore.

AJ

The central question, of course, is: alternative to what? New York's alternative spaces initially stood in opposition to the private art gallery, at a time when art practices were expanding so fast they could no longer be accommodated in tradition gallery spaces – particularly small uptown galleries that were more like jewellery shops in a way. But private collectors flocked to these alternative exhibitions because, in many cases, there was nowhere else to see the work, and they were often very supportive. Martin, in your experience with alternative spaces, what has been your interaction with private art collectors?

MK

I was really not very successful in that respect, and at the same time I have to say the private collectors are incredibly important in New York, as well as the private dealers. If I would try to do the same project again I would start as a young dealer opening a regular gallery in New York and not opening an alternative institution, because I think there is a much bigger impact in the New York scene as a dealer instead of representing a marginalised alternative space. The collectors only came in when we were selling our established artists – we got donations, Louise Bourgeois made an edition, donated twenty sculptures for us, and that was one of the big supportive things, Nancy Spero, Leon Golub, William Wegman and some artists gave us work they produced with us and only on that level the collectors would be interested. I think collectors in New York tend to have very close associations to either critics or to galleries. They have their main gallery. We've heard from Rein Wolfs of the Swiss gallery Hauser & Wirth yesterday who are advising major collectors exclusively. It's a fact that somehow these collectors seem to have more confidence in a dealer than in a curator, I don't know why. But that seems to be a fact, and I felt that I was, with the concept of an alternative space, always two, three steps ahead of the New York commercial scene, so that the problem became that I was too much ahead and so for the collectors and their advisors, my program didn't mean anything, no-one had heard the names yet if they would talk to their dealer, he didn't know this name either: Somehow one can only be a little bit avant-garde, somehow »avant-gardish«, one has to create the image of being avant-garde but not showing really anybody whom nobody has heard of yet. So one has to work on that margin and has to bring in a new name carefully, and I think that's where the dealers in New York are much more successful – feed information showing little pieces in their backrooms to create some interest – so that the collectors would come for an exhibition later. And I think they are, in that way, very crucial. They wouldn't come to buy, but to ask: »Martin, did you see any interesting thing? ... No?«, as my names didn't mean anything yet. That's why a gallery would be more efficient than an alternative space in these times. But I wouldn't do a commercial gallery because I am too old, from the wrong generation, because I never had any interest at all in that field.

AJ

Peggy Guggenheim managed to do something along the lines of what you're talking about, out of the exodus of artistic talent from Europe to New York at the beginning of World War II. Her gallery, Art of this Century, functioned almost as what we would now call an alternative space. It may have failed as a commercial gallery but it was of tremendous importance, an »alternative« one could say to the Museum of Modern Art of that era. Peggy Guggenheim had her gallery designed by the architectartist Friedrich Kiesler, and in turn her successor, Betty Parsons, asked the proto-minimalist sculptor Tony Smith to do the architecture for her gallery. My question is for Dominic: In your experience as an architect working directly with artists, what role do they have, a consulting or collaborative one?

DW

Well, I've had different experiences. Certainly the Baltic was a unique public project; there were certain interactions with some of the artists, which is going back to the question of private dealers. There was sometimes a conflict between the nature of public art and private dealer space, so that was quite interesting from that aspect. The Baltic said we would have artists, but more from the consultant's point of view because we were trying to cover a complete range of spaces that might work in different ways for lots of different artists – they might choose to take on a certain space, or they might choose to take on a public space. So we worked very closely with one artist who would sit alongside the team and really talk about their experiences having works and displayed in different galleries not only public but also private. So certainly the Baltic experience is very much a way of really talking, discussing the way spaces might work because, of course, we weren't working around a collection, we were working around the possibilities. This is very difficult sometimes for an architect to imagine, so that was very helpful. In the project we are involved in currently, I am working much more interactively with two artists, Jacqui Poncelet and Richard Layzell, Jacqui was once a ceramicist but is very interested in material surfaces and Richard is very much an artist who is interested in community based projects, he was also a resident artist with IBM. So what's happening with this project is we have set up workshops with people in the area, even before we started conceiving the building and Richard was a fantastic enabler. Sometimes I think architects have a language difficulty, certainly if you're trying to talk with a wide audience and what I found with Jacqui and Richard is that we covered different levels of communication, with different groups, and we've actually started evolving the way the building would look through a series of experiments which we invited people to participate in. So, that is a very different way of working.

AJ

Martin mentioned the Temporary Contemporary, the Los Angeles museum designed by Frank Gehry in the Eighties to serve as temporary headquarters in an unused police garage, before the permanent MOCA by Arata Isuzaki was constructed. Gehry did the architecture very minimally: he said that basically all he wanted to do was to take a broom and sweep it out. In that case he worked with a big community of Los Angeles artists, the light artist Robert Irwin doing the lighting, and so forth, all under the Swedish curator mythic Pontus Hulten. But the fact remains that the nature of a public space's artist collaborations is inherently temporary, a one-shot thing. Private art galleries have the advantage of working decade after decade, as the great Leo Castelli did with such individual artists as Jasper Jones, Robert Rauschenberg, and Andy Warhol. Lucy, tell me, do you ever regret when you do exhibitions in your space with one artist and then that's it, a one-time collaboration and then, hasta luego?

LB

Prior to being at Spike Island I developed ambitious commissions with artists, they tended to take a year, two years to conceive, so it did go through quite significant processes of discussion, working together closely until the work was realised. It depends on how the relationship was. Sometimes it's quite welcome not to continue the relationship beyond the completion of a single project. It is quite a good thing, that when you get to the point where you feel that you've completed the work that both artist and commissioner can move on, very rarely do you completely sever the relationship entirely, I think that's always in the air – the idea that maybe one day you'll work on something again, together. In relation to Spike Island, we do work with artists over long periods if they have a studio or use the Spike to support their practice. The artists who come as part of the residency programme stay for a period of months, whilst in comparison to your examples this is a very short time, the residencies do provide a focussed period to work together in a way that the structure of many institutions won't allow.

AJ

One of the important alternative spaces in New York was Artists Space, and the founding director Helen Winer was finally so frustrated with being able to work only once each, with a generation of still unknown artists, Cindy Sherman, Robert Longo, Richard Prince, that she resigned to open a private gallery, Metro Pictures, which made them known. When it comes to public support of art, in any nation today, certainly where I come from, the United States, the dilemma is how a democracy can select and be the patron of art and still please everyone at the same time. Historically we have the renaissance prince or cardinal or an enlightened bourgeoisie making culture happen. If Malatesta wants to commission Piero della Francesca, he does it: there was no committee from which to seek approval. Newspapers from London to New York have long been filled with controversy and backlash reacting to the selection process of public art. How, in a democracy, do you approach the ticklish issue of promoting the private acts of artists on funds from the public pocket?

MAG

I think this is actually becoming very testing for us now. Public policy has opened up to the whole range of social, political and philosophical issues in a more overt way. I used to be a museum curator and a writer, so I come from different worlds, and now I am in this funding world in a quasi-government body. We have a collection. I am passionate about this collection. It contains seven thousand works, all by British artists; I see it as an important source of support for artists. The difference is it's not a museum collection, it's not in one place. The point of it is that the work is bought – probably thirty pieces a year – and circulated in a sense that exhibitions can be chosen from it by regional curators for their own venues, and through loans, so a library, or a hospital, or a university can borrow work, so artists whos work is bought have to agree that it will have this different life. It's more exposed and less sacred than if it were shown in a museum environment. The way the work is bought – this is where we are trying to be more democratic. I am the Director of Visual Arts, not the curator of the collection; there is another person based at the Hayward Gallery in London, who manages and looks after the collection, and the Director of the Hayward, the curator, myself and three external people buy work. Those three external people change every eighteen months so there is always a new view: a critic, artist or a curator. We simply select them on the basis of how informed they are on contemporary art, not only in England but internationally. That does mean that there is an international approach. Where we have really unpacked a lot of issues is – what I mentioned before – the changing demographics of England. We have a lot of artists from different cultures, we can't just look at work from a Eurocentric point of view, i.e. New York, Cologne, London, Paris, which was the old axis. We have to look beyond that, so we do try to include say a black photographer who is well-known in England or a critic who is writing on more global and culturally diverse issues. We are not entirely democratic; there is absolutely no question about that. We don't buy traditional portraiture, for example.

AJ

How does Spike Island deal with the issue of controversial art being supported by public funds?

LB

It is increasingly the case in the UK that institutions and projects paid for from public funds are under pressure to drive, or to become part of, the social agenda. The artists and their work are seen as instrumental within a broader political agenda to address the ills of society. The arm's-length strategy which removed central government several steps from the decision-making to fund culture has been eroded. This is a time in which the structures that authorise policy and distribute funds place greater priority on the demands of the audience and place very little value on the autonomy of the artist. In response to this I do believe that many curators and commissioners feel a responsibility, I certainly do, to clear space for the artist to operate within, to try to make that space available for the artists to develop their own strategy and drive their own agenda, not always to be complicit.

AJ

In America, Ronald Reagan crusaded to abolish the National Endowment for the Arts altogether. This did not occur, but again and again public art has been the center of controversy. In pursuing this quest of nurturing and promoting contemporary culture, are there dangers you look for and try to steer clear of? What are the most common pitfalls you encounter?

MAG

Well, I think the lottery, the way that it is working, is a good example. Every building project spends part of their money on working with artists. We try to steer this in a sense that we won't require people necessarily to commission artists who actually make a work. What we wanted them to do is to engage with artists who could influence the design process and work with the architects and the clients. So the artist's sensibility is brought to bear on the way the project develops. It could be how the arts institution worked with the public, with children; there could be a whole range of ways in which an artist can contribute. To give two examples, which have had a real outcome on the design process: The Ikon Gallery in Birmingham, which is a publicly funded non-collection space, had the artist Tanya Kovats working alongside. They had an architectural problem, they had dug out the basement and it was difficult to resolve the building. It was originally an old Victorian gothic school. Tanya came up with a design solution which the architect approved, which was to float the building on black slate, which gave a kind of visual coherence to the building. She doesn't normally make work like that at all. Her work is completely different. Likewise another artist who worked with a theatre in London, Antony Malinkowski. He influenced the whole architectural process because he understood the fabric of the building. So the building and the way actors and everybody conceived the building was influenced by him. He produced a big painted wall, but he also entered into a whole range of other processes. It was a great outcome. The problem with lottery money going into these buildings is that many local authorities have little experience of working with artists. And they have very fixed ideas. They want what could be described as very discrete artwork. And there have been some horrors. We have, for example, the firemen on strike in England at the moment and in one part of the country there is a fully dressed fireman with a hose in bronze. This was the kind of socialist realist sculpture which the local authority wanted.

LB

Actually there are two, one in Glasgow and another in Bristol, made by two different artists – developed to illustrate, they are not really art but motifs – I think artists get trapped economically into doing these things, which of course they are foolish to do.

MAG

We are not aesthetic policemen, we cannot dictate exactly what people do. But I am not comfortable, on an artistic level, with some of the things that lottery money has produced.

AJ

Can you ever let your personal view... I mean, the contradiction of public funding is that in the end it must be a bureaucratic decision, with a commitee making the call. It is certainly far different from the private collector making up his mind in a private gallery. In New York, for example, the list of masterworks rejected over the years by the selection committee of the Museum of Modern Art is a long one.

MAG

There are criteria in the process under which the work has to be artistically assessed, but there are lots of arguments about what is quality, and of course these arguments are quite legitimate arguments. The process must be adequate: Enough people had been consulted, the artist was getting the right contract, and they were being properly and professionally treated. If the local body seriously has gone through this processes and still decided on a work, on an artist that we didn't think was particularly strong, my personal role is, I could not dictate, I could overrule it. So we try to moderate, but we can't prescribe early the outcome.

AJ

Dominic, public controversy regarding new architecture is as old as Frank Lloyd Wright's Guggenheim Museum. What has been your experience with such situations?

DW

On a project we currently work here we had a grant for the Royal Society of Arts to work with the artists. And that was quite interesting in the fact that a lot of the perception is now that it's easier with certainly art buildings in the UK, than with other buildings. You go to a client and you say you want to work with an artist. They say, »We can't fund that, we will only fund the engineers.« So I think that's another important issue, certainly in the UK, that you can actually get a grant application to fund an artist who works alongside or you make the initiative yourself as an architect. I think that has been very helpful for the process. I think moving on to the kind of controversial issues, I mean we were faced with the Baltic with a very difficult question. It seems like the Guggenheim, a vertical proposition on the tight site, Baltic in a sense was similar, as an existing vertical framework on a tight site. We were faced obviously with a very difficult existing structure, which was a series of vertical silos, and we thought long and hard about trying to preserve the nature of these and it became impossible when we looked into it. I think the other controversial thing that might have come up and might still be questioned was the sense that we had to create a completely new structure to deal with a new organisation in the building and people might question, »What's left of the original building?« And there, I think, is a kind of polarization in approach, somehow we had to marry both issues, people's recognition of the building alongside a new organisation and structure that works very flexibly. So it's interesting, I think when the building opened in July, there was obviously an enormous public support which was fantastic, but interestingly in the architecture and art press, there was quite an interesting degree of confusion, and I was talking to the director Sune Nordgren, saying »Well, in the architecture press they are saying ›We really like the art but are not sure about the building‹«. So, he said »That's funny, because in the art press they say ›We really like the building but are not sure about the art.‹« So we were quite happy with that.

AJ

Martin, you are in a very unique position with your alternative space experience on both sides of the Atlantic, so as we finish here, could you leave us some words of wisdom on what you've gleaned from both shores?

MK

I want to make it really short, because the wisdom is that I would become a missionary to save some public funding in Europe for marginal alternative spaces. My New York experience is incredible in relation to how much can be done without any public money, on the other hand how little avant-gardist, progressive ideas can be promoted next to this incredibly strong commercial structure. And I watched in the past ten years as this little public money was drifting away and I saw that with that not just the public money went away, but a lot of the private money also got lost without a seed of public money. Because somehow there should be a base of public support – it can even be modest – but there has to be a base of some public money for ideas which are not yet popular, which is for instance really contemporary art, and I would say my experience is pushing me to say whenever I am in Europe: Here you still have some public money so fight for that little rest, but only in the right way. I mean, don't ask for it in the wrong place and don't ask for too much, but I think it's really important that you keep some public involvement alive, because if it's gone the private will be gone too.

AJ

Thank you.

IKON GALLERY, BIRMINGHAM

ROYAL COURT THEATRE, ANTONY MALINKOWSKI, LONDON

OLIVER KOSSACK (*1967)
KÜNSTLER UND BETREIBER DES KUNSTRAUM B/2 • 1987 - 91 GERMANISTIK- UND FRANZÖSISCH-STUDIUM • ABSCHLUSS AN DER UNIVERSITY OF ST. ANDREWS (GB) • 1991 - 96 STUDIUM DER MALEREI AN DER HOCHSCHULE FÜR GRAFIK UND BUCHKUNST, LEIPZIG • 1996 - 98 AUFBAUSTUDIUM DER MALEREI BEI PROF. ARNO RINK • SEIT 1999 ASSISTENT DER MALEREI AN DER HOCHSCHULE FÜR GRAFIK UND BUCHKUNST, LEIPZIG BEI PROF. ARNO RINK • LEBT UND ARBEITET IN LEIPZIG • 2003 EINZELAUSSTELLUNGEN: KUNSTVEREIN LEIPZIG, *I'M STONED AND I CAN'T GET UP* IN DER GALERIE LIGA, BERLIN

DANIEL SCHÖRNIG (*1965)
KÜNSTLER UND BETREIBER DES KUNSTRAUM B/2 • 1989 - 95 STUDIUM AN DER HOCHSCHULE FÜR GRAFIK UND BUCHKUNST, LEIPZIG • SEIT 1998 KONZEPTION UND REALISIERUNG VON AUSSTELLUNGEN IM KUNSTRAUM B/2 LEIPZIG (GRÜNDUNGSMITGLIED) • SEIT 2000 KÜNSTLERISCHER MITARBEITER IM STUDIENGANG MEDIENKUNST DER HGB LEIPZIG • LEBT UND ARBEITET IN LEIPZIG

SILKE KOCH (*1964)
KÜNSTLERIN • 1993 FOTOGRAFIESTUDIUM AN DER HOCHSCHULE FÜR GRAFIK UND BUCHKUNST LEIPZIG • 1995 - 98 KLASSE PROF. JOACHIM BROHM • 1998 DIPLOM MIT AUSZEICHNUNG • 1997 STIPENDIUM DER GALERIE FÜR ZEITGENÖSSISCHE KUNST LEIPZIG • 1998 KUNSTPREIS DER DRESDNER BANK *ARS LIPSIENSIS* • 1999 - 2003 VERSCHIEDENE AUSLANDSAUFENTHALTE, U. A. IN DEN USA • 2003 MEISTERSCHÜLERIN, PROF. ASTRID KLEIN • EINZELAUSSTELLUNGEN: 2002 *LINA'S GARDEN*, GALLERI SOVBERGET, NORWEGEN, 2003 *GAMES*, GOETHE-INSTITUT NEW YORK • VERSCHIEDENE GRUPPENAUSSTELLUNGEN IN DEUTSCHLAND UND EUROPA

RICARDA ROGGAN (*1972)
KÜNSTLERIN • 1993 HOCHSCHULE FÜR GRAFIK UND BUCHKUNST LEIPZIG • 1996 STUDIUM FOTOGRAFIE BEI PROF. TIMM RAUTERT • 2002 DIPLOM • 2003/04 AUFBAUSTUDIUM BEI PROF. T. RAUTERT • AUSSTELLUNGEN: 2003 ZEITGENÖSSISCHE DEUTSCHE FOTOGRAFIE, MUSEUM FOLKWANG ESSEN UND IN DER GALERIE EIGEN + ART, LEIPZIG • 2004 KUNSTPREIS DER SACHSEN LB

FM	Frank Motz	
OK	Oliver Kossack	
DS	Daniel Schörnig	
RR	Ricarda Roggan	
SK	Silke Koch	
MK	Martin Kunz	—> R/18
MAG	Marjorie Allthorpe-Guyton	—> R/17

HIER IST DAS WILDE PLAGWITZ!

TeilnehmerInnen: Oliver Kossack, Daniel Schörnig, Ricarda Roggan, Silke Koch, Martin Kunz, Marjorie Allthorpe-Guyton

FM

Ich habe mir eine Frage notiert, und zwar will ich eine Verbindung zum Baltic schaffen, obwohl Dominic Williams nicht mehr auf das Podium gekommen ist. Sune Nordgren, Kurator des Baltic, sagte: »Ich erwarte von einer Institution des 21. Jahrhunderts, dass sie kontinuierlich ablehnt, Institution zu sein. Sie sollte kollaborativ, flexibel, transparent, innovativ und kreativ sein. Nicht wegen der Künstler, sondern mit den Künstlern. Unterstützend und verantwortlich innerhalb eines aktiven, öffentlichen Kontexts. Sie sollte subjektiv, örtlich und kosmopolitisch sein für die Zukunft.« Jetzt sind das alles schöne Worte: kollaborativ, flexibel, transparent, schöne Aussprüche. Sind das aber auch Ansprüche, die auf die Künstler automatisch übertragen werden können? Werden sie dadurch schlussendlich wieder instrumentalisiert? Meine eigentliche Frage: Welche Erwartung hast Du, Oliver, an eine zeitgenössische Kunstinstitution des 21. Jahrhunderts? Seht Ihr die Vision, die Ihr von einer solchen Kunstinstitution habt, im B/2 verkörpert?

OK

Ansatzweise schon. Wir sind keine Institution wie das Baltic oder wie all die anderen Institutionen, die hier diskutiert worden sind. Wir sind eine Keimzelle, die sehr wohl nach diesen Kriterien operiert. Wir sind zuerst, und das bewusst, in dem Leipziger Kontext verankert, das heißt, wir nehmen aus diesem Bereich – denn dort gibt es einiges zu sehen und zu entdecken – daraus nehmen wir unsere Kraft, unsere Säfte und unser Potenzial. Wir sind noch nicht in den Kategorien der Institution, wobei wir versuchen, mit einem hohen Anspruch zu arbeiten. Wir gehen – vom Geld erst einmal abgesehen, wobei das natürlich wichtig ist und wir uns eine Herangehensweise ausarbeiten werden – vom Potenzial, von den künstlerischen Ideen, Vorhaben und Visionen aus. Dadurch haben wir, das sieht man auch, Freiraum geschaffen. Wie dieser weiterhin konsolidiert wird, steht erst einmal noch offen.

FM

Stichwort Geld; wir hatten gestern Rein Wolfs gehört, den ehemaligen Ausstellungschef oder Kurator vom migros museum für gegenwartskunst in Zürich. In Zürich auf dem Gelände der Löwenbrauerei gab es ein Konzept, dass nichtkommerzielle und kommerzielle Kunsträume in Kooperation miteinander beziehungsweise in friedlicher Koexistenz nebeneinander existieren, so dass man sie von außen gar nicht so richtig unterscheiden kann. Man hat aus seinem Vortrag heraus nicht beurteilen können, ob das schief ging oder ob sein Konzept letzten Endes aufgegangen ist. Letztendlich ist dann Rein Wolfs doch aus Zürich weggegangen. Daniel, wir hatten gestern schon darüber gesprochen; aus der Notwendigkeit heraus, billige Arbeitsräume zu finden, habt Ihr und haben auch Künstlerinnen und Künstler auf dem Baumwollspinnereigelände Raum gesucht und gefunden. Damit habt Ihr eigentlich, und da ging auch gestern Stefan Rettich von L21 konform mit der Aussage von Simeon Bruner vom MASS MoCA, einen Gentrifizierungsprozess eingeleitet. Wie geht Ihr mit diesem Widerspruch um, sozusagen der Ursprung allen Übels zu sein?

DS

Soll ich das jetzt so verstehen, dass damit quasi die Institutionalisierung schon beginnt?

FM

Ist das so? Ich hatte das gestern so verstanden, dass der Beginn dieser Spirale, die anscheinend immer wieder den Lauf der Dinge bestimmt, der ist: Die Künstler suchen sich einen Arbeitsraum, einen Wohnraum, dann zieht das andere Leute nach, schlimmstenfalls Galerien und so weiter, die Preise steigen in die Höhe, bis das Ganze zu einem Luxusviertel wird. Das dauert in New York oder in London, wie wir hörten, derzeit zwei bis drei Jahre, in Leipzig dann meinetwegen zehn. Die Künstler suchen sich dann einen anderen Ort, weil sie die Miete nicht mehr bezahlen können und gehen nach Leipzig-Leutzsch.

DS

Das könnte sich hier ganz genauso abspielen, das kann man nicht ausschließen. Allerdings sind wir inzwischen seit vier Jahren unterhalb dieser Schwelle, in diesem Zwischenzustand, der ist irgendwie zum Dauerzustand geworden, zumindest für eine Weile, und ich gehe eigentlich davon aus, dass das noch eine ganze Weile so bleiben wird. Das liegt sicher an den spezifischen Gegebenheiten des Ostens und Leipzigs im Osten, im Übrigen machen wir uns auch nicht so viele Sorgen, weil wir von Anfang an nicht mit einem Fünfjahresplan in die Arbeit mit dem Kunstraum B/2 eingestiegen sind, sondern wir wollten zunächst einmal eine Ausstellung machen und sehen, wie das wird und wenn es gut wird, machen wir weiter. So ist das eigentlich seitdem Schritt für Schritt gegangen, zum Teil durch sehr spontane Planung, immer mit der Möglichkeit, den Raum auch jederzeit wieder zu verlassen und sich anderen Dingen zuzuwenden, einer eigenen künstlerischen Produktion oder je nach dem. Das heißt, mit zunehmender Aufmerksamkeit wird die Frage dringlicher, was denn nun in Zukunft wird. Nun sind wir manchmal überrascht zu hören, dass der Raum inzwischen über die Grenzen Leipzigs hinaus ein Begriff ist, zumindest unter Fachleuten, Künstlern, Kuratoren. Einige haben dann doch schon etwas davon gehört. Jetzt kommt zum Teil ein Feedback, ein Echo auch aus größerer Entfernung und damit entsteht auf einmal die Frage nach Nachhaltigkeit oder Verbindlichkeit und all dem, was damit zusammenhängt.

FM

Tritt die ein, wird dann auch ein Zustand der Sättigung erreicht werden, was die Bespielung des Baumwollspinnereigeländes mit bildender Kunst betrifft? Ich meine mit der Präsentation bildender Kunst?

DS

Das glaube ich nicht. Also ein Sättigungsgrad? Wenn ich von mir selbst ausgehe, wenn ich ein Ticket nach Zürich oder nach München löse, dann bin ich froh, wenn ich mit einem Ticket so viele Kunstorte wie möglich besuchen kann. Wenn sich jemand in ein Taxi setzt und in die Baumwollspinnerei heraus fährt, dann macht er das umso lieber, je mehr er hier erleben kann, je mehr Kunst hier zu sehen ist. Da gibt es, glaube ich, einen positiven Multiplikationseffekt.

FM

Das immer einmal wieder hervorgebrachte Argument »noch eine Kunstinstitution hier« beziehungsweise die Tatsache, dass Kunstproduktion und Kunstpräsentation vielleicht nicht so ganz konform gehen, und dass wir hier in Ruhe schaffen, aber nur ein bestimmtes Areal nutzen wollen, um auch auszustellen, damit kannst Du nicht so viel anfangen? Du könntest Dir auch vorstellen, dass es noch eine dritte, eine vierte, eine siebte Galerie oder einen anderen Kunstraum hier gäbe, weil sich das befruchtend auf das Restambiente auswirken könnte?

DS

Sieben Galerien, von mir aus gerne. Ich sehe das auch wirklich ein, wenn jemand, der hier einfach ein Atelier hat und die Ruhe schätzt, die eigentlich hier immer da gewesen ist und jetzt in den letzten Jahren natürlich langsam nachlässt, das irgendwie nicht so toll findet, dass dann hier so viel Bewegung entsteht. Weil die Bedingungen der Arbeit, das sind ganz andere, als die der Präsentation. Das schließt sich sogar beinahe gegenseitig aus – im selben Moment zu arbeiten und zu präsentieren. Das eine ist in der Regel ein stiller, kontemplativer Vorgang und das andere, da kann nicht genügend Rummel sein oder Öffentlichkeitsarbeit, PR und Bewegung: Das liegt diametral auseinander, Produktion und Präsentation. Hier kommen sie zusammen und es ist nicht der einzige Ort auf der Welt, wo das so ist, und ich finde, das Areal ist groß genug.

FM

Und Leipzig braucht auch noch weiteren Ausstellungsraum? Oder ist es dann so, dass das Angebot die Nachfrage bestimmt, wenn es einmal offeriert wird? Wie siehst Du das?

DS

Wenn hier ein weiterer Ausstellungsort installiert wird, dann müsste das einer sein, der sich in einen sehr großen, übergreifenden Kontext einordnet, wo sich der Standort relativiert. Ob er jetzt in Weimar, Leipzig, Dresden oder Berlin ist, das ist eigentlich gar nicht so wichtig, eher ist von Bedeutung, dass er eine Anziehungskraft entwickelt, wo es auf die paar Flugkilometer nicht mehr ankommt. Das wäre natürlich ideal. Wünschenswert. Weil das gibt es, glaube ich, in Leipzig eigentlich noch gar nicht.

OK

Darf ich ein, zwei Sachen ranhängen?

FM

Natürlich.

OK

Sollte jetzt in größerem Stil auf der gesamten Liegenschaft so eine Gentrification stattfinden, dann ist die Frage, wie das verhandelbar gemacht wird. Man weiß, dass innerhalb von Leipzig diese Lage relativ peripher ist, bis hin zu »JWD«. Und als wir den Kunstraum B/2 begonnen haben, zeigten uns die Leute erst einmal einen Vogel, die haben gesagt: »Das liegt nicht im Zentrum, wie sollen wir dort hinkommen? Im Winter, wenn es vernebelt ist, wird man hier überfallen, hier ist das wilde Plagwitz!« All diesen Sachen zum Trotz haben wir das Ding trotzdem gemacht und haben zu unserer Freude gesehen, dass die Leute – wenn nicht hinpilgern – doch zur Eröffnung hin kommen, trotz der schwierigen Bedingungen. Wir haben viele Ausstellungen gehabt, wo es arktisch kalt war, das hat die Leute nur begrenzt interessiert. Sie wollten also die Kunst sehen. Es muss die Frage, ob das gentrifiziert werden sollte, natürlich noch einmal verhandelt werden, es müssen Bedingungen gestellt werden, es müssen die Programme transparent gemacht werden. Wir müssen sehen, ob wir das in dieser Form weiter machen würden oder ob man das konsolidiert durch professionell arbeitende Kuratoren. Das ist alles noch nicht so weit von uns angedacht. Das habe ich vorhin versäumt zu sagen: Den Kunstraum B/2 betreiben wir ja gestützt auf dem gemeinnützigen Verein Kunststoff e.V., quasi als Mittel zum Zweck. Wir halten den Verein bewusst klein, aber er ist einfach als juristische Person notwendig, um an gewisse Mittel, so knapp sie auch sein mögen, zu kommen. Diese Baumwollspinnerei war Volkseigentum, um das große Wort zu benutzen, worauf sich eine ganze Nation gestützt hat, und dann wurde sie über treuhänderische Umschichtung und Billigverkäufe abgegeben. Sobald eine Schar von Künstlern hereinkommt, die – das kann man von einem großen Prozentsatz der Künstler sagen – in einer Anfangsphase von der Hand in den Mund leben und eigentlich nur von ihren Ideen,

Visionen träumen, ist es nicht ganz unwichtig, einen Raum dort zu haben, wo dieses Allgemeingut – und Kunst ist zuallererst Allgemeingut – gezeigt wird. Wir nehmen keine Eintrittsgelder für die Halle. Das wird, wenn man das jetzt etwas überstrapazieren will, quasi ans Volk zum Nulltarif zurückgeführt. Da muss man sehen, wie diese Gentrifizierung dann stattfinden soll. Wie man solche Kunsträume künftig auch hier an diesem Ort, parallel zur Ateliersituation, aufbaut und weiterschiebt.

FM

Da sind wir beim nächsten Stichwort: Volkseigentum. Eine Nutznießerin des Volkseigentums ist eine Künstlerin, die ich hier in unserer Runde ganz herzlich begrüße und vorstellen möchte: Ricarda Roggan. Ricarda Roggan schnappt sich das Volkseigentum, stellt es in ihren artifiziellen, neugeschaffenen Kunstraum, um das Volkseigentum dann neu auf Zelluloid zu bannen. Ricarda Roggan ist eine Künstlerin, deren produktive Arbeit durch den Ort beeinflusst wird, durch die Ortsspezifik. Ricarda, bei Dir würde mich interessieren, wie das ist? Spielt der Ort eher nur eine künstlerische Rolle, dadurch, dass Du Dir die Objekte, das Mobiliar, vom Gelände zusammensuchst, nicht nur von diesem Gelände, aber unter anderem, um es dann in einem anderen Kontext, und zwar genau ausgemessen, wie die ursprüngliche, vorgefundene, vielleicht zehn Jahre so dagestandene Version wieder zu fotografieren? Spielt dieser Ort nur innerhalb der künstlerischen Produktion eine Rolle oder bestünde auch die Möglichkeit bzw. ist das sogar so, dass Du, was diesen Ort betrifft, ihn auch als Arbeitsort gewählt hast, um vielleicht neue Strukturen zu schaffen, neue Netzwerke vorzufinden oder selbst mitzubegründen? Ist das also auch ein Teil Deiner künstlerischen Praxis, den Raum, den Du erschlossen hast, als Teil nicht nur der künstlerischen Produktion, sondern eines künstlerischen Netzwerks zu sehen? Wie ist der Kontakt zu den anderen Künstlern, die hier sind?

RR

Wir gucken jetzt so in die Gegenwart und in die Zukunft. Ich würde gern noch einmal zurückschauen. Ich kam 1995 hierher und da waren hier eigentlich nur drei Leute, drei Künstler aus Frankfurt, Manfred Mülhaupt, Peter Bux und witzigerweise auch der Daniel Milohnic, der gestern erwähnt wurde. Er hat im Essener Zollverein das Werksschwimmbad gebaut. Außer den drei Künstlern waren hier noch die Leute von der Produktion, die waren natürlich begrenzt auf ein paar Hallen, wo noch produziert wurde, aber es war eine Mischung. Man war hier nicht alleine, aber es war auch eine völlige Absichtslosigkeit im Gelände. Es gab niemand, der gesagt hat: Arbeitet hier! Man kam her und die Räume waren leer, es gab unglaublich viel Material, es lag Holz rum, es gab alles. Das ist natürlich verloren gegangen, das ist zwangsläufig so. Das ist auch gut so. Das Netzwerk, das ergibt sich natürlich, aber ich denke, man kann auch an einem ruhigen Ort arbeiten und dann rausgehen. Es ist beides möglich.

FM

Gibt es da, das will ich Dich auch fragen, so eine Art Sättigung? Gibt es einen Punkt, ab dem sich das einmal erledigt haben wird, diese Koexistenz, diese Möglichkeit, sich auf diesem Gelände zu ignorieren, aneinander vorbei zu gehen und zu sagen: »Hallo! Drei Jahre lang nicht gesehen, wie geht's Dir?« Die genauso besteht, wie die Möglichkeit, miteinander zu kollaborieren, zu kooperieren, ob das nun zwischen Künstlern ist oder zwischen Kunsträumen, also Räumen, die sich auf die Kunstpräsentation eingeschossen haben? Also, Du hast auch keine Angst davor, dass irgendwann einmal das Verhältnis kippt und die Künstler sagen: Naja, das war vorher so schön ruhig hier, ich legte da durchaus Wert darauf, dass es nicht nur in meinen eigenen vier Wänden, sondern auch außerhalb ruhig bleibt und nicht die Touristenmassen per Bus in den Kunstraum B/2 oder in die Halle 14 gekarrt werden. Jetzt hat es sich erledigt. Ich suche mir wieder ein ruhiges, stilles Örtchen. Die Umnutzung dieser Halle 14 nimmt Dir ja Raum weg, nämlich Raum, in dem möglicherweise Mobiliar gestanden haben könnte, das Du zur Realisierung Deiner künstlerischen Arbeiten hättest verwenden können.

RR

Ja, ich denke schon, dass Leute weggehen werden, weil auch viele schon jahrelang hier sind. Also teilweise sind die Leute fünf bis sieben Jahre hier und dann kommt manchmal die Zeit, dass man einen Ort einfach verlassen muss, denn man kann nicht ewig im selben Umfeld dieselbe Arbeit machen. Ich glaube, das ist nicht schlimm, dann kommen neue Leute und das geht immer weiter.

FM

Silke Koch, auch Dich möchte ich ganz herzlich begrüßen und vielleicht in dem Zusammenhang auch die Frage: Können sich Künstler aus diesem viel gepriesenen Betriebssystem Kunst herausnehmen? Können sie sich zurückziehen, sich nicht vereinnahmen lassen von marktwirtschaftlichen Methoden, wenn sie sozusagen in ein Kosten-Nutzen-Verhältnis eingespannt, hereingepresst werden, zum Beispiel um einen Ort zu gentrifizieren? Wenn sie funktionalisiert werden, geht das? Inwieweit kann man sich dagegen sperren? Oder ist man nicht doch immer irgendwie Teil des Ganzen und arrangiert sich mit den neuen Leuten? Wie siehst Du das?

SK

Ich glaube, das ist eine nachmittagfüllende Frage, die Du stellst, eine sehr umfassende. Ich denke, Künstler sind immer Teil des Systems. Sich rauszunehmen bedeutet im Grunde genommen, keine Kunst zu machen. Du musst nur sehr bewusst und reflektiert mit diesem Fakt umgehen. Um Ricarda zu ergänzen; es ist wie in einer guten oder in einer schlechten Beziehung, die Vorteile sind eben auch gleich wieder die Nachteile. Das heißt, Leipzig hat den Vorteil, sehr ruhig zu sein, man kann sich zurückziehen, um erst einmal eine Arbeit zu kreieren und entwickeln. Leipzig hat dann aber auch wieder Nachteile, diese Arbeit zu präsentieren. Es ist so, dass ich versuche, eine sehr bewusste und kontinuierliche Arbeit aufzubauen, die nicht nur auf Leipzig abzielt, sondern auf ein aktives, vielleicht auch internationales Agieren und Netzwerk bilden. Vereinnahmung hat auch immer mit zwei Seiten zu tun.

FM

Also Vereinnahmung kann auch schön sein.

SK

Vereinnahmung heißt, es gehören auch immer zwei dazu, der eine, der vereinnahmen will und der andere, der sich vereinnahmen lässt. Als Künstler kann ich mich, vielleicht ist das sehr idealistisch gesprochen, aber ich kann mich hoffentlich immer noch bewusst entscheiden, inwieweit ich mich vereinnahmen lasse.

FM

Gibt es, was Deine Person betrifft, bestimmte Vorstellungen, wie Institutionen, mit denen Du leben können musst, weil sie Deine Arbeit ausstellen, wie die beschaffen sein sollten, um Dir Lust zu verschaffen, dort auszustellen? Wie sollten die sein?

SK

Ich denke jetzt vielleicht nicht so sehr auf institutioneller Ebene, sondern eher an Personen. Personen, mit denen ich sehr gern zusammenarbeite, sind Leute, die sehr kontinuierlich und inhaltlich ausgerichtet sind. Das wünsche ich mir auch immer wieder für meinen Arbeitskreis oder für das Gelände der Spinnereistraße. Letztendlich sind Institutionen vertreten oder geführt von Personen, die an einer kontinuierlichen und inhaltlichen Arbeit interessiert sind. Ich finde Kunst ist Beruf und von Kunst sollte man eben leben können und für Kunst sollte man honoriert werden oder für seine Arbeit.

FM

Martin Kunz, nun klingt das alles sehr verlockend, dieses harmonische Nebeneinander in der Leipziger oder in der ostdeutschen Kunstlandschaft. Beneidest Du uns? Wir haben vorhin sehr viel erfahren über das Scheitern eines Kunstprojekts. Steigt da so ein bisschen der Wunsch in Dir hoch, nicht doch diese Kunsthalle einfach zu schließen und hierher nach Leipzig zu kommen, wo es genügend Raum gibt und genügend Verwirklichungs- oder Selbstverwirklichungsmöglichkeiten im Gegensatz zu dem sehr engen und aggressiven Kunstleben New Yorks?

MK

Ehrlich gesagt, ich beneide Euch nicht. Raum gibt es viel in Amerika und es gibt ihn auch in New York. Es ist eine Frage des Geldes. Wenn ich hier nicht Geld fände, denn das Geld würde ich hier suchen, nicht den Raum... Ich halte es aber für eine super Situation, eine Riesenherausforderung und ich kann mir nach dieser ganzen New Yorker Arbeit vorstellen, dass Ihr hier ähnlich ausstellen werdet, dass Ihr aus dem finanziellen Nichts oder aus einer sehr dünnen Basis heraus etwas schaffen müsst. Ich kann mir nicht vorstellen, dass hier unheimlich viele öffentliche Gelder reingepumpt würden. Aber die Herausforderung ist riesig, die Räume sind wunderbar, das Potenzial ist da und ich denke, dass Ihr Euch auch nicht sehr vor Gentrifizierung fürchten müsst, sicher nicht die nächsten zehn, fünfzehn Jahre. So müsst Ihr auch nicht kontrollieren, was reinkommt. Ihr müsst Räume garantieren für Leute, die schon da sind, dass nicht plötzlich die Kunst ganz an der Ecke ist, aber im Prinzip können hier völlig anarchistisch drei, vier Institutionen um ihre eigenen Ideen buhlen und sich reiben. Das wäre wahrscheinlich besser, als wenn hier ein Betriebskonzept kommt und das ganz rational gegenseitig abgrenzen würde. Ich denke, dass hier dieser kommerzielle Faktor der New Yorker Galerien oder des Kunstmarktes wegfällt, aber andererseits müsst Ihr diesen Kontakt nach außen zur Kunstszene und zur Veröffentlichung schaffen. Wenn ich hier fünf kommerzielle Galerien rein brächte, wäre das sicher kein Schaden, das würde sicher keinen Konflikt bringen. Im Gegenteil, die Frage ist: Welche Galerie würde hierher kommen?

FM

Frau Allthorpe-Guyton, ich habe eine Frage an Sie. Es scheint in Leipzig auf dem Gelände der Baumwollspinnerei so gewesen zu sein, dass eine natürlich gewachsene, postindustrielle Struktur entstanden ist, die seit nunmehr zehn Jahren aus Künstlern, aber auch anderen Gewerken besteht. Das Ganze ging wohl sehr sanft und ohne die großen Lotterieinvestitionen über die Bühne. Was würden Sie uns hier in Leipzig empfehlen, wie vielleicht ein Projekt wie die Halle 14 finanziert werden könnte? Kann es Ihrer Meinung nach auch ohne die Lotteriemittel gehen? Oder ist Ihre Erfahrung eher, dass eine sanfte bis aggressive Stadtviertelsanierung eigentlich nur noch über die öffentliche Hand vonstatten gehen kann, wenn sie Erfolg haben soll?

MAG

I think there are several problems. I don't know, although I've been here to listen to previous speakers and I have a greater knowledge of the situation here than I had before, I would make the point though, that there would be a number of artists who would wish to come here, either for shorter or longer time. I was talking to another Leipzig person earlier, that there is Arts Council money to support artistic exchanges and for people to have residencies in research environments and I see here, that there is a research environment. The Arts Council in England was persuaded by us to set up some international fellowships worldwide, and we now have forty – not only visual artists but also architects, choreographers and writers in a whole range of places. Some established ones, like Banff for example in Canada. But we have also gone to Kunming, in China, a place which is a long way from Beijing and Shanghai and therefore away from the constraints. At Kunming is a less well-resourced place, called »Up River Lofts« and artists are going there. Now, I think that here there is a great attraction for people who want to have a space in their head as well as physically to work alongside each other. So there could be a great step forward in an international kind of network of people coming for different periods of time. I do think change is inevitable; I don't think anyone can stand still in London, just to give an example. There was a very tight-knit group of artists called »City Racing« who ran their own space, showing each other's works without amuch great public interface, and they survived for about eight years. They moved on because they couldn't afford to buy this space. But they also were older and they had children, and they couldn't work in this way indefinitely, so lives changed. But that wasn't a bad thing: It had a very good run for a period of time, and it was very creative, with one or two of this artists now having become very big names. So I think that the potential here is enormous. One step, as I said, might be to some-how find funds either from other countries, who might support their artists to come here and that wouldn't be a process of gentrification, that would be an enrichment intellectually. I think that's one step. In terms of the hundred thousand square meters here; private money of course would be very difficult. In England, there was a smaller place but still pretty big, in Yorkshire, called »Dean Clough« which was the biggest carpet factory in Europe, a huge complex of mill buildings like this, that was remarkably transformed privately by a Yorkshire businessman, who happened to be a concert pianist as well. That is one of those maveric and brilliant examples of transformation where there was a mix of small-scale businesses, software companies, new media companies, and dance and theatre companies and artist studios. But in the end it was a commercial decision; he is a commercial businessman, and he now has added a hotel. Nonetheless it was a remarkable creative thing to do and now, whether there is any one in Germany who would do that here, I don't know, but there may be a group of people who eventually might do that and artists do benefit. There is still an artistic creative cluster of people working in that environment. So there are options, that might not necessarily need a great deal of public money.

FM

Vielleicht werden diese Investoren im Publikum sitzen, ich weiß es nicht, ich hab noch keinen gesehen. Ich möchte trotzdem dem Publikum die Möglichkeit geben, Fragen zu stellen, vielleicht einfach die Frage ins Publikum und natürlich dann ans Podium, entsprechend zu antworten.

Publikum

Die Frage, die ich hätte, nehme ich auf von Herrn Kunz, der sagte, er würde hierher kommen, um Geld zu finden. Das finde ich sehr interessant. Hier wird Geld gefunden, in Leipzig. Es gab mal einen Spruch Anfang der 1990er Jahre: So viel Geld kann sich nicht irren, wie sich nach Leipzig verirrt hat. Eine Million Quadratmeter beste Bürofläche, leer stehend, 60.000 sanierte Wohnungen, leer stehend, also meine Frage letztendlich an die Zukunft der Baumwollspinnerei und der Halle 14 ist: Muss hier öffentliches Geld in irgendeiner Weise hinein fließen? Ich glaube nein, das kann man woanders brauchen. Wir hatten eine große Flutkatastrophe, es gibt wirklich Bedarf an vielen Enden, Geld irgendwo rein zu stecken. Flächen wie diese wunderbare Halle 14 oder auch Baumwollspinnerei sind in Leipzig und in Mitteldeutschland an so vielen Stellen verschwunden, ohne dass sie ein Symposium beachtet hat, dass es eigentlich ein Frevel ist, wenn hier eine Halle herausgestrichen und noch mit öffentlichen Mitteln gefördert wird. Meine Frage an die Investoren wäre: Sind Sie wirklich in der Lage, außer ein Symposium zu veranstalten, dieses Gebäude nicht nur als Leuchtturm, als Eyecatcher für einen Moment, sondern auch für eine dauerhafte Lösung, die in dem Kontext des Kollaborierens stattfinden kann, zu nutzen?

FM

Vielleicht antworte ich selbst darauf. Das ist das Ziel dieses Projekts Halle 14, was ja bislang wirklich nur ein Forschungsprojekt ist, das endgültige Konzept, wie das Ganze nun genutzt werden wird, ist noch gar nicht da. Deswegen gibt es unter anderem dieses Forschungsprojekt »Wie Architektur sozial denken kann«. Ich denke an eine Mischfinanzierung aus privaten und öffentlichen Mitteln, was die Umnutzung dieser Halle 14 betrifft. Zumal andere Projekte, auch auf dem Gelände der Baumwollspinnerei, nicht anders finanziert werden. Wir sollten nicht den Fehler begehen, wenn wir die Möglichkeit sehen, neue Kunsträume in Leipzig zu schaffen, auf öffentliche Gelder zu verzichten und den Staat aus seiner Pflicht heraus zu nehmen, den Staat, dessen Anliegen es immer mehr zu sein scheint, dass nun jeder seine eigene Ich-AG gründet, auch im kulturellen Bereich. Wie wir alle wissen, werden Kulturproduktionsgelder gestrichen, das kann auch nicht die Lösung sein, sich absolut auf Privatmittel zu stürzen, denn dann haben wir wirklich das amerikanische Prinzip, an dem auch Martin Kunz letzten Endes nicht so wahnsinnig viel Freude hatte, wie wir hörten.

Publikum

Aber wo ist das Problem? Das Problem ist doch: Hier ist billiger Raum für kreative Ideen und der wird in dem Moment verschwinden, wo hier einfach Geld fließen muss – wenn Sie diese Halle beheizen, wenn Sie sie sanieren müssen. Sie können das Geld auch aufheben. Ich zitiere da Saarlouis, »Völklinger Hütte«, den Protagonisten, der »Ibrahim Schabra« gemacht hat, der gesagt hat: »Nehmt das Geld, das ihr nehmen würdet, um die Halle abzureißen oder diese Fläche platt zu machen, legt es auf ein Konto, lasst es einfach arbeiten und überlegt euch einfach in zehn Jahren, was ihr damit machen wollt, anstatt mit einem Mal ganz viel Geld rein zu stecken.« Ich glaube einfach, die Frage ist: Was wird passieren? Oder wird überhaupt etwas passieren? Die ganzen Galeristen sind aus Leipzig fortgegangen. Beck & Eggeling ist weg gegangen. Warum kommt Ihr Berliner nach Leipzig, um hier was Neues aufzuziehen? Weil Berlin voll ist. Das ist die Frage an die Stiftung Federkiel. Leipzig bietet Freiraum. Große Kampagne »Leipziger Freiheit«. Aber ist diese Freiheit wirklich da? Das ist ja die Frage. Und was wird ohne private Mittel hier wirklich stattfinden? Oder was wird stattfinden, wenn private Mittel fließen? Die müssen sich rechnen. Dafür nimmt man einen Kredit auf und am Ende muss das wieder rein kommen. Das wäre auch wiederum eine Frage: Wann tritt dieser Punkt ein? Dann muss man Eintritt zahlen, um sich in Halle 14 eine Ausstellung anzugucken. Hält das dann B/2 zum Beispiel aus, immer noch kostenlos Ausstellungen zu machen?

FM

Ich möchte die Frage vielleicht einfach an das Publikum richten. Von Eintritt war nicht die Rede und auch nicht von den sprühenden und sprießenden Privatgeldern, sondern es geht um eine gemeinnützige Stiftung, die sich, ähnlich wie der Kunstraum B/2 als gemeinnütziger Verein, das ist sein Rechtsstatus, für die Umnutzung eines Industriegebäudes zur Kunstproduktion und Kunstpräsentation einsetzt. Die Leute kommen auch nicht aus Berlin, die kommen aus München, die kommen aus Weimar. Später kommen sie hoffentlich aus vielen anderen Städten, aber das nur als kurze Antwort, vielleicht gibt es andere Wortmeldungen aus dem Publikum. Jetzt wird es langsam spannend…

Publikum

I would like to actually add something at this point about the nature of art, the idea of urban renewal and the word gentrification. Its inevitable in the nature of art the increase of value.

Art creates value. And therefore it is for this reason, that artists, who come to an urban area and change it, called gentrification, is because they create value. And it is not a negative thing. It is actually a proof of the vitality and the importance of the social function of the artist. We can imagine a neighbourhood with only poets. In New York we had SoHo, so we could imagine a neighbourhood called PoHo. The property value would go down. But instead the art is so actually, I think, it is in a sense an indication and a sign of the importance and perhaps this is a very ancient function of the artist in society from a Joseph Beuys point of view. And perhaps my idea of gentrification. If artists moved into a neighbourhood and it did not change that would be a failure. So this change of course is inconvenient for artists. But yet again its if you think of it the opposite way its also a great reaffirmation of the importance of art in today's society.

SK

Ich würde vielleicht auf die Frage aus dem Publikum reagieren wollen. Diese Anspielung, Beck & Eggeling geht weg, Berlin kommt her. Da werden irgendwie viele Sachen durcheinander geworfen. Beck & Eggeling ist ein kommerzielles Unternehmen, ist eine kommerzielle Galerie und wie Oliver Kossack auch gesagt hat, es gibt einfach in Leipzig sehr viel Potenzial. Wir haben hier eine Kunsthochschule mit vielen hundert Studenten, die nach Leipzig kommen. Es gibt sehr viel gutes, kreatives Potenzial in Leipzig und dem entgegen stehen im Grunde genommen aus meiner Sicht zwei bis drei Galerien. Wir haben gestern und vorgestern sehr viel über schrumpfende Städte gehört und ich denke, dass viele Künstler aus Leipzig weggehen werden, weil sie hier keinen Standort für sich sehen und finden, um hier zu leben und zu arbeiten. Wir wissen noch nicht, was aus Halle 14 wird, es wird die Frage in den Raum gestellt, dass das ein kommerzielles Unternehmen wird. Das sehe ich nicht, das werden wir in der Zukunft erfahren, aber ich denke, Leipzig braucht einfach Initiativen, die sich mit Kunst und Kultur beschäftigen, sonst wird diese Stadt noch mehr schrumpfen und ihr Potenzial auch nicht nutzen können.

Publikum

Was mir an diesem Symposium gut gefallen hat, war einfach der Kontrast zwischen der Spontaneität der Geste, des Initiierens, des Raumes und des Zustandekommenlassens von einem Treffpunkt von Menschen, die sich zwar tendenziell mit dem Thema Kultur beschäftigen, aber jeder etwas aus seiner Sicht einbringt. Ich fand es sehr interessant und es wurden sehr viele Anstöße gegeben, aus denen man sofort zwanzig neue Symposien kreieren könnte, wo dann detailliert Fragen angesprochen und diskutiert werden können. Ich finde, dass sich gezeigt hat, dass jeder bei seinen Themen bleiben sollte, darauf fokussieren sollte. Also sprich: Die Künstler sollen sich um die Kunst kümmern, die Kuratoren sollten sich um das Kuratieren kümmern und sich zwischendurch treffen und sich austauschen, das finde ich sehr interessant. Man sollte sicherlich nicht versuchen, jetzt jedem irgendwie die Aufgabe des anderen zu übertragen, was sicherlich dazu führen würde, dass sich dann irgendwo so ein Nulllevel einstellt, wo gar nichts mehr passiert. Insofern an alle Beteiligten: Einfach weiter machen und immer schön offen bleiben und auch durchaus die Grenzen der Städte, der Länder überschreiten und das möglichst oft tun. Dazu war dieses Symposium ein sehr schöner Beitrag.

GSH 14

Was ist Spinnen?

Die Spinnerei, in der Rohbaumwolle bis zum Garn verarbeitet wurde, war immer die größte Produktionsstätte. Weitere waren die Kordabteilung, in der Garn zu Gewebeeinlagen für Reifen verarbeitet wurde, die Textur, in der Kunstfaser veredelt wurde, sowie die Hilfs- und Nebenabteilungen. Von der Rohbaumwolle bis zum fertigen Garn waren mehrere Verarbeitungsstufen nötig. Zunächst musste die Rohbaumwolle an Maschinen, die man Karden nennt, gereinigt und in eine Richtung gebracht werden. Das so entstandene Karderieband wurde an der nächsten Maschine, der so genannten Strecke, zur Streckenlunte auseinander gezogen. Das anfangs noch breite und nur lose verbundene Baumwollband wurde so immer dünner und fester. An der nächsten Maschine, dem Fleyer, bekam dieses Baumwollband eine erste Drehung zu einem groben Faden. Erst dann konnte dieser grobe Faden an der Spinnmaschine zur gewünschten Garnstärke verarbeitet werden.

1884 30.000 SPINDELN. LEIPZIGER BAUMWOLLSPINNEREI LEIPZIG-LINDENAU. 1909 240.000 SPINDELN.

»DORT SIEHT UND HÖRT DER AUFMERKSAME SOVIEL, ALS ER ZU EINEM GANZEN ROMAN BRAUCHT. DORT WIRD GELEBT.«

Aus der Firmenchronik der Baumwollspinnerei Leipzig von 1902

ZUR GESCHICHTE DER LEIPZIGER BAUMWOLL-SPINNEREI

Anhand der Baumwollspinnerei lässt sich exemplarisch sächsische Industriegeschichte erzählen: vom Gründerzeitboom inklusive Kolonialabenteuer auf den Baumwollfeldern Ostafrikas über erschwerte Kriegswirtschaft, Inflation und den erneuten Aufstieg unter Hitler bis hin zur Umwandlung der AG in einen Volkseigenen Betrieb mit Kinderkrippe und Betriebskampfgruppe.

Die Leipziger Baumwollspinnerei wurde 1884 als Aktiengesellschaft auf sechs Hektar Land gegründet, die Leipzigs Stadtplaner Dr. Karl Heine zu diesem Zwecke angeboten hatte. Geplant war eine große deutsche Spinnerei als perfekt durchdachte Anlage, die kräftigere Garnstärken produzieren sollte, denn die feineren konnten von den englischen Spinnereien zu billigeren Preisen auf den europäischen Markt geworfen werden. Die AG erwarb ein 59.000 Quadratmeter großes Areal längs der Alten Salzstraße im Leipziger Westen direkt hinter dem heutigen S-Bahnhof Plagwitz. »Die Lage im Zentrum der Arbeiterquartiere« wurde bei der Gründung als Standortvorteil gesehen, einige Arbeiterwohnhäuser und eine Schrebergartensiedlung gehörten seit Anbeginn zum Werksensemble, das wie ein eigenes Städtchen in der Stadt anmutet.

10-STUNDEN-TAG PER STREIK

Noch 1884 wurde der Betrieb mit fünf Spinnstühlen aufgenommen. Bereits im März 1885 stand die I. Spinnerei, 1888 folgte die II. Spinnerei mit insgesamt 74.000 Spindeln. 1889 begann der Bau der III. Spinnerei für hochwertige gekämmte und feinere Garne mit insgesamt 76.000, damit konkurrierte man nun doch mit den großen englischen und Schweizer Spinnereien. In der ersten Hälfte des 20. Jahrhunderts stieg die Beschäftigtenzahl von 1.500 auf knapp 3.000, die in »der Spinne« schufteten, 1903 per Streik den 10-Stunden-Tag durchsetzten und auch im Umfeld lebten, das »Piependorf« genannt wurde. Die Gegend war in Leipzig berüchtigt und gemieden.

BAUMWOLLE AUS DEUTSCH-OSTAFRIKA

1907 startete der Versuch, in Deutsch-Ostafrika eigene Baumwolle anzubauen. Unter dem Namen »Leipziger Baumwollspinnerei-Pflanzungen Cherhami bei Sadami und Ksanke am Wami« im heutigen Tansania wurden bis zum Ersten Weltkrieg auf rund 30.000 Hektar Baumwolle angepflanzt, die Besitzungen gingen später an die Engländer verloren. Bis 1909 – also in 25 Jahren – entwickelte sich das Werk zur größten Baumwollspinnerei des Kontinents. Probleme gab es zwischen den Weltkriegen. Da die eigenen Pflanzungen wieder verloren gegangen waren, war man von den Weltmarktpreisen abhängig, teilweise wurde die Produktion gedrosselt.

Ab 1922 verloren Zahlen immer mehr jeden Vergleichswert. Die Verteuerung der Baumwolle hatte durch die Inflation 1922 gegenüber 1914 das 3.660fache erreicht. Löhne und Gehälter wurden nunmehr täglich ausgezahlt, um dem ständigen Wertverfall beizukommen. Weil man das nötige Kleingeld nicht mehr beschaffen konnte (eine Straßenbahnfahrt kostete 1.000 Milliarden), druckte die Leipziger Baumwollspinnerei als erste Leipziger Firma ihr Geld, so genanntes Notgeld, einfach selbst. Als auch diese Maßnahme zunehmend hinter dem Geldverfall herlief – denn die Arbeiter konnten ja nicht dauernd die Maschinen verlassen, um einkaufen zu gehen – wurde der Direktor mit einigen tausend Dollar von der Geschäftsleitung losgeschickt, um irgendwie und irgendwo Mehl aufzukaufen. Daraus wurden Brote gebacken, um die Belegschaft direkt zu versorgen.

Zur selben Zeit erstarkte die Arbeiterbewegung. Die KPD gab Anweisung an ihre Mitglieder, in jedem wichtigen Betrieb eine so genannte Betriebszelle zu errichten. Für die Leipziger Baumwollspinnerei erschien in zwangloser Folge eine im Abzugsverfahren hergestellte und von Hand zu Hand verbreitete illegale Betriebszeitung »Die rote Spinne«. Zur Zeit des Naziregimes bescherte der millionenfacher Bedarf an HJ- und SA-Uniformen der Garnindustrie einen ungeahnten Aufschwung. Im Zweiten Weltkrieg wurden auf etlichen tausend Quadratmetern des Spinnerei-Geländes Granaten montiert.

NEUANFANG ALS VEB MIT SCHLIESSLICH 4.000 BESCHÄFTIGTEN

Einen Neuanfang gab es nach 1945 als »VEB Leipziger Baumwollspinnerei«. Die alten Produktionsanlagen waren als Reparation in die Sowjetunion abtransportiert worden. Mit Importen aus der Schweiz, der Tschechoslowakei und Westdeutschland wurde neu begonnen. In den 1960er Jahren arbeiteten 4.000 Beschäftigte, zumeist Frauen, in der damit größten Spinnerei der DDR. In den 1970er und 1980er Jahren wurden zahlreiche Rationalisierungsmaßnahmen durchgeführt, zuletzt wurde die »Spinne« Mitte der 1980er Jahre modernisiert. Um den Arbeitskräftebedarf zu decken, wurden seit den 1970er Jahren ausländische Arbeitskräfte, so genannte Vertragsarbeiter, eingesetzt. Die Männer und Frauen kamen aus Mosambik, Angola und Vietnam. Ende der 1980er Jahre stellten sie 25 % der Belegschaft.

DIE SPINNERINNEN – EHER AN DER SPINDEL ALS IN LEITUNGSPOSITION

Bestand die Belegschaft zuerst ungefähr zur Hälfte aus Männern und Frauen, stieg der Frauenanteil in der Weimarer Republik auf 70 %. In der DDR wurde die Verarbeitung der Baumwolle endgültig zur Frauenarbeit. Hatten damals Männer Leitungsfunktionen ab Meister aufwärts inne, so stellten Frauen seit den 1970er Jahren mehrheitlich Meisterinnen und Abteilungsleiterinnen. Das lag auch daran, dass Männer aus Altersgründen aus diesen Posten schieden. Ganz oben in der Hierarchie waren es zuletzt Männer. Dagegen füllten Frauen seit den 1960er Jahren die obersten betrieblichen Positionen in SED und FDGB, Betriebsparteileitung und Betriebsgewerkschaftsleitung aus. Gleichzeitig lebten alte Diskriminierungsmuster fort, am deutlichsten in dem schlechten Ruf, den »die Spinne« nie ganz loswurde. Viele der Frauen in der Baumwollspinnerei hatten einen geringen oder schlechten Schulabschluss, unter ihnen zahlreiche allein erziehende Mütter. Der Betrieb bot die Chance einer qualifizierten und sozial abgesicherten Arbeit, sozialen Kontakt und gesellschaftlichen Raum, in dem Frauen gefordert waren und Anerkennung erfuhren. Sie bekamen die Gelegenheit, berufsbegleitend einen Abschluss als Facharbeiterin nachzuholen und darüber hinaus zahlreiche Möglichkeiten der Weiterqualifizierung und des Aufstiegs, so zur Meisterin oder durch ein Studium zur Ingenieurökonomin. Die Betriebsberufsschule der Baumwollspinnerei bildete alle Textilfacharbeiterinnen in Leipzig aus. Für manche Frauen, vor allem aus der Kriegskindergeneration, war dies eine Chance, die Benachteiligung durch soziale Herkunft, einfache Schulbildung und Nachkriegsmisere auszugleichen. Andere Frauen waren dagegen nicht bereit, die politischen Bedingungen zu erfüllen, die an einen Aufstieg geknüpft waren. So wurde für die Qualifizierung zur Meisterin in der Regel nur eine Frau vorgeschlagen, die schon Mitglied in der SED war oder bereit war, es zu werden.

ENDE EINES STÜCKS SÄCHSISCHER INDUSTRIEGESCHICHTE

1993 verkaufte die Treuhand die Baumwollspinnerei an einen Kölner Unternehmer. Bis Mitte der 1990er Jahre arbeiteten noch 1.650 Menschen im Betrieb. Danach kam für den Großteil das Aus. Was sich in Manchester oder dem Ruhrgebiet über Jahrzehnte hinzog, überfiel Leipzig und viele andere Betriebe im Osten innerhalb weniger Monate – aus dem industriegeprägten Plagwitz drohte nach der Wende eine urbane Brache zu werden. Der neue Besitzer führte nur noch die Kordabteilung mit mehreren Dutzend Beschäftigten weiter und wollte das Fabrikgelände mit zahlreichen denkmalgeschützten Industriebauten, die zum großen Teil leer standen und verfielen, sanieren lassen und dann vermieten. Entdeckt von ein paar Künstlern, kümmert sich seit 2001 die Leipziger Baumwollspinnerei Verwaltungsgesellschaft um eine ökonomisch rentable und trotzdem kreative, lebendige Gemischtnutzung des 80.000 qm großen Areals aus Gewerbe, Kunst und Wohnen. Ein Blick auf die bisherige Eigendynamik innerhalb der Liegenschaft zeigt dabei, dass zu eng gefasste Entwicklungskonzepte eine Entwicklung eher blockieren als fördern. Künstler und Kulturschaffende bilden heute schon die stärkste Mietergruppe des Ensembles. Künstler wie Peter Bux und Peter Krauskopf, gefolgt von Malern der »Leipziger Schule« wie Neo Rauch, Tom Fabritius und Tilo Baumgärtel, zogen als erste ein. Dann lud der Kunstraum B/2 zu Vernissagen. Ihm folgten die Stiftung Federkiel in der Halle 14, das Café »Mule« mit Garten, Jazzkonzerten und Lesungen und die kommerzielle Galerie André Kermer im Gebäude 20. Im Sommer 2004 präsentierten sich die Spinnereikünstler in ihrer 1. Werkschau im Untergeschoss der Halle 9. Nebenan lädt seit ein paar Jahren die Tango-Fabrik zu ambitioniertem Tanz. Auch Jim Whiting verlagerte seine verrückten Puppen und ganz »Bimbo-Town« längst in »die Spinne«, so dass man in Halle 7 auf alten Gitterbetten Geisterbahn durch die irre Welt des Schotten fahren kann. BMXer treffen sich in Halle 14 auf ihrem ebenso wahnsinnigen selbst errichteten Parcour. Daneben residieren in den backsteinroten Gründerzeitbauten und Fabrikhallen heute Ich-AG's, Werbeagenturen, Design- und Architekturbüros, und nach und nach werden die ersten Wohnungen bezugsfertig. Der Gefahr, aus der alten Spinnerei einen total sanierten Erlebnispark zu machen, ist man bislang geschickt aus dem Weg gegangen. Inzwischen sind ca. 40 % des Areals mit seinen 24 Hallen und Gebäuden wieder genutzt. Und da zu erwarten steht, dass das Gelände mehr und mehr Nutzer anziehen wird, bedeutet es für Leipzig-Plagwitz die Chance für einen echten Neubeginn.

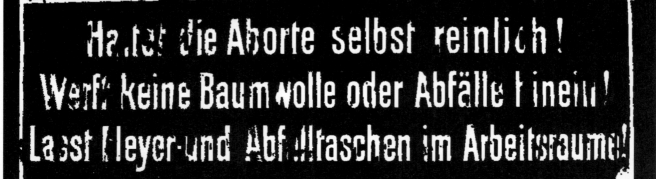

JUNGE BAUMWOLLE VOR DEM KÖPFEN, IN DEUTSCH-OSTAFRIKA, HEUTE TANSANIA

SOWJET-BAUMWOLLE

RINGTROSSELN

HALLE 14, III. SPINNEREI

WERKGESPRÄCH IM VEB BAUMWOLLSPINNEREI LEIPZIG

Geschichte

WERKTÄTIGE DER PRODUKTION SPINNEREI AUF EINER MAIDEMONSTRATION WÄHREND DER SOWJETISCHEN BESATZUNG

8. MÄRZ, INTERNATIONALER FRAUENTAG IN DER KORDABTEILUNG

GSH 14

Seite 285

1) MICHAEL RAKOWITZ, *MINARET*, PERFORMANCE, GET RID OF YOURSELF, 2003
2) MICHAEL RAKOWITZ, *MINARET*, PERFORMANCE, GET RID OF YOURSELF, 2003
3) TEMPORARY SERVICES, *PRISONERS' INVENTIONS*, GET RID OF YOURSELF, 2003
4) BILL BROWN, NYC SURVEILLANCE CAMERA PLAYERS, *OUTDOOR WALKING TOUR*, GET RID OF YOURSELF, 2003
5) BILL BROWN, NYC SURVEILLANCE CAMERA PLAYERS, *OUTDOOR WALKING TOUR*, GET RID OF YOURSELF, 2003
6) 16BEAVER GROUP, MEETING *SPACE, COMMUNITY AND GENTRIFICATION/REGENERATION*, GET RID OF YOURSELF, 2003

7) FASSADE HALLE 14 WÄHREND SCHICHTWECHSEL, 2004
8) DECKENBESCHRIFTUNG, SCHICHTWECHSEL, 2004
9) PHILIPP FRITZSCHE, *WER WILL FLEISSIGE HANDWERKER SEH'N!?*, SCHICHTWECHSEL, 2004
10) PHILIPP FRITZSCHE, *WER WILL FLEISSIGE HANDWERKER SEH'N!?*, SCHICHTWECHSEL, 2004
11) PHILIPP FRITZSCHE, *WER WILL FLEISSIGE HANDWERKER SEH'N!?*, SCHICHTWECHSEL, 2004
12) GRAFFITI IM EINGANG HALLE 14

13) EMPFANGSHALLE, *WIPPE*, SCHICHTWECHSEL, 2004
14) EMPFANGSHALLE, *WIPPE*, SCHICHTWECHSEL, 2004
15) EMPFANGSHALLE, *WIPPE*, SCHICHTWECHSEL, 2004
16) 120 JAHRE BAUMWOLLSPINNEREI, WERKSCHAU, 2004
17) CARSTEN WITTIG, GRAFIKDESIGNER UND SVEN RIEMER, KÜNSTLER, MIT NACHWUCHS
18) LESUNG MIT CONSTANCE JOHN, TEMPORÄRE GÄRTEN, DACH HALLE 14, 2004

Seite 295

19) EMPFANGSHALLE, *WOHER KOLLEGE WOHIN KOLLEGE*, SCHICHTWECHSEL, 2004
20) MARCEL STESZEWSKI, TECHNIKER DER HALLE 14
21) KARSTEN SCHMITZ, FRANK KALTENBACH, ERÖFFNUNG XTREME HOUSES, 2004
22) HOLGER KUBE VENTURA, FRANK MOTZ, FRANK KALTENBACH, KARSTEN SCHMITZ, ERÖFFNUNG XTREME HOUSES, 2004
23) ERÖFFNUNG XTREME HOUSES, 2004
24) GREGOR PASSENS, *CATERPILLAR*, EINGANG XTREME HOUSES, 2004

25) awg, AllesWirdGut, *turnOn – urban sushi*, XTREME HOUSES, 2004
26) VALESKA PESCHKE, *INSTANT HOME*, XTREME HOUSES, 2004
27) MICHAEL HÖNES, *DOSENHAUS*, XTREME HOUSES, 2004
28) AUSSTELLUNGSANSICHT, XTREME HOUSES, 2004
29) N55, *SNAIL SHELL SYSTEM*, XTREME HOUSES, 2004
30) MARJETICA POTRC, *EAST WAHDAT UPGRADING PROGRAM*, XTREME HOUSES, HALLE 14, 2004

31) BLICK VOM DACH HALLE 14, MICHAEL SAILSTORFER, *D-IBRB*, XTREME HOUSES, 2004
32) ATELIER VAN LIESHOUT, *FISHERMAN'S HOUSE*, XTREME HOUSES, DACH HALLE 14, 2004
33) ATELIER VAN LIESHOUT, *FISHERMAN'S HOUSE*, XTREME HOUSES, DACH HALLE 14, 2004
34) COURTENAY SMITH, KURATORIN, IM INTERVIEW MIT arte, XTREME HOUSES, 2004
35) MICHAEL SAILSTORFER, *D-IBRB*, XTREME HOUSES, 2004
36) MICHAEL SAILSTORFER, *D-IBRB*, XTREME HOUSES, 2004

BENJAMIN BERGMANN, ...UND IRGENDWANN WILL ICH ES WISSEN..., HALLE 14, 2002

KAESEBERG, *OHNE TITEL*, HALLE 14, 2002

NATASHA KIM, *I LOVE NAOMI, NAOMI LOVES FRUITS*, WC HALLE 14, 2002

MITTAGSTAFEL, EMPFANG DES FREUNDESKREISES DES BUSCH-REISINGER-MUSEUMS, IM HINTERGRUND FOTOSERIE *FORESTERS*, ALEXANDER MALGAZHDAROV, 2001/02, HALLE 14, 2002

CARSTEN NICOLAI AKA ALVA NOTO, SOUNDPERFORMANCE, HALLE 14, 2002

MICHAEL RAKOWITZ, *MINARET*, PERFORMANCE, GET RID OF YOURSELF, DACH CITY-HOCHHAUS UND DACH HALLE 18, 2003

BEATE ENGL, *BROTZEITTISCH*, SCHICHTWECHSEL, HALLE 14, 2004

BEATE ENGL, *BETAVERSION 1.0*, SCHICHTWECHSEL, DACH HALLE 14, 2004

INSTALLATION *RUCKSACK HOUSE* VON STEFAN EBERSTADT, XTREME HOUSES, HALLE 14, 2004

AUFBAU XTREME HOUSES, LOTHRINGER DREIZEHN, MÜNCHEN, PARTNER DER HALLE 14, WOLFGANG STEHLE UND BENJAMIN BERGMANN, 2004

ERÖFFNUNG XTREME HOUSES, HALLE 14, 2004

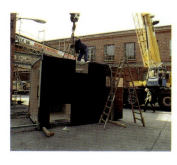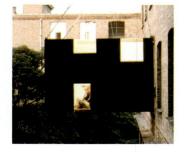

STEFAN EBERSTADT, *RUCKSACK HOUSE* (INSTALLATION), XTREME HOUSES, HALLE 14, 2004

ATELIER VAN LIESHOUT, *FISHERMAN'S HOUSE*, XTREME HOUSES, DACH HALLE 14, 2004

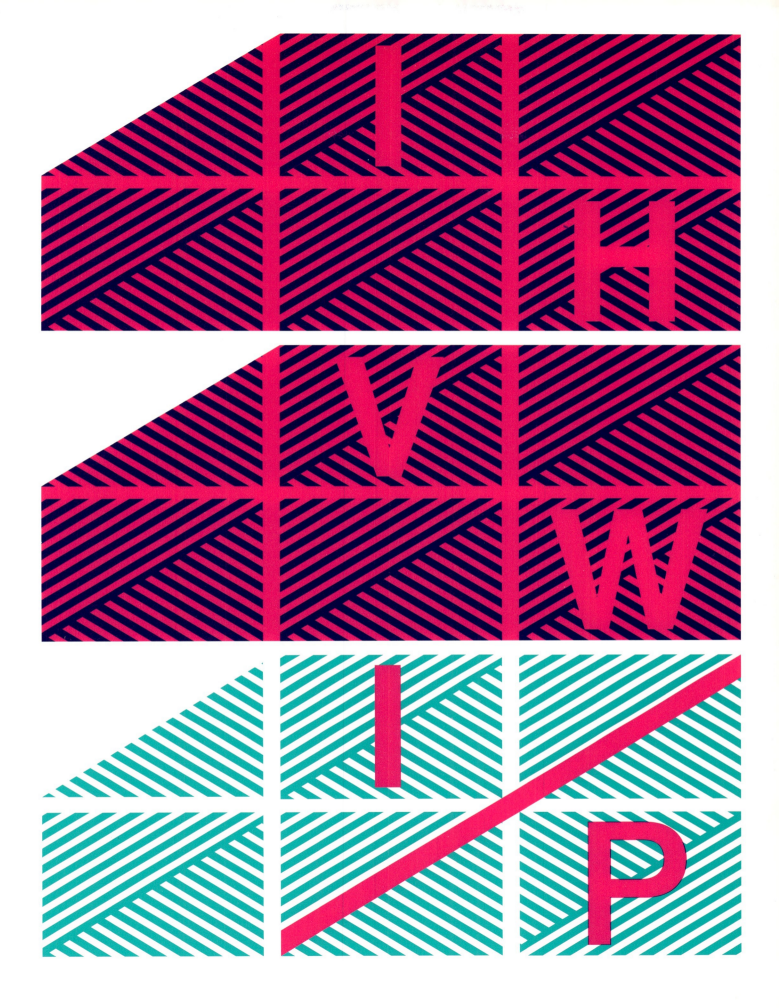

Impressum

HERAUSGEBERIN:	STIFTUNG FEDERKIEL, LEIPZIG
GESTALTUNG:	KRISTINA BRUSA, STOCKHOLM
REDAKTION UND LEKTORAT:	FRANK MOTZ, LEIPZIG/WEIMAR
REDAKTIONSASSISTENZ:	MICHAEL ARZT, LEIPZIG
MITARBEIT:	BEATA EMÖDI, BENITA GOODMAN, ALAN JONES, NAN MELLINGER, DOREEN MENDE, KATJA MEYER, SVEN RIEMER, KATJA SCHÄFER
ÜBERSETZUNG VORWORT:	JUDITH ROSENTHAL, FRANKFURT AM MAIN
ABBILDUNGEN:	CLAUS BACH, MICHEL MATKE, FRANK MOTZ, TINA SCHULZ, MICHAEL WETZELT, ARTHUR ZALEWSKI

· ·

SCHRIFT:	HELVETICA NEUE
PAPIER:	EUROBULK, PAPIERUNION
	PRESSSPAN, PRESSSPANFABRIK UNTERSACHSENFELD GMBH

· ·

LITHOS/SCANS:	CLAUS BACH, WEIMAR
DRUCK:	PÖGEDRUCK, LEIPZIG
BUCHBINDER:	BUCHBINDEREI BETTINA MÖNCH, LEIPZIG
AUFLAGE:	1.500 EXEMPLARE

· ·

GEFÖRDERT DURCH DIE KULTURSTIFTUNG DES BUNDES UND DIE LEIPZIGER BAUMWOLLSPINNEREI VERWALTUNGSGESELLSCHAFT MBH

© VG BILD-KUNST, BONN 2004 FÜR DIE WERKE VON CANDIDA HÖFER
© NÜRNBERG 2004, VERLAG FÜR MODERNE KUNST NÜRNBERG
© STIFTUNG FEDERKIEL UND DIE AUTOREN

ALLE RECHTE VORBEHALTEN
PRINTED IN GERMANY

· ·

DISTRIBUTED IN THE UNITED KINGDOM
CORNERHOUSE PUBLICATIONS
70 OXFORD STREET, MANCHESTER M1 5 NH, ENGLAND
PHONE +44 (0)161 200 1503, FAX +44 (0)161 200 1504

DISTRIBUTED OUTSIDE EUROPE
D.A.P./DISTRIBUTED ART PUBLISHERS, INC., NEW YORK
155 SIXTH AVENUE, 2ND FLOOR, NEW YORK, NY 10013, USA
PHONE +1 (212) 627-1999, FAX +1 (212) 627-9484

· ·

ISBN 3-936711-48-8

BIBLIOGRAFISCHE INFORMATION DER DEUTSCHEN BIBLIOTHEK
DIE DEUTSCHE BIBLIOTHEK VERZEICHNET DIESE PUBLIKATION IN DER DEUTSCHEN NATIONALBIBLIOGRAFIE;
DETAILLIERTE BIBLIOGRAFISCHE DATEN SIND IM INTERNET ÜBER HTTP://DNB.DDB.DE ABRUFBAR.

· ·

EIN BESONDERES DANKESCHÖN AN MICHAELA BUSENKELL, MARIANNE ESSER, DOREEN MENDE, SVEN RIEMER, KATJA SCHÄFER, BERTRAM SCHULTZE UND BERNHARD SCHULZ.
HALLE 14 IST MIT SICHERHEITSTECHNIK DER SIMONSVOSS TECHNOLOGIES AG, UNTERFÖHRING, AUSGESTATTET.